XINBIAN LEIAN SUSONG QINGQIU JI
ANYOU GUANLIAN GUIFAN ZHIYIN

新编类案诉讼请求及案由关联规范指引

劳动争议卷

刘东民 编著

人民法院出版社

图书在版编目（CIP）数据

新编类案诉讼请求及案由关联规范指引. 劳动争议卷 / 刘东民编著. -- 北京：人民法院出版社，2021.6
ISBN 978-7-5109-3075-1

Ⅰ. ①新… Ⅱ. ①刘… Ⅲ. ①劳动争议－劳动法－基本知识－中国 Ⅳ. ①D925 ②D922.591

中国版本图书馆 CIP 数据核字（2020）第 259805 号

新编类案诉讼请求及案由关联规范指引·劳动争议卷

刘东民　编著

责任编辑	陈　思
出版发行	人民法院出版社
地　　址	北京市东城区东交民巷27号（100745）
电　　话	（010）67550596（责任编辑）　67550558（发行部查询）
	65223677（读者服务部）
客服QQ	2092078039
网　　址	http://www.courtbook.com.cn
E－mail	courtpress@sohu.com
印　　刷	三河市国英印务有限公司
经　　销	新华书店
开　　本	787毫米×1092毫米　1/16
字　　数	660千字
印　　张	36.75
版　　次	2021年6月第1版　2021年6月第1次印刷
书　　号	ISBN 978-7-5109-3075-1
定　　价	98.00元

版权所有　侵权必究

前　言

劳动争议案件有涉及法律法规庞杂、诉讼请求多样、个案诉请项数众多等鲜明特点，给办案法官或劳动仲裁员快速掌握相关规则并在具体个案审判中准确迅速查找带来很大挑战。现有的劳动法律法规汇编的工具书中，大多是采取按照主题结合时间顺序逐一罗列的传统编排方式，同一个问题涉及到的相关规范分散在不同地方的不同文本中，摆在法官或仲裁员面前的裁判规范就像一个汪洋大海，难以窥其全貌，更遑论全面掌握和准确理解适用，直接影响到案件的办理质量和效率。

编者自2013年开始专职从事劳动争议案件审判工作，深受该类案件找法难问题的折磨。编者审理过的劳动争议案件中诉讼请求数量最多的多达21项！为此，自2016年起，编者从简明实用的角度出发，以当事人的各类诉讼请求所涉及到的法律条文和关联规则为基本标准，兼顾程序问题，开始编辑整理名叫《劳动争议案件裁判规范分类整理稿》的小册子。第一稿共分为23个专题，合计8万余字，供本庭和辖区劳动争议仲裁委员会的同志们参考使用。没想到能得到大家那么多的肯定和鼓励，这也鞭策着自己一有空闲就对这本小册子加以改进完善。后该小册子改名为《劳动争议案件裁判规范分类汇编》，并被北京市高级人民法院内网的民事审判栏目转载，受到全市法院劳动争议审判领域同仁的认可，并不时有外省市的同仁们来电索要。

后来回想，之所以编者编辑的小册子在实践中能够得到法官和仲裁员等同仁们的认可，其契合科学的法学方法论，尤其是科学的法官审判方法，应该是主要原因。审判方法和审判思路问题，是法官职业技能中的核心技能。邹碧华法官的"要件审判九步法"的第一步即是固定权利请求，第二步是确定权利请求基础规范，第三步是确定抗辩权基础规范。如果我们能够将每类案件的常见诉讼请求归纳总结出来，再将每一类诉讼请求可能涉及到的所有的关键法律条文、会议纪要等规范按照一定的顺序集中编排在一起，那么就可以帮助法官在审理案件中，在面对庞杂的法律条文的丛林时，准确快速地找到相关规范依据，由此要件审判九步法的第四步即基础规范构成要件分析也就迎刃而解。随着案件审理的推进，第五步诉讼主张的检索、第六步争点整理、第七步要件实事证明、第八步事实认定、第九步要件归入并作出裁判等自然水到渠成。通过该种方法编排裁判规范，使法官一册在手，即可按图索骥，迅速准确锁定法律规范，有效改变先查事实、后找法律的不科学做法，有效避免实践中因模糊思维而造成的审理思路混乱、裁判标准不统一的问题，从而加快事实认定过程并缩短办案周期，提高裁判文书撰写水平。

2017年8月，编者和当时的助理唐玥向北京市高级人民法院组织的一个研讨会提交了一篇小文章，简要介绍了《劳动争议案件裁判规范分类汇编》编写中的心得体会，该文被人民法院出版社的编辑老师们看到，遂开始了本书为期三年多的编写过程。在编辑老师们的不吝赐教下，编者对原先的小册子精致其体例，扩展其内容，增加适用指引，补充所涉案由，在历经新冠疫情冲击、《民法典》实施以及《最高人民法院关于审理劳动争议案件适用法律问题的解释（一）》四元归一等对本书编写进程产生重大影响的事件后，前后修改十余稿，最终形成了本书当前的模样。个中甘苦，有时回想起来自己都不禁动容。

不可否认的是，受限于学识和能力，本书从体例编排到内容选择以及适用指引的撰写，都有很多的问题需要进一步研究讨论，一些地方肯定存在错漏或舛误，尚请专家和同仁不吝指正。好在本书提供了一个基本的开放式的编排框架，读者可根据需要随时自行增补新的内容。

还有尤其重要的一点，是邹碧华法官在《要件审判九步法》一书中指出的：一种审判方法只是审理好案件的一个基本条件，但审理好案件光靠一种方法是远远不够的。我们要看到，欲把一个案件审得公正、审得漂亮，最重要的是我们想要把这个案件审好、审漂亮。换句话说，价值观起决定性的作用。我们做事情过程中最为重要的，就是我们的思想（价值观）。法律职业极其需要人文关怀精神。具有人文关怀精神的法律方法才会拥有灵魂。掌握一套基础性方法，还不是成为一名优秀法官的全部。在编写本书及日常的审判工作中，编者对以上的教诲深以为然。

最后，编者要对一直以来关心小册子及本书编写的各位领导和同仁们表示衷心的感谢，对人民法院出版社的各位编辑老师表示衷心的感谢！有赖于各位师友同仁的指导和帮助，才使得一本朴实无华的小册子化茧成蝶，虽然仍显稚嫩。

刘东民

2021年6月于北京

凡 例

一、本书以请求权基础理论为理论支撑，紧贴劳动争议办案实务和人力资源管理需要，以劳动争议常见请求权的分类为骨干，以其他类型的内容为补充，对法律法规、司法解释、法院会议纪要、公报案例、典型案例等进行重新编排，突出系统性、实用性和便捷性。

二、与当前劳动仲裁和审判实务关系不大、时间过久的文件，本书一般不收录。

三、对法院和劳动仲裁系统的会议纪要等文件，本书只收录搜集到的各高级法院和省级劳动仲裁机构的规定。对各中级法院的会议纪要等，限于篇幅，本书未予收录。

四、在章节的设立上，以自成一体、相对集中、方便查找为原则。

五、对设节的各章列有"本章导读"，对不设节的章以及章下各节，编有"适用指引"。

六、对有请求权内容的各节，适用指引首先解决请求权基础和相关案由问题。

七、对于一些问题各地尺度掌握不一的，适用指引只是在需要时指出，对其观点的对错优劣不作评判。

八、对于涉及各章节主体内容的相关规范，本书只收录关键条文或相关条文的关键内容。

九、对相关规范依效力分为［裁判依据］和［参考依据］两个部分。因劳动法律法规的相对特殊性，本书将"部门规章"列在［裁判依据］部分。

十、对［裁判依据］部分的规范以效力等级分类排列，对个别紧密关联的内容附在相关条文后的位置。

十一、对搜集到的各地方会议纪要，大体按照我国行政区划排列，一地有多个文件的，按时间顺序排列。

十二、法律文件名称中的"中华人民共和国"省略，例如《中华人民共和国劳动法》简称为《劳动法》。

目 录

总目录

第一章　涉及劳动争议受案范围的规范 …………………………………… 1
　第一节　关于属于劳动争议受案范围的情形 ………………………………… 3
　第二节　关于不属于劳动争议受案范围的情形 ……………………………… 13

第二章　涉及主体问题的规范 ……………………………………………… 25
　第一节　关于劳动法律关系主体问题 ………………………………………… 27
　第二节　关于诉讼主体问题 …………………………………………………… 35

第三章　涉及确认劳动关系请求的规范 …………………………………… 47
　第一节　关于劳动关系认定标准及一般认定存在劳动关系的情形 ………… 49
　第二节　关于一般不认定劳动关系的情形 …………………………………… 63
　第三节　关于双重劳动关系、共享用工、劳动者借用等方面的情形 ……… 81

第四章　涉及劳动合同订立相关请求的规范（不含双倍工资及竞业限制） … 87
　第一节　关于要求签订劳动合同的请求 ……………………………………… 89
　第二节　关于违法约定试用期赔偿金的请求 ………………………………… 92
　第三节　关于服务期及相关违约金的请求 …………………………………… 95
　第四节　关于无固定期限劳动合同和确认存在
　　　　　无固定期限劳动合同关系的请求 …………………………………… 101
　第五节　关于确认劳动合同无效的请求 ……………………………………… 111

第五章 涉及未签订书面劳动合同或无固定期限劳动合同双倍工资请求的规范 …… 117

第一节 关于双倍工资各种适用情形的规定 …… 119
第二节 关于计算方法及计算基数问题 …… 137
第三节 关于时效问题 …… 145

第六章 涉及劳务派遣的规范 …… 151

第七章 涉及非全日制用工的规范 …… 163

第八章 涉及劳动合同履行、中止、变更、承继（调整工作地点、工作岗位、薪资标准等）的规范 …… 167

第九章 涉及劳动合同解除或终止相关请求的规范 …… 177

第一节 关于劳动合同解除或终止等手续的通知和送达 …… 179
第二节 关于解除劳动关系经济补偿金的请求（劳动者提解除的情形） …… 184
第三节 关于解除劳动关系经济补偿金的请求（用人单位提解除的情形） …… 203
第四节 关于终止劳动关系经济补偿金的请求 …… 210
第五节 关于违法解除劳动关系赔偿金的请求 …… 216
第六节 关于违法终止劳动关系赔偿金的请求 …… 238
第七节 关于撤销解除决定、继续履行劳动合同、支付解除期间工资的请求 …… 248
第八节 关于用人单位规章制度审查 …… 257
第九节 关于医疗期问题 …… 264
第十节 关于补偿（赔偿）年限及补偿（赔偿）标准 …… 271
第十一节 关于医疗补助费的请求 …… 283
第十二节 关于代通知金的请求 …… 285
第十三节 关于一次性解决协议或兜底性条款的效力 …… 288

第十章　涉及拖欠劳动报酬、福利待遇等请求的规范（不含加班费）…… 295
第一节　关于拖欠工资、生活费的请求 … 297
第二节　关于补足最低工资差额的请求 … 325
第三节　关于拖欠年终奖、提成的请求 … 329
第四节　关于拖欠高温津贴的请求 … 331
第五节　关于拖欠未休年休假工资的请求 … 334

第十一章　涉及拖欠加班工资请求的规范 … 341
第一节　一般规定 … 343
第二节　关于特殊工时工作制审批及涉及特殊人员或岗位的情形 … 354
第三节　关于已发工资中是否包含加班工资的情形 … 363
第四节　关于加班事实的举证证明责任 … 367
第五节　关于加班工资的计算基数 … 371

第十二章　涉及加付赔偿金请求的规范 … 377
第十三章　涉及不合格用人单位或承包人违法用工情形的规范 … 383
第十四章　涉及社会保险待遇请求的规范（不含工伤） … 387
第一节　关于养老保险待遇的请求 … 389
第二节　关于医疗保险待遇赔偿的请求 … 393
第三节　关于未缴失业保险或未及时办理相关手续损失的请求 … 396
第四节　关于生育保险待遇的请求 … 404
第五节　关于返还社会保险费的请求 … 407
第六节　关于农民工未缴养老和失业保险赔偿的请求 … 410

第十五章　涉及工伤保险待遇赔偿等请求的规范 … 413
第一节　关于工伤认定和劳动能力鉴定问题 … 415
第二节　关于职业病问题（含精神损害赔偿请求） … 422
第三节　关于工伤保险待遇赔偿问题 … 425
第四节　关于停工留薪期工资问题 … 445
第五节　关于非法用工单位伤亡人员赔偿问题 … 450

第六节　关于工伤保险赔偿与第三人侵权赔偿责任的竞合问题 ………… 453

第十六章　涉及办理离职手续、赔偿损失、返还财物等请求的规范 …… 459
第十七章　涉及竞业限制相关请求的规范…………………………………… 471
第十八章　涉及人事争议请求的规范………………………………………… 483
　第一节　关于管辖和受理 …………………………………………………… 485
　第二节　关于案件的实体审理与执行 ……………………………………… 495

第十九章　涉及时效问题的规范……………………………………………… 503
　第一节　关于劳动争议案件的时效问题 …………………………………… 505
　第二节　关于人事争议案件的时效问题 …………………………………… 512

第二十章　涉及程序问题的规范……………………………………………… 515
　第一节　关于管辖和审理程序问题 ………………………………………… 517
　第二节　关于调诉衔接、裁诉衔接问题 …………………………………… 522
　第三节　关于一裁终局问题 ………………………………………………… 540
　第四节　关于举证证明责任和证明标准问题 ……………………………… 548
　第五节　关于执行程序、财产保全问题 …………………………………… 559

目 录

分目录

第一章 涉及劳动争议受案范围的规范 …………………………………… 1
    【本章导读】 …………………………………………………………… 2
  第一节 关于属于劳动争议受案范围的情形 …………………………… 3
    【适用指引】 …………………………………………………………… 3
    【裁判依据】 …………………………………………………………… 4
      法律 ………………………………………………………………… 4
      司法解释 …………………………………………………………… 4
      部门规章 …………………………………………………………… 6
    【参考依据】 …………………………………………………………… 6
    【典型案例】 …………………………………………………………… 12
  第二节 关于不属于劳动争议受案范围的情形 ………………………… 13
    【适用指引】 …………………………………………………………… 13
    【裁判依据】 …………………………………………………………… 13
      司法解释 …………………………………………………………… 13
    【参考依据】 …………………………………………………………… 15

第二章 涉及主体问题的规范 ……………………………………………… 25
    【本章导读】 …………………………………………………………… 26
  第一节 关于劳动法律关系主体问题 …………………………………… 27
    【适用指引】 …………………………………………………………… 27
    【裁判依据】 …………………………………………………………… 28
      法律 ………………………………………………………………… 28
      行政法规 …………………………………………………………… 29
      部门规章及规范性文件 …………………………………………… 29

【参考依据】……………………………………………………………… 32
　第二节　关于诉讼主体问题 ……………………………………………… 35
　　　【适用指引】……………………………………………………………… 35
　　　【裁判依据】……………………………………………………………… 36
　　　　法律 ………………………………………………………………………… 36
　　　　司法解释 …………………………………………………………………… 37
　　　　部门规章 …………………………………………………………………… 38
　　　【参考依据】……………………………………………………………… 39

第三章　涉及确认劳动关系请求的规范 …………………………………… 47
　　【本章导读】………………………………………………………………… 48
　第一节　关于劳动关系认定标准及一般认定存在劳动关系的情形 …… 49
　　　【适用指引】……………………………………………………………… 49
　　　【裁判依据】……………………………………………………………… 51
　　　　法律 ………………………………………………………………………… 51
　　　　行政法规 …………………………………………………………………… 51
　　　　司法解释及指导性文件 …………………………………………………… 52
　　　　部门规章及规范性文件 …………………………………………………… 52
　　　【参考依据】……………………………………………………………… 53
　　　【典型案例】……………………………………………………………… 62
　第二节　关于一般不认定劳动关系的情形 ……………………………… 63
　　　【适用指引】……………………………………………………………… 63
　　　【裁判依据】……………………………………………………………… 66
　　　　行政法规 …………………………………………………………………… 66
　　　　司法解释及指导性文件 …………………………………………………… 66
　　　　部门规范性文件 …………………………………………………………… 67
　　　【参考依据】……………………………………………………………… 67
　　　【典型案例】……………………………………………………………… 80
　第三节　关于双重劳动关系、共享用工、劳动者借用等方面的情形 …… 81
　　　【适用指引】……………………………………………………………… 81
　　　【法律依据】……………………………………………………………… 81
　　　　法律 ………………………………………………………………………… 81
　　　　司法解释 …………………………………………………………………… 81

部门规章 ··· 82
　　【参考依据】 ··· 82
　　【典型案例】 ··· 85

第四章　涉及劳动合同订立相关请求的规范（不含双倍工资及竞业限制）··· 87
　【本章导读】 ··· 88
　第一节　关于要求签订劳动合同的请求 ··· 89
　　【适用指引】 ··· 89
　　【裁判依据】 ··· 89
　　　法律 ·· 89
　　　部门规章 ··· 89
　　【参考依据】 ··· 90
　第二节　关于违法约定试用期赔偿金的请求 ···································· 92
　　【适用指引】 ··· 92
　　【裁判依据】 ··· 93
　　　法律 ·· 93
　　【参考依据】 ··· 93
　第三节　关于服务期及相关违约金的请求 ······································· 95
　　【适用指引】 ··· 95
　　【裁判依据】 ··· 96
　　　法律 ·· 96
　　　行政法规 ··· 96
　　【参考依据】 ··· 97
　　【典型案例】 ··· 99
　第四节　关于无固定期限劳动合同和确认存在
　　　　　无固定期限劳动合同关系的请求 ·· 101
　　【适用指引】 ··· 101
　　【裁判依据】 ··· 102
　　　法律 ·· 102
　　　行政法规 ··· 103
　　【参考依据】 ··· 103
　第五节　关于确认劳动合同无效的请求 ··· 111
　　【适用指引】 ··· 111

3

【裁判依据】……………………………………………………… 112
　　法律 ………………………………………………………… 112
　　司法解释 …………………………………………………… 113
　　部门规范性文件 …………………………………………… 113
【参考依据】……………………………………………………… 114
【典型案例】……………………………………………………… 115

第五章　涉及未签订书面劳动合同或无固定期限劳动合同双倍工资请求的规范 …………………… 117

【本章导读】……………………………………………………… 118

第一节　关于双倍工资各种适用情形的规定 …………………… 119
【适用指引】……………………………………………………… 119
【裁判依据】……………………………………………………… 122
　　法律 ………………………………………………………… 122
　　行政法规 …………………………………………………… 124
　　部门规范性文件 …………………………………………… 124
【参考依据】……………………………………………………… 125
【典型案例】……………………………………………………… 134

第二节　关于计算方法及计算基数问题 ………………………… 137
【适用指引】……………………………………………………… 137
【裁判依据】……………………………………………………… 138
　　法律 ………………………………………………………… 138
　　行政法规 …………………………………………………… 138
【参考依据】……………………………………………………… 139

第三节　关于时效问题 …………………………………………… 145
【适用指引】……………………………………………………… 145
【裁判依据】……………………………………………………… 146
【参考依据】……………………………………………………… 146

第六章　涉及劳务派遣的规范 …………………………………… 151
【适用指引】……………………………………………………… 152
【裁判依据】……………………………………………………… 152
　　法律 ………………………………………………………… 152

行政法规	154
部门规章	154
【参考依据】	157

第七章 涉及非全日制用工的规范 … 163
　　【适用指引】 … 164
　　【裁判依据】 … 165
　　　　法律 … 165
　　　　行政法规 … 165
　　　　部门规章 … 165
　　【参考依据】 … 166

第八章 涉及劳动合同履行、中止、变更、承继（调整工作地点、工作岗位、薪资标准等）的规范 … 167
　　【适用指引】 … 168
　　【裁判依据】 … 169
　　　　法律 … 169
　　　　行政法规 … 169
　　　　司法解释 … 170
　　　　部门规章 … 170
　　【参考依据】 … 170
　　【典型案例】 … 175

第九章 涉及劳动合同解除或终止相关请求的规范 … 177
　　【本章导读】 … 178
　第一节　关于劳动合同解除或终止等手续的通知和送达 … 179
　　【适用指引】 … 179
　　【裁判依据】 … 179
　　　　法律 … 179
　　　　行政法规 … 180
　　【参考依据】 … 180
　第二节　关于解除劳动关系经济补偿金的请求（劳动者提解除的情形）… 184
　　【适用指引】 … 184

【裁判依据】……………………………………………………………… 187
　　　　法律 …………………………………………………………………… 187
　　　　行政法规 ……………………………………………………………… 187
　　　　司法解释 ……………………………………………………………… 187
　　【参考依据】……………………………………………………………… 188
　第三节　关于解除劳动关系经济补偿金的请求（用人单位提解除的情形）… 203
　　【适用指引】……………………………………………………………… 203
　　【裁判依据】……………………………………………………………… 204
　　　　法律 …………………………………………………………………… 204
　　　　行政法规 ……………………………………………………………… 205
　　　　部门规章 ……………………………………………………………… 205
　　【参考依据】……………………………………………………………… 205
　第四节　关于终止劳动关系经济补偿金的请求 ……………………………… 210
　　【适用指引】……………………………………………………………… 210
　　【裁判依据】……………………………………………………………… 211
　　　　法律 …………………………………………………………………… 211
　　　　行政法规 ……………………………………………………………… 211
　　　　司法解释 ……………………………………………………………… 212
　　【参考依据】……………………………………………………………… 212
　第五节　关于违法解除劳动关系赔偿金的请求 ……………………………… 216
　　【适用指引】……………………………………………………………… 216
　　【裁判依据】……………………………………………………………… 217
　　　　法律 …………………………………………………………………… 217
　　　　司法解释及指导性文件 ……………………………………………… 219
　　　　部门规章 ……………………………………………………………… 220
　　　　地方政府规章及规范性文件 ………………………………………… 221
　　【参考依据】……………………………………………………………… 222
　　【典型案例】……………………………………………………………… 237
　第六节　关于违法终止劳动关系赔偿金的请求 ……………………………… 238
　　【适用指引】……………………………………………………………… 238
　　【裁判依据】……………………………………………………………… 239
　　　　法律 …………………………………………………………………… 239
　　　　行政法规 ……………………………………………………………… 240

　　　　部门规范性文件 …………………………………………… 240

　　【参考依据】…………………………………………………… 240

　　【典型案例】…………………………………………………… 246

第七节　关于撤销解除决定、继续履行劳动合同、
　　　　支付解除期间工资的请求 ……………………………… 248

　　【适用指引】…………………………………………………… 248

　　【裁判依据】…………………………………………………… 249

　　　　法律 ………………………………………………………… 249

　　　　部门规章 …………………………………………………… 249

　　　　司法指导性文件 …………………………………………… 249

　　【参考依据】…………………………………………………… 250

第八节　关于用人单位规章制度审查 ……………………………… 257

　　【适用指引】…………………………………………………… 257

　　【裁判依据】…………………………………………………… 257

　　　　法律 ………………………………………………………… 257

　　　　司法解释 …………………………………………………… 258

　　【参考依据】…………………………………………………… 258

　　【典型案例】…………………………………………………… 263

第九节　关于医疗期问题 …………………………………………… 264

　　【适用指引】…………………………………………………… 264

　　【裁判依据】…………………………………………………… 264

　　　　法律 ………………………………………………………… 264

　　　　部门规章及规范性文件 …………………………………… 265

　　【参考依据】…………………………………………………… 266

　　【典型案例】…………………………………………………… 270

第十节　关于补偿（赔偿）年限及补偿（赔偿）标准 …………… 271

　　【适用指引】…………………………………………………… 271

　　【裁判依据】…………………………………………………… 271

　　　　法律 ………………………………………………………… 271

　　　　行政法规 …………………………………………………… 272

　　　　司法解释 …………………………………………………… 272

　　【参考依据】…………………………………………………… 273

　　【典型案例】…………………………………………………… 281

第十一节　关于医疗补助费的请求 ... 283
【适用指引】 ... 283
【裁判依据】 ... 283
部门规范性文件 ... 283
地方政府规章 ... 284
【参考依据】 ... 284

第十二节　关于代通知金的请求 ... 285
【适用指引】 ... 285
【裁判依据】 ... 285
法律 ... 285
行政法规 ... 286
【参考依据】 ... 286

第十三节　关于一次性解决协议或兜底性条款的效力 ... 288
【适用指引】 ... 288
【裁判依据】 ... 289
司法解释 ... 289
【参考依据】 ... 289
【典型案例】 ... 293

第十章　涉及拖欠劳动报酬、福利待遇等请求的规范（不含加班费）... 295
【本章导读】 ... 296

第一节　关于拖欠工资、生活费的请求 ... 297
【适用指引】 ... 297
【裁判依据】 ... 298
法律 ... 298
行政法规 ... 298
部门规章及规范性文件 ... 301
地方政府规章 ... 304
【参考依据】 ... 305
【典型案例】 ... 322

第二节　关于补足最低工资差额的请求 ... 325
【适用指引】 ... 325
【裁判依据】 ... 325

    法律 ··· 325
    行政法规 ··· 326
    部门规章 ··· 326
    地方政府规章及规范性文件 ······································· 327
  【参考依据】·· 328
 第三节 关于拖欠年终奖、提成的请求 ···································· 329
  【适用指引】·· 329
  【参考依据】·· 329
 第四节 关于拖欠高温津贴的请求 ··· 331
  【适用指引】·· 331
  【裁判依据】·· 331
    部门规章 ··· 331
    地方政府规范性文件 ··· 331
  【参考依据】·· 332
 第五节 关于拖欠未休年休假工资的请求 ································ 334
  【适用指引】·· 334
  【裁判依据】·· 335
    行政法规 ··· 335
    部门规章 ··· 335
  【参考依据】·· 337
  【典型案例】·· 339

第十一章 涉及拖欠加班工资请求的规范 ································ 341
 【本章导读】··· 342
 第一节 一般规定 ·· 343
  【适用指引】·· 343
  【裁判依据】·· 344
    法律 ··· 344
    行政法规 ··· 345
    部门规范性文件 ··· 346
  【参考依据】·· 347
 第二节 关于特殊工时工作制审批及涉及特殊人员或岗位的情形 ········ 354
  【适用指引】·· 354

【裁判依据】………………………………………………………… 355
　　　　行政法规 …………………………………………………………… 355
　　　　部门规范性文件 …………………………………………………… 355
　　　　地方政府规章及规范性文件 ……………………………………… 355
　　　【参考依据】………………………………………………………… 357
　　　【典型案例】………………………………………………………… 361
　　第三节　关于已发工资中是否包含加班工资的情形 ………………… 363
　　　【适用指引】………………………………………………………… 363
　　　【参考依据】………………………………………………………… 364
　　第四节　关于加班事实的举证证明责任 ……………………………… 367
　　　【适用指引】………………………………………………………… 367
　　　【裁判依据】………………………………………………………… 367
　　　　司法解释 …………………………………………………………… 367
　　　【参考依据】………………………………………………………… 368
　　第五节　关于加班工资的计算基数 …………………………………… 371
　　　【适用指引】………………………………………………………… 371
　　　【裁判依据】………………………………………………………… 371
　　　　法律 ………………………………………………………………… 371
　　　　部门规章 …………………………………………………………… 372
　　　【参考依据】………………………………………………………… 372

第十二章　涉及加付赔偿金请求的规范 …………………………………… 377
　　　【适用指引】………………………………………………………… 378
　　　【裁判依据】………………………………………………………… 379
　　　　法律 ………………………………………………………………… 379
　　　　司法解释 …………………………………………………………… 379
　　　【参考依据】………………………………………………………… 380

第十三章　涉及不合格用人单位或承包人违法用工情形的规范 ………… 383
　　　【适用指引】………………………………………………………… 384
　　　【裁判依据】………………………………………………………… 384
　　　【参考依据】………………………………………………………… 385

第十四章　涉及社会保险待遇请求的规范（不含工伤） …………… 387

【本章导读】 …………………………………………………………… 388

第一节　关于养老保险待遇的请求 …………………………………… 389

【适用指引】 …………………………………………………………… 389

【裁判依据】 …………………………………………………………… 389

　　法律 ……………………………………………………………… 389

　　司法解释 ………………………………………………………… 390

【参考依据】 …………………………………………………………… 390

第二节　关于医疗保险待遇赔偿的请求 ……………………………… 393

【适用指引】 …………………………………………………………… 393

【裁判依据】 …………………………………………………………… 393

　　法律 ……………………………………………………………… 393

【参考依据】 …………………………………………………………… 394

第三节　关于未缴失业保险或未及时办理相关手续损失的请求 …… 396

【适用指引】 …………………………………………………………… 396

【裁判依据】 …………………………………………………………… 396

　　法律 ……………………………………………………………… 396

　　部门规章 ………………………………………………………… 398

　　地方政府规章及规范性文件 …………………………………… 400

【参考依据】 …………………………………………………………… 402

第四节　关于生育保险待遇的请求 …………………………………… 404

【适用指引】 …………………………………………………………… 404

【裁判依据】 …………………………………………………………… 404

　　法律 ……………………………………………………………… 404

　　行政法规 ………………………………………………………… 405

　　地方政府规章 …………………………………………………… 405

【参考依据】 …………………………………………………………… 406

第五节　关于返还社会保险费的请求 ………………………………… 407

【适用指引】 …………………………………………………………… 407

【参考依据】 …………………………………………………………… 407

第六节　关于农民工未缴养老和失业保险赔偿的请求 ……………… 410

【适用指引】 …………………………………………………………… 410

【裁判依据】 …………………………………………………………… 410

法律 …………………………………………………………… 410
　　【参考依据】 ………………………………………………………… 411

第十五章　涉及工伤保险待遇赔偿等请求的规范 …………… 413
　【本章导读】 …………………………………………………………… 414
　第一节　关于工伤认定和劳动能力鉴定问题 ………………………… 415
　　【裁判依据】 ………………………………………………………… 415
　　　法律 …………………………………………………………… 415
　　　行政法规 ……………………………………………………… 416
　　　部门规章 ……………………………………………………… 418
　　【参考依据】 ………………………………………………………… 418
　第二节　关于职业病问题（含精神损害赔偿请求） ………………… 422
　　【适用指引】 ………………………………………………………… 422
　　【裁判依据】 ………………………………………………………… 422
　　　法律 …………………………………………………………… 422
　　　部门规章及规范性文件 ……………………………………… 423
　　　地方政府规章 ………………………………………………… 424
　　【参考依据】 ………………………………………………………… 424
　第三节　关于工伤保险待遇赔偿问题 ………………………………… 425
　　【适用指引】 ………………………………………………………… 425
　　【裁判依据】 ………………………………………………………… 427
　　　法律 …………………………………………………………… 427
　　　行政法规 ……………………………………………………… 428
　　　司法解释 ……………………………………………………… 431
　　　部门规范性文件 ……………………………………………… 431
　　　地方政府规章及规范性文件 ………………………………… 433
　　【参考依据】 ………………………………………………………… 434
　　【典型案例】 ………………………………………………………… 444
　第四节　关于停工留薪期工资问题 …………………………………… 445
　　【适用指引】 ………………………………………………………… 445
　　【裁判依据】 ………………………………………………………… 445
　　　行政法规 ……………………………………………………… 445
　　　地方政府规章及规范性文件 ………………………………… 446

【参考依据】……447

第五节　关于非法用工单位伤亡人员赔偿问题……450
　　　【适用指引】……450
　　　【裁判依据】……450
　　　　行政法规……450
　　　　部门规章……451
　　　【参考依据】……452

第六节　关于工伤保险赔偿与第三人侵权赔偿责任的竞合问题……453
　　　【适用指引】……453
　　　【裁判依据】……453
　　　　法律……453
　　　　最高人民法院司法解释及其他文件……454
　　　【参考依据】……454

第十六章　涉及办理离职手续、赔偿损失、返还财物等请求的规范……459
　　　【适用指引】……460
　　　【裁判依据】……461
　　　　法律……461
　　　　行政法规……464
　　　　部门规章……464
　　　　部门规范性文件……465
　　　【参考依据】……466
　　　【典型案例】……470

第十七章　涉及竞业限制相关请求的规范……471
　　　【适用指引】……472
　　　【裁判依据】……472
　　　　司法解释及司法指导性文件……473
　　　【参考依据】……474
　　　【典型案例】……480

第十八章　涉及人事争议请求的规范……483
　　　【本章导读】……484

第一节　关于管辖和受理 …… 485
【适用指引】…… 485
【裁判依据】…… 486
　法律 …… 486
　司法解释及指导性文件 …… 486
　部门规章及规范性文件 …… 487
【参考依据】…… 488

第二节　关于案件的实体审理与执行 …… 495
【适用指引】…… 495
【裁判依据】…… 495
　法律 …… 495
　部门规范性文件 …… 496
　司法指导性文件 …… 497
【参考依据】…… 497
【典型案例】…… 500

第十九章　涉及时效问题的规范 …… 503
【本章导读】…… 504

第一节　关于劳动争议案件的时效问题 …… 505
【适用指引】…… 505
【裁判依据】…… 505
　法律 …… 505
　部门规章 …… 506
　司法规范性文件 …… 506
【参考依据】…… 507

第二节　关于人事争议案件的时效问题 …… 512
【适用指引】…… 512
【裁判依据】…… 512
　法律 …… 512
　司法解释 …… 512
　部门规章及规范性文件 …… 513
【参考依据】…… 513

第二十章 涉及程序问题的规范 515
【本章导读】...... 516

第一节 关于管辖和审理程序问题 517
【适用指引】...... 517
【裁判依据】...... 518
 法律 518
 部门规章 518
 司法解释 519
【参考依据】...... 520

第二节 关于调诉衔接、裁诉衔接问题 522
【适用指引】...... 522
【裁判依据】...... 523
 法律 523
 部门规章 523
 司法解释及司法指导性文件 524
【参考依据】...... 527

第三节 关于涉一裁终局问题 540
【适用指引】...... 540
【裁判依据】...... 540
 法律 540
 部门规章 541
 司法解释 542
【参考依据】...... 543

第四节 关于举证证明责任和证明标准问题 548
【适用指引】...... 548
【裁判依据】...... 548
 法律 548
 司法解释 549
 部门规章及规范性文件 552
 地方规范性文件 553
【参考依据】...... 554

第五节 关于涉执行程序、财产保全问题 559
【适用指引】...... 559

【裁判依据】……………………………………………………… 560
　　法律 …………………………………………………………… 560
　　司法解释 ……………………………………………………… 560
【参考依据】……………………………………………………… 562

第一章　涉及劳动争议受案范围的规范

【本章导读】

劳动争议受案范围问题关键是要把握好与其他民事争议、劳动行政争议、人事争议等的区别问题。如果当事人的请求不属于劳动仲裁机关和人民法院审理劳动争议的受案范围，该请求即缺乏请求权基础。

《劳动法》第79条确定了我国劳动争议案件先裁后审的基本处理机制，除特殊情形外，劳动仲裁原则上是劳动争议处理的必经程序。准确界定劳动争议的受案范围，有利于当事人正确行使法律权利，也有利于人民法院正确行使审判权。

本章分两节，分别集中汇总了属于和不属于劳动争议受案范围的情形，拟帮助读者明晰劳动争议受案范围的界限，得以在实务中依据诉讼请求迅速辨别。

第一节　关于属于劳动争议受案范围的情形

【适用指引】

人民法院可直接按照普通民事纠纷受理的劳动争议案件的特殊情形

1. 劳动者有工资欠条作为证据且诉讼请求不涉及劳动关系其他争议的：《最高人民法院关于审理劳动争议案件适用法律问题的解释（一）》(以下简称《劳动争议司法解释（一）》)第15条。

2. 当事人在《劳动争议调解仲裁法》第10条规定的调解组织主持下仅就劳动报酬争议达成调解协议，用人单位不履行调解协议确定的给付义务，劳动者直接向人民法院起诉的：《劳动争议司法解释（一）》第51条第2款。

3. 依据《劳动争议调解仲裁法》第16条规定申请支付令被人民法院裁定终结督促程序后，劳动者依据调解协议直接向人民法院提起诉讼的：《劳动争议司法解释（一）》第13条第3款。

【裁判依据】

法律

一、《中华人民共和国劳动争议调解仲裁法》（2007年12月29日）

第二条 中华人民共和国境内的用人单位与劳动者发生的下列劳动争议,适用本法:

（一）因确认劳动关系发生的争议;

（二）因订立、履行、变更、解除和终止劳动合同发生的争议;

（三）因除名、辞退和辞职、离职发生的争议;

（四）因工作时间、休息休假、社会保险、福利、培训以及劳动保护发生的争议;

（五）因劳动报酬、工伤医疗费、经济补偿或者赔偿金等发生的争议;

（六）法律、法规规定的其他劳动争议。

第五十二条 事业单位实行聘用制的工作人员与本单位发生劳动争议的,依照本法执行;法律、行政法规或者国务院另有规定的,依照其规定。

二、《中华人民共和国职业病防治法》（2018年12月29日修正）

第49条 职业病诊断、鉴定过程中,在确认劳动者职业史、职业病危害接触史时,当事人对劳动关系、工种、工作岗位或者在岗时间有争议的,可以向当地的劳动人事争议仲裁委员会申请仲裁;接到申请的劳动人事争议仲裁委员会应当受理,并在三十日内作出裁决。

司法解释

《最高人民法院关于审理劳动争议案件适用法律若干问题的解释（一）》（2020年12月25日,法释〔2020〕26号）

第一条 劳动者与用人单位之间发生的下列纠纷,属于劳动争议,当事人不服劳动争议仲裁机构作出的裁决,依法提起诉讼的,人民法院应予受理:

（一）劳动者与用人单位在履行劳动合同过程中发生的纠纷;

（二）劳动者与用人单位之间没有订立书面劳动合同,但已形成劳动关系后发生的纠纷;

（三）劳动者与用人单位因劳动关系是否已经解除或者终止,以及应否支付解除或者终止劳动关系经济补偿金发生的纠纷;

（四）劳动者与用人单位解除或者终止劳动关系后，请求用人单位返还其收取的劳动合同定金、保证金、抵押金、抵押物发生的纠纷，或者办理劳动者的人事档案、社会保险关系等移转手续发生的纠纷；

（五）劳动者以用人单位未为其办理社会保险手续，且社会保险经办机构不能补办导致其无法享受社会保险待遇为由，要求用人单位赔偿损失发生的纠纷；

（六）劳动者退休后，与尚未参加社会保险统筹的原用人单位因追索养老金、医疗费、工伤保险待遇和其他社会保险待遇而发生的纠纷；

（七）劳动者因为工伤、职业病，请求用人单位依法给予工伤保险待遇发生的纠纷；

（八）劳动者依据劳动合同法第八十五条规定，要求用人单位支付加付赔偿金发生的纠纷；

（九）因企业自主进行改制发生的纠纷。

第六条　劳动争议仲裁机构以当事人申请仲裁的事项不属于劳动争议为由，作出不予受理的书面裁决、决定或者通知，当事人不服依法提起诉讼的，人民法院应当分别情况予以处理：

（一）属于劳动争议案件的，应当受理；

（二）虽不属于劳动争议案件，但属于人民法院主管的其他案件，应当依法受理。

第八条　劳动争议仲裁机构为纠正原仲裁裁决错误重新作出裁决，当事人不服依法提起诉讼的，人民法院应当受理。

第十三条　劳动者依据劳动合同法第三十条第二款和调解仲裁法第十六条规定向人民法院申请支付令，符合民事诉讼法第十七章督促程序规定的，人民法院应予受理。

依据劳动合同法第三十条第二款规定申请支付令被人民法院裁定终结督促程序后，劳动者就劳动争议事项直接提起诉讼的，人民法院应当告知其先向劳动争议仲裁机构申请仲裁。

依据调解仲裁法第十六条规定申请支付令被人民法院裁定终结督促程序后，劳动者依据调解协议直接提起诉讼的，人民法院应予受理。

第十五条　劳动者以用人单位的工资欠条为证据直接提起诉讼，诉讼请求不涉及劳动关系其他争议的，视为拖欠劳动报酬争议，人民法院按照普通民事纠纷受理。

部门规章

《劳动人事争议仲裁办案规则》（2017年5月8日）

第二条 本规则适用下列争议的仲裁：

（一）企业、个体经济组织、民办非企业单位等组织与劳动者之间，以及机关、事业单位、社会团体与其建立劳动关系的劳动者之间，因确认劳动关系，订立、履行、变更、解除和终止劳动合同，工作时间、休息休假、社会保险、福利、培训以及劳动保护，劳动报酬、工伤医疗费、经济补偿或者赔偿金等发生的争议；

（二）实施公务员法的机关与聘任制公务员之间、参照公务员法管理的机关（单位）与聘任工作人员之间因履行聘任合同发生的争议；

（三）事业单位与其建立人事关系的工作人员之间因终止人事关系以及履行聘用合同发生的争议；

（四）社会团体与其建立人事关系的工作人员之间因终止人事关系以及履行聘用合同发生的争议；

（五）军队文职人员用人单位与聘用制文职人员之间因履行聘用合同发生的争议；

（六）法律、法规规定由劳动人事争议仲裁委员会（以下简称仲裁委员会）处理的其他争议。

【参考依据】

北京市

《北京市高级人民法院、北京市劳动争议仲裁委员会关于劳动争议案件法律适用问题研讨会会议纪要》（2009年8月17日）

一、关于劳动争议案件的受理范围问题

1. 根据《劳动争议调解仲裁法》《社会保险费征缴暂行条例》《社会保险稽核办法》《劳动保障监察条例》及我市的仲裁和审判实践，对于社会保险争议的受理应遵循以下原则：

（2）由于用人单位未按规定为劳动者缴纳社会保险费，导致劳动者不能享受工伤、失业、生育、医疗保险待遇，劳动者要求用人单位赔偿损失或按规定给付相关费用的，应予受理；

（3）用人单位未为农民工缴纳养老保险费，农民工在与用人单位终止或解除劳动合同后要求用人单位赔偿损失的，应予受理。

2. 因用人单位迟延转档或将档案丢失，劳动者要求用人单位赔偿损失的纠纷，属于劳动争议案件受理范围，公安机关在特定历史时期接收部分社会人员的档案引发的纠纷除外。

天津市

《天津市高级人民法院、天津市人力资源和社会保障局关于审理劳动人事争议案件的会议纪要》（2019年11月25日）

5. 已达到法定退休年龄但未领取养老保险待遇或退休金的劳动者与用人单位发生争议的问题

已达到法定退休年龄，但未领取养老保险待遇或退休金的劳动者（劳动者在同一用人单位连续工作超过退休年龄的除外）与用人单位发生争议申请仲裁，劳动人事争议仲裁委员会认为不属于仲裁受案范围的，应向劳动者出具不予受理通知书。

劳动者就该争议向人民法院提起诉讼的，人民法院应予受理。

河北省

《河北省高级人民法院关于我省劳动争议案件若干疑难问题处理的参考意见》（2010年6月）

一、关于案件受理的问题

1. 劳动者与用人单位因欠缴社会保险费发生争议，凡用人单位整体未参保或整体欠缴的，人民法院不予受理，劳动者应向有关劳动行政部门申请解决；用人单位已参保并正常缴费，只是未给个人参保或缴费的，人民法院应予受理。

劳动者与用人单位因社会保险征缴基数、社会保险费缴纳金额发生的争议，人民法院不予受理。

7. 人民法院受理破产申请后，劳动者对管理人列出的工资、医疗、伤残补助、抚恤费用、基本养老保险、基本医疗费用以及法律、行政法规规定应当支付给职工的补偿金等劳动债权清单提出异议，管理人不予更正的，劳动者有权直接向受理破产申请的人民法院提起诉讼，属于中级人民法院受理破产申请的，为了便于诉讼，由审理破产案件的合议庭一并审理。

辽宁省

《辽宁省高级人民法院民一庭劳动人事争议及劳务纠纷案件审判问题解答》(2013年8月)

问题13：劳动者因刑事犯罪被追究刑事责任，刑满释放后要求用人单位为其补办基本养老保险等社会统筹手续及赔偿应得收入，应否受理？

参考意见：劳动者因刑事犯罪被追究刑事责任的，用人单位可以依照《劳动法》《劳动合同法》的有关规定解除劳动合同。劳动者刑满释放后，就劳动关系存续期间和劳动关系解除所产生的争议申请仲裁、提起诉讼，符合劳动争议案件受理范围的，应予受理。

问题26：双倍工资、工资报酬、单位未依法缴纳而个人自行垫付的社会保险费等劳动债权能否继承，是否属劳动争议案件的审理范围？

参考意见：《最高人民法院关于贯彻执行〈中华人民共和国继承法〉若干问题的意见》第3条规定，公民可继承的其他合法财产包括有价证券和履行标的为财物的债权等。根据该项规定，上述劳动债权应属遗产范围，可以继承。

继承人之间就劳动债权的继承问题发生的争议，属继承案件。已经继承了上述劳动债权的继承人与被继承人用人单位之间发生的劳动债权争议，属劳动争议案件。

问题30：劳动者与个体工商户之间、与未办理工商登记的用人单位之间发生的劳动用工争议，是否属于劳动争议？是否适用劳动合同法？

参考意见：《劳动争议司法解释（二）》第九条规定，劳动者与起有字号的个体工商户产生的劳动争议诉讼，应当以营业执照上登记的字号为当事人，但应同时注明该字号业主的自然情况；该司法解释第七条第（五）项规定，个体工匠与帮工、学徒之间的纠纷，不属于劳动争议。因此，审理涉及个体经营者的相关纠纷，首先应当注意甄别该纠纷是否属于劳动争议案件。我们的倾向性意见是，如果个体经营者未经工商注册登记为个体工商户，则不宜将该纠纷定义为劳动争议。如果相关纠纷属于劳动争议，则应适用劳动合同法的有关规定。

《劳动争议司法解释（三）》第四条、第五条规定，劳动者与未办理营业执照的用人单位发生争议，应将用人单位或者出资人列为当事人；未办理营业执照的用人单位以挂靠等方式借用他人营业执照经营的，应将用人单位和营业执照出借方列为当事人。根据该项规定，劳动者与未办理营业执照的用人单位之间发生的劳动用工纠纷，属于劳动争议，也应当适用劳动合同法的有关规定。

上海市

《上海市高级人民法院关于适用〈劳动合同法〉若干问题的意见》（2009年3月3日）

律师事务所中专职从事行政事务或勤杂工作的劳动者、在律师事务所从事法律事务并领取固定工资或底薪的劳动者，与律师事务所之间就劳动报酬等事项产生的纠纷，属于劳动争议，按照劳动争议的有关规定处理。其他涉及律师事务所与律师之间因合伙利益的分配方式及具体利益分配等问题产生的纠纷，属于民事纠纷，适用相关民事法律处理。

会计事务所、基金会等组织与职工之间产生的纠纷，与前款情况相似的，参照前款规定处理。

江苏省

《江苏省高级人民法院、江苏省劳动人事争议仲裁委员会关于审理劳动人事争议案件的指导意见（二）》（2011年11月8日）

第二十三条 劳动者与用人单位发生劳动人事争议后，依法向劳动争议调解组织申请调解，经调解组织调解达成调解协议后，一方当事人在协议约定期限内不履行调解协议或者就调解协议的内容发生争议，另一方当事人向劳动人事争议仲裁委员会申请仲裁的，劳动人事争议仲裁委员会应当依法受理。

当事人在劳动争议调解组织主持下仅就劳动报酬争议达成调解协议，用人单位不履行调解协议确定的给付义务，劳动者直接向人民法院起诉的，按照普通民事纠纷受理。

浙江省

《浙江省高级人民法院民事审判第一庭、浙江省劳动人事争议仲裁院关于审理劳动争议案件若干问题的解答（四）》（2016年12月）

十一、用人单位未缴纳工伤保险，职工工亡的，其近亲属要求用人单位支付丧葬补助金、一次性工亡补助金产生的争议是否属于劳动争议？近亲属的范围如何确定？

答：用人单位未缴纳工伤保险，职工工亡的，其近亲属要求用人单位支付丧葬补助金、一次性工亡补助金产生的争议属于劳动争议。近亲属的范围为《中华人民共和国继承法》[①]规定的继承人。

[①] 对应《民法典》继承编中的第1127~1129条。

安徽省

《安徽省高级人民法院关于审理劳动争议案件若干问题的指导意见》（2015年1月20日）

第三条 未办理营业执照、营业执照被吊销或者营业期限届满仍继续经营的用人单位与劳动者之间的用工争议，按劳动争议处理，由该单位或者其出资人承担劳动法上的责任。

用人单位在劳动争议仲裁或诉讼期间注销的，由其出资人对劳动者承担原用人单位劳动法上的责任。人民法院有权依据劳动者的申请，将已注销的用人单位出资人列为当事人。

山东省

《山东省高级人民法院、山东省人力资源和社会保障厅关于审理劳动人事争议案件若干问题会议纪要》（2019年4月25日）

十八、关于劳动者请求用人单位为其办理档案和社会保险关系转移手续争议处理问题

劳动合同解除或者终止后，用人单位在法定时间为劳动者办理档案和社会保险关系转移手续，系用人单位的法定义务。劳动者要求用人单位为其办理档案和社会保险关系转移手续而提起仲裁或者诉讼的，应当作为劳动争议受理。

湖北省

《湖北省高级人民法院民事审判工作座谈会会议纪要劳动争议部分》（2013年9月）

1.关于社会保险争议的受案范围，最高人民法院《关于审理劳动争议案件适用法律若干问题的解释（三）》第一条规定："劳动者以用人单位未为其办理社会保险手续，且社会保险经办机构不能补办导致其无法享受社会保险待遇为由，要求用人单位赔偿损失而发生争议的，人民法院应予受理"，应按照该解释的规定，根据当事人的起诉理由和诉讼请求确定具体案件应否受理，不宜对该条内容作扩大解释。

6.劳动者死亡后其近亲属提起诉讼要求确认劳动者与用人单位之间存在劳动关系，并代为主张劳动者生前财产权利的，法院应予受理。

广东省

《广东省高级人民法院、广东省劳动人事争议仲裁委员会关于劳动人事争议仲裁与诉讼衔接若干意见》(2018年7月18日)

二十、职业病诊断、鉴定过程中，在确认劳动者职业史、职业病危害接触史时，当事人对劳动关系、工种、工作岗位或者在岗时间有争议的，可以向劳动人事争议仲裁委员会申请仲裁。劳动者对仲裁裁决不服的，可以依法向人民法院提起诉讼。

用人单位对仲裁裁决不服的，可以在职业病诊断、鉴定程序结束之日起十五日内依法向人民法院提起诉讼；诉讼期间，劳动者的治疗费用按照职业病待遇规定的途径支付。

四川省

《四川省高级人民法院民一庭关于审理劳动争议案件若干疑难问题的解答》(2016年1月15日)

7. 劳动者起诉请求用人单位出具解除或者终止劳动合同的书面证明的，人民法院应予受理。

用人单位未出具解除或者终止劳动合同的书面证明、扣押劳动人事档案、职业资格证书、居民身份证等证件给劳动者造成损害，劳动者请求用人单位承担赔偿责任的争议，按劳动争议受理。

贵州省

《贵州省高级人民法院、贵州省人力资源和社会保障厅关于劳动争议案件若干问题的会议纪要》(2012年7月9日)

30. 劳动者以用人单位未依法为其缴纳社会保险导致其损失为由，要求用人单位赔偿其工伤、失业、生育、医疗待遇损失的，应当作为劳动争议案件受理。

31. 劳动者遭受工伤后，因用人单位及劳动者均未及时申请工伤认定，导致没有行政部门工伤认定的，人民法院不宜按照《工伤保险条例》处理，应告知当事人按照人身损害赔偿纠纷处理。

【典型案例】

刘永泉等十一人与内蒙古东部电力有限公司兴安电业局劳动争议案[①]

裁判摘要：国有企业在劳动用工制度改革过程中，与职工签订离岗退休协议并对工资待遇做了具体承诺的，在因工资事宜发生纠纷时，属于劳动争议，法院应当受理。

---

① 载《最高人民法院公报》，2015 年第 3 期。

第二节 关于不属于劳动争议受案范围的情形

【适用指引】

相关高级人民法院会议纪要规定的不属于劳动争议受案范围的情形

（一）各地规定相对比较统一的情形

1. 政府部门主导企业改制过程中发生的纠纷
2. 因工伤、工龄、特岗的认定及退休手续发生的纠纷
3. 社保机构主管的社保纠纷
4. 补办人事档案纠纷
5. 住房公积金纠纷
6. 在校学生因勤工俭学、参加生产性实习与所在单位发生的纠纷
7. 劳动者仅要求用人单位与其鉴定书面劳动合同的纠纷
8. 筹办未成功的企业，在筹办期间发生的纠纷

（二）各地掌握标准存在差异的情形

关于劳动者与用人单位因养老保险缴费年限发生的争议，《贵州省高级人民法院劳动争议案件法律适用问题座谈会会议纪要》规定为不属于劳动争议受案范围。对未休年休假工资问题，《江苏省高级人民法院、江苏省劳动争议仲裁委员会关于审理劳动争议案件的指导意见》规定此类问题不予受理，认为应通过劳动行政部门解决。

【裁判依据】

司法解释

《最高人民法院关于审理劳动争议案件适用法律若干问题的解释（一）》
（2020年12月25日，法释〔2020〕26号）

第二条 下列纠纷不属于劳动争议：

（一）劳动者请求社会保险经办机构发放社会保险金的纠纷；

（二）劳动者与用人单位因住房制度改革产生的公有住房转让纠纷；

（三）劳动者对劳动能力鉴定委员会的伤残等级鉴定结论或者对职业病诊断鉴定委员会的职业病诊断鉴定结论的异议纠纷；

（四）家庭或者个人与家政服务人员之间的纠纷；

（五）个体工匠与帮工、学徒之间的纠纷；

（六）农村承包经营户与受雇人之间的纠纷。

第六条 劳动争议仲裁机构以当事人申请仲裁的事项不属于劳动争议为由，作出不予受理的书面裁决、决定或者通知，当事人不服依法提起诉讼的，人民法院应当分别情况予以处理：

（一）属于劳动争议案件的，应当受理；

（二）虽不属于劳动争议案件，但属于人民法院主管的其他案件，应当依法受理。

第七条 劳动争议仲裁机构以申请仲裁的主体不适格为由，作出不予受理的书面裁决、决定或者通知，当事人不服依法提起诉讼，经审查确属主体不适格的，人民法院不予受理；已经受理的，裁定驳回起诉。

第九条 劳动争议仲裁机构仲裁的事项不属于人民法院受理的案件范围，当事人不服依法提起诉讼的，人民法院不予受理；已经受理的，裁定驳回起诉。

第十条 当事人不服劳动争议仲裁机构作出的预先支付劳动者劳动报酬、工伤医疗费、经济补偿或者赔偿金的裁决，依法提起诉讼的，人民法院不予受理。

用人单位不履行上述裁决中的给付义务，劳动者依法申请强制执行的，人民法院应予受理。

第十一条 劳动争议仲裁机构作出的调解书已经发生法律效力，一方当事人反悔提起诉讼的，人民法院不予受理；已经受理的，裁定驳回起诉。

第三十二条 用人单位与其招用的已经依法享受养老保险待遇或者领取退休金的人员发生用工争议而提起诉讼的，人民法院应当按劳务关系处理。

企业停薪留职人员、未达到法定退休年龄的内退人员、下岗待岗人员以及企业经营性停产放长假人员，因与新的用人单位发生用工争议而提起诉讼的，人民法院应当按劳动关系处理。

【参考依据】

北京市

一、《北京市高级人民法院、北京市劳动争议仲裁委员会关于劳动争议案件法律适用问题研讨会会议纪要（二）》(2014 年 5 月 7 日)

8. 劳务派遣单位与用工单位之间基于《劳务派遣协议》而产生的纠纷，仲裁委、法院是否作为劳动争议案件处理？

劳务派遣单位与用工单位基于《劳务派遣协议》而产生的纠纷属于劳动合同以外的其他类型合同纠纷，不作为劳动争议案件处理。

9. 劳动者要求转移户口、归还户口页、终止用人单位与人才中心户口保管合同的纠纷是否作为劳动争议案件处理？

劳动者要求转移户口、归还户口页、终止用人单位与人才中心户口保管合同的纠纷，不作为劳动争议案件处理。

二、《北京市高级人民法院、北京市劳动人事争议仲裁委员会关于审理劳动争议案件法律适用问题的解答》(2017 年 4 月 24 日)

1.《最高人民法院关于审理工伤保险行政案件若干问题的规定》（法释〔2014〕9 号）第三条第一款第四项中"用工单位""不具备用工主体资格的组织或者自然人"，第五项中"被挂靠单位""个人"与"因工伤亡职工（人员）"之间产生争议，如何处理？

……

社会保险行政部门以"用工单位""被挂靠单位"与"因工伤亡职工（人员）"之间无劳动关系为由，作出不予受理工伤认定申请或者决定不予认定工伤产生的纠纷，属于行政争议。承担工伤保险责任的单位承担赔偿责任或者社会保险经办机构从工伤保险基金支付工伤保险待遇后，向"不具备用工主体资格的组织或者自然人""个人"追偿产生的纠纷，不属于劳动争议。

天津市

《天津法院劳动争议案件审理指南》(2017 年 11 月 30 日)

一、劳动争议案件的受理范围

2.【政府部门主导改制过程中发生的纠纷】因企业自主改制引发的争议，人民法院应予受理。对于政府部门主导的企业改制引发职工下岗、内退、买断工龄或者整体拖欠工资等争议,以及"三类企业"在退出市场过程中引发的工资福利、社会保险、工伤赔偿等争议,应告知当事人向政府有关部门申请解决。

3.【因工伤、工龄、特岗的认定及退休手续发生的纠纷】工伤、工龄、特岗的认定和办理退休手续等属于劳动行政部门的主管范围,劳动者与用人单位发生以上争议的,应当告知当事人向劳动行政部门申请解决。

4.【社保机构主管的社保纠纷】劳动者与用人单位就以下事项发生争议的,应当告知劳动者向社会保险机构或者相关行政部门申请解决:

(1)用人单位未为劳动者建立社会保险关系,但根据政策规定可以补办,劳动者要求用人单位补办的;

(2)劳动者请求用人单位增加社会保险险种、补足缴费基数、变更参保地的;

(3)劳动者与用人单位因养老保险缴费年限发生争议的。

5.【住房公积金纠纷】劳动者与用人单位因住房公积金发生的争议,属于住房公积金行政管理部门的管理职责范围,应当告知当事人向住房公积金行政管理部门申请解决。

河北省

《河北省高级人民法院关于我省劳动争议案件若干疑难问题处理的参考意见》(2010年6月)

一、关于案件受理的问题

1.劳动者与用人单位因欠缴社会保险费发生争议,凡用人单位整体未参保或整体欠缴的,人民法院不予受理,劳动者应向有关劳动行政部门申请解决;用人单位已参保并正常缴费,只是未给个人参保或缴费的,人民法院应予受理。

劳动者与用人单位因社会保险征缴基数、社会保险费缴纳金额发生的争议,人民法院不予受理。

2.劳动者与用人单位因缴纳住房公积金引起的纠纷,不属于劳动争议案件,人民法院不予受理。

3.劳动者因办理退休手续或出生时间、特殊工种工龄认定及个人因报销差旅费引起纠纷,不属于劳动争议案件,人民法院不予受理。

4.劳动者以与用人单位形成劳动关系为由,诉请与用人单位签订书面劳动合同的,人民法院不予受理,应告知劳动者向劳动行政监察部门申请解决。

5.因企业职工下岗、整体拖欠职工工资和下岗生活费等引发的纠纷,是企业制度改革和劳动用工制度改革中出现的特殊现象，不是履行劳动合同中的问题，应由政府有关部门按照企业改制的政策规定统筹解决，不属于劳动争议案件，人民法院不予受理。

6. 不具备合法经营资格的用人单位与劳动者之间不是劳动关系，因用工关系产生的争议不应作为劳动争议处理。

7. 人民法院受理破产申请后，劳动者对管理人列出的工资、医疗、伤残补助、抚恤费用、基本养老保险、基本医疗费用以及法律、行政法规规定应当支付给职工的补偿金等劳动债权清单提出异议，管理人不予更正的，劳动者有权直接向受理破产申请的人民法院提起诉讼，属于中级人民法院受理破产申请的，为了便于诉讼，由审理破产案件的合议庭一并审理。

辽宁省

《辽宁省高级人民法院民一庭劳动人事争议及劳务纠纷案件审判问题解答》（2013年8月）

问题14：用人单位未依法给劳动者建立社保关系、缴纳社会保险费，劳动者起诉要求用人单位依法建立社保关系、缴纳社会保险费的，法院是否应予受理？

参考意见：《劳动争议〈劳动争议司法解释（三）〉》第一条规定，劳动者以用人单位未为其办理社会保险手续，且社会保险经办机构不能补办导致其无法享受社会保险待遇为由，要求用人单位赔偿损失而发生争议的，人民法院应予受理。根据该项规定，下列涉及社会保险的争议不应纳入人民法院的受案范围：

（1）用人单位未为劳动者办理社会保险手续，劳动者要求办理的；

（2）已经办理了社会保险手续，但用人单位不按规定为劳动者交纳社会保险金，劳动者要求交纳的；

（3）用人单位与劳动者就社会保险金的缴费基数、缴费年限发生的争议。

问题15：劳动者与用人单位因独生子女费等计划生育政策项下待遇发生的争议，是否属于劳动争议受案范围？

参考意见：劳动者与用人单位因计划生育政策项下的待遇发生的争议，不属于劳动争议案件的受理范围，已经受理的，应裁定驳回起诉。

问题16：劳动者要求用人单位为其办理特殊工种退休的，应当如何处理？

参考意见：劳动者与用人单位因办理特殊工种退休发生的争议，不属于劳动争议案件受理范围，已经受理的，应裁定驳回起诉。

问题 29：劳动者与用人单位之间因社会保险手续的办理、社会保险费用的缴纳等问题发生争议，是否属于劳动争议案件受理范围？

参考意见：……劳动者与用人单位就社会保险手续办理、保险费用缴纳问题产生的争议，人民法院不应立案受理。

问题 35：劳动者长期未在单位从事劳动，但档案在单位保管，长期与单位无联系，后向单位主张养老保险、工资等，主张工资是否支持，主张生活费是否支持，主张社会保险是否支持？

参考意见：如果劳动者没有法定事由长期不在单位从事劳动，用人单位也未按照法律规定解除其劳动关系的，用人单位应当按照最低工资标准承担该劳动者的生活费和相应的社会保险费用。

问题 36：职工起诉报销取暖费的，是否受理？如果受理，是否受仲裁时效限制？单位因自身效益原因制定的报销政策（全体职工均在执行）与政府报销标准不一致时，如何处理？

参考意见：劳动者与用人单位之间就住房公积金、采暖费报销问题发生的争议不属劳动争议案件的受案范围。

上海市

一、《上海市高级人民法院关于适用〈劳动合同法〉若干问题的意见》（2009 年 3 月 3 日）

律师事务所中专职从事行政事务或勤杂工作的劳动者、在律师事务所从事法律事务并领取固定工资或底薪的劳动者，与律师事务所之间就劳动报酬等事项产生的纠纷，属于劳动争议，按照劳动争议的有关规定处理。其他涉及律师事务所与律师之间因合伙利益的分配方式及具体利益分配等问题产生的纠纷，属于民事纠纷，适用相关民事法律处理。

会计事务所、基金会等组织与职工之间产生的纠纷，与前款情况相似的，参照前款规定处理。

二、《上海市人力资源和社会保障局、上海市高级人民法院〈关于劳务派遣适用法律若干问题的会议纪要〉》（2015 年 2 月）

四、关于违反法律规定派遣的问题

……

当事人以确认某具体岗位是否属于"三性"岗位或者用工单位是否超出法定比例用工而发生的争议，不属于《调解仲裁法》规定的劳动争议案件受理范围，劳动争议处理机构不予受理。当事人要求确认劳动合同或派遣协议无效或者劳动者要求确认与用工单位存在劳动关系的，缺乏法律依据，不予支持。

江苏省

一、《江苏省高级人民法院、江苏省劳动争议仲裁委员会关于审理劳动争议案件的指导意见》(2009年12月14日)

第二十七条　劳动者请求用人单位增加社会保险险种、补足缴费基数、变更参保地的，不属于劳动争议，但应告知劳动者向劳动行政部门和其他主管部门申请解决。

第二十八条　劳动者以其应休而未休年休假，请求用人单位按照其日工资收入的300%支付年休假工资报酬的，不予受理，告知劳动者通过劳动行政部门解决。

二、《江苏省高级人民法院、江苏省劳动人事争议仲裁委员会关于审理劳动人事争议案件的指导意见（二）》(2011年11月8日)

第二十三条　劳动者与用人单位发生劳动人事争议后，依法向劳动争议调解组织申请调解，经调解组织调解达成调解协议后，一方当事人在协议约定期限内不履行调解协议或者就调解协议的内容发生争议，另一方当事人向劳动人事争议仲裁委员会申请仲裁的，劳动人事争议仲裁委员会应当依法受理。

当事人在劳动争议调解组织主持下仅就劳动报酬争议达成调解协议，用人单位不履行调解协议确定的给付义务，劳动者直接向人民法院起诉的，按照普通民事纠纷受理。

浙江省

《浙江省高级人民法院民一庭关于审理劳动争议案件若干问题的意见》(2009年4月16日)

第二条　劳动者与用人单位因住房公积金产生的争议，不属于劳动争议。

山东省

一、《山东省高级人民法院、山东省劳动争议仲裁委员会、山东省人事争议仲裁委员会关于适用〈中华人民共和国劳动争议调解仲裁法〉和〈中华人民共和国劳动合同法〉若干问题意见》(2010年4月6日)

三、关于适用劳动争议调解仲裁法的有关问题

（二）关于受理范围的有关问题

15. 下列争议，不属于劳动争议：

（1）在校学生因履行与用工单位、学校三方签订的实习协议、就业协议而发

生的争议；

（2）用工单位招用已超过法定退休年龄或者已享受退休待遇的人员而发生的争议；

（3）其他依法不属于劳动争议的。

对于不属于劳动争议的纠纷，可以通过其他途径依法解决。

二、《山东省高级人民法院、山东省人力资源和社会保障厅关于审理劳动人事争议案件若干问题会议纪要》（2019年4月25日）

一、关于建筑工程或者经营权违法发包、转包、分包或个人挂靠经营情况下劳动关系的确认问题

建筑施工、矿山企业等用人单位将工程（业务）或者经营权违法发包、转包、分包或个人挂靠经营的情况下，非法用工主体所招用的人员与发包方、转包方、分包方、被挂靠方不存在劳动关系。如果发生工伤事故，上述发包方、转包方、分包方、被挂靠方可以作为承担工伤保险责任主体。

社会保险行政部门以上述发包方、转包方、分包方、被挂靠方与劳动者之间无劳动关系为由，作出不予受理工伤认定申请或者决定不予认定工伤产生的纠纷，属于行政争议。

以上工伤保险责任主体承担赔偿责任或者社会保险经办机构从工伤保险基金支付工伤保险待遇后，向非法用工主体追偿产生的纠纷，不属于劳动争议。

湖北省

《湖北省高级人民法院民事审判工作座谈会会议纪要劳动争议部分》（2013年9月）

7. 劳动者在工伤认定程序之外直接向法院起诉要求支付工伤保险待遇的，应裁定不予受理或者驳回起诉。

湖南省

《湖南省高级人民法院关于审理劳动争议案件若干问题的指导意见》（2009年5月20日）

二、下列纠纷不属于人民法院劳动争议案件受理范围：

（一）劳动者请求用人单位缴纳住房公积金的；

（二）劳动者请求用人单位为其建立社会保险或缴纳有关社会保险费用的；

（三）劳动者与用人单位因参加工作时间认定、出生年龄确认、工龄折算、特殊工种认定、退休审批、退休基本养老保险或者退休金待遇等发生的纠纷；

（四）在校学生勤工俭学、参加生产性实习见习与所在单位发生的纠纷；

（五）事业单位、国有企业、集体企业改制改革引发的职工下岗、经济补偿金、下岗生活费、劳动关系确认、连续工作年限计算、整体拖欠工资及社会保险参保缴费等纠纷；

（六）劳动者请求用人单位补办人事档案的；

（七）劳动者仅请求用人单位与其签订书面劳动合同的；

（八）其他依照法律和司法解释的规定不属于劳动争议案件的。

三、企业破产申请被受理后，劳动者因与管理人之间就劳动债权清单发生争议，依据《中华人民共和国破产法》第四十八条第二款提起诉讼的，属劳动争议案件之外的普通民事案件。

四、劳动者以用人单位没有为其依法缴纳基本养老、基本医疗、工伤、失业和生育保险费而导致其损失为由，请求用人单位予以赔偿的，可以受理。

重庆市

《重庆市六部门关于劳动争议案件法律适用问题专题座谈会纪要（一）》（2017年6月5日）

三、达到法定退休年龄的劳动者与用人单位是否构成劳动关系的认定

……

超龄人员在工作中受到事故伤害或者患职业病的，由用人单位承担赔偿责任，不适用《社会保险法》和《工伤保险条例》的有关规定，用人单位可参照《工伤保险条例》有关规定实行一次性赔偿。超龄人员及其近亲属就赔偿金额与用人单位发生争议的，不属于劳动争议，其可直接向人民法院提起民事诉讼，人民法院应予受理。

四川省

《四川省高级人民法院民一庭关于审理劳动争议案件若干疑难问题的解答》（2016年1月15日）

5.公司筹办期间招用劳动者，应签订书面协议，明确双方的权利义务。公司依法成立后，筹办期间的工作期限计入劳动者在成立后公司的工作年限。筹办未成功的，如果发起人或出资人是自然人，在筹办期间发生的用工争议不作为劳动争议处理。

6.因政府主导的国有、集体企业改制、改革造成的职工下岗、经济补偿金和下岗生活费等引起的纠纷，人民法院不予受理，可告知劳动者向政府有关部门申

请按照企业改制的政策规定解决。

8.用人单位未给劳动者缴纳社会保险，劳动者自行缴纳或通过其他用人单位缴纳后，请求用人单位支付相关费用的争议，人民法院不作为劳动争议受理。

14.建筑工程的用工关系中，劳务分包人与发包单位之间存在承包合同关系，劳务分包人请求支付劳务费（承包费用）、工资、劳动报酬的，不作为劳动争议案件受理。

贵州省

一、《贵州省高级人民法院劳动争议案件法律适用问题座谈会会议纪要》（2009年12月16日）

5.下列纠纷不属于人民法院劳动争议案件受理范围：

（一）劳动者请求用人单位缴纳住房公积金的；

（二）劳动者请求用人单位为其建立社会保险或缴纳有关社会保险费用的；

（三）政府有关部门主导的国有企业改制引发的企业职工下岗、整体拖欠职工工资等纠纷；

（五）其他依照法律和司法解释的规定不属于劳动争议案件的。

二、《贵州省高级人民法院、贵州省人力资源和社会保障厅关于劳动争议案件若干问题的会议纪要》（2012年7月9日）

29.下列社会保险争议不属于人民法院受理劳动争议案件的范围，应告知劳动者向社会保险行政管理部门申请解决。

（1）用人单位未为劳动者建立社会保险关系，劳动者要求用人单位补办社会保险关系的；

（2）用人单位已经为劳动者建立了社会保险关系，但欠缴社会保险费或未按规定的工资基数、缴纳费率足额缴纳社会保险费，劳动者要求予以补缴的；

（3）劳动者请求用人单位增加社会保险险种、补足缴费金额、变更参保地的。

（4）劳动者与用人单位因养老保险缴费年限发生的争议。

31.劳动者遭受工伤后，因用人单位及劳动者均未及时申请工伤认定，导致没有行政部门工伤认定的，人民法院不宜按照《工伤保险条例》处理，应告知当事人按照人身损害赔偿纠纷处理。

云南省

《云南省高级人民法院、云南省人力资源和社会保障厅关于审理劳动人事争议案件若干问题的座谈会纪要》(2015年1月19日)

一、劳动关系的认定和劳动争议案件的受理范围

(二)下列争议不属于仲裁委员会、人民法院劳动争议受理范围:

1. 已享受养老保险待遇(包括城乡居民养老保险待遇)或退休金人员与所在单位发生的争议;

2. 在校学生勤工俭学、参加生产性实习,高校毕业生进入有关部门确定的见习单位见习而与所在单位发生的争议;

3. 依法选举产生的村民委员会(居民委员会)成员(主任、副主任和委员)与该组织发生的争议;

4. 破产清算组与其聘用人员发生的争议;

5. 劳动者请求用人单位缴纳住房公积金的;

6. 劳动者与用人单位因办理退休手续所涉及的参加工作时间认定、出生年龄确认、工龄折算、特殊工种认定、退休审批、基本养老保险费(基本医疗保险费)的缴纳年限、基本养老保险费的缴纳数额等属行政部门依法处理范围发生的争议;

7. 用人单位已依法为劳动者缴纳社会保险费,劳动者与用人单位因社会保险经办机构支付基本养老金、因病或非因工死亡(致残)相关费用、工伤保险待遇等发生的争议;

8. 其他依照国家和本省规定不属于劳动争议的。

第二章　涉及主体问题的规范

【本章导读】

主体是否适格往往是劳动争议案件需要首先解决的关键问题。《劳动争议司法解释（一）》第7条规定，劳动争议仲裁机构以申请仲裁的主体不适格为由，作出不予受理的书面裁决、决定或者通知，当事人不服依法提起诉讼，经审查确属主体不适格的，人民法院不予受理；已经受理的，裁定驳回起诉。

劳动争议案件的主体问题可分为劳动法律关系主体问题和诉讼主体问题，本章分两节分别对相关规范进行汇总。

第一节　关于劳动法律关系主体问题

【适用指引】

一、劳动者的概念及相关规定

劳动者是指达到法定就业年龄、具有劳动能力并与用人单位建立劳动关系的公民。

1. 我国的法定劳动年龄为 16 周岁：参见《劳动法》第 15 条，《禁止使用童工规定》第 13 条作了例外规定。

2. 外国人需取得《中华人民共和国外国人就业许可证书》方能与用人单位建立劳动关系，特殊情况下可以免办：参见《外国人在中国就业管理规定》第 5 条、第 9 条。

3. 台、港、澳居民在内地就业无需取得《台港澳人员就业证》，国务院 2018 年 7 月 28 日取消台港澳人员在内地就业许可。

4. 企业经营者、高级管理人员被赋予劳动者身份：参见《劳动部关于贯彻执行〈中华人民共和国劳动法〉若干问题的意见》第 11 条。

二、用人单位的概念及相关规定

用人单位是指招收录用劳动者、使用劳动者的劳动能力、并按照劳动者提供的劳动量支付工资和其他待遇的主体。

1. 用人单位的范围包括中华人民共和国境内的企业、个体经济组织、民办非企业单位、国家机关、事业单位、社会团体等类型，不包括其他组织，也不包括自然人：参见《劳动合同法》第 2 条。

2. 依法取得营业执照或者登记证书的用人单位设立的分支机构，可以作为用人单位：参见《劳动合同法实施条例》第 4 条。

3. 非法用工单位和个人承包经营者虽不具备用工主体资格，但也是劳动立法的规制对象：参见《劳动合同法》第 93 条、第 94 条。

【裁判依据】

法律

一、《中华人民共和国劳动法》（2018年12月29日修正）

第二条 在中华人民共和国境内的企业、个体经济组织（以下统称用人单位）和与之形成劳动关系的劳动者，适用本法。

国家机关、事业组织、社会团体和与之建立劳动合同关系的劳动者，依照本法执行。

第十五条 禁止用人单位招用未满十六周岁的未成年人。

文艺、体育和特种工艺单位招用未满十六周岁的未成年人，必须依照国家有关规定，履行审批手续，并保障其接受义务教育的权利。①

二、《中华人民共和国劳动合同法》（2012年12月28日修正）

第二条 中华人民共和国境内的企业、个体经济组织、民办非企业单位等组织（以下称用人单位）与劳动者建立劳动关系，订立、履行、变更、解除或者终止劳动合同，适用本法。

国家机关、事业单位、社会团体和与其建立劳动关系的劳动者，订立、履行、变更、解除或者终止劳动合同，依照本法执行。

第三十四条 用人单位发生合并或者分立等情况，原劳动合同继续有效，劳动合同由承继其权利和义务的用人单位继续履行。

第九十三条 对不具备合法经营资格的用人单位的违法犯罪行为，依法追究法律责任；劳动者已经付出劳动的，该单位或者其出资人应当依照本法有关规定向劳动者支付劳动报酬、经济补偿、赔偿金；给劳动者造成损害的，应当承担赔偿责任。

第九十四条 个人承包经营违反本法规定招用劳动者，给劳动者造成损害的，发包的组织与个人承包经营者承担连带赔偿责任。

三、《中华人民共和国就业促进法》（2015年4月24日修正）

第三十条 用人单位招用人员，不得以是传染病病原携带者为由拒绝录用。但是，经医学鉴定传染病病原携带者在治愈前或者排除传染嫌疑前，不得从事法律、行政法规和国务院卫生行政部门规定禁止从事的易使传染病扩散的工作。

---

① 可参见《禁止使用童工规定》第2条、第13条。——编者注

行政法规

《中华人民共和国劳动合同法实施条例》（2008年9月18日）

第三条　依法成立的会计师事务所、律师事务所等合伙组织和基金会，属于劳动合同法规定的用人单位。

第四条　劳动合同法规定的用人单位设立的分支机构，依法取得营业执照或者登记证书的，可以作为用人单位与劳动者订立劳动合同；未依法取得营业执照或者登记证书的，受用人单位委托可以与劳动者订立劳动合同。

部门规章及规范性文件

一、《劳动部关于贯彻执行〈中华人民共和国劳动法〉若干问题的意见》（1995年8月4日）

11. 根据劳动部《实施〈劳动法〉中有关劳动合同问题的解答》（劳部发〔1995〕202号）的规定，经理由其上级部门聘任（委任）的，应与聘任（委任）部门签订劳动合同。实行公司制的经理和有关经营管理人员，应依照《中华人民共和国公司法》的规定与董事会签订劳动合同。

二、《就业服务与就业管理规定》（2015年4月30日修订）

第二十一条　用人单位招用从事涉及公共安全、人身健康、生命财产安全等特殊工种的劳动者，应当依法招用持相应工种职业资格证书的人员；招用未持相应工种职业资格证书人员的，须组织其在上岗前参加专门培训，使其取得职业资格证书后方可上岗。

三、《外国人在中国就业管理规定》（2017年3月13日修正）

第二条　本规定所称外国人，指依照《中华人民共和国国籍法》规定不具有中国国籍的人员。本规定所称外国人在中国就业，指没有取得定居权的外国人在中国境内依法从事社会劳动并获取劳动报酬的行为。

第三条　本规定适用于在中国境内就业的外国人和聘用外国人的用人单位。本规定不适用于外国驻华使、领馆和联合国驻华代表机构、其他国际组织中享有外交特权与豁免的人员。

第五条　用人单位聘用外国人须为该外国人申请就业许可，经获准并取得《中华人民共和国外国人就业许可证书》（以下简称许可证书）后方可聘用。

第七条　外国人在中国就业须具备下列条件：

（一）年满18周岁，身体健康；

（二）具有从事其工作所必须的专业技能和相应的工作经历；

（三）无犯罪记录；

（四）有确定的聘用单位；

（五）持有有效护照或能代替护照的其他国际旅行证件（以下简称代替护照的证件）。

第八条　在中国就业的外国人应持Z字签证入境（有互免签证协议的，按协议办理），入境后取得《外国人就业证》（以下简称就业证）和外国人居留证件，方可在中国境内就业。

未取得居留证件的外国人（即持F、L、C、G字签证者）、在中国留学、实习的外国人及持Z字签证外国人的随行家属不得在中国就业。特殊情况，应由用人单位按本规定规定的审批程序申领许可证书，被聘用的外国人凭许可证书到公安机关改变身份，办理就业证、居留证后方可就业。

外国驻中国使、领馆和联合国系统、其他国际组织驻中国代表机构人员的配偶在中国就业，应按《中华人民共和国外交部关于外国驻中国使领馆和联合国系统组织驻中国代表机构人员的配偶在中国任职的规定》执行，并按本条第二款规定的审批程序办理有关手续。

许可证书和就业证由劳动部统一制作。

第九条　凡符合下列条件之一的外国人可免办就业许可和就业证：

（一）由我国政府直接出资聘请的外籍专业技术和管理人员，或由国家机关和事业单位出资聘请，具有本国或国际权威技术管理部门或行业协会确认的高级技术职称或特殊技能资格证书的外籍专业技术和管理人员，并持有外国专家局签发的《外国专家证》的外国人；

（二）持有《外国人在中华人民共和国从事海上石油作业工作准证》从事海上石油作业、不需登陆、有特殊技能的外籍劳务人员；

（三）经文化部批准持《临时营业演出许可证》进行营业性文艺演出的外国人。

第十条　凡符合下列条件之一的外国人可免办许可证书，入境后凭Z字签证及有关证明直接办理就业证：

（一）按照我国与外国政府间、国际组织间协议、协定，执行中外合作交流项目受聘来中国工作的外国人；

（二）外国企业常驻中国代表机构中的首席代表、代表。

第二十四条　外国人在中国就业的用人单位必须与其就业证所注明的单位相一致。

外国人在发证机关规定的区域内变更用人单位但仍从事原职业的，须经原发证机关批准，并办理就业证变更手续。

外国人离开发证机关规定的区域就业或在原规定的区域内变更用人单位且从事不同职业的,须重新办理就业许可手续。

第二十六条 用人单位与被聘用的外国人发生劳动争议,应按照《中华人民共和国劳动法》和《中华人民共和国劳动争议调解仲裁法》处理。

四、《人力资源社会保障部关于香港澳门台湾居民在内地（大陆）就业有关事项的通知》（2018年8月23日）

2018年7月28日,国务院印发《关于取消一批行政许可事项的决定》（国发〔2018〕28号）,取消台港澳人员在内地就业许可。8月23日,人力资源社会保障部颁布《关于废止〈台湾香港澳门居民在内地就业管理规定〉的决定》（人力资源社会保障部令第37号）,废止《台湾香港澳门居民在内地就业管理规定》（劳动和社会保障部令第26号）。为进一步做好港澳台人员在内地（大陆）就业有关工作,现就有关事项通知如下：

一、在内地（大陆）求职、就业的港澳台人员,可使用港澳台居民居住证、港澳居民来往内地通行证、台湾居民来往大陆通行证等有效身份证件办理人力资源社会保障各项业务,以工商营业执照、劳动合同（聘用合同）、工资支付凭证或社会保险缴费记录等作为其在内地（大陆）就业的证明材料。

二、各地要完善相关制度,将港澳台人员纳入当地就业创业管理服务体系,参照内地（大陆）劳动者对其进行就业登记和失业登记,加强就业失业统计监测,为有在内地（大陆）就业创业意愿的人员提供政策咨询、职业介绍、开业指导、创业孵化等服务。要在2018年12月31日前完成对公共就业创业服务系统的改造升级,支持港澳台人员使用港澳台居民居住证、港澳居民来往内地通行证、台湾居民来往大陆通行证等有效身份证件注册登录,提供求职招聘服务。

三、各地要加强工作部署和政策宣传,及时帮助辖区内用人单位和港澳台人员了解掌握相关政策规定,依法维护港澳台人员在内地（大陆）就业权益,为港澳台人员在内地（大陆）就业营造良好环境。

四、2018年7月28日起,港澳台人员在内地（大陆）就业不再需要办理《台港澳人员就业证》。8月23日起,各地不再受理《台港澳人员就业证》申请;对此前已受理申请但尚未发放证件的,及时告知用人单位无需再申请办理。2018年12月31日前,处于有效期内的《台港澳人员就业证》仍可同时作为港澳台人员在内地（大陆）就业证明材料;2019年1月1日起终止使用。

【参考依据】

北京市

一、《北京市高级人民法院、北京市劳动争议仲裁委员会关于劳动争议案件法律适用问题研讨会会议纪要（二）》（2014年5月7日）

16.劳动者向未办理营业执照、被吊销营业执照或者营业期限届满仍继续经营的用人单位提供劳动，如何处理？

劳动者向未办理营业执照、被吊销营业执照或者营业期限届满仍继续经营的用人单位提供劳动，劳动者有权依照《中华人民共和国劳动合同法》（以下简称《劳动合同法》）的规定向用人单位主张权利，用人单位不存在或者无力承担责任时，出资人应当依法承担相应责任。

19.农民工在建筑施工过程中发生工伤损害的，如何承担责任？

建筑施工企业未为农民工办理工伤社会保险的，对在建筑施工过程中发生工伤损害的农民工承担工伤保险待遇赔偿。建筑施工企业将工程违法分包或非法转包给没有用工主体资格的单位或人员时，农民工不能享受工伤保险待遇时，建筑施工企业对工伤保险待遇赔偿承担连带赔偿责任。

20.劳动者与用人单位签订劳动合同后，被该用人单位派往其他单位工作，发生争议时如何处理？

劳动者虽在被派往单位工作，应认定其与签订劳动合同的用人单位存在劳动关系。可根据案件审理情况，追加实际用人单位参加诉讼。在判决仅由签订劳动合同的用人单位承担责任，可能损害劳动者实际利益的情况下，可判决由实际用人单位承担连带责任。

26.有关联关系的用人单位交叉轮换使用劳动者，根据现有证据难以查明劳动者实际工作状况的，如何处理？

有关联关系的用人单位交叉轮换使用劳动者的，根据现有证据难以查明劳动者实际工作状况的，参照以下原则处理：（1）订立劳动合同的，按劳动合同确认劳动关系；（2）未订立劳动合同的，可以根据审判需要将有关联关系的用人单位列为当事人，以有关联关系的用人单位发放工资、缴纳社会保险、工作地点、工作内容，作为判断存在劳动关系的因素；（3）在有关联关系的用人单位交叉轮换使用劳动者，工作内容交叉重叠的情况下，对劳动者涉及给付内容的主张，可根据劳动者的主张，由一家用人单位承担责任，或由多家用人单位承担连带责任。

二、《北京市高级人民法院、北京市劳动人事争议仲裁委员会关于审理劳动争议案件法律适用问题的解答》(2017年4月24日)

1.《最高人民法院关于审理工伤保险行政案件若干问题的规定》(法释〔2014〕9号)第三条第一款第四项中"用工单位""不具备用工主体资格的组织或者自然人",第五项中"被挂靠单位""个人"与"因工伤亡职工(人员)"之间产生争议,如何处理?

"用工单位""被挂靠单位"与"因工伤亡职工(人员)"之间不是劳动关系或雇佣关系。"用工单位""被挂靠单位"仅是承担工伤保险责任的单位。

"不具备用工主体资格的组织或者自然人""个人"与"因工伤亡职工(人员)"之间不是劳动关系,而是雇佣关系。

社会保险行政部门以"用工单位""被挂靠单位"与"因工伤亡职工(人员)"之间无劳动关系为由,作出不予受理工伤认定申请或者决定不予认定工伤产生的纠纷,属于行政争议。

承担工伤保险责任的单位承担赔偿责任或者社会保险经办机构从工伤保险基金支付工伤保险待遇后,向"不具备用工主体资格的组织或者自然人""个人"追偿产生的纠纷,不属于劳动争议。

天津市

《天津法院劳动争议案件审理指南》(2017年11月30日)

30.【《最高人民法院关于审理劳动争议案件适用法律若干问题的解释(四)》第五条规定的新用人单位的理解】《最高人民法院关于审理劳动争议案件适用法律若干问题的解释(四)》第五条①所规定的"新用人单位"宜理解为相对概念,劳动者可以选择向任一原用人单位主张权利,被选择的用人单位相对于之前的用人单位而言即为"新用人单位"。

河北省

《河北省高级人民法院关于我省劳动争议案件若干疑难问题处理的参考意见》(2010年6月)

二、关于发包后的主体界定和责任承担问题

8.具有用工主体资格的建筑施工、矿山企业等用人单位将工程业务或者经营权发包给不具备用工主体资格的组织或自然人施工,施工人与其非法招用的

---

① 注:现为《劳动争议司法解释(一)》第46条。

劳动者之间为无效劳动合同关系。在劳动争议案件中，发包人、分包人、转包人、施工人、劳动者为当事人。（有法院认为应认定劳动者与用人单位形成劳动关系）

　　劳动者在施工中发生工伤事故，发包人、分包人、转包人、施工人对劳动者的工伤赔偿承担连带责任。

第二节 关于诉讼主体问题

【适用指引】

一、诉讼主体的概念和第三人的追加

诉讼主体通常是指在民事诉诉中有权进行使诉讼程序发生、变更和消灭的诉讼行为的组织或个人,包括人民法院、当事人和第三人。劳动争议诉讼中,当事人是指劳动者和用人单位。第三人是指虽然没有独立请求权,但案件处理结果同他有法律上的利害关系,需要参加诉讼的主体,以与用人单位存在一定关联关系的企业最为普遍。第三人可以由当事人申请追加,也可以由法院依职权追加。对需要追加第三人参加诉讼而未追加的,容易导致案件事实不清,责任分配不明。

二、最高人民法院司法解释关于劳动争议案件当事人及第三人确定问题的规定

(一)用人单位发生合并或分立的,由承受劳动合同权利义务的实际用人单位为诉讼当事人:参见《劳动争议司法解释(一)》第26条。

(二)因用人单位招用尚未解除劳动合同的劳动者,原用人单位与劳动者发生争议时当事人的确定:

1.用人单位招用尚未解除劳动合同的劳动者,原用人单位与劳动者发生的劳动争议,可以列新的用人单位为第三人:参见《劳动争议司法解释(一)》第27条第一款。

2.原用人单位以新的用人单位侵权为由向人民法院起诉的,可以列劳动者为第三人:参见《劳动争议司法解释(一)》第27条第2款。

3.原用人单位以新的用人单位和劳动者共同侵权为由向人民法院起诉的,新的用人单位和劳动者列为共同被告:参见《劳动争议司法解释(一)》第27条第3款。

(三)劳动者在用人单位与其他平等主体之间的承包经营期间,与发包和承包方双方或者一方发生劳动争议,应当将承包方和发包方作为当事人:参见《劳动争议司法解释(一)》第28条。

（四）劳动者与个体工商户产生的劳动争议诉讼，个体工商户以营业执照上登记的经营者为当事人。有字号的，以营业执照上登记的字号为当事人，但应同时注明该字号经营者的基本信息。营业执照上登记的经营者与实际经营者不一致的，以登记的经营者和实际经营者为共同诉讼人：参见《民事诉讼法司法解释》第 59 条。

（五）劳务派遣单位或者用工单位与劳动者发生劳动争议的，劳务派遣单位和用工单位为共同当事人：参见《劳动争议调解仲裁法》第 22 条第 2 款。

（六）劳动者与未办理营业执照、营业执照被吊销或者营业期限届满仍继续经营的用人单位发生争议的，应当将用人单位或者其出资人列为当事人：参见《劳动争议司法解释（一）》第 29 条。

（七）未办理营业执照、营业执照被吊销或者营业期限届满仍继续经营的用人单位，以挂靠等方式借用他人营业执照经营的，应当将用人单位和营业执照出借方列为当事人：参见《劳动争议司法解释（一）》第 29 条。

（八）仲裁裁决遗漏了必须共同参加仲裁的当事人的，应当依法追加遗漏的人为诉讼当事人。被追加的当事人应当承担责任的，人民法院应当一并处理：参见《劳动争议司法解释（一）》第 31 条。

【裁判依据】

法律

《中华人民共和国劳动争议调解仲裁法》（2017 年 12 月 29 日）

第二十二条　发生劳动争议的劳动者和用人单位为劳动争议仲裁案件的双方当事人。

劳务派遣单位或者用工单位与劳动者发生劳动争议的，劳务派遣单位和用工单位为共同当事人。

第二十三条　与劳动争议案件的处理结果有利害关系的第三人，可以申请参加仲裁活动或者由劳动争议仲裁委员会通知其参加仲裁活动。

第二十四条　当事人可以委托代理人参加仲裁活动。委托他人参加仲裁活动，应当向劳动争议仲裁委员会提交有委托人签名或者盖章的委托书，委托书应当载明委托事项和权限。

第二十五条　丧失或者部分丧失民事行为能力的劳动者，由其法定代理人代为参加仲裁活动；无法定代理人的，由劳动争议仲裁委员会为其指定代理人。劳动者死亡的,由其近亲属或者代理人参加仲裁活动。

司法解释

一、《最高人民法院关于适用〈中华人民共和国民事诉讼法〉的解释》(2020年12月29日,法释〔2020〕20号)

第五十九条　在诉讼中,个体工商户以营业执照上登记的经营者为当事人。有字号的,以营业执照上登记的字号为当事人,但应同时注明该字号经营者的基本信息。

营业执照上登记的经营者与实际经营者不一致的,以登记的经营者和实际经营者为共同诉讼人。

第七十三条　必须共同进行诉讼的当事人没有参加诉讼的,人民法院应当依照民事诉讼法第一百三十二条的规定,通知其参加;当事人也可以向人民法院申请追加。人民法院对当事人提出的申请,应当进行审查,申请理由不成立的,裁定驳回;申请理由成立的,书面通知被追加的当事人参加诉讼。

第七十四条　人民法院追加共同诉讼的当事人时,应当通知其他当事人。应当追加的原告,已明确表示放弃实体权利的,可不予追加;既不愿意参加诉讼,又不放弃实体权利的,仍应追加为共同原告,其不参加诉讼,不影响人民法院对案件的审理和依法作出判决。

二、《最高人民法院关于审理劳动争议案件适用法律若干问题的解释(一)》(2020年12月25日,法释〔2020〕26号)

第二十六条　用人单位与其它单位合并的,合并前发生的劳动争议,由合并后的单位为当事人;用人单位分立为若干单位的,其分立前发生的劳动争议,由分立后的实际用人单位为当事人。

用人单位分立为若干单位后,具体承受劳动权利义务的单位不明确的,分立后的单位均为当事人。

第二十七条　用人单位招用尚未解除劳动合同的劳动者,原用人单位与劳动者发生的劳动争议,可以列新的用人单位为第三人。

原用人单位以新的用人单位侵权为由提起诉讼的,可以列劳动者为第三人。

原用人单位以新的用人单位和劳动者共同侵权为由提起诉讼的,新的用人单位和劳动者列为共同被告。

第二十八条　劳动者在用人单位与其他平等主体之间的承包经营期间,与发包方和承包方双方或者一方发生劳动争议,依法提起诉讼的,应当将承包方和发包方作为当事人。

第二十九条　劳动者与未办理营业执照、营业执照被吊销或者营业期限届满仍继续经营的用人单位发生争议的,应当将用人单位或者其出资人列为当事人。

第三十条　未办理营业执照、营业执照被吊销或者营业期限届满仍继续经营的用人单位,以挂靠等方式借用他人营业执照经营的,应当将用人单位和营业执照出借方列为当事人。

第三十一条　当事人不服劳动争议仲裁机构作出的仲裁裁决,依法提起诉讼,人民法院审查认为仲裁裁决遗漏了必须共同参加仲裁的当事人的,应当依法追加遗漏的人为诉讼当事人。

被追加的当事人应当承担责任的,人民法院应当一并处理。

三、《最高人民法院对经劳动争议仲裁裁决的纠纷准予撤诉或驳回起诉后劳动争议仲裁裁决从何时起生效的解释》(2000年7月10日,法释〔2000〕18号)

第三条　因仲裁裁决确定的主体资格错误或仲裁裁决事项不属于劳动争议,被人民法院驳回起诉的,原仲裁裁决不发生法律效力。

部门规章

一、《劳动人事争议仲裁办案规则》(2017年5月8日)

第六条　发生争议的用人单位未办理营业执照、被吊销营业执照、营业执照到期继续经营、被责令关闭、被撤销以及用人单位解散、歇业,不能承担相关责任的,应当将用人单位和其出资人、开办单位或者主管部门作为共同当事人。

第七条　劳动者与个人承包经营者发生争议,依法向仲裁委员会申请仲裁的,应当将发包的组织和个人承包经营者作为共同当事人。

二、《因工死亡职工供养亲属范围规定》(2003年9月23日)

第二条　本规定所称因工死亡职工供养亲属,是指该职工的配偶、子女、父母、祖父母、外祖父母、孙子女、外孙子女、兄弟姐妹。

本规定所称子女,包括婚生子女、非婚生子女、养子女和有抚养关系的继子女,其中,婚生子女、非婚生子女包括遗腹子女;

本规定所称父母,包括生父母、养父母和有抚养关系的继父母;

本规定所称兄弟姐妹,包括同父母的兄弟姐妹、同父异母或者同母异父的兄弟姐妹、养兄弟姐妹、有抚养关系的继兄弟姐妹。

【参考依据】

北京市

一、《北京市高级人民法院、北京市劳动争议仲裁委员会关于劳动争议案件法律适用问题研讨会会议纪要（二）》(2014年5月7日)

15.用人单位自动歇业、视为自动歇业、被撤销或吊销营业执照，如何确定当事人？

用人单位自动歇业、视为自动歇业、被撤销、被吊销营业执照应列该用人单位为当事人。如用人单位成立清算组清理债权债务的，由清算组负责人代表用人单位参加仲裁或诉讼；尚未成立清算组的，由原法定代表人代表用人单位参加仲裁或诉讼。清算组负责人或原法定代表人可以委托诉讼代理人参加仲裁或诉讼。

16.劳动者向未办理营业执照、被吊销营业执照或者营业期限届满仍继续经营的用人单位提供劳动，如何处理？

劳动者向未办理营业执照、被吊销营业执照或者营业期限届满仍继续经营的用人单位提供劳动，劳动者有权依照《中华人民共和国劳动合同法》(以下简称《劳动合同法》)的规定向用人单位主张权利，用人单位不存在或者无力承担责任时，出资人应当依法承担相应责任。

17.涉及建筑工程的用工关系中，包工头能否主张工人劳务费、工资、劳动报酬？

包工头与发包单位之间存在承包合同关系，可另行依据合同追索承包费用，其以支付劳务费、工资、劳动报酬为由提起仲裁或诉讼的不予支持。

18.农民工向违法分包、非法转包工程给包工头的建筑施工企业主张追索劳务费、工资、劳动报酬时，仲裁委、法院是否需追加包工头？

建筑施工企业将工程违法分包、非法转包给包工头，包工头自行招工、自行管理，自发劳务费、工资、劳动报酬的，应当在仲裁或诉讼中追加包工头。

农民工没有将包工头列为当事人的，仲裁委、法院应向农民工释明，要求追加包工头为当事人。农民工在释明后不同意追加包工头的，仲裁委、法院可依职权进行追加。

20.劳动者与用人单位签订劳动合同后，被该用人单位派往其他单位工作，发生争议时如何处理？

劳动者虽在被派往单位工作，应认定其与签订劳动合同的用人单位存在劳动关系。可根据案件审理情况,追加实际用人单位参加诉讼。在判决仅由签订劳动合同的用人单位承担责任,可能损害劳动者实际利益的情况下,可判决由实际用人单位承担连带责任。

21.因工死亡职工的亲属能否要求确认劳动关系?

因工死亡职工的亲属可以要求确认劳动者与用人单位之间存在劳动关系,因工死亡职工的亲属的范围包括该职工的配偶、父母、子女、兄弟姐妹、祖父母、外祖父母、孙子女、外孙子女和其他具有扶养、赡养关系的亲属,因工死亡职工的亲属中任何一人均可作为仲裁申请人或诉讼原告。涉及因工死亡职工赔偿及享受待遇等主张,应由全部亲属作为当事人参加诉讼。

26.有关联关系的用人单位交叉轮换使用劳动者,根据现有证据难以查明劳动者实际工作状况的,如何处理?

(2)未订立劳动合同的,可以根据审判需要将有关联关系的用人单位列为当事人,以有关联关系的用人单位发放工资、缴纳社会保险、工作地点、工作内容,作为判断存在劳动关系的因素。

二、《北京市高级人民法院民一庭2014年部分劳动争议案件法律适用问题研讨会会议纪要》(2015年1月5日)

《会议纪要二》第16条:"劳动者向未办理营业执照、被吊销营业执照或者营业期限届满仍继续经营的用人单位提供劳动,劳动者有权依照《中华人民共和国劳动合同法》(以下简称《劳动合同法》)的规定向用人单位主张权利,用人单位不存在或者无力承担责任时,出资人应当依法承担相应责任。"

问题:

1.出资人的诉讼地位是否为被告?如果出资人有多个,是否必须全部追加?

2.出借营业执照的,出借方对借用方招聘的劳动者是否可以比照该条承担责任?

研讨意见:

1.出资人的诉讼地位列为被告。如果出资人有多个,应当全部追加。

2.出借营业执照的,根据《最高人民法院关于审理劳动争议案件适用法律若干问题的解释(三)》第五条[①]规定,应当将用人单位和营业执照出借方列为当事人。

《会议纪要二》第21条:"因工死亡职工的亲属可以要求确认劳动者与用人单位之间存在劳动关系,因工死亡职工的亲属的范围包括该职工的配偶、父母、子女、兄弟姐妹、祖父母、外祖父母、孙子女、外孙子女和其他具有扶养、赡养关系的亲属,因工死亡职工的亲属中任何一人均可作为仲裁申请人或诉讼原告。

---

① 注:现为《劳动争议司法解释(一)》第30条。

涉及因工死亡职工赔偿及享受待遇等主张，应由全部亲属作为当事人参加诉讼。"

问题：能否理解为，只要求确认劳动关系的，任一亲属作原告即可；但要求赔偿或享受待遇的，应按照《继承法》①规定的有继承权的全部亲属做原告。

研讨意见：只要求确认劳动关系的，任一亲属均可作为仲裁申请人或诉讼原告；但要求赔偿或享受待遇的，一般应由全部亲属作为当事人参加诉讼。

三、《北京市高级人民法院、北京市劳动人事争议仲裁委员会关于审理劳动争议案件法律适用问题的解答》（2017年4月24日）

26.哪些近亲属可以享受《工伤保险条例》第三十九条规定中劳动者的工亡赔偿待遇？近亲属间如何分配劳动者的工亡赔偿待遇？

《工伤保险条例》规定的近亲属的范围不同于《继承法》②的继承人范围。

《工伤保险条例》规定的近亲属应包括配偶、父母、子女、兄弟姐妹、祖父母、外祖父母、孙子女、外孙子女和其他具有扶养、赡养关系的亲属。

依据《工伤保险条例》第三十九条规定"供养亲属抚恤金按照职工本人工资的一定比例发给由因工死亡职工生前提供主要生活来源、无劳动能力的亲属""供养亲属的具体范围由国务院社会保险行政部门规定"，具体认定可按原劳动和社会保障部《因工死亡职工供养亲属范围规定》执行。

除供养亲属抚恤金外，其他享受劳动者的工亡赔偿待遇的近亲属范围的顺位可参照《继承法》③中法定继承顺位考虑。

四、《北京市高级人民法院民一庭关于审理涉破产企业劳动争议案件的参考意见》（2015年11月15日）

三、（有关破产企业诉讼的当事人问题）人民法院受理破产申请后，有关破产企业的民事诉讼（包括破产申请受理时已经开始而尚未终结的民事诉讼，以及破产申请受理后新提起的民事诉讼），由破产企业作为诉讼主体，管理人负责人作为诉讼代表人代表破产企业参加诉讼；管理人为个人的，由该人员作为破产企业的诉讼代表人。

六、（仲裁与诉讼的衔接）如劳动争议仲裁中劳动争议仲裁委员会错误地将破产企业清算组或破产企业管理人列为诉讼主体的，人民法院在审理中应向当事人释明，将破产企业列为诉讼主体后继续进行实体审理。

---

① 对应《民法典》继承编中的第1127~1129条。
② 对应《民法典》继承编中的第1127~1129条。
③ 对应《民法典》继承编中的第1127~1129条。

天津市

一、《天津法院劳动争议案件审理指南》（2017年11月30日）

30.【《最高人民法院关于审理劳动争议案件适用法律若干问题的解释（四）》第五条规定的新用人单位的理解】《最高人民法院关于审理劳动争议案件适用法律若干问题的解释（四）》第五条[①]所规定的"新用人单位"宜理解为相对概念，劳动者可以选择向任一原用人单位主张权利，被选择的用人单位相对于之前的用人单位而言即为"新用人单位"。

二、《天津市高级人民法院、天津市人力资源和社会保障局关于审理劳动人事争议案件的会议纪要》（2019年11月25日）

3.用人单位注销、当事人申请仲裁问题

劳动者与用人单位发生争议，用人单位已注销的，按照以下情形分别处理：

（1）用人单位注销后，当事人申请仲裁，劳动人事争议仲裁委员会出具不予受理通知书。当事人向人民法院提起诉讼，人民法院应予受理。

（2）仲裁立案后，用人单位注销的，劳动人事争议仲裁委员会应当依法撤销案件，以决定书形式通知当事人。当事人向人民法院提起诉讼的，人民法院应予受理。

人民法院受理后，当事人申请追加出资人、开办单位或者清算组作为被告的，应予准许。

上海市

《上海市高级人民法院关于适用〈劳动合同法〉若干问题的意见》（2009年3月3日）

二十二、境外单位在沪设立的办事机构的诉讼主体地位

境外公司在沪设立办事机构的，该机构已经合法办理了登记手续，并按照相关法律规定通过对外服务机构招用劳动者，劳动者就相关劳动权利义务与该办事处产生纠纷的，可以该办事机构作为劳动争议的当事人；该办事机构未按照相关法律规定通过对外服务机构招用劳动者，劳动者就报酬支付等问题与该办事处产生纠纷的，作为民事纠纷处理，该办事机构可以作为民事诉讼的当事人。

[①] 注：现为《劳动争议司法解释（一）》第46条。

江苏省

《江苏省高级人民法院、江苏省劳动争议仲裁委员会关于审理劳动争议案件的指导意见》（2009年12月14日）

第二条 未依法领取营业执照或者登记证书的用人单位分支机构，受用人单位委托直接与劳动者签订劳动合同，双方发生劳动争议时，应当将委托其签订劳动合同的用人单位作为当事人。

第四条 没有用人单位主体资格的个人承包经营者违法招用劳动者给劳动者造成损害，劳动者请求损害赔偿的，应当将发包组织与个人承包经营者作为共同当事人。

发包组织在承担连带赔偿责任后可以依据双方签订的承包协议向个人承包经营者追偿。

浙江省

《浙江省高级人民法院民一庭关于审理劳动争议案件若干问题的意见》（2009年4月16日）

第七条 劳动者与用人单位签订劳动合同后，被该用人单位派往其他单位工作，并在其他单位领取工资或办理社会保险，因用工关系发生争议的，指派单位和实际用工单位应作为共同当事人并承担连带责任。

第八条 劳动者与不具备合法经营资格的用工主体因用工关系发生争议的，应当将其出资人或开办单位作为当事人。

第九条 用人单位被吊销营业执照、责令关闭、撤销以及用人单位决定提前解散、歇业，应当将用人单位或清算组织作为当事人；用人单位或清算组织不能承担相关责任的，应当将其出资人或开办单位作为共同当事人。

第十条 用人单位挂靠在其他单位名下或借用其他单位的营业执照进行生产经营，劳动者与用人单位发生劳动争议的，用人单位和被挂靠单位或营业执照出借单位应作为共同当事人并承担连带责任。

第十一条 在建设工程层层转包、分包中，作为实际施工人的自然人与其招用的劳动者发生劳动争议的，最近的上一层转包、分包关系中具备合法用工主体资格的单位应作为当事人；也可视案情需要，将实际施工的自然人及违法转包人、分包人作为共同当事人。

安徽省

《安徽省高级人民法院关于审理劳动争议案件若干问题的指导意见》（2015年1月20日）

第三条 未办理营业执照、营业执照被吊销或者营业期限届满仍继续经营的用人单位与劳动者之间的用工争议，按劳动争议处理，由该单位或者其出资人承担劳动法上的责任。

用人单位在劳动争议仲裁或诉讼期间注销的，由其出资人对劳动者承担原用人单位劳动法上的责任。人民法院有权依据劳动者的申请，将已注销的用人单位出资人列为当事人。

山东省

《山东省高级人民法院、山东省劳动争议仲裁委员会、山东省人事争议仲裁委员会关于适用〈中华人民共和国劳动争议调解仲裁法〉和〈中华人民共和国劳动合同法〉若干问题意见》（2010年4月6日）

二、关于劳动争议主体的有关问题

2. 起字号的个人合伙或个体工商户，应当以营业执照上登记的字号为当事人，并同时注明该字号业主的基本情况。

3. 不具备合法经营资格的用人单位借用他人营业执照经营的，应当将不具备合法经营资格的用人单位和出借营业执照的用人单位列为共同当事人。

四川省

《四川省高级人民法院民一庭关于审理劳动争议案件若干疑难问题的解答》（2016年1月15日）

10. 用人单位挂靠在其他单位名下或借用其他单位的营业执照进行生产经营，劳动者与用人单位发生劳动争议的，用人单位和被挂靠单位或营业执照出借单位应作为共同当事人并承担连带责任。

11. 实际经营者借用个体工商户营业执照进行经营的，应当以营业执照上登记的字号为当事人，除应注明该字号业主的自然情况外，还应将实际经营者列为共同当事人。

12. 在建设工程层层转包、分包中，作为实际施工人的自然人与其招用的劳动者产生纠纷，最近的上一层转包、分包关系中具备合法用工主体资格的单位应作为当事人；也可视案情需要，将实际施工的自然人及违法转包人、分包人作为共同当事人。

17. 在仲裁或诉讼期间，用人单位注销、被吊销营业执照、关闭、撤销的，由其出资人承担原用人单位的法律责任。当事人应按前条规定申请变更主体，仲裁委、人民法院也可依职权将已注销的用人单位的出资人列为当事人。

贵州省

《贵州省高级人民法院、贵州省人力资源和社会保障厅关于劳动争议案件若干问题的会议纪要》(2012年7月9日)

4. 劳动者与不具备合法经营资格的用人单位因用工关系产生争议，应当将该单位或出资人列为当事人，按照《劳动合同法》第九十三条的规定支付相关费用或承担赔偿责任。

5. 不具备合法经营资格的用人单位借用他人营业执照经营的，可将用人单位和营业执照出借方列为当事人。

6. 在挂靠关系中，如挂靠人以被挂靠人的名义招用劳动者，被挂靠人未提供证据证明其已提出异议并将挂靠事实告知劳动者，挂靠人不具有用工主体资格的，由被挂靠人承担用工主体责任；挂靠人具有用工主体资格的，由挂靠人承担责任，被挂靠人承担连带责任。

8. 非法人单位与劳动者产生劳动争议的，如非法人单位不属于法律规定可以独立承担民事责任的组织或不具有清偿能力的，可将其上一级法人单位列为共同仲裁、共同诉讼主体参与仲裁、诉讼，上一级法人单位承担补充责任。

9. 劳动者与起字号的个体工商户发生劳动争议，应以营业执照上登记的字号作为当事人，但应同时注明该字号业主的自然情况。

业主与实际经营者不一致时，可将实际经营者作为共同当事人。

10. 用人单位合并前发生的劳动争议，以合并后的用人单位作为一方当事人；用人单位分立前的劳动争议，分立后分担分立前用人单位劳动权利义务明确的，由承受劳动权利义务的单位作为一方当事人；承受劳动权利义务不明确的，将分立后的各单位共同列为当事人。

11. 在建设工程层层转包、分包中，作为实际施工人的自然人与其招用的劳动者发生争议的，应将最近的上一层转包、分包关系中具备合法用工主体资格的单位列为当事人；也可根据案情需要，将实际施工的承包人、转包人、违法分包人列为共同当事人。

第三章 涉及确认劳动关系请求的规范

【本章导读】

《劳动法》和《劳动合同法》未对劳动关系的概念和界定标准作出明确规定。

"劳动关系的认定是劳动法适用的起点，劳动者与用人单位之间是否存在劳动关系直接影响到双方之间是否享有劳动法中的权利并履行相应的义务，涉及劳动者能够享受法律的倾斜保护，也涉及社会保险的缴纳和待遇享受问题。该问题不仅在实践中至关重要，也是劳动法学研究中基础性问题之一。"[1] 如果多项请求中涉及劳动关系确认问题，劳动者一般将该项请求放在第一项，该项请求的结论决定着其他请求在本案中是否具有解决的基础。除特殊情形外（参见第十三章），如果不能认定其与被诉单位存在劳动关系，则劳动者基于双方存在劳动关系而提起的其他请求也无法得到支持。

本章分三节：

第一节就审判实践中劳动关系的认定标准及一般认定存在劳动关系的情形进行了汇总，并附相关参考资料。

第二节就一般不认定劳动关系的情形进行了汇总。

第三节就涉及双重劳动关系、共享用工、劳动者借用等方面的情形进行了汇总。

---

[1] 林嘉：《劳动法的原理体系与问题》，法律出版社2016年版，第82页。

第一节 关于劳动关系认定标准及一般认定存在劳动关系的情形

【适用指引】

一、请求权基础及相关案由

确认劳动关系请求的请求权基础为《劳动合同法》第七条的前半段,即"用人单位自用工之日起即与劳动者建立劳动关系"。《民事案件案由规定》"186.劳动合同纠纷"项下列有"确认劳动关系纠纷"作为第四级案由。

二、劳动关系的建立标准

实际用工是建立劳动关系的标准,劳动关系建立日之前的劳动合同只具有合同效力:《劳动合同法》第10条。

三、审判实务中劳动关系的综合认定因素

劳动法上的劳动关系源于民法中的雇佣关系,其与民法中的承揽、承包、代理等法律关系,由于同样具有由一方提供劳务,另一方给付报酬的特征,故而在实践中很容易混淆。审判实践中,当双方当事人就是否形成事实劳动关系存在争议时,可以综合分析下列因素,结合案件具体情况予以认定:

1. 当事人之间是否存在控制、支配和从属关系,实际上也就是管理监督关系。

2. 是否由一方指定工作场所、提供劳动工具或设备,限定工作时间。

3. 是定期给付劳动报酬还是一次性结算劳动报酬。

4. 是继续性提供劳务还是一次性提供工作成果。

5. 当事人一方所提供的劳动是其独立的业务或者经营活动,还是构成合同相对方的业务或者经营活动的组成部分。

6. 劳动者所提供的劳动是否具有专属性。

7. 提供劳务一方的受雇时间是长期的,还是临时的。如果是长期固定的,则可能是劳动关系或雇佣关系。

8. 工作性质是日常的,还是应急的。

需要强调的是，以上标准中最核心的标准只是第一个标准，即人格上的从属性标准，至于其他的标准，都只是参考因素，需结合具体情况方能作出综合判断，而不能仅根据其中某一个或某几个标准作出片面的认定。①

四、最高人民法院司法解释及其他文件规定认定劳动关系的特殊情形

（一）用人单位与其招用的已经依法享受养老保险待遇或领取退休金的人员发生用工争议，人民法院应当按劳务关系处理：参见《劳动争议司法解释（一）》第32条第1款。对于达到退休年龄但尚未享受养老保险待遇或领取退休金的人员再就业形成的法律关系性质，并未作出明确规定，实践中各地掌握标准不尽一致。

（二）企业停薪留职人员、未达到法定退休年龄的内退人员、下岗待岗人员以及企业经营性停产放长假人员与新的用人单位之间应当按劳动关系处理：参见《劳动争议司法解释（一）》第32条第2款。

（三）持有《外国专家证》并取得《外国专家来华工作许可证》的外国人，与中国境内的用人单位建立用工关系的，可以认定为劳动关系：参见《劳动争议司法解释（一）》第33条、第2款。

（四）即将毕业的大专院校在校学生以就业为目的与用人单位签订劳动合同的情形：参见《最高人民法院公报》（2010年第6期）案例。

五、相关高院会议纪要关于认定劳动关系的特殊情形

（一）超过法定退休年龄的情形

参见《天津法院劳动争议案件审理指南》第10条、《河北省高级人民法院关于我省劳动争议案件若干疑难问题处理的参考意见》第10条、《江苏省劳动人事争议疑难问题研讨会纪要》第1条第2项。

（二）涉及村民委员会、居民委员会、农村集体经济组织的情形

参见《北京市高级人民法院、北京市劳动人事争议仲裁委员会关于审理劳动争议案件法律适用问题的解答》第3条、《广东省高级人民法院关于审理劳动争议案件疑难问题的解答》第3条、《广东省高级人民法院、广东省劳动人事争议仲裁委员会关于劳动人事争议仲裁与诉讼衔接若干意见》第3条。

（三）用人单位与在校学生之间名为实习，实为劳动关系的情形

参见《北京市高级人民法院、北京市劳动争议仲裁委员会关于劳动争议案件法律适用问题研讨会会议纪要（二）》第23条。

（四）破产清算期间，用人单位与劳动者未解除、终止劳动关系的情形

参见《北京市高级人民法院、北京市劳动争议仲裁委员会关于劳动争议案件

---

① 公丕祥主编：《审判工作经验（3）》，法律出版社2009年版。

法律适用问题研讨会会议纪要（二）》第 25 条。

（五）持有《外国人永久居留证》但未办理《外国人就业证》的外籍人员的情形

参见《上海市高级人民法院民一庭调研与参考》

（六）出租汽车（巡游车和网约车）驾驶员与经营者订立劳动合同或其他类型合同的情形。

参见《广东省高级人民法院、广东省劳动人事争议仲裁委员会关于劳动人事争议仲裁与诉讼衔接若干意见》第 1 条。

（七）酒店餐饮企业等将其不具有独立经营资格的内部机构承包给他人的情形

参见《四川省高级人民法院民一庭关于审理劳动争议案件若干疑难问题的解答》第 16 条。

（八）涉及网络平台经营者的情形

参见《广东省高级人民法院、广东省劳动人事争议仲裁委员会关于劳动人事争议仲裁与诉讼衔接若干意见》第 2 条。

【裁判依据】

法律

《中华人民共和国劳动合同法》（2012 年 12 月 28 日修正）

第七条　用人单位自用工之日起即与劳动者建立劳动关系。用人单位应当建立职工名册备查。

第十条　建立劳动关系，应当订立书面劳动合同。

已建立劳动关系，未同时订立书面劳动合同的，应当自用工之日起一个月内订立书面劳动合同。

用人单位与劳动者在用工前订立劳动合同的，劳动关系自用工之日起建立。

行政法规

《中华人民共和国劳动合同法实施条例》（2008 年 9 月 18 日）

第二十一条　劳动者达到法定退休年龄的，劳动合同终止。

司法解释及指导性文件

一、《最高人民法院关于审理劳动争议案件适用法律若干问题的解释（一）》（2020年12月25日，法释〔2020〕26号）

第三十二条　用人单位与其招用的已经依法享受养老保险待遇或者领取退休金的人员发生用工争议而提起诉讼的，人民法院应当按劳务关系处理。

企业停薪留职人员、未达到法定退休年龄的内退人员、下岗待岗人员以及企业经营性停产放长假人员，因与新的用人单位发生用工争议而提起诉讼的，人民法院应当按劳动关系处理。

第三十三条　外国人、无国籍人未依法取得就业证件即与中华人民共和国境内的用人单位签订劳动合同，当事人请求确认与用人单位存在劳动关系的，人民法院不予支持。

持有《外国专家证》并取得《外国人来华工作许可证》的外国人，与中华人民共和国境内的用人单位建立用工关系的，可以认定为劳动关系。

二、《第八次全国法院民事商事审判工作会议（民事部分）纪要》（2016年11月30日）

劳动争议案件的审理对于构建和谐劳动关系，优化劳动力、资本、技术、管理等要素配置，激发创新创业活力，推动大众创业、万众创新，促进新技术新产业的发展具有重要意义。应当坚持依法保护劳动者合法权益和维护用人单位生存发展并重的原则，严格依法区分劳动关系和劳务关系，防止认定劳动关系泛化。

部门规章及规范性文件

一、《劳动和社会保障部关于确立劳动关系有关事项的通知》（2005年5月25日）

一、用人单位招用劳动者未订立书面劳动合同，但同时具备下列情形的，劳动关系成立。

（一）用人单位和劳动者符合法律、法规规定的主体资格；

（二）用人单位依法制定的各项劳动规章制度适用于劳动者，劳动者受用人单位的劳动管理，从事用人单位安排的有报酬的劳动；

（三）劳动者提供的劳动是用人单位业务的组成部分。

二、用人单位未与劳动者签订劳动合同，认定双方存在劳动关系时可参照下列凭证：

（一）工资支付凭证或记录（职工工资发放花名册）、缴纳各项社会保险费的记录；

（二）用人单位向劳动者发放的"工作证""服务证"等能够证明身份的证件；

（三）劳动者填写的用人单位招工招聘"登记表""报名表"等招用记录；

（四）考勤记录；

（五）其他劳动者的证言等。

其中，（一）、（三）、（四）项的有关凭证由用人单位负举证责任。

四、建筑施工、矿山企业等用人单位将工程（业务）或经营权发包给不具备用工主体资格的组织或自然人，对该组织或自然人招用的劳动者，由具备用工主体资格的发包方承担用工主体责任。

二、《劳动和社会保障部关于制止和纠正违反国家规定办理企业职工提前退休有关问题的通知》(1993年3月9日）

……国家法定的企业职工退休年龄是：男年满60周岁，女工人年满50周岁，女干部年满55周岁。从事井下、高空、高温、特别繁重体力劳动或其他有害身体健康工作（以下称特殊工种）的，退休年龄为男年满55周岁、女年满45周岁；因病或非因工致残，由医院证明并经劳动鉴定委员会确认完全丧失劳动能力的，退休年龄为男年满55周岁、女年满45周岁。

【参考依据】

北京市

一、《北京市高级人民法院、北京市劳动争议仲裁委员会关于劳动争议案件法律适用问题研讨会会议纪要》(2009年8月17日）

12. 在认定用人单位与劳动者之间具有劳动关系时，可考虑下列因素：（1）用人单位和劳动者符合法律、法规规定的主体资格；（2）用人单位依法制定的各项规章制度适用于劳动者，劳动者受用人单位的劳动管理，从事用人单位安排的有报酬的劳动；（3）劳动者提供的劳动是用人单位工作的组成部分。

14. 劳动者长期未向用人单位提供劳动，用人单位也长期不再向劳动者支付劳动报酬等相关待遇，双方长期两不找的，可以认定此期间双方不享有和承担劳动法上的权利义务。

二、《北京市高级人民法院、北京市劳动争议仲裁委员会关于劳动争议案件法律适用问题研讨会会议纪要（二）》(2014年5月7日)

3.……法院对仲裁裁决确认是否存在劳动关系一项认为有误的，无论当事人是否提出诉讼请求，均可以直接予以认定，并根据所认定的事实作出相应判决。

13. 未达到法定退休年龄的内退人员、停薪留职人员、下岗待岗人员、企业经营性停产放长假人员在退休之前与新用人单位建立用工关系的，如何处理？

未达到法定退休年龄的内退人员、停薪留职人员、下岗待岗人员、企业经营性停产放长假人员在退休之前与新用人单位建立用工关系，应按劳动关系处理，但对于新用人单位因客观原因不能为其缴纳社会保险，该劳动者以此为由提出解除劳动合同并要求经济补偿金的，不予支持。

14. 未达到法定退休年龄的内退人员、停薪留职人员、下岗待岗人员、企业经营性停产放长假人员在退休之前与新用人单位建立用工关系的，其与原用人单位的关系如何认定？

未达到法定退休年龄的内退人员、停薪留职人员、下岗待岗人员、企业经营性停产放长假人员在退休之前与新用人单位建立用工关系的，一般情况下可以认定原用人单位与其保持劳动关系，相关待遇依双方的约定。双方未约定或约定不明的，考虑国家法律法规和政策、同行业同类型劳动者保护标准，从保护劳动者的基本利益和用人单位现实情况进行综合判断。

25. 破产清算期间，用人单位与继续从事工作的劳动者之间的法律关系如何认定？

破产清算期间，用人单位与劳动者未解除、终止劳动关系，且劳动者继续在用人单位从事相关工作的，符合劳动关系认定条件的，按劳动关系处理，双方另有约定的或破产清算组与劳动者建立劳务关系的除外。

26. 有关联关系的用人单位交叉轮换使用劳动者，根据现有证据难以查明劳动者实际工作状况的，如何处理？

有关联关系的用人单位交叉轮换使用劳动者的，根据现有证据难以查明劳动者实际工作状况的，参照以下原则处理：（1）订立劳动合同的，按劳动合同确认劳动关系；（2）未订立劳动合同的，可以根据审判需要将有关联关系的用人单位列为当事人，以有关联关系的用人单位发放工资、缴纳社会保险、工作地点、工作内容，作为判断存在劳动关系的因素；（3）在有关联关系的用人单位交叉轮换使用劳动者，工作内容交叉重叠的情况下，对劳动者涉及给付内容的主张，可根据劳动者的主张，由一家用人单位承担责任，或由多家用人单位承担连带责任。

三、《北京市高级人民法院、北京市劳动人事争议仲裁委员会关于审理劳动争议案件法律适用问题的解答》(2017年4月24日)

2. 发包单位将业务发包给有用人主体资格的用人单位（包括有用人主体资格的组织、个体经营者），从事该发包业务的劳动者与上述主体发生争议的，如何处理？

应当认定劳动者与承包的有用人主体资格的用人单位存在劳动关系，但发包单位与劳动者存在劳动关系的除外。

3. 农民专业合作社与其聘用参与日常生产经营活动的社员产生争议，如何认定？

结合农民合作社的生产经营性质和用工特点等因素，区分情况予以严格判定。对符合原劳动和社会保障部《关于确认劳动关系有关事项的通知》规定精神的，应依法确认参与农民合作社日常生产经营活动的社员与该合作社存在劳动关系。

天津市

一、《天津法院劳动争议案件审理指南》(2017年11月30日)

6.【认定劳动关系的基本要素】确定当事人之间是否成立劳动关系，可以综合考虑下列因素：

（1）用人单位与劳动者订立劳动合同；

（2）劳动者实际接受用人单位的管理、指挥与监督；

（3）用人单位向劳动者支付工资性劳动报酬；

（4）劳动者被纳入用人单位的组织体系中从事劳动，而不是从事独立的业务或者经营活动；

（5）劳动者无权将工作分包给他人完成；

（6）生产资料一般由用人单位提供；

（7）劳动者提供的劳务是继续性的而不是一次性的；

（8）用人单位为劳动者缴纳社会保险费。

7.【劳动行政部门认定工伤过程中认定劳动关系的处理】劳动行政部门在认定工伤程序中对于双方当事人是否具有劳动关系已进行确认，当事人不服提起民事诉讼的，应当向当事人释明可以就工伤认定争议提起行政诉讼。当事人坚持提起民事诉讼的，应当裁定驳回起诉。双方当事人发生的其他劳动争议涉及劳动关系认定的，应当确认劳动行政部门在工伤认定程序中作出的劳动关系认定结论，但该结论已经法定程序撤销的除外。

劳动行政部门在工伤认定程序中无法确认双方当事人是否具有劳动关系而告知当事人可以向劳动人事争议仲裁机构申请仲裁，当事人对仲裁结果不服提起民事诉讼的，应当受理，并结合本指南第6条的规定对双方当事人是否具有劳动关系作出认定。

10.【雇用退休人员的关系认定】已经享受基本养老保险待遇或者退休金的人员与用人单位之间形成实际用工关系的，按劳务关系处理。

因用人单位原因致使已经达到法定退休年龄的劳动者尚未享受基本养老保险待遇或者尚未领取退休金，劳动者与原用人单位之间形成实际用工关系的，按照劳动关系处理。

11.【设立中的用人单位聘用人员的关系认定】设立中的用人单位不具备用人主体资格，其与劳动者不构成劳动关系，可以认定双方构成劳务关系。用人单位依法设立后，劳动关系的存续期间自颁发营业执照之日起计算。

劳动者在用人单位筹备期间的工作时间不计入本单位工作年限，但双方另有约定的除外，且该约定仅对劳动合同双方具有约束力。

二、《天津市高级人民法院、天津市人力资源和社会保障局关于审理劳动人事争议案件的会议纪要》（2019年11月25日）

10.外国人用工关系的认定问题

依法取得《外国人永久居留证》的外国人，根据《关于印发〈外国人在中国永久居留享有相关待遇的办法〉的通知》（人社部发【2012】53号）第四条规定，在中国就业可免办外国人就业许可证件，其与中国境内的用人单位建立用工关系的，应当认定双方存在劳动关系。

河北省

《河北省高级人民法院关于我省劳动争议案件若干疑难问题处理的参考意见》（2010年6月）

9.劳动关系一般应符合以下条件：

（1）劳动者与用人单位双方主体资格合法；

（2）劳动者与用人单位有隶属关系，接受用人单位的管理，遵守用人单位的规章制度（如考勤、考核等），服从用人单位的人事安排；

（3）用人单位对劳动者具有行使工资、奖金等方面的分配权利，用人单位支付报酬的方式多以工资的方式定期支付（一般是按月支付），有规律性；

（4）劳动者付出劳动是用人单位业务的组成部分，劳动者的劳动力具有用人单位生产所必备的生产要素的性质；

（5）劳动关系反映的是一种持续性的生产要素结合关系，劳动者与用人单位之间的关系应较为稳定和紧密。

不符合上述条件的用工行为可根据具体情况认定为劳务关系或雇佣关系。

10.用人单位招用达到法定退休年龄但未享受养老保险待遇或退休金的人员，双方形成的用工关系按劳动关系处理。

用人单位招用已享受养老保险待遇或退休金的人员，双方形成的关系按劳务关系处理。

11.与原用人单位保持劳动关系的企业内退人员、停薪留职人员、企业待岗职工与新的用人单位建立了劳动性质的关系，原用人单位已为其缴纳基本生活费、社会保险费的，企业内退人员、停薪留职人员、企业待岗职工请求新的用人单位为其办理社会保险的，不予支持；但劳动者请求享受劳动法、劳动合同法规定的劳动报酬、劳动保护、劳动条件、工作时间、休息休假、职业危害防护、福利待遇的，应予支持。

12.劳动合同到期后，用人单位没有及时办理终止（续订）手续，劳动者也没有为用人单位提供正常劳动的，应认定劳动者与用人单位的劳动关系于劳动合同到期之日已经终结，用人单位补发解除劳动合同通知书的行为不能认定双方存在劳动关系；劳动者仍在用人单位工作的，应认定双方存在劳动关系，用人单位应补办续订劳动合同手续。

上海市

《上海市高级人民法院民一庭调研与参考》(2014年10月11日)

一、劳动关系的认定

1.关于单位与劳动者之间仅存在代为办理用工登记手续或缴纳社会保险费等关系，是否可认定该单位与劳动者存在劳动关系的问题

倾向认为，判断双方是否存在劳动关系应从分析劳动关系的本质特征入手，即需要审查双方是否有建立劳动关系的合意、一方是否接受另一方的指挥和管理、一方是否从事另一方安排的劳动、一方提供的劳动是否系另一方业务的组成部分等。而代为办理用工登记手续、缴纳社会保险费仅是认定劳动关系的一个参考因素，而非决定因素，故经审查双方仅存在办理用工登记手续或缴纳社会保险费的关系，但不具备劳动关系本质特征的，不宜轻易认定双方存在劳动关系。

二、外国人就业的相关问题

1.关于未办理《外国人就业证》但持有《外国人永久居留证》的外籍人员主

张其与用人单位存在劳动关系的,该诉请是否支持的问题

……倾向认为,对于持有《外国人永久居留证》但未办理《外国人就业证》的外籍人员,如在中国境内就业的,可以认定其与用人单位存在劳动关系。

江苏省

《江苏省高级人民法院、江苏省劳动争议仲裁委员会关于审理劳动争议案件的指导意见》(2009年12月14日)

第一条 与原用人单位保留劳动关系的下岗、内退职工与新的用人单位建立用工关系的,可按劳动关系处理:

劳动者请求在新的用人单位享受《劳动法》《劳动合同法》规定的劳动报酬、劳动保护、劳动条件、工作时间、休息休假、职业危害防护、福利待遇的,应予支持。但劳动者请求新的用人单位与其签订无固定期限劳动合同、支付经济补偿金、办理社会保险的,不予支持,但当事人另有特别约定的除外。

浙江省

《浙江省高级人民法院民一庭关于审理劳动争议案件若干问题的意见》(2009年4月16日)

第三条 达到法定退休年龄的劳动者与用人单位形成的用工关系,按雇佣关系处理。

未达到法定退休年龄而内退的劳动者,与其他用人单位形成的用工关系,一般应按劳动关系处理。但原用人单位继续为其缴纳社会保险费,劳动者又要求现用人单位为其缴纳社会保险费的,不予支持。

第二十八条 用人单位未与劳动者签订劳动合同的,人民法院认定双方是否存在劳动关系时,可审查下列证据:

(一)工资支付凭证或记录,缴纳各项社会保险费的记录;

(二)用人单位向劳动者发放的"工作证""服务证"等身份证件;

(三)考勤记录;

(四)劳动者填写的用人单位"招聘登记表""报名表"等招用记录;

(五)其他相关证据。

人民法院应当根据上述证据的形成、来源、占有等因素,确定当事人的举证责任。

山东省

《山东省高级人民法院、山东省人力资源和社会保障厅关于审理劳动人事争议案件若干问题会议纪要》(2019年4月25日)

三、关于以包片或者签订委托协议方式提供劳动的劳动者与单位之间法律关系认定问题

劳动者自带工具,没有底薪,以包片等名义或者签订委托协议等形式为单位工作的(如快递员、超市促销员、送水员),一般应当按照约定认定双方的法律关系,但是劳动者确有证据证明双方存在劳动关系的除外。

四、关于关联公司混同用工情况下劳动关系的确认问题

关联公司混同用工,劳动者与关联公司均符合劳动关系特征的情况下,劳动者对于劳动关系的确认享有选择权,但是劳动关系项下的劳动权益不能重复享受。

广东省

《广东省高级人民法院、广东省劳动人事争议仲裁委员会关于劳动人事争议仲裁与诉讼衔接若干意见》(2018年7月18日)

一、出租汽车(巡游车和网约车)驾驶员与经营者订立劳动合同并按劳动合同履行的,认定为劳动关系;双方订立承包、租赁、联营等合同,并建立营运风险共担、利益共享分配机制的,按双方约定执行。实际履行与约定不一致或双方未约定的,以实际履行情况认定。

二、网络平台经营者与相关从业人员之间的用工关系性质,原则上按约定处理。如双方属于自负盈亏的承包关系或已订立经营合同、投资合同等,建立了风险共担、利益共享的分配机制的,不应认定双方存在劳动关系。实际履行与约定不一致或双方未约定的,以实际履行情况认定。

三、村民委员会、居民委员会、农村集体经济组织与其对外聘用人员发生的用工关系,符合劳动关系特征的,应认定为劳动关系。

重庆市

《重庆市高级人民法院关于社会保险领域涉诉相关法律适用问题的会议纪要》(2014年12月9日)

四、关于工伤认定、行政诉讼程序中对是否存在劳动关系有重大争议时如何处理的问题

根据《工伤保险条例》的规定，社会保险行政部门在工伤认定程序中，对劳动者与用人单位之间是否存在劳动关系可以一并作出认定。根据《中华人民共和国劳动法》的相关规定，劳动者与用人单位之间是否存劳动关系发生争议，属劳动人事争议仲裁、民事诉讼处理确认的范围。相较而言，劳动争议仲裁部门和人民法院民事审判部门对此的裁决结论更具专业性和权威性。在工伤行政确认程序和行政诉讼程序中，发现劳动者与用人单位之间就是否存在劳动关系有重大争议且无法确认时，原则是应当先行仲裁、民事诉讼，不宜由工伤保险行政部门及行政审判庭对是否存在劳动关系直接作出认定，以减少行政案件与民事案件处理结果冲突。主要包括三种情形：（一）社会保险行政部门受理工伤认定申请后，发现劳动者与用人单位之间就是否存在劳动关系有重大争议，应告知当事人申请劳动争议仲裁并中止认定程序，人民法院应予支持；（二）人民法院受理工伤认定行政案件后，发现原告或者第三人在提起行政诉讼前已经就是否存在劳动关系申请劳动争议仲裁或者提起民事诉讼的，应当中止行政案件的审理；（三）人民法院受理工伤认定行政案件后，发现原告或者第三人对是否存在劳动关系有重大争议且无法确认的，应告知当事人申请劳动争议仲裁并中止行政案件的审理。

四川省

《四川省高级人民法院民一庭关于审理劳动争议案件若干疑难问题的解答》（2016年1月15日）

16.酒店餐饮企业等将其不具有独立经营资格的内部机构承包给他人，承包人招用的劳动者与企业是否构成劳动关系，一般应进行如下区分：如劳动者同时受企业管理、遵守企业依法制定的规章制度、企业向劳动者发放"工作证"或"服务证"等身份证件的，应认定双方存在劳动关系；如劳动者未与企业签订劳动合同，系承包人招用，工作期间只接受承包人的指挥和管理，并由承包人支付工资的，则企业与劳动者之间不存在劳动关系。

19.与原用人单位保留劳动关系的内退、待岗、停薪留职人员以及企业经营性停产放长假人员与新的用人单位建立用工关系的，可按劳动关系处理。其中，劳动者请求在新的用人单位享受《劳动法》《劳动合同法》规定的劳动报酬、劳动保护、劳动条件、工作时间、休息休假、福利待遇的，应予支持；但劳动者请求新的用人单位与其签订无固定期限劳动合同、办理社会保险（除工伤保险外），或劳动者以新的用人单位未为其缴纳社会保险为由提出解除劳动合同并要求经济补偿金的，不予支持。

贵州省

一、《贵州省高级人民法院劳动争议案件法律适用问题座谈会会议纪要》（2009年12月）

23.《劳动合同法》施行前，劳动者长期未向用人单位提供正常劳动，用人单位也长期未向劳动者支付劳动报酬等相关待遇，且用人单位并未作出开除、除名或解除劳动关系决定的，可以认定此期间双方劳动关系处于中止履行状态。但具有以下规定的其他情形除外：

（一）如有证据充分证明用人单位具有解除劳动关系的意思表示，可以视为用人单位已作出了解除双方劳动关系的决定。如用人单位已经作出"按照自动离职处理"的决定，则可以视为用人单位已作出解除原劳动关系的意思表示。

（二）如果地方规章或用人单位内部的规章制度规定有职工超过一定期间旷工视为自动离职等内容，则劳动者长期不提供正常劳动，可以视为解除条件成就。

（三）具有以下情形之一，用人单位对于解除无异议的，劳动者长期不提供正常劳动且没有要求单位支付工资以及承担相应的福利待遇或社会保险的行为可以认定其具有解除劳动关系的意思表示。

（1）劳动者离开原单位之后已经与新的用人单位产生了劳动关系，新的用人单位向其发放工资，或者为其提供福利；但原用人单位为国有企业或集体企业的劳动者因政策性或其他合理原因采取停薪留职等方式在家待岗或自谋职业或到其他单位工作的除外。

（2）劳动者与原用人单位之间属于事实劳动关系的；

（3）劳动者离开原用人单位时劳动合同尚未到期，但其向单位主张确认劳动关系继续存在、重新上岗等权利时，劳动合同约定期限已经届满的。

二、《贵州省高级人民法院、贵州省人力资源和社会保障厅关于劳动争议案件若干问题的会议纪要》（2012年7月9日）

3.与原用人单位保留劳动关系的停薪留职人员、下岗待岗人员、未达到法定退休年龄的内退人员，以及企业经营性停产放长假人员，与新用人单位建立用工关系的，可按劳动关系处理。劳动者请求在新用人单位享受法律规定的劳动报酬、劳动保护、工作时间、休息休假、福利待遇的合法权利，应予支持。

7.在非全日制用工形式下，劳动者可与不同的用人单位同时建立劳动关系，但后一劳动合同的订立不得影响先订立的劳动合同的履行。

云南省

《云南省高级人民法院、云南省人力资源和社会保障厅关于审理劳动人事争议案件若干问题的座谈会纪要》（2015年1月19日）

一、劳动关系的认定和劳动争议案件的受案范围

（一）认定为劳动关系的，一般应符合以下条件：

1. 劳动者与用人单位双方主体资格合法；

2. 劳动者与用人单位有隶属关系，用人单位对劳动者进行管理，用人单位对劳动者进行人事安排，用人单位的规章制度（如考勤、考核等）适用于劳动者；

3. 用人单位对劳动者具有行使工资、奖金等方面的分配权利；

4. 劳动者提供的劳动是用人单位业务的组成部分。

不符合上述条件的可根据具体情况认定为劳务关系或雇佣关系。

【典型案例】

郭懿诉江苏益丰大药房连锁有限公司劳动争议案①

裁判摘要：即将毕业的大专院校在校学生以就业为目的与用人单位签订劳动合同，且接受用人单位管理，按合同约定付出劳动；用人单位在明知求职者系在校学生的情况下，仍与之订立劳动合同并向其发放劳动报酬的，该劳动合同合法、有效，应当认定双方之间形成劳动合同关系。

江苏澳吉尔生态农业科技股份有限公司与曾广峰确认劳动关系纠纷案②

裁判摘要：劳动者按用人单位岗位要求提供劳动，受用人单位管理，以自己的劳动获取劳动报酬，符合劳动法律关系的特征，应当认定劳动者与用人单位之间存在劳动关系。即使劳动者与其他单位存在人事关系，但在非因劳动者自身原因导致该人事关系未正常履行且劳动者从其他单位取得的报酬不足以维持基本生活的情况下，用人单位以劳动者与其他单位存在人事关系为由，否认用人单位与劳动者之间存在劳动关系的，人民法院不予支持。

---

① 载《最高人民法院公报》，2010年第6期。
② 载《最高人民法院公报》，2019年第12期。

第二节 关于一般不认定劳动关系的情形

【适用指引】

一、最高人民法院司法解释及其他文件规定不认定劳动关系的情形

1. 家庭或者个人与家政服务人员之间的纠纷。

2. 个体工匠与帮工、学徒之间的纠纷。

3. 农村承包经营户与受雇人之间的纠纷。

以上参见《劳动争议司法解释（一）》第二条。

4. 用人单位与其招用的已经依法享受养老保险待遇或领取退休金的人员按劳务关系处理：参见《劳动争议司法解释（一）》第32条第1款；

5. 外国人、无国籍人未依法取得就业证件即与中国境内的用人单位签订劳动合同，当事人请求确认与用人单位存在劳动关系的，人民法院不予支持：参见《劳动争议司法解释（一）》第33条第1款；①

6. 建设单位将工程发包给承包人，承包人又非法转包或违法分包给实际施工人，实际施工人招用的劳动者请求确认与具有用工主体资格的发包人之间存在劳动关系的，不予支持：参见2011年《全国法院民商事审判工作会议纪要》第59条。

二、相关高院会议纪要规定不认定劳动关系的特殊情形

（一）超过法定退休年龄的情形

参见《北京市高级人民法院、北京市劳动争议仲裁委员会关于劳动争议案件法律适用问题研讨会会议纪要（二）》第12条、《重庆市六部门关于劳动争议案件法律适用问题专题座谈会纪要（一）》《辽宁省高级人民法院民一庭劳动人事争议及劳务纠纷案件审判问题解答》问题6、《安徽省高级人民法院关于审理劳动争议案件若干问题的指导意见》第1条、《江苏省高级人民法院、江苏省劳动争议仲裁委员会关于审理劳动争议案件的指导意见》第3条、《浙江省高级人民法院民一庭关于审理劳动争议案件若干问题的意见》第3条、《广东省高级人民法院、广东省劳动人事争议仲裁委员会关于审理劳动人事争议案件若干问题的

---

① 国务院2018年7月28日取消台港澳人员在内地就业许可。

座谈会纪要》第11条、《湖北省高级人民法院民事审判工作座谈会会议纪要劳动争议部分》《四川省高级人民法院民一庭关于审理劳动争议案件若干疑难问题的解答》第18条、《贵州省高级人民法院劳动争议案件法律适用问题座谈会会议纪要》第22条。

（二）涉及层层分包或者转包给不具备用工主体资格的单位或人员时的相关规定

参见《北京市高级人民法院民一庭2014年部分劳动争议案件法律适用问题研讨会会议纪要》《北京市高级人民法院、北京市劳动人事争议仲裁委员会关于审理劳动争议案件法律适用问题的解答》第1条、《天津法院劳动争议案件审理指南》第9条、《重庆市高级人民法院民一庭关于九龙坡区法院劳动争议案件法律适用问题研讨会议综述》第2条、《重庆市高级人民法院关于社会保险领域涉诉相关法律适用问题的会议纪要》第2条、《辽宁省高级人民法院民一庭劳动人事争议及劳务纠纷案件审判问题解答》问题9、《山东省高级人民法院、山东省人力资源和社会保障厅关于审理劳动人事争议案件若干问题会议纪要》第1条、《江苏省高级人民法院、江苏省劳动人事争议仲裁委员会关于审理劳动人事争议案件的指导意见（二）》第10条、《浙江省高级人民法院民事审判第一庭、浙江省劳动人事争议仲裁院关于审理劳动争议案件若干问题的解答（二）》第1条、《江西省劳动人事争议裁审衔接工作座谈会纪要》第1条、《四川省高级人民法院民一庭关于审理劳动争议案件若干疑难问题的解答》第13条。

（三）涉及挂靠、借用营业执照相关情形时的规定

参见《四川省高级人民法院民一庭关于审理劳动争议案件若干疑难问题的解答》第15条。

（四）涉及饭店承办情形时的规定

参见《浙江省高级人民法院民事审判第一庭、浙江省劳动人事争议仲裁院关于审理劳动争议案件若干问题的解答（二）》第3条、《四川省高级人民法院民一庭关于审理劳动争议案件若干疑难问题的解答》第16条。

（五）涉及村民委员会、居民委员会情形时的规定

参见《北京市高级人民法院、北京市劳动争议仲裁委员会关于劳动争议案件法律适用问题研讨会会议纪要（二）》第22条、《浙江省高级人民法院民事审判第一庭、浙江省劳动人事争议仲裁院关于审理劳动争议案件若干问题的解答（三）》第1条。

（六）涉及公益岗位情形的规定

参见《辽宁省高级人民法院民一庭劳动人事争议及劳务纠纷案件审判问题解

答》问题 27。

（七）涉及在校学生的规定

参见《北京市高级人民法院、北京市劳动争议仲裁委员会关于劳动争议案件法律适用问题研讨会会议纪要（二）》第 23 条、《天津法院劳动争议案件审理指南》第 8 条、《贵州省高级人民法院、贵州省人力资源和社会保障厅关于劳动争议案件若干问题的会议纪要》第 14 条、《浙江省高级人民法院民一庭关于审理劳动争议案件若干问题的意见》第 6 条。

（八）涉及外国人、外国企业常驻代表机构的规定

参见《北京市高级人民法院、北京市劳动争议仲裁委员会关于劳动争议案件法律适用问题研讨会会议纪要》第 16 条、《浙江省高级人民法院民一庭关于审理劳动争议案件若干问题的意见》第 5 条。

（九）对于以自己的技能、知识或设施为用人单位提供劳动或服务，自行承担经营风险，与用人单位没有身份隶属关系的情形

参见《北京市高级人民法院、北京市劳动争议仲裁委员会关于劳动争议案件法律适用问题研讨会会议纪要》第 13 条。

（十）涉及破产清算组的情形

参见《北京市高级人民法院、北京市劳动争议仲裁委员会关于劳动争议案件法律适用问题研讨会会议纪要（二）》第 23 条。

（十一）涉及设立中的用人单位的情形

参见《天津法院劳动争议案件审理指南》第 11 条。

（十二）单位与劳动者之间仅存在代为办理用工登记手续或缴纳社会保险费等关系的情形

参见《上海市高级人民法院民一庭调研与参考》第一条第 1 项。

（十三）涉及征地保障单位与征地人员仅存在支付相关社会保障费用的保障关系的情形

参见《上海市高级人民法院民一庭调研与参考》第一条第 2 项。

（十四）涉及劳务派遣是否属于"三性"岗位或者用工单位是否超出法定比例用工而发生的争议的情形

参见《上海市人力资源和社会保障局、上海市高级人民法院〈关于劳务派遣适用法律若干问题的会议纪要〉》第四条。

（十五）涉及人力资源服务外包协议的情形

参见《上海市人力资源和社会保障局、上海市高级人民法院〈关于劳务派遣适用法律若干问题的会议纪要〉》第十一条。

（十六）涉及网络平台经营者的情形

参见《江苏省劳动人事争议疑难问题研讨会纪要》第一条。

【裁判依据】

行政法规

《中华人民共和国劳动合同法实施条例》（2008年9月18日）

第二十一条　劳动者达到法定退休年龄的，劳动合同终止。

司法解释及指导性文件

一、《最高人民法院关于审理劳动争议案件适用法律若干问题的解释（一）》（2020年12月25日，法释〔2020〕26号）

第二条　下列纠纷不属于劳动争议：

（一）劳动者请求社会保险经办机构发放社会保险金的纠纷；

（二）劳动者与用人单位因住房制度改革产生的公有住房转让纠纷；

（三）劳动者对劳动能力鉴定委员会的伤残等级鉴定结论或者对职业病诊断鉴定委员会的职业病诊断鉴定结论的异议纠纷；

（四）家庭或者个人与家政服务人员之间的纠纷；

（五）个体工匠与帮工、学徒之间的纠纷；

（六）农村承包经营户与受雇人之间的纠纷。

第三十二条　用人单位与其招用的已经依法享受养老保险待遇或者领取退休金的人员发生用工争议而提起诉讼的，人民法院应当按劳务关系处理。

企业停薪留职人员、未达到法定退休年龄的内退人员、下岗待岗人员以及企业经营性停产放长假人员，因与新的用人单位发生用工争议而提起诉讼的，人民法院应当按劳动关系处理。

第三十三条　外国人、无国籍人未依法取得就业证件即与中华人民共和国境内的用人单位签订劳动合同，当事人请求确认与用人单位存在劳动关系的，人民法院不予支持。

持有《外国专家证》并取得《外国人来华工作许可证》的外国人，与中华人民共和国境内的用人单位建立用工关系的，可以认定为劳动关系。

二、《全国法院民商事审判工作会议纪要》（2011 年 10 月 9 日，法办〔2011〕442 号）

59. 建设单位将工程发包给承包人，承包人又非法转包或违法分包给实际施工人，实际施工人招用的劳动者请求确认与具有用工主体资格的发包人之间存在劳动关系的，不予支持。

部门规范性文件

《劳动和社会保障部关于确立劳动关系有关事项的通知》（2005 年 5 月 25 日）

四、建筑施工、矿山企业等用人单位将工程（业务）或经营权发包给不具备用工主体资格的组织或自然人，对该组织或自然人招用的劳动者，由具备用工主体资格的发包方承担用工主体责任。

【参考依据】

北京市

一、《北京市高级人民法院、北京市劳动争议仲裁委员会关于劳动争议案件法律适用问题研讨会会议纪要》（2009 年 8 月 17 日）

13. 对于以自己的技能、知识或设施为用人单位提供劳动或服务，自行承担经营风险，与用人单位没有身份隶属关系，一般不受用人单位的管理或支配的人员，应认定其与用人单位之间的关系不属于劳动关系。

14. 劳动者长期未向用人单位提供劳动，用人单位也长期不再向劳动者支付劳动报酬等相关待遇，双方长期两不找的，可以认定此期间双方不享有和承担劳动法上的权利义务。

15. 外国人、港澳台地区居民未依法办理《外国人就业证》《台港澳人员就业证》的，其与用人单位签订的劳动合同应为无效劳动合同。外国人、港澳台地区居民已经付出劳动的，由用人单位参照合同约定支付劳动报酬。（注：国务院 2018 年 7 月 28 日取消台港澳人员在内地就业许可。）

16. 外国企业常驻代表机构未通过涉外就业服务单位直接招用中国雇员的，应认定有关用工关系为雇佣关系。

二、《北京市高级人民法院、北京市劳动争议仲裁委员会关于劳动争议案件法律适用问题研讨会会议纪要（二）》（2014 年 5 月 17 日）

12. 依法享受养老保险待遇的人员、领取退休金的人员、达到法定退休年龄的人员，与原用人单位或新用人单位之间建立用工关系的，如何处理？

依法享受养老保险待遇的人员、领取退休金的人员、达到法定退休年龄的人员，其与原用人单位或者新用人单位之间的用工关系按劳务关系处理。上述人员可依据《最高人民法院关于审理人身损害赔偿案件适用法律若干问题的解释》第十一条，《最高人民法院关于审理劳动争议案件适用法律若干问题的解释（三）》第七条[①]规定主张权利。

22. 村民委员会、居民委员会成员与村民委员会、居民委员会组织之间是否属于劳动关系？

依照《中华人民共和国村民委员会组织法》和《中华人民共和国居民委员会组织法》的规定，村民委员会和居民委员会成员（主任、副主任和委员）依法由选举产生，其与该组织之间不属于劳动关系。

23. 在校学生在用人单位进行实习，是否应认定劳动关系？

在校学生在用人单位进行实习，应当根据具体事实进行判断，对完成学校的社会实习安排或自行从事社会实践活动的实习，不认定劳动关系。但用人单位与在校学生之间名为实习，实为劳动关系的除外。

24. 破产清算组与其聘用人员之间是否属于劳动关系？

破产清算组作为法院指定的管理人，不属于用人单位，不能作为用工主体与其聘用人员建立劳动关系，应按劳务关系处理。

25. 破产清算期间，用人单位与继续从事工作的劳动者之间的法律关系如何认定？

破产清算期间，用人单位与劳动者未解除、终止劳动关系，且劳动者继续在用人单位从事相关工作的，符合劳动关系认定条件的，按劳动关系处理，双方另有约定的或破产清算组与劳动者建立劳务关系的除外。

49. 超过法定退休年龄的农民工在工作期间发生工伤的，如何处理？

超过法定退休年龄的农民工在工作期间发生工伤要求认定劳动关系的，应当驳回其请求，可在裁判文书中确认属于劳务关系。

超过法定退休年龄的农民工因无法享受工伤保险待遇，而主张工伤保险待遇赔偿的，应予支持。

超过法定退休年龄的农民工受到第三人侵权，第三人侵权赔偿并不影响其向用人单位主张给予工伤保险待遇赔偿。

---

① 注：现为《劳动争议司法解释（一）》第32条。

三、《北京市高级人民法院民一庭 2014 年部分劳动争议案件法律适用问题研讨会会议纪要》(2015 年 1 月 5 日)

《会议纪要二》第 19 条:"建筑施工企业未为农民工办理工伤社会保险的,对在建筑施工过程中发生工伤损害的农民工承担工伤保险待遇赔偿。建筑施工企业将工程违法分包或非法转包给没有用工主体资格的单位或人员时,农民工不能享受工伤保险待遇时,建筑施工企业对工伤保险待遇赔偿承担连带赔偿责任。"

问题:在建筑施工过程中农民工遭受工伤后,要求确认与建筑施工企业存在劳动关系以便进行工伤认定的,是否不再支持?

研讨意见:是否能够认定劳动关系,应根据用工的具体情况来确定。用工符合劳动关系特征的,应认定为劳动关系。1. 具备用工主体资格的发包人将工程发包给同样具备用工主体资格的承包人时,承包人与其招用的劳动者之间形成劳动关系,发包人与该劳动者之间不存在劳动关系。2. 如果承包人将工程层层分包或者转包给不具备用工主体资格的单位或人员时(承包人或者实际施工人),该承包人与非其所招用劳动者之间不具有劳动关系。3. 根据原劳动和社会保障部《关于确立劳动关系有关事项的通知》第 4 条规定,在建筑施工、矿山企业等用人单位将工程或业务发包给不具备用工主体资格的组织或自然人时,对该组织或自然人招用的劳动者,由具备用工主体资格的发包方承担用工主体责任。该"用工主体责任"并非确认双方存在劳动关系,而是对劳动者特殊保护的一种替代责任。4. 在劳动过程中,劳动者出现工伤时,上述建筑施工企业等用人单位应承担用工主体责任,在劳动者不能享受工伤保险待遇时,可以主张工伤保险待遇赔偿。建筑施工企业等用人单位与没有用工主体资格的单位或人员(承包人或者实际施工人)对工伤保险待遇赔偿承担连带赔偿责任。

四、《北京市高级人民法院、北京市劳动人事争议仲裁委员会关于审理劳动争议案件法律适用问题的解答》(2017 年 4 月 24 日)

1.《最高人民法院关于审理工伤保险行政案件若干问题的规定》(法释〔2014〕9 号)第三条第一款第四项中"用工单位""不具备用工主体资格的组织或者自然人",第五项中"被挂靠单位""个人"与"因工伤亡职工(人员)"之间产生争议,如何处理?

"用工单位""被挂靠单位"与"因工伤亡职工(人员)"之间不是劳动关系或雇佣关系。"用工单位""被挂靠单位"仅是承担工伤保险责任的单位。

"不具备用工主体资格的组织或者自然人""个人"与"因工伤亡职工(人员)"之间不是劳动关系,而是雇佣关系。

社会保险行政部门以"用工单位""被挂靠单位"与"因工伤亡职工(人

员)"之间无劳动关系为由,作出不予受理工伤认定申请或者决定不予认定工伤产生的纠纷,属于行政争议。

承担工伤保险责任的单位承担赔偿责任或者社会保险经办机构从工伤保险基金支付工伤保险待遇后,向"不具备用工主体资格的组织或者自然人""个人"追偿产生的纠纷,不属于劳动争议。

2.发包单位将业务发包给有用人主体资格的用人单位(包括有用人主体资格的组织、个体经营者),从事该发包业务的劳动者与上述主体发生争议的,如何处理?

应当认定劳动者与承包的有用人主体资格的用人单位存在劳动关系,但发包单位与劳动者存在劳动关系的除外。

3.农民专业合作社与其聘用参与日常生产经营活动的社员产生争议,如何认定?

结合农民合作社的生产经营性质和用工特点等因素,区分情况予以严格判定。对符合原劳动和社会保障部《关于确认劳动关系有关事项的通知》规定精神的,应依法确认参与农民合作社日常生产经营活动的社员与该合作社存在劳动关系。

4.仲裁裁决不存在劳动关系的情况下,当事人以双方存在劳动关系为由提起诉讼,经审查发现双方之间存在劳务关系或其他法律关系,经释明后当事人不变更诉讼请求的,如何处理?

在此种情况下,只要符合《民事诉讼法》第一百一十九条的规定,应予受理并判决驳回当事人的诉讼请求。

天津市

一、《天津法院劳动争议案件审理指南》(2017年11月30日)

8.【雇用在校学生的关系认定】在校学生为完成学习任务到用人单位提供劳动的,双方不构成劳动关系或者劳务关系,在校学生为勤工俭学到用人单位提供劳动的,双方构成劳务关系。

9.【建筑施工、矿山企业的主体责任】建筑施工、矿山企业等将工程或者经营权发包给不具备用工主体资格的组织或者自然人,该组织或者自然人招用的劳动者主张确认与上述发包人有劳动关系的,不予支持,没有用工主体资格的组织或者自然人违法招用的劳动者因工负伤或者死亡的,由上述违法发包的建筑施工、矿山企业等与实际招用该劳动者的组织或者自然人按照《工伤保险条例》规定的工伤保险待遇承担连带赔偿责任。

10.【雇用退休人员的关系认定】已经享受基本养老保险待遇或者退休金的人员与用人单位之间形成实际用工关系的，按劳务关系处理。

因用人单位原因致使已经达到法定退休年龄的劳动者尚未享受基本养老保险待遇或者尚未领取退休金，劳动者与原用人单位之间形成实际用工关系的，按照劳动关系处理。

11.【设立中的用人单位聘用人员的关系认定】设立中的用人单位不具备用人主体资格，其与劳动者不构成劳动关系，可以认定双方构成劳务关系。用人单位依法设立后，劳动关系的存续期间自颁发营业执照之日起计算。

劳动者在用人单位筹备期间的工作时间不计入本单位工作年限，但双方另有约定的除外，且该约定仅对劳动合同双方具有约束力。

二、《天津市高级人民法院、天津市人力资源和社会保障局关于审理劳动人事争议案件的会议纪要》（2019年11月25日）

10.外国人用工关系的认定问题

外国人未依法取得就业许可证件即与中国境内的用人单位签订劳动合同，不应认定其与用人单位存在劳动关系。

外国人在劳动合同履行期内，就业许可证件到期未重新办理，剩余期间视为没有就业许可，不应认定其与用人单位存在劳动关系。

实际用人单位与就业许可证件记载不一致的，视为没有依法取得就业许可。

依法取得《外国人永久居留证》的外国人，根据《关于印发〈外国人在中国永久居留享有相关待遇的办法〉的通知》（人社部发〔2012〕53号）第四条规定，在中国就业可免办外国人就业许可证件，其与中国境内的用人单位建立用工关系的，应当认定双方存在劳动关系。

河北省

《河北省高级人民法院关于我省劳动争议案件若干疑难问题处理的参考意见》（2010年6月）

10.用人单位招用达到法定退休年龄但未享受养老保险待遇或退休金的人员，双方形成的用工关系按劳动关系处理。

用人单位招用已享受养老保险待遇或退休金的人员，双方形成的关系按劳务关系处理。

11.与原用人单位保持劳动关系的企业内退人员、停薪留职人员、企业待岗职工与新的用人单位建立了劳动性质的关系，原用人单位已为其缴纳基本生活费、社会保险费的，企业内退人员、停薪留职人员、企业待岗职工请求新的用人单位为其办理社会保险的，不予支持；但劳动者请求享受劳动法、劳动合同法规定的劳动报酬、劳动保护、劳动条件、工作时间、休息休假、职业危害防护、福利待遇的，应予支持。

12.劳动合同到期后，用人单位没有及时办理终止（续订）手续，劳动者也没有为用人单位提供正常劳动的，应认定劳动者与用人单位的劳动关系于劳动合同到期之日已经终结，用人单位补发解除劳动合同通知书的行为不能认定双方存在劳动关系；劳动者仍在用人单位工作的，应认定双方存在劳动关系，用人单位应补办续订劳动合同手续。

辽宁省

《辽宁省高级人民法院民一庭劳动人事争议及劳务纠纷案件审判问题解答》（2013年8月）

问题6：《劳动合同法实施条例》第二十一条规定，劳动者达到法定退休年龄后，劳动合同终止。《社会保险法》规定，达到法定退休年龄后仍可继续缴纳养老保险至最低年限，再办理退休。对于虽然达到法定退休年龄但未领取养老金的劳动者，是否确认与用人单位存在劳动关系？

参考意见：《社会保险法》第十六条第二款规定，参加基本养老保险的个人，达到法定退休年龄时累计缴费不足十五年的，可以缴费至满十五年，按月领取基本养老金；也可以转入新型农村社会养老保险或城镇居民社会养老保险，按照国务院规定享受相应的养老保险待遇。根据该项规定，达到法定退休年龄的劳动者补缴养老保险费用至十五年的规定年限，指的是缴费年限，而非劳动关系存续年限。其与劳动者达到法定退休年龄劳动合同终止的相关规则不存在冲突。

问题9：劳动者根据《关于确立劳动关系有关事项的通知》（劳社部发〔2005〕12号）第四条"建筑施工、矿山企业等用人单位将工程（业务）或经营权发包给不具备用工主体资格的组织或自然人，对该组织或自然人招用的劳动者，由具备用工主体资格的发包方承担用工主体责任"的规定，请求确定其与发包方之间存在劳动关系，能否支持？

参考意见：人民法院审理民事案件，应当适用法律和行政法规，可以参照地方法规和部门规章。鉴于现阶段建设工程施工和矿产资源开采领域违法转包、分包，大量招用农民工的情况普遍存在，在司法实践中将"承担用工主体责任"简单解释为"可以确认劳动关系成立"有可能造成较大的负面影响。因此，在上述情况下，发包方承担用工主体责任的范围应当限定于劳动安全卫生和劳动报酬支付方面，不建议简单确认劳动关系成立。

问题 27：公益性岗位从业人员与用人单位之间是否属于劳动关系？

参考意见：认定公益性岗位从业人员与相关用人单位之间是否形成劳动关系，应具体考察用人单位与劳动者之间基于该公益性岗位而形成的权利义务关系内容。如果公益性岗位从业人员的工作报酬来源于政府拨款，用人单位不承担其工资及社会保险费等，则不宜认定劳动关系成立。

江苏省

一、《江苏省高级人民法院、江苏省劳动争议仲裁委员会关于审理劳动争议案件的指导意见》（2009 年 12 月 14 日）

第三条 用人单位招用已达到法定退休年龄的人员，双方形成的用工关系按雇佣关系处理。

二、《江苏省高级人民法院、江苏省劳动人事争议仲裁委员会关于审理劳动人事争议案件的指导意见（二）》（2011 年 11 月 8 日）

第十条 建筑施工、矿山企业等用人单位将工程或经营权发包给不具备用工主体资格的其他组织或自然人，劳动者起诉请求确认与具有用工主体资格的发包方存在劳动关系的，不予支持；但劳动者依据人力资源社会保障部门作出的因工伤亡或职业病确认结论和劳动能力鉴定结论请求赔偿工伤保险待遇，并要求发包人与承包人承担连带赔偿责任的，应予支持。

浙江省

一、《浙江省高级人民法院民一庭关于审理劳动争议案件若干问题的意见》（2009 年 4 月 16 日）

第三条 达到法定退休年龄的劳动者与用人单位形成的用工关系，按雇佣关系处理。

未达到法定退休年龄而内退的劳动者，与其他用人单位形成的用工关系，一般应按劳动关系处理。但原用人单位继续为其缴纳社会保险费，劳动者又要求现用人单位为其缴纳社会保险费的，不予支持。

第四条 外国人、无国籍人或台港澳人员与用人单位形成的用工关系，按劳动关系处理。上述人员未依法办理《外国人就业证》或《台港澳人员就业证》的，应当认定有关劳动合同无效；但劳动者已经付出劳动的，应由用人单位参照合同约定支付劳动报酬。[①]

第五条 外国企业常驻代表机构或台港澳企业未依规定通过相关就业服务单

[①] 注：国务院 2018 年 7 月 28 日取消台港澳人员在内地就业许可。

位，而直接招用劳动者形成的用工关系，按雇佣关系处理。

第六条 在校学生在实习期间，因履行实习单位指派的任务，受到伤害而发生争议的，按雇佣关系处理。

二、《浙江省高级人民法院民事审判第一庭、浙江省劳动人事争议仲裁院关于审理劳动争议案件若干问题的解答（二）》（2014年4月）

一、建筑施工企业违法转包、分包中的相关法律关系应如何认定？

答：具备用工主体资格的承包单位违反法律、法规规定，将承包业务转包、分包给不具备用工主体资格的组织或者自然人，该不具备用工主体资格的组织或者自然人所招用的人员请求确认与承包单位存在劳动关系的，不予支持。但该人员在工作中发生伤亡，受害人请求承包单位参照工伤的有关规定进行赔偿的，人民法院应当予以支持。社会保险行政部门已认定该人员工伤的，按工伤保险规定处理。

三、饭店实行"包厨"，承包人招用的厨师或者厨房其他工作人员与饭店之间的法律关系应如何认定？

答：实行"包厨"的饭店，认定厨师及厨房工作人员是否与饭店构成劳动关系，一般应区分以下情况：如承包人招用的厨师和厨房工作人员是饭店内部职工，应认定双方为劳动关系；如厨师和厨房工作人员系承包人从外部招用，工作期间这些人员只接受承包人的指挥和管理，由承包人支付其工资，则不应认定其与饭店之间存在劳动关系。承包协议另有约定的，从其约定。

四、劳动者自带工具，没有底薪，以包片等名义或者签订委托协议等形式为单位工作（如快递员、超市促销员），其与单位之间的法律关系应如何认定？

答：劳动者以包片等名义或者以签订委托协议等形式为单位服务的，一般应按双方约定认定双方的法律关系。如单位依法制定的各项劳动规章制度适用于劳动者，劳动者受单位的劳动管理，从事单位安排的有报酬的劳动，且劳动者提供的劳动是单位业务的组成部分，应认定双方存在劳动关系。

十四、超过法定退休年龄的劳动者在工作中受事故伤害或者患职业病，其向聘用单位主张工伤保险待遇的，应否支持？

答：劳动者超过法定退休年龄，仍接受单位聘用的，其与聘用单位之间构成劳务关系，劳动者因工伤亡或者患职业病而向聘用单位主张工伤保险待遇的，不予支持。但劳动者尚未享受基本养老保险待遇或者领取退休金，且聘用单位已为其缴纳工伤保险费的，其工伤保险待遇应予支持。

三、《浙江省高级人民法院民事审判第一庭、浙江省劳动人事争议仲裁院关于审理劳动争议案件若干问题的解答（三）》（2015 年 9 月）

一、村民委员会、居民委员会、业主委员会等群众性自治组织聘用人员，双方是否构成劳动关系？

答：村民委员会、居民委员会、业主委员会等群众性自治组织，不属于《劳动合同法》第二条及《劳动合同法实施条例》第三条规定的用人单位，其与聘用人员之间不构成劳动关系。

安徽省

《安徽省高级人民法院关于审理劳动争议案件若干问题的指导意见》（2015 年 1 月 20 日）

第一条 已经享受职工基本养老保险待遇或领取退休金的劳动者与现用人单位之间的用工关系，按劳务关系处理。

已过法定退休年龄的劳动者，初次到用人单位提供劳动的，其与用人单位之间的用工关系按劳务关本处理。

江西省

《江西省劳动人事争议裁审衔接工作座谈会纪要》（2013 年 12 月 18 日）

第一条 【工程转包的劳动关系确认】发包人将工程分包给承包人，承包人又转包或者分包给实际施工人，实际施工人招用的劳动者请求确认与发包人之间存在劳动关系的，不予支持。

山东省

《山东省高级人民法院、山东省人力资源和社会保障厅关于审理劳动人事争议案件若干问题会议纪要》（2019 年 4 月 25 日）

一、关于建筑工程或者经营权违法发包、转包、分包或个人挂靠经营情况下劳动关系的确认问题

建筑施工、矿山企业等用人单位将工程（业务）或者经营权违法发包、转包、分包或个人挂靠经营的情况下，非法用工主体所招用的人员与发包方、转包方、分包方、被挂靠方不存在劳动关系。如果发生工伤事故，上述发包方、转包方、分包方、被挂靠方可以作为承担工伤保险责任主体。

社会保险行政部门以上述发包方、转包方、分包方、被挂靠方与劳动者之间无劳动关系为由，作出不予受理工伤认定申请或者决定不予认定工伤产生的纠

纷，属于行政争议。

以上工伤保险责任主体承担赔偿责任或者社会保险经办机构从工伤保险基金支付工伤保险待遇后，向非法用工主体追偿产生的纠纷，不属于劳动争议。

三、关于以包片或者签订委托协议方式提供劳动的劳动者与单位之间法律关系认定问题

劳动者自带工具，没有底薪，以包片等名义或者签订委托协议等形式为单位工作的（如快递员、超市促销员、送水员），一般应当按照约定认定双方的法律关系，但是劳动者确有证据证明双方存在劳动关系的除外。

湖北省

《湖北省高级人民法院民事审判工作座谈会会议纪要劳动争议部分》（2013年9月）

5. 达到法定退休条件的人员，不能再成为劳动关系的主体。对于已经达到退休年龄的劳动者继续在用人单位工作或者被新的用人单位聘用，双方法律关系定性区分以下情况进行认定：

（1）按照国家规定，已经享受基本养老保险待遇继续留在原用人单位工作或者被其他单位聘用的，属于劳务关系；

（2）劳动者连续工作已满十年的，劳动者达到退休年龄时，劳动合同应当终止，此后劳动者继续留在原用人单位工作的，视为劳务关系；

（3）在原用人单位为劳动者办理退休手续期间，劳动者到其他用人单位工作，其与新用人单位发生争议的，可按劳务关系处理；

（4）达到退休年龄后，初次被用人单位招用的，属于劳务关系。

9. 严格掌握劳社部发（2005）12号《关于确立劳动关系有关事项的通知》第四条规定的适用范围，认定发包的建筑施工、矿山企业与劳动者之间形成事实劳动关系应符合劳动关系的实质要件，在不具备劳动关系应具备的实质要件的情况下，劳社部发（2005）12号《关于确立劳动关系有关事项的通知》第四条不作为确认建筑施工、矿山企业与劳动者存在劳动关系的唯一依据。

广东省

《广东省高级人民法院、广东省劳动人事争议仲裁委员会关于劳动人事争议仲裁与诉讼衔接若干意见》（2018年7月18日）

一、出租汽车（巡游车和网约车）驾驶员与经营者订立劳动合同并按劳动合同履行的，认定为劳动关系；双方订立承包、租赁、联营等合同，并建立营运风

险共担、利益共享分配机制的，按双方约定执行。实际履行与约定不一致或双方未约定的，以实际履行情况认定。

二、网络平台经营者与相关从业人员之间的用工关系性质，原则上按约定处理。如双方属于自负盈亏的承包关系或已订立经营合同、投资合同等，建立了风险共担、利益共享的分配机制的，不应认定双方存在劳动关系。实际履行与约定不一致或双方未约定的，以实际履行情况认定。

重庆市

一、《重庆市高级人民法院民一庭关于九龙坡区法院劳动争议案件法律适用问题研讨会议综述》（2014年7月30日）

二、建筑企业违反法律规定将工程转包、违法分包给无用工主体资格的单位或自然人，该单位或自然人使用的人员因工受伤后，向建筑企业主张工伤保险、工资报酬之外的其他权利的，应否支持？

法院一致意见认为，劳动和社会保障部《关于确立劳动关系有关事项的通知》（劳社部发〔2005〕12号）第四条规定："建筑施工、矿山企业等用人单位将工程（业务）或经营权发包给不具备用工主体资格的组织或自然人，对该组织或自然人招用的劳动者，由具备用工主体资格的发包方承担。"该规定仅规定由建筑企业承担用工主体责任，不宜据此认定建筑企业与劳动者之间存在事实劳动关系。建筑企业因无用工主体资格的单位或自然人非法用工承担用工主体责任。因此，劳动者主张工伤保险、劳动报酬之外的其他权利的，不予支持。

市人社局调解仲裁管理处认为，建议删除"不宜据此认定建筑企业与劳动者之间存在事实劳动关系"，明确责任承担即可，不涉及劳动关系判定问题。

二、《重庆市高级人民法院关于社会保险领域涉诉相关法律适用问题的会议纪要》（2014年12月9日）

二、关于违法转包、分包及挂靠的用工主体责任如何把握的问题。

根据《工伤保险条例》的相关规定，工伤认定以存在劳动关系（包括事实劳动关系）为前提，法律、法规或司法解释有例外规定的应除外。《最高人民法院关于审理工伤保险行政案件若干问题的规定》（法释〔2014〕9号）第三条一款规定："社会保险行政部门认定下列单位为承担工伤保险责任单位的，人民法院应予支持：……（四）用工单位违反法律、法规规定将承包业务转包给不具备用工主体资格的组织或者自然人，该组织或者自然人聘用的职工从事承包业务时因工伤亡的，用工单位为承担工伤保险责任的单位；（五）个人挂靠其他单位对外经营，其聘用的人员因工伤亡的，被挂靠单位为承担工伤保险责任的单位。"该条款规定的精神实质是，转包关系中的用人单位与聘用职工、挂靠关系中的被挂靠单位与聘用人员之间，不存在真实的劳动关系，但应当从有利于职工的角度出发，不以是否存在真实劳动关系为前提，认定由违法转包的用工单位和被挂靠单位承担工伤保险责任。这是对《工伤保险条例》将劳动关系作为工伤认定前提的一般规定之外的特殊情形处理。另外，用工单位违反法律、法规规定将承包业务"分包"给不具备用工主体资格的组织或者自然人同"转包"情形相似，在用工主体责任的把握上应作同样处理。因此，用工单位违反法律、法规规定将承包业务转包、分包给不具备用工主体资格的组织或者自然人，该组织或者自然人聘用的职工从事承包业务时因工伤亡的，社会保险行政部门应认定为工伤并确定由用工单位承担工伤保险责任；个人挂靠其他单位对外经营，其聘用的人员因工伤亡的，社会保险行政部门应认定为工伤并确定由被挂靠单位承担工伤保险责任。市高法院渝高法发〔2009〕22号《重庆市高级人民法院印发〈关于审理工伤行政诉讼案件若干问题的暂行规定〉的通知》关于转包、分包及挂靠关系中用人单位与聘用职工、被挂靠单位与聘用人员之间存在事实劳动关系的规定已经与此不符，不应再适用。

三、《重庆市六部门关于劳动争议案件法律适用问题专题座谈会纪要（一）》（2017年6月5日）

三、达到法定退休年龄的劳动者与用人单位是否构成劳动关系的认定

达到法定退休年龄的劳动者与用人单位之间的法律关系的认定，市高法院曾经发布过意见不一致的解答意见。经市高法院民一庭、行政庭与市人社局沟通协商，市高法院出台了《关于超过法定退休年龄的劳动者在工作中受伤有关受伤性质认定和待遇赔偿问题的会议纪要》（渝高法〔2015〕205号），该纪要明确了"超龄人员在工作中受到事故伤害或者患职业病的，由用人单位承担赔偿责任，不适用《社会保险法》和《工伤保险条例》的有关规定，用人单位可参照《工伤保险条例》有关规定实行一次性赔偿。超龄人员及其近亲属就赔偿金额与用人单位发生争议的，不属于劳动争议，其可直接向人民法院提起民事诉讼，人民法院应予受理。"该纪要经市高法院审判委员会讨论通过，达到法定退休年龄的劳动者与用人单位之间的法律关系的认定应当按此办理。

四川省

《四川省高级人民法院民一庭关于审理劳动争议案件若干疑难问题的解答》（2016年1月15日）

13.具备用工主体资格的承包单位违反法律、法规规定，将承包业务转包、分包给不具备用工主体资格的实际施工人，该实际施工人所招用的人员请求确认

与承包单位存在劳动关系的，不予支持。但该人员在工作中发生伤亡，受害人直接向人民法院起诉，请求承包单位参照《工伤保险条例》的有关规定进行赔偿的，人民法院应予支持，不具备用工主体资格的承包人对劳动者的损失承担连带赔偿责任。社会保险行政部门已认定为工伤的，按工伤保险规定处理。

15. 个人购买的车辆挂靠其他单位且以挂靠单位的名义对外经营的，其聘用的驾驶员、乘务员等劳动者与挂靠单位之间不构成事实劳动关系。但被聘驾驶员、乘务员等劳动者因工伤亡的，被挂靠单位应当参照《工伤保险条例》的有关规定承担赔偿责任。

16. 酒店餐饮企业等将其不具有独立经营资格的内部机构承包给他人的情形（内容见前节）。

18. 用人单位招用已达到法定退休年龄但尚未享受基本养老保险待遇或领取退休金的劳动者，双方形成的用工关系按劳务关系处理。

贵州省

一、《贵州省高级人民法院劳动争议案件法律适用问题座谈会会议纪要》
（2009年12月）

22. 用人单位招用已享受养老保险待遇或退休金的人员，双方形成的用工关系应按雇佣关系处理。

23. 《劳动合同法》施行前，劳动者长期未向用人单位提供正常劳动，用人单位也长期未向劳动者支付劳动报酬等相关待遇，且用人单位并未作出开除、除名或解除劳动关系决定的，可以认定此期间双方劳动关系处于中止履行状态。但具有以下规定的其他情形除外：

（一）如有证据充分证明用人单位具有解除劳动关系的意思表示，可以视为用人单位已作出了解除双方劳动关系的决定。如用人单位已经作出"按照自动离职处理"的决定，则可以视为用人单位已作出解除原劳动关系的意思表示。

（二）如果地方规章或用人单位内部的规章制度规定有职工超过一定期间旷工视为自动离职等内容，则劳动者长期不提供正常劳动，可以视为解除条件成就。

（三）具有以下情形之一，用人单位对于解除无异议的，劳动者长期不提供正常劳动且没有要求单位支付工资以及承担相应的福利待遇或社会保险的行为可以认定其具有解除劳动关系的意思表示。

（1）劳动者离开原单位之后已经与新的用人单位产生了劳动关系，新的用人单位向其发放工资，或者为其提供福利；但原用人单位为国有企业或集体企业的劳动者因政策性或其他合理原因采取停薪留职等方式在家待岗或自谋职业或到其他单位工作的除外。

（2）劳动者与原用人单位之间属于事实劳动关系的；

（3）劳动者离开原用人单位时劳动合同尚未到期，但其向单位主张确认劳动关系继续存在、重新上岗等权利时，劳动合同约定期限已经届满的。

二、《贵州省高级人民法院、贵州省人力资源和社会保障厅关于劳动争议案件若干问题的会议纪要》(2012年7月9日)

14.在校学生在实习期间，因履行实习单位指派的工作任务而受到伤害产生争议的，按雇佣关系处理。

【典型案例】

李林霞诉重庆漫咖文化传播有限公司劳动争议纠纷案①

裁判摘要：网络主播与合作公司签订艺人独家合作协议，通过合作公司包装推荐，自行在第三方直播平台上注册，从事网络直播活动，并按合作协议获取直播收入。因合作公司没有对网络主播实施具有人身隶属性的劳动管理行为，网络主播从事的直播活动并非合作公司的业务组成部分，其基于合作协议获得的直播收入亦不是劳动法意义上的具有经济从属性的劳动报酬。因此，二者不符合劳动关系的法律特征，网络主播基于劳动关系提出的各项诉讼请求，不应予以支持。

---

① 载《最高人民法院公报》，2020年第10期。

第三节　关于双重劳动关系、共享用工、劳动者借用等方面的情形

【适用指引】

双重劳动关系，是指一个劳动者具有双重身份和享有两个劳动关系。我国立法层面以及最高人民法院对双重劳动关系持有条件的认定态度。

"共享用工"，按照人力资源社会保障部、最高人民法院第一批劳动人事争议典型案例7的意见，是指员工富余企业将与之建立劳动关系的员工借调至缺工企业工作，员工与借出企业的劳动关系不发生改变，借入企业与借出企业签订协议明确双方权利义务关系。

我国法律没有禁止借用劳动者这种特殊的用工形式。因双重劳动关系、共享用工、劳动者借用等问题有其特殊性，本节汇总了相关规范。

【法律依据】

法律

《中华人民共和国劳动合同法》（2012年12月28日修正）

第三十九条　劳动者有下列情形之一的，用人单位可以解除劳动合同：

（四）劳动者同时与其他用人单位建立劳动关系，对完成本单位的工作任务造成严重影响，或者经用人单位提出，拒不改正的；

司法解释

《最高人民法院关于审理劳动争议案件适用法律若干问题的解释（一）》（2020年12月25日，法释〔2020〕26号）

第三十二条　用人单位与其招用的已经依法享受养老保险待遇或者领取退休金的人员发生用工争议而提起诉讼的，人民法院应当按劳务关系处理。

企业停薪留职人员、未达到法定退休年龄的内退人员、下岗待岗人员以及企业经营性停产放长假人员，因与新的用人单位发生用工争议而提起诉讼的，人民法院应当按劳动关系处理。

部门规章

《劳动部关于贯彻执行中华人民共和国劳动法若干问题的意见》（1995年8月4日）

7. 用人单位应与其长期被外单位借用的人员、带薪上学人员以及其他非在岗但仍保持劳动关系的人员签订劳动合同，但在外借和上学期间，劳动合同中的某些相关条款经双方协商可以变更。

【参考依据】

北京市

一、《北京市高级人民法院、北京市劳动争议仲裁委员会关于劳动争议案件法律适用问题研讨会会议纪要（二）》（2014年5月7日）

13. 未达到法定退休年龄的内退人员、停薪留职人员、下岗待岗人员、企业经营性停产放长假人员在退休之前与新用人单位建立用工关系的，如何处理？

未达到法定退休年龄的内退人员、停薪留职人员、下岗待岗人员、企业经营性停产放长假人员在退休之前与新用人单位建立用工关系，应按劳动关系处理，但对于新用人单位因客观原因不能为其缴纳社会保险，该劳动者以此为由提出解除劳动合同并要求经济补偿金的，不予支持。

14. 未达到法定退休年龄的内退人员、停薪留职人员、下岗待岗人员、企业经营性停产放长假人员在退休之前与新用人单位建立用工关系的，其与原用人单位的关系如何认定？

未达到法定退休年龄的内退人员、停薪留职人员、下岗待岗人员、企业经营性停产放长假人员在退休之前与新用人单位建立用工关系的，一般情况下可以认定原用人单位与其保持劳动关系，相关待遇依双方的约定。双方未约定或约定不明的，考虑国家法律法规和政策、同行业同类型劳动者保护标准，从保护劳动者的基本利益和用人单位现实情况进行综合判断。

二、《北京市高级人民法院、北京市劳动人事争议仲裁委员会关于审理新型冠状病毒感染肺炎疫情防控期间劳动争议案件法律适用问题的解答》(2020年4月29日)

22.疫情防控期间，用工单位临时借用其他用人单位的劳动者提供劳动，劳动者在借用期间的劳动报酬、社会保险费、工伤保险待遇等由谁承担？

答：劳动者被临时借用期间，由出借单位承担用人单位主体责任。出借单位与借用单位可就劳动者被借用期间的劳动报酬、社会保险费、工伤保险待遇等约定补偿办法。排除出借单位承担用人单位主体责任的约定无效。

河北省

《河北省人力资源和社会保障厅、河北省高级人民法院关于涉新冠肺炎疫情劳动争议纠纷相关问题的解答》(2020年6月5日)

17.疫情防控期间共享用工的劳动关系，应如何认定？

疫情防控期间，员工富余单位将劳动者借出至缺工单位共享用工的，不改变借出单位与劳动者之间的劳动关系，但劳动合同中的相关条款经双方协商可以变更。

上海市

《上海市高级人民法院、上海市人力资源和社会保障局关于疫情影响下劳动争议案件处理相关指导的意见》(2020年4月13日)

八、关于"共享用工"法律关系的问题

疫情期间，"共享用工"等新型灵活用工模式，在一定程度上缓解了用人单位的用工压力和劳动者的就业压力，起到了多方共赢的效果。在处理相关纠纷时，要注意区分共享用工、劳务派遣、劳务外包等的差别。对于借出单位（即与劳动者存在劳动关系的用人单位）非以营利为目的，与借入单位、劳动者三方在疫情期间签订员工借调协议，约定劳动者在疫情期间为借入单位提供劳动，疫情结束后回到借出单位工作的，不应认定借出单位、借入单位、劳动者三者之间形成双重劳动关系。借调期间劳动者与借出单位仍为单一劳动关系，双方劳动权利义务不变。

山东省

一、《山东省高级人民法院关于印发全省民事审判工作会议纪要的通知》(2011年11月30日)

（九）关于双重劳动关系的认定问题

依据最高人民法院《关于审理劳动争议案件适用法律若干问题的解释

（三）》第8条的规定，企业停薪留职人员、未达到法定退休年龄的内退人员、下岗待岗人员以及企业经营性停产放长假人员，因与新的用人单位发生用工争议，依法向人民法院提起诉讼的，人民法院应按劳动关系处理。该规定肯定了双重劳动关系的合法性，但由于最高人民法院《关于审理劳动争议案件适用法律若干问题的解释（三）》没有规定适用的时间效力，对于司法解释实施之前存在的双重劳动关系是否可以依据司法解释的规定予以认定未明确。会议认为，按照法不溯及既往原则，在司法解释出台之前，对于最高人民法院《关于审理劳动争议案件适用法律若干问题的解释（三）》第8条[①]所列情形均按照劳务关系处理；但该司法解释实施之后，尚未审结的一、二审劳动争议案件均应适用司法解释的规定认定双重劳动关系。

二、《山东省高级人民法院、山东省人力资源和社会保障厅关于审理劳动人事争议案件若干问题会议纪要》（2019年4月25日）

二、关于双重劳动关系中新用人单位应履行的法律义务问题

企业停薪留职人员、未达到法定退休年龄的内退人员、下岗待岗人员以及企业经营性停产放长假人员，到新用人单位工作构成双重劳动关系情况下，新用人单位应履行的义务包括：（一）依法为劳动者缴纳社会保险费（新用人单位非因自身原因无法为劳动者缴纳社会保险费的除外）；（二）发生工伤事故时承担工伤保险责任；（三）在劳动合同解除或终止后依法支付经济补偿或赔偿金（用人单位按照本条第一项执行后，劳动者以用人单位未依法为其缴纳社会保险费为由解除劳动合同并主张经济补偿或赔偿金的除外）；（四）未签订书面劳动合同的二倍工资；（五）其他按照劳动法律法规等应履行的义务。

广东省

《广东省高级人民法院、广东省人力资源和社会保障厅关于审理涉新冠肺炎疫情劳动人事争议案件若干问题的解答》（2020年4月27日）

18.疫情防控期间共享用工的劳动关系，应如何认定

疫情防控期间，员工富余单位将劳动者借出至缺工单位共享用工的，不改变借出单位与劳动者之间的劳动关系，但劳动合同中的相关条款经双方协商可以变更。

---

① 注：现为《劳动争议司法解释（一）》第32条。

【典型案例】

员工借出企业无法继续履行协议，"共享用工"如何处理[1]

案例分析

本案的争议焦点是员工借出企业无法继续履行共享用工协议，借入企业继续用工的，双方是否建立劳动关系。

"共享用工"是指员工富余企业将与之建立劳动关系的员工借调至缺工企业工作，员工与借出企业的劳动关系不发生改变，借入企业与借出企业签订协议明确双方权利义务关系。《关于贯彻执行〈中华人民共和国劳动法〉若干问题的意见》（劳部发〔1995〕309号）第7条规定："用人单位应与其长期被外单位借用的人员、带薪上学人员以及其他非在岗但仍保持劳动关系的人员签订劳动合同，但在外借和上学期间，劳动合同中的某些相关条款经双方协商可以变更。"因此，我国劳动法并不禁止用人单位之间对劳动者的借用。

《中华人民共和国劳动合同法》第44条规定："有下列情形之一的，劳动合同终止：……（四）用人单位依法宣告破产的。"因"共享用工协议"的履行以劳动者与借出企业劳动关系的存在为前提，"共享用工"的用工模式自借出企业宣告破产时被打破。借入企业明知劳动者与借出企业劳动关系终止的情况下继续用工，应根据有关法律和政策规定建立劳动关系。

典型意义

"共享用工"是借出企业与借入企业之间自行调配人力资源、解决特殊时期用工问题的应急措施。其本质是企业在不同行业之间短期调配人力资源，以应对各行业因淡旺季或特殊事件带来的人力资源需求差异，从而实现各方受益。借出和借入员工是企业之间行为，可以通过签订民事协议明确双方权利义务关系。"共享用工"属于特殊情况下的灵活用工方式，在法律主体认定、劳动报酬支付、社会保险缴纳等方面还存在制度盲点，但需要明确的是，借出企业不得以营利为目的借出员工，也不得以"共享用工"之名，进行违法劳务派遣，或诱导劳动者注册个体工商户以规避用工责任。此外，劳动者在企业停工停产等特殊情况下，自主选择为其他企业提供劳动，不属于"共享用工"，应根据相关法律和政策认定是否建立"双重劳动关系"。

---

[1] 载《人力资源社会保障部、最高人民法院第一批劳动人事争议典型案例》（2020年7月10日）。

第四章　涉及劳动合同订立相关请求的规范
（不含双倍工资及竞业限制）

【本章导读】

劳动合同的订立，是指劳动者和用人单位就双方的权利、义务进行协商，意思表示一致，从而签订对双方具有法律约束力的劳动合同的行为。涉及试用期问题、未签劳动合同双倍工资问题、服务期违约金问题、无固定期限劳动合同问题、劳动合同效力问题、劳动报酬乃至劳动合同解除和终止问题等诸多纠纷的产生，都与劳动合同订立环节出现问题有紧密关联，务必详查。

依据和劳动合同订立紧密相关的诉讼请求内容，本章分五节：

第一节是涉及要求签订书面劳动合同请求的规定。

第二节是涉及违法约定试用期违约金请求的规定。

第三节是涉及服务期及违约金请求的规定。

第四节是涉及签订无固定期限劳动合同或存在无固定期限劳动关系请求的规定。

第五节是涉及劳动合同效力请求的规定。

未签劳动合同双倍工资问题属于劳动合同订立的范围，但因其内容较多，宜列专章，故将其单独设置为第五章。

涉及竞业限制的问题在《劳动合同法》中亦规定在劳动合同的订立部分，但根据本书主要依据纠纷发生顺序编排的特殊体例，将其单独设置在第十七章。

第一节　关于要求签订劳动合同的请求

【适用指引】

实务中劳动者可能依据《劳动合同法》第 10 条等条款要求判决用人单位与其签订书面劳动合同。针对该类诉讼请求，《北京市高级人民法院、北京市劳动争议仲裁委员会关于劳动争议案件法律适用问题研讨会会议纪要（二）》第 36 条认为由法院直接判令双方订立书面劳动合同有违当事人意思自治原则，亦无法确定具体执行内容和申请强制执行，故应释明当事人变更请求，主张确认双方存在劳动关系。《云南省高级人民法院、云南省人力资源和社会保障厅关于审理劳动人事争议案件若干问题的座谈会纪要》第 2 条第 3 项亦持此观点。

【裁判依据】

法律

《中华人民共和国劳动合同法》（2012 年 12 月 28 日修正）

第十条　建立劳动关系，应当订立书面劳动合同。

已建立劳动关系，未同时订立书面劳动合同的，应当自用工之日起一个月内订立书面劳动合同。

用人单位与劳动者在用工前订立劳动合同的，劳动关系自用工之日起建立。

第十二条　劳动合同分为固定期限劳动合同、无固定期限劳动合同和以完成一定工作任务为期限的劳动合同。

部门规章

《劳动部关于贯彻执行〈中华人民共和国劳动法〉若干问题的意见》（1995 年 8 月 4 日）

16. 用人单位与劳动者签订劳动合同时，劳动合同可以由用人单位拟定，也可以由双方当事人共同拟定，但劳动合同必须经双方当事人协商一致后才能签订，职工被迫签订的劳动合同或未经协商一致签订的劳动合同为无效劳动合同。

第十七条　劳动合同应当具备以下条款：
（一）用人单位的名称、住所和法定代表人或者主要负责人；
（二）劳动者的姓名、住址和居民身份证或者其他有效身份证件号码；
（三）劳动合同期限；
（四）工作内容和工作地点；
（五）工作时间和休息休假；
（六）劳动报酬；
（七）社会保险；
（八）劳动保护、劳动条件和职业危害防护；
（九）法律、法规规定应当纳入劳动合同的其他事项。

劳动合同除前款规定的必备条款外，用人单位与劳动者可以约定试用期、培训、保守秘密、补充保险和福利待遇等其他事项。

【参考依据】

北京市

《北京市高级人民法院、北京市劳动争议仲裁委员会关于劳动争议案件法律适用问题研讨会会议纪要（二）》(2014年5月7日)

36.劳动者要求仲裁委裁决或法院判决与用人单位签订书面劳动合同的，如何处理？

订立书面劳动合同需要当事人意思表示一致，由劳动者与用人单位平等协商，以确定合同期限、工作内容、劳动报酬等事项。经劳动者与用人单位协商，双方就劳动合同必要条款能够达成一致的，可以裁判双方订立书面劳动合同，并在裁判文书中就达成一致的条款予以表述。

双方就劳动合同必要条款不能达成一致的，由仲裁委裁决或法院直接判令双方订立书面劳动合同有违当事人意思自治原则，亦无法确定具体执行内容和申请强制执行。故在此情况下，劳动者要求与用人单位订立书面劳动合同的，仲裁委、法院可释明当事人变更请求，主张确认双方存在劳动关系。

因可归责于用人单位的原因导致无法订立书面劳动合同的，劳动者可另行依法主张用人单位承担未订立书面劳动合同的法律责任。

云南省

《云南省高级人民法院、云南省人力资源和社会保障厅关于审理劳动人事争议案件若干问题的座谈会纪要》（2015年1月19日）

二、劳动合同订立和解除的相关问题

（三）劳动者请求与用人单位订立书面劳动合同的，仲裁委员会、人民法院可向当事人进行释明，要求其变更请求，主张确认双方存在事实劳动关系或无固定期限劳动合同关系。劳动者可依法请求用人单位承担未订立书面劳动合同的法律责任。

第二节　关于违法约定试用期赔偿金的请求

【适用指引】

一、请求权基础及相关案由

违法约定试用期赔偿金的请求权基础为《劳动合同法》第 83 条的后半段。案由应适用《民事案件案由规定》"186. 劳动合同纠纷"。

二、用人单位违法约定试用期的情形

1. 不得约定试用期的情形下约定了试用期：比如以完成一定任务为期限的劳动合同或者劳动合同期限不满三个月的，以及非全日制用工，按照《劳动合同法》第 19 条和第 70 条规定均不得约定试用期。

2. 约定的试用期超过法律规定的最高时限：比如签订二年期固定期限劳动合同，其中约定试用期三个月，而此类情况下《劳动合同法》第十九条规定试用期最长不得超过二个月。

3. 同一用人单位与同一劳动者约定了超过一次的试用期：比如续签劳动合同时再次约定试用期。

4. 劳动合同仅约定试用期或者劳动合同期限与试用期相同。

5. 约定试用期工资数额方面低于法定标准：《劳动合同法》第 20 条。

三、违法约定试用期赔偿金计算方法[①]

假定劳动者与用人单位签订的劳动合同期限为三年，按照劳动合同法的规定试用期不得超过六个月，但该用人单位与劳动者签订了一年的试用期，并约定试用期满后的月工资为每个月 1500 元。因用人单位约定的试用期超过了六个月的最高时限，如果劳动者已经实际履行了八个月的试用期，在用人单位应当向该劳动者支付赔偿金的期间为已经履行的超过法定试用期的期间，即八个月减去法定的最高时限六个月，用人单位应当向劳动者支付 1500×2=3000 元赔偿金。

[①] 李援主编：《〈中华人民共和国劳动合同法〉解读与适用》，人民出版社 2007 年版，第 241 页。

【裁判依据】

法律

《中华人民共和国劳动合同法》（2012年12月28日修正）

第十九条　劳动合同期限三个月以上不满一年的，试用期不得超过一个月；劳动合同期限一年以上不满三年的，试用期不得超过二个月；三年以上固定期限和无固定期限的劳动合同，试用期不得超过六个月。

同一用人单位与同一劳动者只能约定一次试用期。

以完成一定工作任务为期限的劳动合同或者劳动合同期限不满三个月的，不得约定试用期。

试用期包含在劳动合同期限内。劳动合同仅约定试用期的，试用期不成立，该期限为劳动合同期限。

第二十条　劳动者在试用期的工资不得低于本单位相同岗位最低档工资或者劳动合同约定工资的百分之八十，并不得低于用人单位所在地的最低工资标准。

第七十条　非全日制用工双方当事人不得约定试用期。

第八十三条　用人单位违反本法规定与劳动者约定试用期的，由劳动行政部门责令改正；违法约定的试用期已经履行的，由用人单位以劳动者试用期满月工资为标准，按已经履行的超过法定试用期的期间向劳动者支付赔偿金。

【参考依据】

北京市

《北京市高级人民法院、北京市劳动人事争议仲裁委员会关于审理新型冠状病毒感染肺炎疫情防控期间劳动争议案件法律适用问题的解答》（2020年4月29日）

5.劳动者因疫情原因无法正常返岗上班，用人单位"延长"试用期的，如何处理？

答：劳动者在试用期内因客观原因不能返岗上班，用人单位可以采取灵活的试用考察方式考核劳动者是否符合录用条件。无法采取灵活考察方式实现试用期考核目的的，用人单位与劳动者协商顺延试用期，不违反劳动合同法第十九条第二款关于"同一用人单位与同一劳动者只能约定一次试用期"的规定精神。劳动者因上述原因导致无法正常提供劳动的期间不应计算在原约定的试用期内，不应视为延长了原约定的试用期。

如扣除受疫情影响期间后实际履行的试用期超过原约定试用期的，劳动者要求用人单位以试用期满月工资为标准支付超出原约定试用期之后实际履行期间的工资差额，并根据劳动合同法第八十三条的规定要求用人单位以试用期满月工资为标准支付该期间赔偿金的，应予支持。

浙江省

《浙江省高级人民法院民事审判第一庭、浙江省劳动人事争议仲裁院关于审理劳动争议案件若干问题的解答（三）》(2015年9月)

十五、用人单位超过法律规定期限与劳动者约定试用期，已经实际履行的超过法定试用期的期间，用人单位除按照《劳动合同法》第八十三条规定支付赔偿金外，是否还应当补足超过期间的工资差额？

答：用人单位超过法律规定期限与劳动者约定试用期，对已经履行的超过法定试用期的期间，用人单位应当按照《劳动合同法》第八十三条规定支付赔偿金，但无需向劳动者补足超过期间的工资差额。

第三节 关于服务期及相关违约金的请求

【适用指引】

一、请求权基础及相关案由

违反服务期约定违约金诉讼请求的请求权基础为《劳动合同法》第 22 条第 2 款。案由应适用《民事案件案由规定》"186.劳动合同纠纷"。

二、服务期的设定条件

用人单位只有当为员工提供了特殊待遇或出资招用培训的情况下,才有权设定服务期,进而约定违约金。[1] 服务期可分为出资培训服务期和特殊物质待遇服务期,《劳动合同法》未规定特殊待遇服务期。实践中,对用人单位能否对享有住房、户口、专车等特殊待遇的劳动者约定服务期和违约金的问题存在不同观点。[2]《北京市高级人民法院、北京市劳动争议仲裁委员会关于劳动争议案件法律适用问题研讨会会议纪要》第 33 条认为就特殊待遇约定服务期缺乏法律依据。

三、违约金的计算及违约金约定过高时的处理

协议约定的和用人单位要求劳动者支付的违约金的数额都不得超过用人单位提供的培训费用。用人单位要求劳动者支付的违约金不得超过服务期尚未履行部分所应分摊的培训费用,应按分摊比例抵扣。

约定违约金过高的,人民法院应当依据《劳动合同法》第 22 条第 2 款的规定予以调整:《浙江省高级人民法院民一庭关于审理劳动争议案件若干问题的意见》第 39 条。

---

[1] 林嘉主编:《劳动法和社会保障法》,中国人民大学出版社 2016 年版,第 130 页。
[2] 参见《劳动纠纷裁判思路与规范解释》,法律出版社 2016 年版,第 198 页。

【裁判依据】

法律

《中华人民共和国劳动合同法》(2012年12月28日修正)

第二十二条 用人单位为劳动者提供专项培训费用,对其进行专业技术培训的,可以与该劳动者订立协议,约定服务期。

劳动者违反服务期约定的,应当按照约定向用人单位支付违约金。违约金的数额不得超过用人单位提供的培训费用。用人单位要求劳动者支付的违约金不得超过服务期尚未履行部分所应分摊的培训费用。

用人单位与劳动者约定服务期的,不影响按照正常的工资调整机制提高劳动者在服务期期间的劳动报酬。

第二十五条 除本法第二十二条和第二十三条规定的情形外,用人单位不得与劳动者约定由劳动者承担违约金。

行政法规

《中华人民共和国劳动合同法实施条例》(2008年9月18日)

第十六条 劳动合同法第二十二条第二款规定的培训费用,包括用人单位为了对劳动者进行专业技术培训而支付的有凭证的培训费用、培训期间的差旅费用以及因培训产生的用于该劳动者的其他直接费用。

第十七条 劳动合同期满,但是用人单位与劳动者依照劳动合同法第二十二条的规定约定的服务期尚未到期的,劳动合同应当续延至服务期满;双方另有约定的,从其约定。

第二十六条 用人单位与劳动者约定了服务期,劳动者依照劳动合同法第三十八条的规定解除劳动合同的,不属于违反服务期的约定,用人单位不得要求劳动者支付违约金。

有下列情形之一,用人单位与劳动者解除约定服务期的劳动合同的,劳动者应当按照劳动合同的约定向用人单位支付违约金:

(一)劳动者严重违反用人单位的规章制度的;

(二)劳动者严重失职,营私舞弊,给用人单位造成重大损害的;

(三)劳动者同时与其他用人单位建立劳动关系,对完成本单位的工作任务造成严重影响,或者经用人单位提出,拒不改正的;

（四）劳动者以欺诈、胁迫的手段或者乘人之危，使用人单位在违背真实意思的情况下订立或者变更劳动合同的；

（五）劳动者被依法追究刑事责任的。

【参考依据】

北京市

《北京市高级人民法院、北京市劳动争议仲裁委员会关于劳动争议案件法律适用问题研讨会会议纪要》（2009年8月17日）

33.用人单位为其招用的劳动者办理了本市户口，双方据此约定了服务期和违约金，用人单位以双方约定为依据要求劳动者支付违约金的，不应予以支持。确因劳动者违反了诚实信用原则，给用人单位造成损失的，劳动者应当予以赔偿。

上海市

《上海市高级人民法院关于适用〈劳动合同法〉若干问题的意见》（2009年3月3日）

六、劳动合同期满而约定的服务期未到期的处理

服务期是用人单位以给付一定培训费用为代价，要求接受对价的劳动者为用人单位相应提供服务的约定。用人单位依约支付相应对价后，即已完全履行自己的合同义务，是否要求劳动者履行提供服务则成为用人单位的权利。基于民事权利都可以放弃的原则，在劳动合同期满后，用人单位放弃对剩余服务期要求的，应当准许。此时，劳动合同可以终止，但用人单位不得向劳动者追索服务期的赔偿责任；用人单位继续提供工作岗位并要求劳动者履行服务期约定的，双方当事人应当继续履行。继续履行合同期间，用人单位不提供工作岗位的，视为其放弃对剩余服务期的要求，劳动合同终止。

江苏省

《江苏省高级人民法院、江苏省劳动争议仲裁委员会关于审理劳动争议案件的指导意见》（2009年12月14日）

第十二条 用人单位以劳动者违反服务期约定为由请求劳动者支付违约金的，人民法院、仲裁机构应对用人单位是否为劳动者提供专项培训费用、对其进行专业技术培训进行审查。

用人单位对劳动者进行的上岗前培训和日常业务培训，不应认定为专业技术培训。

劳动者接受专项培训期间的基本工资，不应认定为专项培训费用。

第十五条 劳动者单方解除劳动合同，除有《劳动合同法》第二十二条、二十三条规定的情形外，用人单位主张劳动者赔偿违约金的，不予支持。但劳动者违反诚实信用原则提前解除劳动合同，给用人单位造成实际损失，用人单位主张劳动者赔偿直接经济损失的，应予支持。

劳动者以《劳动合同法》第三十八条第一款规定为由解除劳动合同，应当通知用人单位解除劳动合同并说明理由，劳动者未履行告知程序，事后又以《劳动合同法》第四十六条第（一）项规定为由请求用人单位支付经济补偿的，不予支持。

浙江省

一、《浙江省高级人民法院民一庭关于审理劳动争议案件若干问题的意见》（2009年4月16日）

第三十三条 用人单位以劳动者违反劳动合同中有关服务期的约定为由，请求劳动者支付违约金的，应对其已为劳动者提供专项培训及具体费用等相关事实负举证责任。

第三十九条 依据《劳动合同法》第二十二条的规定，劳动者违反劳动合同中有关服务期约定的，应当按照约定支付违约金，但属于《劳动合同法》第三十八条、第四十一条规定情形的除外。

约定违约金过高的，人民法院应当依据《劳动合同法》第二十二条第二款的规定予以调整。

《劳动合同法》第二十二条中规定的"培训费用"，不包括劳动者接受专项培训期间的基本工资；"专业技术培训"是指为提高劳动者特定技能而提供的培训，不包括上岗前的培训和日常业务培训。

二、《浙江省高级人民法院民事审判第一庭、浙江省劳动人事争议仲裁院关于审理劳动争议案件若干问题的解答（二）》（2014年4月）

十七、劳务派遣用工关系中，用工单位与劳动者约定服务期的效力如何认定？

答：劳务派遣单位对服务期约定予以认可的，该约定有效，服务期超过劳动合同期限的，劳动合同应当顺延至服务期满。劳务派遣单位对服务期约定不予认可的，该服务期约定无效。

【典型案例】

培训期间工资是否属于专项培训费用[①]

案例分析

本案的争议焦点是体检公司支付给张某培训期间的工资是否属于专项培训费用。《中华人民共和国劳动合同法》第22条规定:"用人单位为劳动者提供专项培训费用,对其进行专业技术培训的,可以与该劳动者订立协议,约定服务期。劳动者违反服务期约定的,应当按照约定向用人单位支付违约金。违约金的数额不得超过用人单位提供的培训费用。用人单位要求劳动者支付的违约金不得超过服务期尚未履行部分所应分摊的培训费用。"《中华人民共和国劳动合同法实施条例》第16条规定:"劳动合同法第22条第2款规定的培训费用,包括用人单位为了对劳动者进行专业技术培训而支付的有凭证的培训费用、培训期间的差旅费用以及因培训产生的用于该劳动者的其他直接费用。"《中华人民共和国劳动法》第50条规定:"工资应当以货币形式按月支付给劳动者本人。不得克扣或者无故拖欠劳动者的工资。"《关于贯彻执行〈中华人民共和国劳动法〉若干问题的意见》(劳部发〔1995〕309号)第53条规定:"劳动法中的'工资'是指用人单位依据国家有关规定或劳动合同的约定,以货币形式直接支付给本单位劳动者的劳动报酬……"从上述条款可知,专项培训费用与工资存在明显区别:(1)从性质看,专项培训费用是用于培训的直接费用,工资是劳动合同履行期间用人单位支付给劳动者的劳动报酬;(2)从产生依据看,专项培训费用是因用人单位安排劳动者参加培训产生,工资是依据国家有关规定或劳动合同约定产生;(3)从给付对象看,专项培训费用由用人单位支付给培训服务单位等,工资由用人单位支付给劳动者本人。

本案中,张某脱产参加培训是在劳动合同履行期间,由体检公司安排,目的是提升其个人技能,使其能够创造更大的经营效益,张某参加培训的行为,应当视为履行对体检公司的劳动义务。综合前述法律规定,体检公司支付给张某培训期间的33000元工资不属于专项培训费用。

[①] 载《人力资源社会保障部、最高人民法院第一批劳动人事争议典型案例》(2020年7月10日)。

典型意义

实践中,用人单位在与劳动者订立服务期协议时,应当注意依法对服务期限、违约金等事项进行明确约定。特别要注意的是,协议约定的违约金不得超过用人单位提供的专项培训费用、实际要求劳动者支付的违约金数额不得超过服务期尚未履行部分所应分摊的培训费用等问题。劳动者参加了用人单位提供的专业技术培训,并签订服务期协议的,应当尊重并依法履行该约定,一旦违反,应当依法承担违约责任。

第四节　关于无固定期限劳动合同和确认存在无固定期限劳动合同关系的请求

【适用指引】

一、请求权基础及相关案由

确认存在无固定期限劳动合同关系请求的请求权基础为《劳动合同法》第14条第2款、第3款。案由应适用《民事案件案由规定》"186.劳动合同纠纷"。

二、劳动者在用人单位连续工作满十年应当订立无固定期限劳动合同的条件

1. 劳动者在该用人单位连续工作满10年。

2. 劳动者提出或者同意续订、订立劳动合同。

3. 劳动者没有提出订立固定期限劳动合同。[1]

三、连续订立二次固定期限劳动合同续订劳动合同的理解

第一种意见：当第二个劳动合同期满后，劳动者要求订立无固定期限劳动合同，用人单位没有选择权或拒绝权。该种观点主要采用目的解释和系统解释。

第二种意见：二次固定期限劳动合同期满后，是否订立无固定期限劳动合同由双方协商决定，用人单位有选择权。该种观点主要采用文意解释和历史解释。[2]

《北京市高级人民法院、北京市劳动争议仲裁委员会关于劳动争议案件法律适用问题研讨会会议纪要（二）》第34条、《天津法院劳动争议案件审理指南》第16条、《浙江省高级人民法院民事审判第一庭、浙江省劳动人事争议仲裁院关于审理劳动争议案件若干问题的解答（二）》第5条、第19条均持第一种意见。

《上海市高级人民法院关于适用〈劳动合同法〉若干问题的意见》第四条第四项持第二种意见。

---

[1] 参见林嘉：《劳动法的原理、体系与问题》，法律出版社2016年版，第181页。
[2] 参见林嘉：《劳动法的原理、体系与问题》，法律出版社2016年版，第180页。

四、劳务派遣可否订立无固定期限劳动合同

劳动者要求与劳务派遣单位订立无固定期限劳动合同，对该问题存在争论。①《江苏省高级人民法院、江苏省劳动争议仲裁委员会关于审理劳动争议案件的指导意见》第10条持否定观点。

五、符合无固定期限劳动合同条件但已签固定期限劳动合同，要求变更为无固定期限劳动合同情形的处理

分别详见《北京市高级人民法院、北京市劳动人事争议仲裁委员会关于审理劳动争议案件法律适用问题的解答》第17条、《上海市高级人民法院关于适用〈劳动合同法〉若干问题的意见》第4条第2项。

【裁判依据】

法律

《中华人民共和国劳动合同法》（2012年12月28日修正）

第十二条　劳动合同分为固定期限劳动合同、无固定期限劳动合同和以完成一定工作任务为期限的劳动合同。

第十四条　无固定期限劳动合同，是指用人单位与劳动者约定无确定终止时间的劳动合同。

用人单位与劳动者协商一致，可以订立无固定期限劳动合同。有下列情形之一，劳动者提出或者同意续订、订立劳动合同的，除劳动者提出订立固定期限劳动合同外，应当订立无固定期限劳动合同：

（一）劳动者在该用人单位连续工作满十年的；

（二）用人单位初次实行劳动合同制度或者国有企业改制重新订立劳动合同时，劳动者在该用人单位连续工作满十年且距法定退休年龄不足十年的；

（三）连续订立二次固定期限劳动合同，且劳动者没有本法第三十九条和第四十条第一项、第二项规定的情形，续订劳动合同的。

用人单位自用工之日起满一年不与劳动者订立书面劳动合同的，视为用人单位与劳动者已订立无固定期限劳动合同。

---

① 参见林嘉：《劳动法的原理 体系与问题》，法律出版社2016年版，第181页。

行政法规

《中华人民共和国劳动合同法实施条例》(2008 年 9 月 18 日）

第十一条 除劳动者与用人单位协商一致的情形外，劳动者依照劳动合同法第十四条第二款的规定，提出订立无固定期限劳动合同的，用人单位应当与其订立无固定期限劳动合同。对劳动合同的内容，双方应当按照合法、公平、平等自愿、协商一致、诚实信用的原则协商确定；对协商不一致的内容，依照劳动合同法第十八条的规定执行。

第十二条 地方各级人民政府及县级以上地方人民政府有关部门为安置就业困难人员提供的给予岗位补贴和社会保险补贴的公益性岗位，其劳动合同不适用劳动合同法有关无固定期限劳动合同的规定以及支付经济补偿的规定。

【参考依据】

北京市

一、《北京市高级人民法院、北京市劳动争议仲裁委员会关于劳动争议案件法律适用问题研讨会会议纪要（二）》(2014 年 5 月 7 日）

33.用人单位与劳动者约定劳动合同到期续延，此后劳动者以连续订立两次固定期限劳动合同为由，提出或者同意续订、订立无固定期限劳动合同，如何处理？

用人单位与劳动者约定劳动合同到期续延，且实际续延劳动合同的，合同约定了续延期限的，续延期限届满时，劳动者以连续订立两次固定期限劳动合同为由，提出或者同意续订、订立无固定期限劳动合同，用人单位应当与劳动者订立无固定期限劳动合同。用人单位不与劳动者订立无固定期限劳动合同的，可以依劳动者的主张确认存在无固定期限劳动合同关系。

34.用人单位与劳动者连续订立二次固定期限劳动合同的，第二次固定期限劳动合同到期时，用人单位能否终止劳动合同？

根据《劳动合同法》第十四条第二款第三项规定，劳动者有权选择订立固定期限劳动合同或者终止劳动合同，用人单位无权选择订立固定期限劳动合同或者终止劳动合同。上述情形下，劳动者提出或者同意续订、订立无固定期限劳动合同，用人单位应当与劳动者订立无固定期限劳动合同。

35.用人单位与劳动者连续订立二次固定期限劳动合同后，劳动者与用人单位再次订立固定期限劳动合同的,最后一次固定期限劳动合同到期时,用人单位是否可以终止劳动合同?

在用人单位与劳动者连续订立二次固定期限劳动合同后,劳动者与用人单位再次订立固定期限劳动合同的,适用《劳动合同法》第十四条规定。在最后一次固定期限劳动合同到期时,应认定符合连续订立二次固定期限劳动合同的条件,排除法定情形外,劳动者提出或者同意续订、订立无固定期限劳动合同,用人单位应当与劳动者订立无固定期限劳动合同。

42.固定期限劳动合同履行过程中,用人单位与劳动者协商对劳动合同终止时间作出变更,是否认定属于签订了两次劳动合同?

用人单位与劳动者协商一致变更固定期限合同终止时间的,如变更后的终止时间晚于原合同终止时间,使整个合同履行期限增加,视为用人单位与劳动者连续订立两次劳动合同。对初次订立固定期限合同时间变更的,按连续订立两次固定期限劳动合同的相关规定处理,对两次及多次订立固定期限合同时间变更的,按订立无固定期限劳动合同的相关规定处理。如变更后的终止时间比原合同终止时间提前,使整个合同履行期限减少,则仅视为对原合同终止时间的变更。

二、《北京市高级人民法院、北京市劳动人事争议仲裁委员会关于审理劳动争议案件法律适用问题的解答》(2017年4月24日)

17.劳动者依照《劳动合同法》规定符合与用人单位签订无固定期限劳动合同条件,但已与用人单位签订了固定期限劳动合同的,现劳动者要求将其固定期限合同变更为无固定期限合同的,如何处理?

劳动者与用人单位签订了固定期限劳动合同后,劳动者要求变更为无固定期限劳动合同的,不予支持,但有证据证明用人单位存在欺诈、胁迫、乘人之危等情形的除外。

天津市

《天津法院劳动争议案件审理指南》(2017年11月30日)

16.【连续订立二次以上固定期限劳动合同的劳动者要求订立无固定期限劳动合同的处理】劳动者与用人单位连续订立二次以上固定期限劳动合同,且劳动者没有《中华人民共和国劳动合同法》第三十九条和第四十条第一项、第二项规定的情形,劳动者提出或者同意续订劳动合同,除劳动者提出订立固定期限劳动合同外,用人单位拒绝与劳动者订立无固定期限劳动合同的,不予支持。

17.【特殊情况下劳动者要求订立无固定期限劳动合同的处理】根据《中华

人民共和国劳动合同法》第四十二条、四十五条的规定，劳动合同期满，有下列情形劳动合同应当延续至相应情形消失时终止而使劳动者连续工作满十年的，除劳动者提出订立固定期限劳动合同外，用人单位拒绝与劳动者订立无固定期限劳动合同的，不予支持.

（1）从事接触职业病危害作业的劳动者未进行离岗前职业健康检查，或者疑似职业病病人在诊断或者医学观察期间的；

（2）患病或者非因工负伤，在规定的医疗期内的；

（3）女职工在孕期、产期、哺乳期的。

上海市

《上海市高级人民法院关于适用〈劳动合同法〉若干问题的意见》（2009年3月3日）

四、涉及无固定期限劳动合同的几个问题

（一）应订未订无固定期限劳动合同的处理

劳动者提出订立无固定期限劳动合同的请求符合法律规定，用人单位未依法与其订立的，根据《最高人民法院关于审理劳动争议案件适用法律若干问题的解释》（法释〔2001〕14号）第十六条第二款的规定，可以"视为双方之间存在无固定期限合同关系，并以原劳动合同确定双方的权利义务关系"。其中，"原劳动合同确定的双方权利义务关系"，包括书面合同方式确定的权利义务关系和以事实劳动关系方式确定的权利义务关系。

（二）符合订立无固定期限劳动合同的条件，但当事人订立了固定期限合同的效力

劳动者符合签订无固定期限劳动合同的条件，但与用人单位签订固定期限劳动合同的，根据《劳动合同法》第十四条及《实施条例》第十一条的规定，该固定期限劳动合同对双方当事人具有约束力。合同期满时，该合同自然终止。

（三）因法定顺延事由，使得劳动者在同一单位工作时间超过十年的，是否作为签订无固定期限劳动合同的理由

劳动合同期满，合同自然终止。合同期限的续延只是为了照顾劳动者的特殊情况，对合同终止时间进行了相应的延长，而非不得终止。《劳动合同法》第四十五条也明确规定："劳动合同期满，有本法第四十二条规定情形之一的，劳动合同应当延续至相应的情形消失时终止。"在法律没有对终止的情况做出特别规定的情况下，不能违反法律关于合同终止的有关规定随意扩大解释，将订立无固定期限合同的后果纳入其中。因此，法定的续延事由消失时，合同自然终止。

（四）用人单位与劳动者连续订立几次固定期限劳动合同以后，续订合同应当订立无固定期限合同

《劳动合同法》第十四条第二款第三项的规定，应当是指劳动者已经与用人单位连续订立二次固定期限劳动合同后，与劳动者第三次续订合同时，劳动者提出签订无固定期限劳动合同的情形。

十、《劳动合同法》九十七条第一款"继续履行"的理解

根据《劳动合同法》九十七条第一款的规定，"本法实施前已依法订立且在本法施行之日存续的劳动合同继续履行"。因此，在《劳动合同法》施行之前签订劳动合同，《劳动合同法》施行之后发生原合同约定的终止事由，但劳动者在用人单位连续工作已满十年，按照《劳动合同法》的规定应当订立无固定期限合同，劳动者也提出要求订立无固定期限劳动合同的，应当订立无固定期限劳动合同。

江苏省

一、《江苏省高级人民法院、江苏省劳动争议仲裁委员会关于审理劳动争议案件的指导意见》（2009年12月14日）

第六条　劳动合同期限届满，双方未续订劳动合同，但劳动者继续在用人单位工作的，用人单位应当在一个月内与劳动者续订书面劳动合同。劳动者经用人单位书面通知后不与用人单位续订劳动合同，用人单位依照《劳动合同法实施条例》第五条、第六条的规定请求与劳动者终止劳动关系的，应予支持。

用人单位自劳动合同期限届满次日起一年以上未与劳动者续订书面劳动合同，劳动者请求确认与用人单位之间形成无固定期限劳动合同关系的，应予支持。

第九条　劳动合同期限届满后，因下列情形而续延，致使劳动者在同一用人单位连续工作满十年，劳动者提出订立无固定期限劳动合同的，应予支持：

（一）从事接触职业病危害作业的劳动者未进行离岗前职业健康检查，或者疑似职业病病人在诊断或者医学观察期间的；

（二）患病或者非因工负伤，在规定的医疗期内的；

（三）女职工在孕期、产期、哺乳期的。

第十条　被派遣劳动者请求与劳务派遣单位订立无固定期限劳动合同的，不予支持，但劳务派遣单位同意的除外。

第十一条　用人单位未按《劳动合同法》第十四条的规定与劳动者订立无固定期限劳动合同，劳动者请求确认其与用人单位之间形成无固定期限劳动合同关系的，应予支持。

用人单位与劳动者对无固定期限劳动合同的权利义务内容不能协商一致的，按双方原劳动合同的约定或实际履行内容确定。原劳动合同对劳动报酬、劳动条件等约定不明确的，适用集体合同规定。没有集体合同或集体合同未规定的，按照同工同酬原则确定。

用人单位维持或提高原劳动合同约定条件与劳动者签订无固定期限劳动合同，劳动者拒绝签订的，用人单位依照《劳动合同法》第四十四条规定即时终止劳动合同或依照《劳动合同法实施条例》第五条、第六条规定与劳动者终止劳动关系的，应予支持。

二、《江苏省高级人民法院、江苏省劳动人事争议仲裁委员会关于审理劳动人事争议案件的指导意见（二）》（2011年11月8日）

第五条　在履行固定期限劳动合同期间，劳动者请求将原劳动合同变更为无固定期限劳动合同的，不予支持，但用人单位同意的除外。

浙江省

一、《浙江省高级人民法院民一庭关于审理劳动争议纠纷案件若干疑难问题的解答（一）》（2012年12月）

五、劳动合同期满，但因特殊情形延续导致劳动者在同一用人单位连续工作满10年的，劳动者能否请求与用人单位订立无固定期限劳动合同？

劳动合同期满，因劳动者有下列情形之一而续延，因此达到劳动者在同一用人单位连续工作满10年，劳动者提出订立无固定期限劳动合同的，用人单位应当与劳动者订立无固定期限劳动合同：从事接触职业病危害作业的劳动者未进行离岗前职业健康检查，或者疑似职业病病人在诊断或者医学观察期间的；患病或者非因工负伤，在规定的医疗期内的；女职工在孕期、产期、哺乳期的。

二、《浙江省高级人民法院民事审判第一庭、浙江省劳动人事争议仲裁院关于审理劳动争议案件若干问题的解答（二）》（2014年4月）

五、用人单位与劳动者连续订立二次固定期限劳动合同，第二次劳动合同到期后，劳动者要求订立无固定期限劳动合同的，应否支持？

答：用人单位与劳动者已连续订立二次固定期限劳动合同，第二次固定期限劳动合同期满后，劳动者根据《劳动合同法》第十四条第二款第三项的规定提出续订劳动合同并要求订立无固定期限劳动合同的，应予支持。对劳动合同的内容，双方应当按照合法、公平、平等自愿、协商一致、诚实信用的原则协商确定；对协商不一致的内容，依照《劳动合同法》第十八条的规定执行。

七、用人单位与劳动者在劳动合同中约定"合同到期后劳动者继续在用人单位工作的，视为原劳动合同期限的延长"。延长的劳动合同到期后，劳动者提出其已符合签订无固定期限劳动合同的条件，要求用人单位与其续签无固定期限劳动合同的，应否支持？劳动者以延长期间用人单位未与其签订书面劳动合同为由要求支付二倍工资的，应否支持？

答： 劳动合同中约定"合同到期后劳动者继续在用人单位工作的，视为原劳动合同期限的延长"，双方实际履行了该约定的，视为双方之间订立了新的劳动合同，因此，延长的劳动合同到期后，用人单位不能直接终止劳动合同，如劳动者提出签订无固定期限劳动合同且符合《劳动合同法》第十四条第二款第三项规定的，应予支持。但劳动者以延长期间用人单位未与其签订书面劳动合同为由要求支付二倍工资的，不予支持。

山东省

《山东省高级人民法院、山东省劳动争议仲裁委员会、山东省人事争议仲裁委员会关于适用〈中华人民共和国劳动争议调解仲裁法〉和〈中华人民共和国劳动合同法〉若干问题意见》（2010年4月6日）

25. 劳动合同期满，因劳动者有下列情形之一而续延，因此达到劳动者在同一用人单位连续工作满10年，劳动者提出订立无固定期限劳动合同的，用人单位应当与劳动者订立无固定期限劳动合同：

（1）从事接触职业病危害作业的劳动者未进行离岗前职业健康检查，或者疑似职业病病人在诊断或者医学观察期间的；

（2）患病或者非因工负伤，在规定的医疗期内的；

（3）女职工在孕期、产期、哺乳期的。

26. 劳动合同期满，劳动者仍在用人单位提供劳动，用人单位未表示异议的，应当依照劳动合同法第十条第二款、第十四条第三款的规定，在原劳动合同期满后的一个月内与劳动者订立固定期限、无固定期限劳动合同。

27. 用人单位具有恶意规避劳动合同法第十四条的下列行为，劳动者的工作年限和订立固定期限劳动合同的次数应当连续计算：

（1）有证据证明劳动者因用人单位的原因被迫辞职的，再重新与其订立劳动合同的；

（2）通过设立关联企业，在与劳动者订立劳动合同时交替交换用人单位名称的；

（3）通过非法劳务派遣的；

（4）通过非法非全日制用工的；

（5）其他明显违反诚信和公平原则的规避行为。

湖南省

《湖南省高级人民法院关于审理劳动争议案件若干问题的指导意见》（2009年5月20日）

二十二、劳动者依据《劳动合同法》第十四条第三款、第八十二条第一款的规定，以用人单位自用工之日起满一年未与其签订书面劳动合同为由，请求确认其与用人单位自用工之日起满一年时已订立无固定期限劳动合同、由用人单位支付二倍工资的，应予支持，但用人单位能举证证明未签订书面劳动合同系劳动者一方原因引起的除外。

四川省

《四川省高级人民法院民一庭关于审理劳动争议案件若干疑难问题的解答》（2016年1月15日）

21.符合《劳动合同法》第十四条规定的条件，劳动者提出订立无固定期限劳动合同的，原劳动合同期满后一个月内，用人单位即应当与劳动者订立无固定期限劳动合同。用人单位不与劳动者订立无固定期限劳动合同的，劳动者依法请求用人单位与其订立无固定期限劳动合同的，应告知其将诉求变更为确认双方存在无固定期限劳动合同关系。劳动者拒不变更的，仲裁委或人民法院不得直接判令双方当事人签订无固定期限劳动合同，可以依法确认双方当事人存在事实上的无固定期限劳动关系，并参照原劳动合同确定双方的权利义务内容。

云南省

《云南省高级人民法院、云南省人力资源和社会保障厅关于审理劳动人事争议案件若干问题的座谈会纪要》（2015年1月19日）

2.用人单位自用工之日起满一年未与劳动者订立书面劳动合同的，二倍工资的起算点为用工之日满一个月的次日，截止点为用工之日满一年的前一日，最长不超过十一个月。劳动者请求用人单位支付用工之日满一年后的二倍工资的，不予支持。但劳动者主张确认其与用人单位自用工之日满一年的当日起存在无固定期限劳动合同关系的，应予支持；

3.劳动合同期满后，劳动者仍在用人单位工作，用人单位未与劳动者续订书面劳动合同的，二倍工资的起算点为劳动合同期满一个月的次日，截止点为双方订立书面劳动合同的前一日，最长不超过十一个月。劳动者主张确认其与用人单位自劳动合同期满一年的当日起存在无固定期限劳动合同关系的，应予支持。

第五节　关于确认劳动合同无效的请求

【适用指引】

一、请求权基础及相关案由

确认劳动无效的请求权基础为《劳动合同法》第26条。案由应适用《民事案件案由规定》"186.劳动合同纠纷"。

二、劳动合同无效是否必然导致劳动关系无效

劳动合同与劳动关系既有联系又有区别，劳动合同被认定为无效，不等于不存在劳动关系。劳动者与用人单位之间是否存在劳动关系，应当根据双方之间是否符合劳动关系成立要件进行判断。在审判实践中，劳动合同无效而劳动关系有效的例子不胜枚举。

三、关于《台港澳人员就业证》

国务院于2018年7月28日取消台港澳人员在内地就业许可。

四、禁止约定的劳动合同条款

（一）歧视条款。歧视条款因违背了劳动者权益平等精神而为各国立法所明令禁止。我国劳动立法也禁止劳动合同中的歧视条款，如《就业促进法》第27条规定："用人单位录用女职工不得在劳动合同中规定限制女职工结婚、生育的内容。"

（二）生死条款。生死条款是指劳动合同中规定"合同履行期间，发生死伤病残，公司概不负责"和"工伤概不负责"以及类似内容的条款。生死条款属于违反法律、行政法规的劳动合同，从订立时起就没有法律约束力。

（三）保证金条款（又称押金条款）。我国法律禁止用人单位以任何形式向职工收取保证金和押金等财物。如《劳动合同法》第9条规定的内容。[①]

[①] 参见林嘉主编：《劳动法和社会保障法》，中国人民大学出版社2016年版，第137页。

【裁判依据】

法律

一、《中华人民共和国劳动法》（2018年12月28日修正）

第十七条　订立和变更劳动合同，应当遵循平等自愿、协商一致的原则，不得违反法律、行政法规的规定。

劳动合同依法订立即具有法律约束力，当事人必须履行劳动合同规定的义务。

第十八条　下列劳动合同无效：

（一）违反法律、行政法规的劳动合同；

（二）采取欺诈、威胁等手段订立的劳动合同。

无效的劳动合同，从订立的时候起，就没有法律约束力。确认劳动合同部分无效的，如果不影响其余部分的效力，其余部分仍然有效。

劳动合同的无效，由劳动争议仲裁委员会或者人民法院确认。

第九十七条　由于用人单位的原因订立的无效合同，对劳动者造成损害的，应当承担赔偿责任。

二、《中华人民共和国劳动合同法》（2012年12月28日修正）

第三条　订立劳动合同，应当遵循合法、公平、平等自愿、协商一致、诚实信用的原则。

依法订立的劳动合同具有约束力，用人单位与劳动者应当履行劳动合同约定的义务。

第十六条　劳动合同由用人单位与劳动者协商一致，并经用人单位与劳动者在劳动合同文本上签字或者盖章生效。

劳动合同文本由用人单位和劳动者各执一份。

第二十六条　下列劳动合同无效或者部分无效：

（一）以欺诈、胁迫的手段或者乘人之危，使对方在违背真实意思的情况下订立或者变更劳动合同的；

（二）用人单位免除自己的法定责任、排除劳动者权利的；

（三）违反法律、行政法规强制性规定的。

对劳动合同的无效或者部分无效有争议的，由劳动争议仲裁机构或者人民法院确认。

第二十七条　劳动合同部分无效，不影响其他部分效力的，其他部分仍然有效。

第二十八条 劳动合同被确认无效，劳动者已付出劳动的，用人单位应当向劳动者支付劳动报酬。劳动报酬的数额，参照本单位相同或者相近岗位劳动者的劳动报酬确定。

第三十八条 用人单位有下列情形之一的，劳动者可以解除劳动合同：

（五）因本法第二十六条第一款规定的情形致使劳动合同无效的；

第八十六条 劳动合同依照本法第二十六条规定被确认无效，给对方造成损害的，有过错的一方应当承担赔偿责任。

司法解释

《最高人民法院关于审理劳动争议案件适用法律若干问题的解释（一）》（2020年12月25日，法释〔2020〕26号）

四十一条 劳动合同被确认为无效，劳动者已付出劳动的，用人单位应当按照劳动合同法第二十八条、第四十六条、第四十七条的规定向劳动者支付劳动报酬和经济补偿。

由于用人单位原因订立无效劳动合同，给劳动者造成损害的，用人单位应当赔偿劳动者因合同无效所造成的经济损失。

部门规范性文件

《人力资源社会保障部等九部门关于进一步规范招聘行为促进妇女就业的通知》（2019年2月18日）

二、依法禁止招聘环节中的就业性别歧视。各类用人单位、人力资源服务机构在拟定招聘计划、发布招聘信息、招用人员过程中，不得限定性别（国家规定的女职工禁忌劳动范围等情况除外）或性别优先，不得以性别为由限制妇女求职就业、拒绝录用妇女，不得询问妇女婚育情况，不得将妊娠测试作为入职体检项目，不得将限制生育作为录用条件，不得差别化地提高对妇女的录用标准。国有企事业单位、公共就业人才服务机构及各部门所属人力资源服务机构要带头遵法守法，坚决禁止就业性别歧视行为。

【参考依据】

北京市

《北京市高级人民法院、北京市劳动争议仲裁委员会关于劳动争议案件法律适用问题研讨会会议纪要》（2009年8月17日）

15、外国人、港澳台地区居民未依法办理《外国人就业证》、《台港澳人员就业证》的，其与用人单位签订的劳动合同应为无效劳动合同。外国人、港澳台地区居民已经付出劳动的，由用人单位参照合同约定支付劳动报酬。

江西省

《江西省劳动人事争议裁审衔接工作座谈会纪要》（2013年12月28日）

第二条【代签劳动合同】他人代劳动者签订劳动合同，用人单位有证据证明所代签的劳动合同经劳动者本人同意，或者劳动者以实际行为表明接受所代签劳动合同，且该劳动合同不违反法律、法规强制性规定的，当事人主张劳动合同无效的，不予支持。

重庆市

《重庆高院等六部门关于劳动争议案件法律适用问题专题座谈会纪要（三）》（2017年11月9日）

一、关于劳动合同被认定为无效后的法律后果问题

劳动合同与劳动关系既有联系又有区别，劳动合同被认定为无效，不等于不存在劳动关系。劳动者与用人单位之间是否存在劳动关系，应当根据双方之间是否符合劳动关系成立要件进行判断。

劳动合同被认定为无效后的法律后果应当根据《中华人民共和国劳动合同法》关于劳动合同无效、解除的相关规定，并结合导致劳动合同无效的原因来确定。

因用人单位原因导致劳动合同被认定为无效的，劳动者可以根据《中华人民共和国劳动合同法》第三十八条、第四十六条之规定解除劳动合同，并要求用人单位支付经济补偿金。但劳动合同无效不应认定为双方未签订书面劳动合同，劳动者以双方签订的书面劳动合同无效为由要求用人单位支付二倍工资差额的，不予支持。

因劳动者原因导致劳动合同被认定为无效的，用人单位可以根据《中华人民

共和国劳动合同法》第三十九条之规定解除劳动合同。劳动者已付出劳动的,可以请求用人单位根据《中华人民共和国劳动合同法》第二十八条之规定支付劳动报酬。但劳动者要求用人单位支付其他赔偿性费用、福利待遇或者劳动保护费用的,不予支持。

【典型案例】

上海冠龙阀门机械有限公司诉唐茂林劳动合同纠纷案[①]

裁判要点:用人单位在招聘时对应聘者学历有明确要求,而应聘者提供虚假学历证明并与用人单位签订劳动合同的,属于《劳动合同法》第二十六条规定的以欺诈手段订立劳动合同应属无效的情形,用人单位可以根据《劳动合同法》第三十九条的规定解除该劳动合同。

劳动者提供虚假学历证书是否导致劳动合同无效[②]

案例分析

本案的争议焦点是赵某提供虚假学历证书、个人履历是否导致劳动合同无效。

《劳动合同法》第 8 条规定:"用人单位招用劳动者时,应当如实告知劳动者工作内容、工作条件、工作地点、职业危害、安全生产状况、劳动报酬,以及劳动者要求了解的其他情况;用人单位有权了解劳动者与劳动合同直接相关的基本情况,劳动者应当如实说明。"第 26 条第 1 款规定:"下列劳动合同无效或者部分无效:(一)以欺诈、胁迫的手段或者乘人之危,使对方在违背真实意思的情况下订立或者变更劳动合同的……"第 39 条规定:"劳动者有下列情形之一的,用人单位可以解除劳动合同:……(五)因本法第二十六条第一款第一项规定的情形致使劳动合同无效的……"从上述条款可知,劳动合同是用人单位与劳动者双方协商一致达成的协议,相关信息对于是否签订劳动合同、建立劳动关系的真实意思表示具有重要影响。《劳动合同法》第八条既规定了用人单位的告知义务,

---

① 载《最高人民法院报公报》,2012 年第 9 期。
② 载《人力资源社会保障部、最高人民法院第一批劳动人事争议典型案例》(2020 年 7 月 10 日)。

也规定了劳动者的告知义务。如果劳动者违反诚实信用原则，隐瞒或者虚构与劳动合同直接相关的基本情况，根据《劳动合同法》第26条第1款规定属于劳动合同无效或部分无效的情形。用人单位可以根据《劳动合同法》第39条规定解除劳动合同并不支付经济补偿。此外，应当注意的是，《劳动合同法》第8条"劳动者应当如实说明"应仅限于"与劳动合同直接相关的基本情况"，如履行劳动合同所必需的知识技能、学历、学位、职业资格、工作经历等，用人单位无权要求劳动者提供婚姻状况、生育情况等涉及个人隐私的信息，也即不能任意扩大用人单位知情权及劳动者告知义务的外延。

本案中，"计算机工程专业""大学本科学历"等情况与网络公司招聘的网络技术人员岗位职责、工作完成效果有密切关联性，属于"与劳动合同直接相关的基本情况"。赵某在应聘时故意提供虚假学历证书、个人履历，致使网络公司在违背真实意思的情况下与其签订了劳动合同。因此，根据《劳动合同法》第26条第1款规定，双方签订的劳动合同无效。网络公司根据《劳动合同法》第39条第5项规定，解除与赵某的劳动合同符合法律规定，故依法驳回赵某的仲裁请求。

典型意义

《劳动合同法》第三条规定："订立劳动合同，应当遵循合法、公平、平等自愿、协商一致、诚实信用的原则。"第二十六条规定以欺诈、胁迫的手段或者乘人之危，使对方在违背真实意思的情况下订立或者变更劳动合同的劳动合同无效或部分无效；第三十九条有关以欺诈手段订立的劳动合同无效、可以单方解除的规定，进一步体现了诚实信用原则。诚实信用既是《劳动合同法》的基本原则之一，也是社会基本道德之一。用人单位与劳动者订立劳动合同时都必须遵循诚实信用原则，建立合法、诚信、和谐的劳动关系。

第五章 涉及未签订书面劳动合同或无固定期限劳动合同双倍工资请求的规范

【本章导读】

　　1995年施行的《劳动法》第16条即要求以书面形式订立劳动合同。但由于《劳动法》对于书面劳动合同的要求没有设置处罚条款，所以实践中书面劳动合同的签订率不高，很多劳动者的合法权益受到侵害。2008年施行的《劳动合同法》规定了未签劳动合同双倍工资制度，但很简略，如何落实到操作层面，仍然是一个具有挑战性的问题，其中是否需要支付双倍工资的各种特殊情形、双倍工资的计算规则以及时效制度的适用最为凸显。

　　本章分三节：

　　第一节汇总了关于双倍工资制度的一般规定，重点是关于是否需要支付双倍工资的各种特殊情形的规定。

　　第二节主要汇总了双倍工资的计算方法和计算基数。

　　第三节主要汇总了关于双倍工资时效制度的规定，原因在于双倍工资时效的掌握标准差异较大，内容较多，有必要单列一节。关于劳动人事争议整体的时效制度，安排在本书第十九章。

第一节　关于双倍工资各种适用情形的规定

【适用指引】

一、请求权基础及相关案由

未签订书面劳动合同双倍工资诉讼请求的请求权基础为《劳动合同法》第82条第1款。

未签订无固定期限劳动合同双倍工资诉讼请求的请求权基础为《劳动合同法》第82条第2款。

案由应适用《民事案件案由规定》"十七、劳动争议"。

二、未签订书面劳动合同的一般法律后果

自用工之日起一个月内，用人单位未与劳动者签订书面劳动合同并不违法。如劳动者不与用人单位签订书面劳动合同，用人单位应当书面通知劳动者终止劳动关系，且无需向劳动者支付经济补偿，但应支付实际工作期间的劳动报酬。

自用工之日起超过一个月不满一年，用人单位应当向劳动者每月支付二倍的工资，并与劳动者补订书面劳动合同。如劳动者不与用人单位订立书面劳动合同，用人单位应当书面通知劳动者终止劳动关系，并依照《劳动合同法》第47条的规定支付经济补偿。

自用工之日起满一年，视为用人单位自用工之日起满一年的当日已经与劳动者订立无固定期限劳动合同，且应当立即与劳动者补订书面劳动合同。如果劳动者不与用人单位补订书面劳动合同，法律没有明确规定相应后果，实践中对用人单位能否以此为由与劳动者终止劳动关系存在分歧。

三、是否需要支付双倍工资的各种特殊情形

（一）劳动合同到期后未续签书面劳动合同的情形

《北京市高级人民法院、北京市劳动争议仲裁委员会关于劳动争议案件法律适用问题研讨会会议纪要（二）》第27条、第30条、第32条，《天津法院劳动争议案件审理指南》第14条，《江苏省高级人民法院、江苏省劳动人事争议仲裁委员会关于审理劳动人事争议案件的指导意见（二）》第3条、第4条，《山东省高级人民

法院、山东省人力资源和社会保障厅关于审理劳动人事争议案件若干问题会议纪要》第24条、《安徽省高级人民法院关于审理劳动争议案件若干问题的指导意见》第11条、《江西省劳动人事争议裁审衔接工作座谈会纪要》第4条、《云南省高级人民法院、云南省人力资源和社会保障厅关于审理劳动人事争议案件若干问题的座谈会纪要》第8条第1项、第2项。

（二）补签劳动合同的情形

《北京市高级人民法院、北京市劳动争议仲裁委员会关于劳动争议案件法律适用问题研讨会会议纪要（二）》第29条、《山东省高级人民法院、山东省人力资源和社会保障厅关于审理劳动人事争议案件若干问题会议纪要》《安徽省高级人民法院关于审理劳动争议案件若干问题的指导意见》第11条第1项、《四川省高级人民法院民一庭关于审理劳动争议案件若干疑难问题的解答》第31条。

（三）涉及特殊群体的情形

1. 法定代表人

《北京市高级人民法院、北京市劳动争议仲裁委员会关于劳动争议案件法律适用问题研讨会会议纪要（二）》第31条、《云南省高级人民法院、云南省人力资源和社会保障厅关于审理劳动人事争议案件若干问题的座谈会纪要》第8条第3项。

2. 高管人员

《北京市高级人民法院、北京市劳动争议仲裁委员会关于劳动争议案件法律适用问题研讨会会议纪要（二）》第31条、《江苏省高级人民法院、江苏省劳动人事争议仲裁委员会关于审理劳动人事争议案件的指导意见（二）》第6条、《四川省高级人民法院民一庭关于审理劳动争议案件若干疑难问题的解答》第30条、《云南省高级人民法院、云南省人力资源和社会保障厅关于审理劳动人事争议案件若干问题的座谈会纪要》第8条第4项。

3. 人事管理部门人员

《北京市高级人民法院、北京市劳动争议仲裁委员会关于劳动争议案件法律适用问题研讨会会议纪要（二）》第31条、《四川省高级人民法院民一庭关于审理劳动争议案件若干疑难问题的解答》第30条、《云南省高级人民法院、云南省人力资源和社会保障厅关于审理劳动人事争议案件若干问题的座谈会纪要》第8条第5项。

（四）视为已订立无固定期限劳动合同的情形

《北京市高级人民法院民一庭2014年部分劳动争议案件法律适用问题研讨会会议纪要》第1条、《天津法院劳动争议案件审理指南》第13条。

（五）签订非全日制劳动合同的情形

《北京市高级人民法院、北京市劳动人事争议仲裁委员会关于审理劳动争议案件法律适用问题的解答》第 15 条。

（六）未订立劳动合同文本但其他文件具备劳动合同本质特征的情形

《天津法院劳动争议案件审理指南》第 18 条、《广东省高级人民法院、广东省劳动人事争议仲裁委员会关于劳动人事争议仲裁与诉讼衔接若干意见》第 8 条、《四川省高级人民法院民一庭关于审理劳动争议案件若干疑难问题的解答》第 20 条。

（七）劳动者拒绝签订等不可归责于用人单位的情形

《上海市高级人民法院关于适用〈劳动合同法〉若干问题的意见》第 1 条、《重庆市六部门关于劳动争议案件法律适用问题专题座谈会纪要（二）》第 1 条、《湖南省高级人民法院关于审理劳动争议案件若干问题的指导意见》第 22 条、《四川省高级人民法院民一庭关于审理劳动争议案件若干疑难问题的解答》第 28 条、《贵州省高级人民法院、贵州省人力资源和社会保障厅关于劳动争议案件若干问题的会议纪要》第 24 条。

（八）劳动者以获取不当利益为目的的情形

《云南省高级人民法院、云南省人力资源和社会保障厅关于审理劳动人事争议案件若干问题的座谈会纪要》第 8 条第 6 项。

（九）劳动合同无效的情形

《重庆高院等六部门关于劳动争议案件法律适用问题专题座谈会纪要（三）》第 1 条。

（十一）符合订立无固定期限劳动合同情形，但事实上订立固定期限劳动合同的情形

《重庆高院等六部门关于劳动争议案件法律适用问题专题座谈会纪要（三）》第 1 条、《江苏省劳动人事争议疑难问题研讨会纪要》第 3 条。

（十二）非因本人意愿被原用人单位安排到新用人单位工作的情形

《安徽省高级人民法院关于审理劳动争议案件若干问题的指导意见》第 11 条第 3 项。

（十三）已签劳动合同欠缺主要条款的情形

《浙江省高级人民法院民事审判第一庭、浙江省劳动人事争议仲裁院关于审理劳动争议案件若干问题的解答（四）》第 1 条。

（十四）劳动者拒不签订但用人单位与劳动者终止劳动关系的情形

《广东省高级人民法院、广东省劳动人事争议仲裁委员会关于审理劳动人事争议案件若干问题的座谈会纪要》第 14 条、《江西省劳动人事争议裁审衔接工作座

谈会纪要》第3条。

（十五）他人代签劳动合同的情形

《江西省劳动人事争议裁审衔接工作座谈会纪要》第2条、《云南省高级人民法院、云南省人力资源和社会保障厅关于审理劳动人事争议案件若干问题的座谈会纪要》第8条第7项。

（十六）用人单位未安排劳动者工作的情形

《贵州省高级人民法院、贵州省人力资源和社会保障厅关于劳动争议案件若干问题的会议纪要》第27条。

（十七）电子劳动合同的情形

《北京市高级人民法院、北京市劳动人事争议仲裁委员会关于审理新型冠状病毒感染肺炎疫情防控期间劳动争议案件法律适用问题的解答》第3条、《河北省人力资源和社会保障厅、河北省高级人民法院关于涉新冠肺炎疫情劳动争议纠纷相关问题的解答》第3条、《广东省高级人民法院、广东省人力资源和社会保障厅关于审理涉新冠肺炎疫情劳动人事争议案件若干问题的解答》第4条。

（十八）新冠疫情防控期间的相关情形

《北京市高级人民法院、北京市劳动人事争议仲裁委员会关于审理新型冠状病毒感染肺炎疫情防控期间劳动争议案件法律适用问题的解答》第2条、《河北省人力资源和社会保障厅、河北省高级人民法院关于涉新冠肺炎疫情劳动争议纠纷相关问题的解答》第3条、《广东省高级人民法院、广东省人力资源和社会保障厅关于审理涉新冠肺炎疫情劳动人事争议案件若干问题的解答》第4条。

【裁判依据】

法律

一、《中华人民共和国劳动法》（2018年12月9日修正）

第十六条　劳动合同是劳动者与用人单位确立劳动关系、明确双方权利和义务的协议。

建立劳动关系应当订立劳动合同。

二、《中华人民共和国劳动合同法》（2012年12月28日修正）

第十条　建立劳动关系，应当订立书面劳动合同。

已建立劳动关系，未同时订立书面劳动合同的，应当自用工之日起一个月内订立书面劳动合同。

用人单位与劳动者在用工前订立劳动合同的，劳动关系自用工之日起建立。

第十四条 无固定期限劳动合同，是指用人单位与劳动者约定无确定终止时间的劳动合同。

用人单位与劳动者协商一致，可以订立无固定期限劳动合同。有下列情形之一，劳动者提出或者同意续订、订立劳动合同的，除劳动者提出订立固定期限劳动合同外，应当订立无固定期限劳动合同：

（一）劳动者在该用人单位连续工作满十年的；

（二）用人单位初次实行劳动合同制度或者国有企业改制重新订立劳动合同时，劳动者在该用人单位连续工作满十年且距法定退休年龄不足十年的；

（三）连续订立二次固定期限劳动合同，且劳动者没有本法第三十九条和第四十条第一项、第二项规定的情形，续订劳动合同的。

用人单位自用工之日起满一年不与劳动者订立书面劳动合同的，视为用人单位与劳动者已订立无固定期限劳动合同。

第十六条 劳动合同由用人单位与劳动者协商一致，并经用人单位与劳动者在劳动合同文本上签字或者盖章生效。

劳动合同文本由用人单位和劳动者各执一份。

第十七条 劳动合同应当具备以下条款：

（一）用人单位的名称、住所和法定代表人或者主要负责人；

（二）劳动者的姓名、住址和居民身份证或者其他有效身份证件号码；

（三）劳动合同期限；

（四）工作内容和工作地点；

（五）工作时间和休息休假；

（六）劳动报酬；

（七）社会保险；

（八）劳动保护、劳动条件和职业危害防护；

（九）法律、法规规定应当纳入劳动合同的其他事项。

劳动合同除前款规定的必备条款外，用人单位与劳动者可以约定试用期、培训、保守秘密、补充保险和福利待遇等其他事项。

第八十二条 用人单位自用工之日起超过一个月不满一年未与劳动者订立书面劳动合同的，应当向劳动者每月支付二倍的工资。

用人单位违反本法规定不与劳动者订立无固定期限劳动合同的，自应当订立无固定期限劳动合同之日起向劳动者每月支付二倍的工资。

行政法规

《中华人民共和国劳动合同法实施条例》(2008年9月18日)

第五条 自用工之日起一个月内,经用人单位书面通知后,劳动者不与用人单位订立书面劳动合同的,用人单位应当书面通知劳动者终止劳动关系,无需向劳动者支付经济补偿,但是应当依法向劳动者支付其实际工作时间的劳动报酬。

第六条 用人单位自用工之日起超过一个月不满一年未与劳动者订立书面劳动合同的,应当依照劳动合同法第八十二条的规定向劳动者每月支付两倍的工资,并与劳动者补订书面劳动合同;劳动者不与用人单位订立书面劳动合同的,用人单位应当书面通知劳动者终止劳动关系,并依照劳动合同法第四十七条的规定支付经济补偿。

前款规定的用人单位向劳动者每月支付两倍工资的起算时间为用工之日起满一个月的次日,截止时间为补订书面劳动合同的前一日。

第七条 用人单位自用工之日起满一年未与劳动者订立书面劳动合同的,自用工之日起满一个月的次日至满一年的前一日应当依照劳动合同法第八十二条的规定向劳动者每月支付两倍的工资,并视为自用工之日起满一年的当日已经与劳动者订立无固定期限劳动合同,应当立即与劳动者补订书面劳动合同。

部门规范性文件

《劳动部实施〈劳动法〉中有关劳动合同问题的解答》(1995年4月27日)

一、关于厂长、经理签订劳动合同的问题

按照劳动部劳部发〔1994〕360号文的规定,厂长、经理是由其上级部门聘任(委任)的,应与聘任(委任)部门签订劳动合同。

实行公司制的企业厂长、经理和有关经营管理人员,应根据《中华人民共和国公司法》中有关经理和经营管理人员的规定与董事会签订劳动合同。

二、关于党委书记、工会主席签订劳动合同的问题

按照劳动部劳办发〔1995〕19号和33号文件的规定,党委书记、工会主席等党群专职人员也是职工的一员,按照《劳动法》的规定,应当与用人单位签订劳动合同。对于有特殊规定的,可以按有关规定办理。

四、关于长期病休、放长假和提前退养职工签订劳动合同的问题企业中长期病休、放长假和提前退养的职工,仍是企业职工,与用人单位保持着劳动关系,按照《劳动法》关于建立劳动关系应当订立劳动合同的规定,上述职工也应与企

业签订劳动合同。

【参考依据】

北京市

一、《北京市高级人民法院、北京市劳动争议仲裁委员会关于劳动争议案件法律适用问题研讨会会议纪要（二）》（2014年5月7日）

27. 劳动合同期满后未订立劳动合同，劳动者仍在原用人单位继续工作，如何处理？

劳动合同期满后未订立劳动合同，劳动者仍在原用人单位继续工作，应适用《劳动合同法》第十条、第十四条第三款、第八十二条，《中华人民共和国劳动合同法实施条例》第六条、第七条的规定进行处理。在此情况下，因为用人单位对原劳动合同期满和继续用工的法律后果均有预期，因此不需要再给予一个月的宽限期，原劳动合同期满次日，即是用人单位应当订立劳动合同之日和承担未订立劳动合同的法律后果之日。

29. 用人单位与劳动者补签劳动合同，劳动者主张未订立劳动合同二倍工资可否支持？

用人单位与劳动者建立劳动关系后，未依法自用工之日一个月内订立书面劳动合同，在劳动关系存续一定时间后，用人单位与劳动者在签订劳动合同时将日期补签到实际用工之日，视为用人单位与劳动者达成合意，劳动者主张二倍工资可不予支持，但劳动者有证据证明补签劳动合同并非其真实意思表示的除外。

用人单位与劳动者虽然补签劳动合同，但未补签到实际用工之日的，对实际用工之日与补签之日间相差的时间，依法扣除一个月订立书面劳动合同的宽限期，劳动者主张未订立劳动合同二倍工资的可以支持。

30. 存在劳动者患病或者非因工负伤在规定的医疗期内，女职工在孕期、产期、哺乳期期间等《劳动合同法》第四十二条规定的情形，劳动合同期满时，用人单位未与劳动者续订劳动合同，是否认定为未订立劳动合同而支付二倍工资？

劳动合同期满，有《劳动合同法》第四十二条规定的情形的，劳动合同应当续延至相应的情形消失时终止，故在续延期间用人单位与劳动者无须订立书面劳动合同，故不应支付二倍工资。

31. 用人单位法定代表人、高管人员、人事管理部门负责人或主管人员未与用人单位订立书面劳动合同并依据《劳动合同法》第八十二条规定向用人单位主张二倍工资的,应否支持?

用人单位法定代表人依据《劳动合同法》第八十二条规定向用人单位主张二倍工资的,一般不予支持。

用人单位高管人员依据《劳动合同法》第八十二条规定向用人单位主张二倍工资的,可予支持,但用人单位能够证明该高管人员职责范围包括管理订立劳动合同内容的除外。对有证据证明高管人员向用人单位提出签订劳动合同而被拒绝的,仍可支持高管人员的二倍工资请求。

用人单位的人事管理部门负责人或主管人员依据《劳动合同法》第八十二条规定向用人单位主张二倍工资的,如用人单位能够证明订立劳动合同属于该人事管理部门负责人的工作职责,可不予支持。有证据证明人事管理部门负责人或主管人员向用人单位提出签订劳动合同,而用人单位予以拒绝的除外。

32. 用人单位与劳动者约定劳动合同到期续延,在劳动合同到期后劳动者继续工作,并主张未签订劳动合同的二倍工资是否支持?

因用人单位与劳动者在劳动合同中已经约定劳动合同到期续延,但未约定续延期限,在劳动合同到期后,劳动者仍继续工作,双方均未提出解除或终止劳动合同时,属于双方意思表示一致续延劳动合同,可视为双方订立一份与原劳动合同内容和期限相同的合同,故劳动者主张未签订劳动合同的二倍工资不应支持。

二、《北京市高级人民法院民一庭 2014 年部分劳动争议案件法律适用问题研讨会会议纪要》(2015 年 1 月 5 日)

(一)《会议纪要二》第 28 条第(2)项:"用人单位因违反《劳动合同法》第十四条第三款规定,自用工之日满一年不与劳动者订立书面劳动合同,视为用人单位与劳动者已订立无固定期限劳动合同的情况下,劳动者可以向仲裁委、法院主张确认其与用人单位之间属于无固定期限劳动合同关系。在此情况下,劳动者同时主张用人单位支付用工之日满一年后的二倍工资的不予支持。"

问题:此时如果劳动者没有主张确认无固定期限劳动合同关系,只主张支付用工之日满一年后的二倍工资,能否支持二倍工资?

研讨意见:在视为用人单位与劳动者已订立无固定期限劳动合同的情况下,对二倍工资不予支持。

三、《北京市高级人民法院、北京市劳动人事争议仲裁委员会关于审理劳动争议案件法律适用问题的解答》(2017 年 4 月 24 日)

15. 劳动者与用人单位实际建立了全日制劳动关系,但双方订立的是非全日制劳动合同，用人单位是否需要向劳动者支付未订立劳动合同二倍工资差额？

劳动者已经与用人单位订立合同的情况下，劳动者主张未订立劳动合同二倍工资差额不予支持。在审理中注意全日制劳动关系与非全日制劳动关系的区分，充分保障劳动者实际权利。

四、《北京市高级人民法院、北京市劳动人事争议仲裁委员会关于审理新型冠状病毒感染肺炎疫情防控期间劳动争议案件法律适用问题的解答》（2020年4月29日）

3.用人单位受疫情影响无法与劳动者订立或续订书面劳动合同，劳动者要求用人单位支付未订立或续订书面劳动合同二倍工资差额，是否支持？

答：用人单位能够举证证明已提出订立或续订书面劳动合同，但因受疫情影响客观上无法与劳动者订立或续订劳动合同，劳动者要求支付该期间未订立或续订书面劳动合同二倍工资差额的，不予支持。

4.用人单位与劳动者订立电子劳动合同，如何认定其性质？

答：用人单位与劳动者协商一致，可以采用电子形式订立书面劳动合同。采用电子形式订立劳动合同，应当使用符合电子签名法等法律法规规定的可视为书面形式的数据电文和可靠的电子签名。用人单位应保证电子劳动合同的生成、传递、储存等满足电子签名法等法律法规规定的要求，确保其完整、准确、不被篡改。符合劳动合同法规定和上述要求的电子劳动合同一经订立即具有法律效力，用人单位与劳动者应当按照电子劳动合同的约定，全面履行各自的义务。劳动者以电子形式不属于书面合同为由，请求确认该电子劳动合同无效，或要求用人单位支付未订立或续订书面劳动合同二倍工资差额的，不予支持。

天津市

《天津法院劳动争议案件审理指南》（2017年11月30日）

12.【未签书面合同的二倍工资】用人单位自实际用工之日起超过一个月不满一年，因用人单位原因未签订书面劳动合同的，应当按照《中华人民共和国劳动合同法》第八十二条的规定向劳动者每月支付二倍工资，最长不超过十一个月。

13.【视为订立无固定期限劳动合同的二倍工资】用人单位自用工之日起满一年因己方原因未与劳动者订立书面劳动合同的，视为用人单位与劳动者已经订立无固定期限劳动合同，劳动者请求用人单位支付未订立书面劳动合同二倍工资的，不予支持。

14.【合同到期未续订但继续工作的二倍工资】劳动合同期满未续签书面劳动合同，劳动者继续在原用人单位工作，原用人单位未表示异议，劳动者主张用人单位支付未与其签订书面劳动合同二倍工资的，应予支持。二倍工资的支付期限为劳动合同期满一个月的次日至双方补签书面劳动合同的前一日，但最长不超过十一个月。

本条及第12条规定的二倍工资的性质不属于劳动报酬，应当将其作为一个整体按照《中华人民共和国劳动争议调解仲裁法》第二十七条第一款的规定计算仲裁时效。

15.【用人单位违法不订立无固定期限劳动合同的二倍工资】劳动者要求订立无固定期限劳动合同，用人单位违反《中华人民共和国劳动合同法》第十四条的规定不与劳动者订立无固定期限劳动合同，用人单位自应当订立无固定期限劳动合同之日起至补签无固定期限劳动合同的前一日，向劳动者每月支付二倍工资。

本条规定的二倍工资性质不属于劳动报酬，应当按照《中华人民共和国劳动争议调解仲裁法》第二十七条第一款的规定按月计算仲裁时效。

18.【书面劳动合同的认定】虽然未订立名称为劳动合同的文本，但订立的其他书面文件已经包含了劳动合同期限、工作内容和工作地点、工作时间和休息休假、劳动报酬、社会保险等内容，明确了双方的主要劳动权利义务，具备劳动合同本质特征的，应当认定双方已经订立了书面劳动合同。

河北省

《河北省人力资源和社会保障厅、河北省高级人民法院关于涉新冠肺炎疫情劳动争议纠纷相关问题的解答》（2020年6月5日）

3.新冠肺炎疫情期间用人单位受疫情影响无法与劳动者订立或续订书面劳动合同，劳动者要求用人单位支付未订立或续订劳动合同二倍工资差额，是否支持？

答：用人单位能够举证证明已提出订立或续订书面劳动合同，但因受疫情影响客观上无法与劳动者订立或续订书面劳动合同，劳动者要求支付该期间未订立或续订书面劳动合同二倍工资差额的，不予支持。

企业与招用的劳动者因疫情不能依法及时订立或续订书面劳动合同，可通过协商合理顺延订立书面劳动合同的时间。企业与劳动者协商一致，可以采用电子形式订立书面劳动合同。

上海市

《上海市高级人民法院关于适用〈劳动合同法〉若干问题的意见》（2009年3月3日）

二、劳动关系双方当事人未订立书面合同的处理

劳动合同的订立和履行，应当遵循诚实信用原则。劳动者已经实际为用人单位工作，用人单位超过一个月未与劳动者订立书面合同的，是否需要双倍支付劳动者的工资，应当考虑用人单位是否履行诚实磋商的义务以及是否存在劳动者拒绝签订等情况。如用人单位已尽到诚信义务，因不可抗力、意外情况或者劳动者拒绝签订等用人单位以外的原因，造成劳动合同未签订的，不属于《中华人民共和国劳动合同法实施条例》（以下简称"《实施条例》"）第六条所称的用人单位"未与劳动者订立书面劳动合同"的情况；因用人单位原因造成未订立书面劳动合同的，用人单位应当依法向劳动者支付双倍工资；但因劳动者拒绝订立书面劳动合同并拒绝继续履行的，视为劳动者单方终止劳动合同。

劳动合同期满后，劳动者继续为用人单位提供劳动，用人单位未表示异议，但当事人未续订书面劳动合同的，当事人应及时补订书面劳动合同。如果用人单位已尽到诚实信用义务，而劳动者不与用人单位订立书面劳动合同的，用人单位可以书面通知劳动者终止劳动关系，并依照《劳动合同法》第四十七条规定支付经济补偿；如劳动者拒绝订立书面劳动合同并拒绝继续履行的，视为劳动者单方终止劳动合同，用人单位应当支付劳动者已实际工作期间的相应报酬，但无须支付经济补偿金。

江苏省

一、《江苏省高级人民法院、江苏省劳动人事争议仲裁委员会关于审理劳动人事争议案件的指导意见（二）》（2011年11月8日）

第三条 劳动合同期满后，劳动者继续在用人单位工作，用人单位超过一个月不满一年未与劳动者订立书面劳动合同，劳动者请求用人单位每月支付二倍工资的，应予支持。用人单位超过一年未与劳动者订立书面劳动合同的，视为双方已订立无固定期限劳动合同。

第四条 劳动合同期满后，依照《劳动合同法》第四十二条规定依法续延，劳动者请求用人单位支付劳动合同续延期间未签订劳动合同的每月二倍工资的，不予支持。

第六条 用人单位未与其高级管理人员签订书面劳动合同，但用人单位能够

提供聘任决定或聘任书，证明双方存在劳动权利义务且已实际履行的，高级管理人员以未签订书面劳动合同为由请求用人单位每月支付二倍工资的，不予支持。

高级管理人员的范围依据《中华人民共和国公司法》第二百一十七条第（一）项的规定予以确定。

二、《江苏省劳动人事争议疑难问题研讨会纪要》（2017年7月3日）

（三）用人单位与符合签订无固定期限劳动合同条件的劳动者签订了固定期限劳动合同，劳动者要求支付应当订立无固定期限劳动合同之日起的二倍工资，仲裁机构应当如何处理？

劳动者符合签订无固定期限劳动合同条件，但与用人单位签订了固定期限劳动合同而引发劳动争议时，如劳动者有证据证明用人单位存在《劳动合同法》第二十六条规定情形的，仲裁机构应当认定固定期限劳动合同无效，双方应当签订无固定期限劳动合同、并支付二倍工资。反之，则应当认定双方签订的固定期限合同有效，不支持二倍工资的请求。

安徽省

《安徽省高级人民法院关于审理劳动争议案件若干问题的指导意见》（2015年1月20日）

第十一条 劳动者主张下列情形的双倍工资，人民法院不予支持：

（一）用人单位和劳动者补签劳动合同，该补签行为是双方真实意思表示，劳动者主张补签之日前劳动合同期内的双倍工资；

（二）劳动合同期满后，依据《劳动合同法》第四十二条、第四十五条规定法定续延劳动合同的，劳动者主张法定续延期间内的双倍工资；

（三）劳动者非因本人意愿被原用人单位安排到新用人单位工作，与新用人单位未签订书面劳动合同的，在劳动者与原用人单位签订的劳动合同期间内，劳动者主张在新用人单位工作期间的双倍工资。

江西省

《江西省劳动人事争议裁审衔接工作座谈会纪要》（2013年12月28日）

第二条 【代签劳动合同】他人代劳动者签订劳动合同，用人单位有证据证明所代签的劳动合同经劳动者本人同意，或者劳动者以实际行为表明接受所代签劳动合同，且该劳动合同不违反法律、法规强制性规定的，当事人主张劳动合同无效的，不予支持。

第三条 【不签合同的后果】因劳动者原因未与用人单位订立书面劳动合

同，用人单位应当自用工之日起一个月内书面通知劳动订立书面劳动合同。劳动者在限期内未与用人单位签订劳动合同，用人单位及时终止劳动关系的，无需支付二倍工资。用人单位未及时终止劳动关系的，应支付二倍工资。

第四条 【续签合同】劳动合同期满后，劳动者仍在原用人单位工作，超过一个月双方仍未续签劳动合同，劳动者依据《劳动合同法》第八十二条第一款规定要求支付二倍工资的，应予支持。

用人单位自用工之日起满一年不与劳动者签订书面劳动合同，视为已订立无固定期限劳动合同，劳动者再要求支付用工之日满一年后未订立书面劳动合同二倍工资的，不予支持。

山东省

《山东省高级人民法院、山东省人力资源和社会保障厅关于审理劳动人事争议案件若干问题会议纪要》（2019年4月25日）

二十三、关于补签劳动合同情况下的二倍工资争议处理问题

用人单位与劳动者自用工之日起满一个月后未订立书面劳动合同，事后补签的，如果劳动者没有证据证明补签劳动合同存在欺诈、胁迫、乘人之危的情形，则视为当事人意思自治行为，劳动者以未订立劳动合同为由主张二倍工资的，不予支持。

二十四、关于用人单位规避重新签订书面劳动合同义务争议的处理问题

用人单位与劳动者在劳动合同中约定"合同到期后劳动者继续在用人单位工作的，视为原劳动合同期限的延长"。原劳动合同到期后，劳动者继续在用人单位工作，劳动者以用人单位未与其签订书面劳动合同为由要求支付二倍工资的，应予支持。

湖南省

《湖南省高级人民法院关于审理劳动争议案件若干问题的指导意见》（2009年5月20日）

二十二、劳动者依据《劳动合同法》第十四条第三款、第八十二条第一款的规定，以用人单位自用工之日起满一年未与其签订书面劳动合同为由，请求确认其与用人单位自用工之日起满一年时已订立无固定期限劳动合同、由用人单位支付二倍工资的，应予支持，但用人单位能举证证明未签订书面劳动合同系劳动者一方原因引起的除外。

广东省

一、《广东省高级人民法院、广东省劳动人事争议仲裁委员会关于劳动人事争议仲裁与诉讼衔接若干意见》（2018年7月18日）

八、劳动者与用人单位虽未签订名称为劳动合同的书面协议，但双方签订的包含工资、岗位、工作时间、劳动期限等内容的书面协议，具备劳动合同本质特征的，应当认定双方已经订立书面劳动合同。

九、用人单位违反《劳动合同法》第十四条第二款的规定，未与劳动者订立无固定期限劳动合同的，用人单位应根据《劳动合同法》第八十二条第二款的规定，从依法应订立无固定期限劳动合同之日满一个月的次日起向劳动者每月支付二倍工资。

二、《广东省高级人民法院、广东省人力资源和社会保障厅关于审理涉新冠肺炎疫情劳动人事争议案件若干问题的解答》（2020年4月27日）

4. 受疫情影响，用人单位不能依法及时与劳动者订立或者续订书面劳动合同，应如何处理

受疫情影响，用人单位不能依法及时与劳动者订立或者续订书面劳动合同，劳动者请求未签订书面劳动合同二倍工资差额的，不予支持。

疫情防控期间，用人单位与劳动者协商一致，可以采用电子形式订立劳动合同。符合劳动合同法、电子签名法等法律法规规定的电子劳动合同一经订立，与书面劳动合同具有同等法律效力。

重庆市

《重庆市六部门关于劳动争议案件法律适用问题专题座谈会纪要（二）》（2017年8月14日）

一、因劳动者遭受工伤或者患职业病，用人单位未能与其订立书面劳动合同的责任承担问题

根据《中华人民共和国劳动合同法》第十条之规定，用人单位应当自用工之日起一个月内与劳动者订立书面劳动合同。劳动者因遭受工伤或者患职业病而未订立书面劳动合同的，如果用人单位能够举示充分证据证明未能订立书面劳动合同系劳动者拒绝订立或者劳动者丧失订立劳动合同的能力等非因用人单位原因所致，劳动者又以用人单位未依法与其订立书面劳动合同为由要求用人单位支付二倍工资的，人民法院不予支持。

用人单位以劳动者丧失或者部分丧失劳动能力为由未与劳动者订立书面劳动

合同的，不得免除用人单位未依法订立书面劳动合同的责任。

四川省

《四川省高级人民法院民一庭关于审理劳动争议案件若干疑难问题的解答》（2016 年 1 月 15 日）

20. 用人单位与劳动者签署的能够证明劳动关系内容的书面材料（如应聘登记表、聘用通知书、员工登记表等）包括了劳动期限、劳动报酬等内容，并按该内容实际履行的，应视为双方签订了书面劳动合同，用人单位不需要支付劳动者未签订书面劳动合同的二倍工资。

28. 因劳动者的原因未与用人单位签订书面劳动合同，用人单位能够证明其不存在过错的，无需向劳动者支付未签订劳动合同的二倍工资。

30. 用人单位高管人员依据《劳动合同法》第八十二条规定向用人单位主张未签劳动合同二倍工资的，可予支持，但用人单位能够证明该高管人员职责范围包括管理订立劳动合同内容的除外。对有证据证明高管人员向用人单位提出签订劳动合同而被拒绝的，仍可支持高管人员的未签劳动合同二倍工资请求。

用人单位的人事管理部门负责人或主管人员依据《劳动合同法》第八十二条规定向用人单位主张未签劳动合同二倍工资的，如用人单位能够证明订立劳动合同属于该人事管理部门负责人的工作职责，不予支持。有证据证明人事管理部门负责人或主管人员向用人单位提出签订劳动合同，而用人单位予以拒绝的除外。

31. ……用人单位与劳动者虽然补签劳动合同，但未补签到实际用工之日的，对于补签固定期限劳动合同的，劳动者主张实际用工之日至补签前一日扣除一个月订立书面劳动合同宽限期的二倍工资差额，应予支持。对于补签无固定期限劳动合同的，劳动者主张自应当签订无固定期限劳动合同之日至补签无固定期限劳动合同的前一日的二倍工资差额，应予支持。

贵州省

《贵州省高级人民法院、贵州省人力资源和社会保障厅关于劳动争议案件若干问题的会议纪要》（2012 年 7 月 9 日）

24. 用人单位自用工之日起超过一个月不满一年未与劳动者签订劳动合同的，用人单位应自用工之日起满一个月的次日起每月支付两倍工资至双方签订劳动合同前一日止。但用人单位有足够证据证明未签订劳动合同的原因完全在劳动者，其自身无过错的，用人单位无需支付两倍工资。

劳动合同期满后劳动者继续在用人单位工作的，用人单位在劳动合同期满之日起超过一个月不满一年未与劳动者签订劳动合同的，参照前款处理。

27.在用人单位未安排劳动者工作期间，如果用人单位未与劳动者签订书面劳动合同，因劳动者未提供劳动，劳动者请求支付未签订书面劳动合同两倍工资的，不予支持。

云南省

《云南省高级人民法院、云南省人力资源和社会保障厅关于审理劳动人事争议案件若干问题的座谈会纪要》（2015年1月19日）

（八）用人单位未依法与劳动者订立书面劳动合同的，应当依法向劳动者支付二倍工资，但有下列情形之一的除外：

1.劳动合同期满，劳动者有《劳动合同法》第四十二条第（一）、（三）、（四）项规定情形之一而依据《劳动合同法》第四十五条应当延续劳动合同的；

2.未订立书面劳动合同的因工负伤劳动者，因停工留薪期而延续劳动关系的；

3.用人单位法定代表人（或主要负责人）向用人单位主张二倍工资的；

4.用人单位高管人员向用人单位主张二倍工资，用人单位能够证明该高管人员职责范围包括管理订立劳动合同内容的，但有证据证明高管人员向用人单位提出订立书面劳动合同而被拒绝的除外；

5.用人单位的人事管理部门负责人或主管人员向用人单位主张二倍工资，用人单位能够证明订立劳动合同属于该人事管理部门负责人或主管人员工作职责的，但有证据证明人事管理部门负责人或主管人员向用人单位提出订立书面劳动合同而被拒绝的除外；

6.确有证据证明，劳动者持他人身份证或假冒他人身份与用人单位订立书面劳动合同的；

7.确有证据证明，劳动者委托他人订立书面劳动合同的。

【典型案例】

北京泛太物流有限公司诉单晶晶劳动争议纠纷案[1]

裁判摘要：《劳动合同法》第八十二条关于用人单位未与劳动者订立书面劳动合同的，应当向劳动者每月支付二倍工资的规

---

[1] 载《最高人民法院公报》，2013年第12期。

定，是对用人单位违反法律规定的惩戒。如用人单位与劳动者未订立书面劳动合同，但双方之间签署的其他有效书面文件的内容已经具备了劳动合同的各项要件，明确了双方的劳动关系和权利义务，具有了书面劳动合同的性质，则该文件应视为双方的书面劳动合同，对于劳动者提出因未订立书面劳动合同而要求二倍工资的诉讼请求不应予以支持。

刘丹萍与南京仁创物资有限公司劳动争议纠纷案[①]

裁判摘要：用人单位未与人事主管订立书面劳动合同，人事主管诉请用人单位支付因未订立书面劳动合同的二倍工资赔偿，因订立书面劳动合同系人事主管的工作职责，人事主管有义务提示用人单位与其订立书面劳动合同，人事主管如不能举证证明其曾提示用人单位与其订立书面劳动合同，则不应支持其诉讼请求。

视为订立无固定期限劳动合同后用人单位仍未与劳动者签订劳动合同的是否应当支付第二倍工资[②]

案例分析

……本案的争议焦点是 2017 年 8 月至 2018 年 7 月期间，万某与食品公司之间未签订书面劳动合同的情形是否属于《中华人民共和国劳动合同法》（以下简称《劳动合同法》）第 82 条规定情形。

《劳动合同法》第 82 条规定："用人单位自用工之日起超过一个月不满一年未与劳动者订立书面劳动合同的，应当向劳动者每月支付二倍的工资。用人单位违反本法规定不与劳动者订立无固定期限劳动合同的，自应当订立无固定期限劳动合同之日起向劳动者每月支付二倍的工资。"从上述条款可知，用人单位支付未依法签订劳动合同第二倍工资的情形包括两种：一种是用人单位自用工之日起超过一个月不满一年未与劳动者订立书面劳动合同的；第二种是用人单位应当与劳动者订立无固定期限劳动合同，但违反本法规定不与劳动者订立无固定期限劳动合同的。第二种情形中的"本法规定"，是指《劳动合同法》第 14 条第 2 款规定的"除劳动者提出订立固定期限劳动合同外，应当订立无固定期限劳动合同"的三种情形，即"（一）劳动者在该用人单位连续工作满十年的；（二）用

---

① 载《最高人民法院公报》，2018 年第 7 期。
② 载《人力资源社会保障部、最高人民法院第一批劳动人事争议典型案例》（2020 年 7 月 10 日）。

人单位初次实行劳动合同制度或者国有企业改制重新订立劳动合同时，劳动者在该用人单位连续工作满十年且距法定退休年龄不足十年的；（三）连续订立二次固定期限劳动合同，且劳动者没有本法第39条和第40条第1项、第2项规定的情形，续订劳动合同的"。而《劳动合同法》第14条第3款规定的"用人单位自用工之日起满一年不与劳动者订立书面劳动合同的，视为用人单位与劳动者已订立无固定期限劳动合同"是对用人单位不签订书面劳动合同满一年的法律后果的拟制规定，并非有关应当订立无固定期限劳动合同的情形规定。《中华人民共和国劳动合同法实施条例》第7条对于此种情形的法律后果也作了相同的分类规定。

　　本案中，万某于2016年8月1日入职，食品公司一直未与其签订书面劳动合同，自2017年8月1日起，根据上述法律法规的规定，双方之间视为已订立了无固定期限劳动合同，而非《劳动合同法》第82条规定的用人单位违反本法规定不与劳动者订立无固定期限劳动合同的情形。因此，食品公司无须向万某支付未依法签订无固定期限劳动合同的第二倍工资，故依法驳回万某的仲裁请求。

　　典型意义

　　无固定期限劳动合同是指用人单位与劳动者约定无确定终止时间的劳动合同。为了保障劳动关系稳定性，《劳动合同法》第14条规定了"可以""应当""视为"三类订立无固定期限劳动合同的情形，其中"视为"签订无固定期限劳动合同的规定，主要目的是为解决一些用人单位不愿与劳动者签订劳动合同，造成劳动者合法权益无法得到保障的问题。未依法签订劳动合同所应承担的第二倍工资责任在法律性质上是惩罚性赔偿，该责任设定与拟制无固定期限劳动合同的签订相结合，既保障了劳动者合法权益又限制了用人单位赔偿责任的无限扩大，有效地平衡了各方利益。

第二节　关于计算方法及计算基数问题

【适用指引】

一、法律依据

计算双倍工资的法律依据是《劳动合同法》第82条和《劳动合同法实施条例》第6条，在计算细节上，实践中各地掌握不尽一致。

二、双倍工资的计算方法

（一）自用工之日起超过一个月不满一年未与劳动者订立书面劳动合同的情形

自用工之日满一个月的次日起开始计算2倍工资，截止点为双方订立书面劳动合同的前1日，最长不超过11个月。各地规定没有差异。

（二）劳动合同期满后续延的情形

1. 大部分地方掌握为最长不超过11个月，上一个劳动合同期满后再给予用人单位一个月的宽限期。

2. 部分地方掌握为最长不超过12个月，起算点为自劳动合同期满的次日，不给一个月的宽限期。《北京市高级人民法院、北京市劳动争议仲裁委员会关于劳动争议案件法律适用问题研讨会会议纪要（二）》第27条、第28条。

（三）补签劳动合同的情形

未补签到实际用工之日的，扣除一个月宽限期，计算到补签之日。

（四）不与劳动者订立无固定期限劳动合同的情形

1. 大部分地方掌握为不受11个月最长时间限制，即用人单位自应当订立无固定期限劳动合同之日起至补签无固定期限劳动合同的前1日，向劳动者每月支付2倍工资。

2. 部分地方掌握为受最长时间的限制：《四川省高级人民法院民一庭关于审理劳动争议案件若干疑难问题的解答》规定为不超过12个月。

三、双倍工资计算基数的不同规定

《北京市高级人民法院、北京市劳动人事争议仲裁委员会关于审理劳动争议案件法律适用问题的解答》第21条第3项、《上海市高级人民法院关于劳动争议

若干问题的解答上海高级人民法院民一庭调研指导》《江苏省高级人民法院、江苏省劳动人事争议仲裁委员会关于审理劳动人事争议案件的指导意见（二）》第2条、《江西省劳动人事争议裁审衔接工作座谈会纪要》第6条、《四川省高级人民法院民一庭关于审理劳动争议案件若干疑难问题的解答》第29条。

以上规定中上海市、四川省明确将加班费刨除在外，江苏省、江西省明确将加班费包含在内。

【裁判依据】

法律

《中华人民共和国劳动合同法》（2012年12月28日修正）

第八十二条　用人单位自用工之日起超过一个月不满一年未与劳动者订立书面劳动合同的，应当向劳动者每月支付二倍的工资。

用人单位违反本法规定不与劳动者订立无固定期限劳动合同的，自应当订立无固定期限劳动合同之日起向劳动者每月支付二倍的工资。

行政法规

《中华人民共和国劳动合同法实施条例》（2008年9月18日）

第五条　自用工之日起一个月内，经用人单位书面通知后，劳动者不与用人单位订立书面劳动合同的，用人单位应当书面通知劳动者终止劳动关系，无需向劳动者支付经济补偿，但是应当依法向劳动者支付其实际工作时间的劳动报酬。

第六条　用人单位自用工之日起超过一个月不满一年未与劳动者订立书面劳动合同的，应当依照劳动合同法第八十二条的规定向劳动者每月支付两倍的工资，并与劳动者补订书面劳动合同；劳动者不与用人单位订立书面劳动合同的，用人单位应当书面通知劳动者终止劳动关系，并依照劳动合同法第四十七条的规定支付经济补偿。

前款规定的用人单位向劳动者每月支付两倍工资的起算时间为用工之日满一个月的次日，截止时间为补订书面劳动合同的前一日。

第七条　用人单位自用工之日起满一年未与劳动者订立书面劳动合同的，自用工之日起满一个月的次日至满一年的前一日应当依照劳动合同法第八十二条的规定向劳动者每月支付两倍的工资，并视为自用工之日起满一年的当日已经与劳动者订立无固定期限劳动合同，应当立即与劳动者补订书面劳动合同。

【参考依据】

北京市

一、《北京市高级人民法院、北京市劳动争议仲裁委员会关于劳动争议案件法律适用问题研讨会会议纪要（二）》(2014年5月7日)

27.劳动合同期满后未订立劳动合同，劳动者仍在原用人单位继续工作，如何处理？

劳动合同期满后未订立劳动合同，劳动者仍在原用人单位继续工作，应适用《劳动合同法》第十条、第十四条第三款、第八十二条，《中华人民共和国劳动合同法实施条例》第六条、第七条的规定进行处理。在此情况下，因为用人单位对原劳动合同期满和继续用工的法律后果均有预期，因此不需要再给予一个月的宽限期，原劳动合同期满次日，即是用人单位应当订立劳动合同之日和承担未订立劳动合同的法律后果之日。

28.《劳动合同法》第八十二条"二倍工资"的认定与起止时间、计算方法？

（1）依据《劳动合同法》第十条、第八十二条第一款规定，用人单位自用工之日起超过一个月不满一年未与劳动者订立书面劳动合同的，自用工之日满一个月的次日起开始计算二倍工资，截止点为双方订立书面劳动合同的前一日，最长不超过十一个月。

（2）用人单位因违反《劳动合同法》第十四条第三款规定，自用工之日满一年不与劳动者订立书面劳动合同，视为用人单位与劳动者已订立无固定期限劳动合同的情况下，劳动者可以向仲裁委、法院主张确认其与用人单位之间属于无固定期限劳动合同关系。在此情况下，劳动者同时主张用人单位支付用工之日满一年后的二倍工资的不予支持。

（3）如果劳动合同期满后，劳动者仍在用人单位工作，用人单位未与劳动者订立书面劳动合同的，计算二倍工资的起算点为自劳动合同期满的次日，截止点为双方补订书面劳动合同的前一日，最长不超过十二个月。

（4）用人单位违反《劳动合同法》第十四条第二款、第八十二条第二款规定，不与劳动者订立无固定期劳动合同的，二倍工资自应订立无固定期限劳动合同之日起算，截止点为双方实际订立无固定期限劳动合同的前一日。

29.用人单位与劳动者补签劳动合同，劳动者主张未订立劳动合同二倍工资可否支持？

……用人单位与劳动者虽然补签劳动合同，但未补签到实际用工之日的，对实际用工之日与补签之日间相差的时间，依法扣除一个月订立书面劳动合同的宽限期，劳动者主张未订立劳动合同二倍工资的可以支持。

二、《北京市高级人民法院民一庭2014年部分劳动争议案件法律适用问题研讨会会议纪要》（2015年1月5日）

（一）《会议纪要二》第28条第（4）项："用人单位违反《劳动合同法》第十四条第二款、第八十二条第二款规定，不与劳动者订立无固定期限劳动合同的，二倍工资自应订立无固定期限劳动合同之日起算，截止点为双方实际订立无固定期限劳动合同的前一日。"

问题：对未订立无固定期劳动合同的二倍工资，是否没有时间上限？如果劳动者有证据证明其一直主张权利，没有超过时效，是否一直支持未订立无固定期劳动合同的二倍工资，支持至实际订立之日？

研讨意见：1. 用人单位违反《劳动合同法》第十四条第二款、第八十二条第二款规定而不与劳动者订立无固定期限劳动合同的，法律法规对用人单位向劳动者支付二倍工资没有规定时间上限，即未签无固定期劳动合同时间与因此支付的双倍工资时间相同，而不受支付十二个月二倍工资上限限制，但适用一年的仲裁时效。

2. 如果有证据证明没有超过时效，用人单位违法不与劳动者订立无固定期劳动合同的二倍工资，自应订立无固定期限劳动合同之日起算，截止点为双方实际订立无固定期限劳动合同的前一日。

三、《北京市高级人民法院、北京市劳动人事争议仲裁委员会关于审理劳动争议案件法律适用问题的解答》（2017年4月24日）

21. 用人单位给付劳动者的工资标准计算基数按哪些原则确定？

（3）计算"二倍工资"的工资标准时，因基本工资、岗位工资、职务工资、工龄工资、级别工资等按月支付的工资组成项目具有连续性、稳定性特征，金额相对固定，属于劳动者正常劳动的应得工资，应作为未订立劳动合同二倍工资差额的计算基数，不固定发放的提成工资、奖金等一般不作为未订立劳动合同二倍工资差额的计算基数。

天津市

《天津法院劳动争议案件审理指南》（2017年11月30日）

12.【未签书面合同的二倍工资】用人单位自实际用工之日起超过一个月不满一年，因用人单位原因未签订书面劳动合同的，应当按照《中华人民共和国劳动合同法》第八十二条的规定向劳动者每月支付二倍工资，最长不超过十一个月。

14.【合同到期未续订但继续工作的二倍工资】劳动合同期满未续签书面劳动合同，劳动者继续在原用人单位工作，原用人单位未表示异议，劳动者主张用人单位支付未与其签订书面劳动合同二倍工资的，应予支持。二倍工资的支付期限为劳动合同期满一个月的次日至双方补签书面劳动合同的前一日，但最长不超过十一个月。

本条及第 12 条规定的二倍工资的性质不属于劳动报酬，应当将其作为一个整体按照《中华人民共和国劳动争议调解仲裁法》第二十七条第一款的规定计算仲裁时效。

15.【用人单位违法不订立无固定期限劳动合同的二倍工资】……劳动者要求订立无固定期限劳动合同，用人单位违反《中华人民共和国劳动合同法》第十四条的规定不与劳动者订立无固定期限劳动合同，用人单位自应当订立无固定期限劳动合同之日起至补签无固定期限劳动合同的前一日，向劳动者每月支付二倍工资。

江苏省

《江苏省高级人民法院、江苏省劳动人事争议仲裁委员会关于审理劳动人事争议案件的指导意见（二）》（2011 年 11 月 8 日）

第二条 用人单位因未与劳动者签订书面劳动合同而应每月支付的二倍工资，按照劳动者当月的应得工资予以确定，包括计时工资或者计件工资以及加班加点工资、奖金、津贴和补贴等货币性收入。劳动者当月工资包含季度奖、半年奖、年终奖的，应按分摊后该月实际应得奖金数予以确定。

江西省

《江西省劳动人事争议裁审衔接工作座谈会纪要》（2013 年 12 月 28 日）

第六条 【二倍工资差额的计算基数】单位应支付的二倍工资差额计算基数为劳动者当月应得工资，工资应包括：计时工资、计件工资、奖金、津贴和补贴、延长工作时间的工资报酬以及特殊情况下支付的工资等；但不包括以下部分：

（一）单位支付给劳动者个人的社会保险福利费用，如丧葬抚恤救济费、生活困难补助费、计划生育补贴等；

（二）劳动保护方面的费用，如用人单位支付给劳动者的工作服、解毒剂、清凉饮料费用等；

（三）按照规定未列入工资总额的各种劳动报酬及其他劳动收入，如根据国家规定发放的创造发明奖、国家星火奖、自然科学奖、科学技术进步奖、合理建议和技术改进奖、中华技能大奖等，以及稿费、讲课费、翻译费等。

用人单位应支付的劳动者加班工资的计算基数，参照第一款规定。劳动者与用人单位有约定的，从其约定。

广东省

《广东省高级人民法院、广东省劳动人事争议仲裁委员会关于劳动人事争议仲裁与诉讼衔接若干意见》(2018 年 7 月 18 日)

四、用人单位和劳动者均不能对工资数额举证的，由仲裁机构、人民法院参照本单位同岗位平均工资或者根据用人单位经济类型，参照当地城镇非私营单位就业人员年平均工资或当地城镇私营单位就业人员年平均工资确定。如按照上述标准确定的工资与该行业（或岗位）的普遍工资收入明显不符的，参照政府职能部门公布的人力资源市场工资指导价位等因素综合确定。

四川省

《四川省高级人民法院民一庭关于审理劳动争议案件若干疑难问题的解答》(2016 年 1 月 15 日)

29.《劳动合同法》中规定的经济补偿金及二倍工资计算基数按照劳动者正常工作状态下十二个月的应得工资计算，即未扣除社会保险费、税费等之前的当月工资总额，但不应包括：（一）加班工资；（二）非常规性奖金、津补贴、福利。

31.……用人单位未与劳动者订立书面劳动合同的，用人单位实际给付的二倍工资差额不超过十一个月。用人单位未与劳动者签订无固定期限劳动合同的，用人单位实际给付劳动者的二倍工资差额不超过十二个月。

用人单位与劳动者虽然补签劳动合同，但未补签到实际用工之日的，对于补签固定期限劳动合同的，劳动者主张实际用工之日至补签前一日扣除一个月订立书面劳动合同宽限期的二倍工资差额，应予支持。对于补签无固定期限劳动合同的，劳动者主张自应当签订无固定期限劳动合同之日至补签无固定期限劳动合同的前一日的二倍工资差额，应予支持。

贵州省

《贵州省高级人民法院、贵州省人力资源和社会保障厅关于劳动争议案件若干问题的会议纪要》(2012年7月9日)

24. 用人单位自用工之日起超过一个月不满一年未与劳动者签订劳动合同的，用人单位应自用工之日起满一个月的次日起每月支付两倍工资至双方签订劳动合同前一日止。但用人单位有足够证据证明未签订劳动合同的原因完全在劳动者，其自身无过错的，用人单位无需支付两倍工资。

劳动合同期满后劳动者继续在用人单位工作的，用人单位在劳动合同期满之日起超过一个月不满一年未与劳动者签订劳动合同的，参照前款处理。

26. 未签订书面劳动合同支付两倍工资的期间：

（1）在2008年1月1日前用工的，应自2008年2月1日起支付两倍工资，至签订书面劳动合同时止，但最长支付11个月；

（2）在2008年1月1日后用工的，自用工期满一个月的次日起支付两倍工资，至签订书面劳动合同时止，但最长支付11个月；

（3）已有的书面劳动合同在2008年1月1日后到期，仍继续用工的，自合同到期的次日起至签订新的书面劳动合同时止，作为计算支付两倍工资的期间，但最长支付11个月。

云南省

《云南省高级人民法院、云南省人力资源和社会保障厅关于审理劳动人事争议案件若干问题的座谈会纪要》(2015年1月19日)

三、二倍工资的计算和例外情形

（七）《劳动合同法》第八十二条规定的二倍工资按照以下标准认定，并按照该期间劳动者每月工资标准逐月计算：

1. 用人单位自用工之日起超过一个月不满一年未与劳动者订立书面劳动合同的，二倍工资的起算点为用工之日满一个月的次日，截止点为双方订立书面劳动合同的前一日，最长不超过十一个月；

2. 用人单位自用工之日起满一年未与劳动者订立书面劳动合同的，二倍工资的起算点为用工之日满一个月的次日，截止点为用工之日满一年的前一日，最长不超过十一个月。劳动者请求用人单位支付用工之日满一年后的二倍工资的，不予支持。但劳动者主张确认其与用人单位自用工之日满一年的当日起存在无固定期限劳动合同关系的，应予支持；

3. 劳动合同期满后，劳动者仍在用人单位工作，用人单位未与劳动者续订书面劳动合同的，二倍工资的起算点为劳动合同期满一个月的次日，截止点为双方订立书面劳动合同的前一日，最长不超过十一个月。劳动者主张确认其与用人单位自劳动合同期满一年的当日起存在无固定期限劳动合同关系的，应予支持；

4. 用人单位违反《劳动合同法》第十四条第二款规定，未与劳动者订立无固定期限劳动合同的，二倍工资的起算点为应订立无固定期限劳动合同之日，截止点为双方实际订立无固定期限劳动合同的前一日。

第三节 关于时效问题

【适用指引】

一、法律依据

双倍工资适用时效的法律依据为《劳动争议调解仲裁法》第 27 条。

二、实践中各地对双倍工资时效问题的不同把握

基于对双倍工资差额的性质是属于劳动报酬还是属于惩罚性赔偿,是将劳动者享受的双倍工资差额作为一个整体还是可以分割计算,知道或应当知道权利受侵害的日期是从相应时间段的开始计算还是从结尾计算等不同认识,各地对双倍工资差额如何适用时效问题存在很大分歧,具体操作大致有以下几种:

第一种观点:不将劳动者应享受的双倍工资差额视为一个整体,而是按天或按月计算,自仲裁之日起往前推一年,对超过一年的双倍工资差额不予支持:北京、广东、江西、四川等地法院持此观点。

第二种观点:将劳动者应享受的双倍工资差额视为一个整体(比如全部 11 个月的差额),仲裁时效自双倍工资差额的总额确定之日起计算,如果超过 1 年,劳动者将得不到双倍工资差额:重庆、山东、江苏、浙江、贵州等地法院持此观点。

第三种观点:将劳动者应享受的双倍工资差额视为一个整体,适用特殊时效规定,仲裁时效自劳动关系解除或终止之日起计算,劳动关系存续期间不受仲裁时效限制:辽宁、湖北等地法院持此观点。

三、对未签无固定期限劳动合同双倍工资的规定

《北京市高级人民法院民一庭 2014 年部分劳动争议案件法律适用问题研讨会会议纪要》第 1 条、第 2 条,《天津法院劳动争议案件审理指南》第 15 条。

【裁判依据】

《中华人民共和国劳动争议调解仲裁法》(2007年12月29日)

第二十七条 劳动争议申请仲裁的时效期间为一年。仲裁时效期间从当事人知道或者应当知道其权利被侵害之日起计算。

前款规定的仲裁时效,因当事人一方向对方当事人主张权利,或者向有关部门请求权利救济,或者对方当事人同意履行义务而中断。从中断时起,仲裁时效期间重新计算。

因不可抗力或者有其他正当理由,当事人不能在本条第一款规定的仲裁时效期间申请仲裁的,仲裁时效中止。从中止时效的原因消除之日起,仲裁时效期间继续计算。

劳动关系存续期间因拖欠劳动报酬发生争议的,劳动者申请仲裁不受本条第一款规定的仲裁时效期间的限制;但是,劳动关系终止的,应当自劳动关系终止之日起一年内提出。

【参考依据】

北京市

一、《北京市高级人民法院、北京市劳动争议仲裁委员会关于劳动争议案件法律适用问题研讨会会议纪要(二)》(2014年5月7日)

28.《劳动合同法》第八十二条"二倍工资"的认定与起止时间、计算方法?

(5)二倍工资中属于劳动者正常工作时间劳动报酬的部分,适用《调解仲裁法》二十七条第四款的规定;增加一倍的工资属于惩罚性赔偿的部分,不属于劳动报酬,适用《调解仲裁法》二十七条第一款的规定,即一年的仲裁时效。

二倍工资适用时效的计算方法为:在劳动者主张二倍工资时,因未签劳动合同行为处于持续状态,故时效可从其主张权利之日起向前计算一年,据此实际给付的二倍工资不超过十二个月,二倍工资按未订立劳动合同所对应时间用人单位应当正常支付的工资为标准计算。

二、《北京市高级人民法院民一庭 2014 年部分劳动争议案件法律适用问题研讨会会议纪要》(2015 年 1 月 5 日)

一、《会议纪要二》第 28 条第 4 项："用人单位违反《劳动合同法》第十四条第二款、第八十二条第二款规定，不与劳动者订立无固定期限劳动合同的，二倍工资自应订立无固定期限劳动合同之日起算，截止点为双方实际订立无固定期限劳动合同的前一日。"

问题：对未订立无固定期劳动合同的二倍工资，是否没有时间上限？如果劳动者有证据证明其一直主张权利，没有超过时效，是否一直支持未订立无固定期劳动合同的二倍工资，支持至实际订立之日？

研讨意见：1. 用人单位违反《劳动合同法》第十四条第二款、第八十二条第二款规定而不与劳动者订立无固定期限劳动合同的，法律法规对用人单位向劳动者支付二倍工资没有规定时间上限，即未签无固定期劳动合同时间与因此支付的双倍工资时间相同，而不受支付十二个月二倍工资上限限制，但适用一年的仲裁时效。

2. 如果有证据证明没有超过时效，用人单位违法不与劳动者订立无固定期劳动合同的二倍工资，自应订立无固定期限劳动合同之日起算，截止点为双方实际订立无固定期限劳动合同的前一日。

二、《会议纪要二》第 28 条第 5 项："二倍工资中属于劳动者正常工作时间劳动报酬的部分，适用《调解仲裁法》二十七条第四款的规定；增加一倍的工资属于惩罚性赔偿的部分，不属于劳动报酬，适用《调解仲裁法》二十七条第一款的规定，即一年的仲裁时效。"该条第二款："二倍工资适用时效的计算方法为：在劳动者主张二倍工资时，因未签劳动合同行为处于持续状态，故时效可从其主张权利之日起向前计算一年，据此实际给付的二倍工资不超过十二个月，二倍工资按未订立劳动合同所对应时间用人单位应当正常支付的工资为标准计算。"

问题：对未签订书面劳动合同、未续签书面劳动合同、未签订无固定期限劳动合同的二倍工资时效，应如何确定起算和截止时间点？是否主动适用仲裁时效？

研讨意见：1. 二倍工资仲裁时效按天起算，不再按整段起算，时效可从劳动者主张权利之日起向前计算一年，据此实际给付的二倍工资不超过十二个月。

2. 仲裁时效抗辩应由用人单位提出。

[计算示例]（略）

天津市

《天津法院劳动争议案件审理指南》（2017年11月30日）

14.【合同到期未续订但继续工作的二倍工资】劳动合同期满未续签书面劳动合同，劳动者继续在原用人单位工作，原用人单位未表示异议，劳动者主张用人单位支付未与其签订书面劳动合同二倍工资的，应予支持。二倍工资的支付期限为劳动合同期满一个月的次日至双方补签书面劳动合同的前一日，但最长不超过十一个月。

本条及第12条规定的二倍工资的性质不属于劳动报酬，应当将其作为一个整体按照《中华人民共和国劳动争议调解仲裁法》第二十七条第一款的规定计算仲裁时效。

15.【用人单位违法不订立无固定期限劳动合同的二倍工资】劳动者要求订立无固定期限劳动合同，用人单位违反《中华人民共和国劳动合同法》第十四条的规定不与劳动者订立无固定期限劳动合同，用人单位自应当订立无固定期限劳动合同之日起至补签无固定期限劳动合同的前一日，向劳动者每月支付二倍工资。

本条规定的二倍工资性质不属于劳动报酬，应当按照《中华人民共和国劳动争议调解仲裁法》第二十七条第一款的规定按月计算仲裁时效。

江苏省

《江苏省高级人民法院、江苏省劳动人事争议仲裁委员会关于审理劳动人事争议案件的指导意见（二）》（2011年11月8日）

第一条 劳动者因用人单位未与其签订书面劳动合同而主张用人单位每月支付二倍工资的争议，劳动人事争议仲裁委员会及人民法院应依法受理。对二倍工资中属于用人单位法定赔偿金的部分，劳动者申请仲裁的时效适用《调解仲裁法》第二十七条第一款的规定，即从用人单位不签订书面劳动合同的违法行为结束之次日开始计算一年；如劳动者在用人单位工作已经满一年的，劳动者申请仲裁的时效从一年届满之次日起计算一年。

山东省

《山东省高级人民法院、山东省人力资源和社会保障厅关于审理劳动人事争议案件若干问题会议纪要》（2019年4月25日）

二十一、关于二倍工资争议的仲裁时效适用问题

劳动合同法第八十二条规定的"二倍工资"中加付的一倍工资具有惩罚性赔偿金性质，不属于劳动报酬。用人单位自用工之日起超过一个月未与劳动者订立书面

劳动合同，劳动者要求用人单位支付二倍工资的，劳动者申请仲裁的时效为一年。

劳动者请求用人单位支付未签订劳动合同二倍工资可视为同一合同项下约定的具有整体性和关联性的定期给付之债，应当作为整体之债对待，仲裁时效应从用人单位与其补订劳动合同之日或者视为双方已订立无固定期限劳动合同之日起计算。

四川省

《四川省高级人民法院民一庭关于审理劳动争议案件若干疑难问题的解答》（2016年1月15日）

31.劳动者请求用人单位支付未订立书面劳动合同二倍工资差额的，仲裁时效期间应依照《劳动争议调解仲裁法》第27条第1、2、3款的规定确定，从未订立书面劳动合同满一月的次日起计算一年。上述仲裁时效期间应按月计算，从劳动者主张权利之日起向前倒推一年，对超过一年的二倍工资差额不予支持。

用人单位未与劳动者订立书面劳动合同的，用人单位实际给付的二倍工资差额不超过十一个月。用人单位未与劳动者签订无固定期限劳动合同的，用人单位实际给付劳动者的二倍工资差额不超过十二个月。

用人单位与劳动者虽然补签劳动合同，但未补签到实际用工之日的，对于补签固定期限劳动合同的，劳动者主张实际用工之日至补签前一日扣除一个月订立书面劳动合同宽限期的二倍工资差额，应予支持。对于补签无固定期限劳动合同的，劳动者主张自应当签订无固定期限劳动合同之日至补签无固定期限劳动合同的前一日的二倍工资差额，应予支持。

贵州省

《贵州省高级人民法院、贵州省人力资源和社会保障厅关于劳动争议案件若干问题的会议纪要》（2012年7月9日）

25.劳动者主张签订书面劳动合同两倍工资时，其申请仲裁的时效计算方式为：

（1）未签订书面劳动合同两倍工资的仲裁申请时效的期间为1年，自用人单位不签订书面劳动合同的违法行为结束之日起计算；如劳动者在用人单位工作已满一年的，劳动者申请仲裁的时效从一年届满之次日起计算。

（2）未签订书面劳动合同两倍工资的仲裁时效期间的中断、中止情形，应适用《劳动争议调解仲裁法》第二十七条第二款、第三款的规定予以确定。

云南省

《云南省高级人民法院、云南省人力资源和社会保障厅关于审理劳动人事争议案件若干问题的座谈会纪要》(2015年1月19日)

三、二倍工资的计算和例外情形

(七) 4.二倍工资属于惩罚性赔偿,不属于劳动报酬,适用《劳动争议调解仲裁法》第二十七条第一款的规定,即一年的仲裁时效。因用人单位与劳动者未订立书面劳动合同的行为处于持续状态,劳动者主张二倍工资的时效从用人单位应当支付二倍工资的最后一个月届满之日起计算。

第六章　涉及劳务派遣的规范

【适用指引】

一、劳务派遣的特征

劳务派遣具有如下特征：（1）劳动者的雇佣和使用相分离，劳动者与劳务派遣单位建立劳动关系，实际使用劳动者的是用工单位；（2）劳务派遣中有三个主体：即劳务派遣单位（用人单位）、劳动者、实际用工单位；（3）劳务派遣关系中存在一组合同：一个是劳务派遣单位与劳动者之间的劳动合同，另一个是劳务派遣单位与用工单位之间的劳务派遣协议。

二、请求权基础及案由

在劳务派遣用工形式下，因劳动者和用人单位、用工单位之间的劳动争议纠纷，会产生与传统用工模式下基本相同的众多请求权，相关请求权基础亦无不同。需要注意的是派遣单位和用工单位连带责任的承担问题。《劳动合同法》第92条第2款规定，用工单位给被派遣劳动者造成损害的，劳务派遣单位与用工单位承担连带赔偿责任。案由应适用《民事案件案由规定》"186.劳动合同纠纷"项下的"劳务派遣合同纠纷"。

【裁判依据】

法律

《中华人民共和国劳动合同法》（2012年12月28日修正）

第五十七条 经营劳务派遣业务应当具备下列条件：

（一）注册资本不得少于人民币二百万元；

（二）有与开展业务相适应的固定的经营场所和设施；

（三）有符合法律、行政法规规定的劳务派遣管理制度；

（四）法律、行政法规规定的其他条件。

经营劳务派遣业务，应当向劳动行政部门依法申请行政许可；经许可的，依法办理相应的公司登记。未经许可，任何单位和个人不得经营劳务派遣业务。

第五十八条 劳务派遣单位是本法所称用人单位，应当履行用人单位对劳动者的义务。劳务派遣单位与被派遣劳动者订立的劳动合同，除应当载明本法第十七条规定的事项外，还应当载明被派遣劳动者的用工单位以及派遣期限、工作岗位等情况。

劳务派遣单位应当与被派遣劳动者订立二年以上的固定期限劳动合同，按月支付劳动报酬；被派遣劳动者在无工作期间，劳务派遣单位应当按照所在地人民政府规定的最低工资标准，向其按月支付报酬。

第五十九条　劳务派遣单位派遣劳动者应当与接受以劳务派遣形式用工的单位（以下称用工单位）订立劳务派遣协议。劳务派遣协议应当约定派遣岗位和人员数量、派遣期限、劳动报酬和社会保险费的数额与支付方式以及违反协议的责任。

用工单位应当根据工作岗位的实际需要与劳务派遣单位确定派遣期限，不得将连续用工期限分割订立数个短期劳务派遣协议。

第六十条　劳务派遣单位应当将劳务派遣协议的内容告知被派遣劳动者。

劳务派遣单位不得克扣用工单位按照劳务派遣协议支付给被派遣劳动者的劳动报酬。

劳务派遣单位和用工单位不得向被派遣劳动者收取费用。

第六十一条　劳务派遣单位跨地区派遣劳动者的，被派遣劳动者享有的劳动报酬和劳动条件，按照用工单位所在地的标准执行。

第六十二条　用工单位应当履行下列义务：

（一）执行国家劳动标准，提供相应的劳动条件和劳动保护；

（二）告知被派遣劳动者的工作要求和劳动报酬；

（三）支付加班费、绩效奖金，提供与工作岗位相关的福利待遇；

（四）对在岗被派遣劳动者进行工作岗位所必需的培训；

（五）连续用工的，实行正常的工资调整机制。

用工单位不得将被派遣劳动者再派遣到其他用人单位。

第六十三条　被派遣劳动者享有与用工单位的劳动者同工同酬的权利。用工单位应当按照同工同酬原则，对被派遣劳动者与本单位同类岗位的劳动者实行相同的劳动报酬分配办法。用工单位无同类岗位劳动者的，参照用工单位所在地相同或者相近岗位劳动者的劳动报酬确定。

劳务派遣单位与被派遣劳动者订立的劳动合同和与用工单位订立的劳务派遣协议，载明或者约定的向被派遣劳动者支付的劳动报酬应当符合前款规定。

第六十五条　被派遣劳动者可以依照本法第三十六条、第三十八条的规定与劳务派遣单位解除劳动合同。

被派遣劳动者有本法第三十九条和第四十条第一项、第二项规定情形的，用工单位可以将劳动者退回劳务派遣单位，劳务派遣单位依照本法有关规定，可以与劳动者解除劳动合同。

第六十六条　劳动合同用工是我国的企业基本用工形式。劳务派遣用工是补充形式，只能在临时性、辅助性或者替代性的工作岗位上实施。

前款规定的临时性工作岗位是指存续时间不超过六个月的岗位；辅助性工作岗位是指为主营业务岗位提供服务的非主营业务岗位；替代性工作岗位是指用工单位的劳动者因脱产学习、休假等原因无法工作的一定期间内，可以由其他劳动者替代工作的岗位。

用工单位应当严格控制劳务派遣用工数量，不得超过其用工总量的一定比例，具体比例由国务院劳动行政部门规定。

第六十七条　用人单位不得设立劳务派遣单位向本单位或者所属单位派遣劳动者。

第九十二条　违反本法规定，未经许可，擅自经营劳务派遣业务的，由劳动行政部门责令停止违法行为，没收违法所得，并处违法所得一倍以上五倍以下的罚款；没有违法所得的，可以处五万元以下的罚款。

劳务派遣单位、用工单位违反本法有关劳务派遣规定的，由劳动行政部门责令限期改正；逾期不改正的，以每人五千元以上一万元以下的标准处以罚款，对劳务派遣单位，吊销其劳务派遣业务经营许可证。用工单位给被派遣劳动者造成损害的，劳务派遣单位与用工单位承担连带赔偿责任。

行政法规

《中华人民共和国劳动合同法实施条例》（2009年9月18日）

第二十八条　用人单位或者其所属单位出资或者合伙设立的劳务派遣单位，向本单位或者所属单位派遣劳动者的，属于劳动合同法第六十七条规定的不得设立的劳务派遣单位。

第三十条　劳务派遣单位不得以非全日制用工形式招用被派遣劳动者。

第三十一条　劳务派遣单位或者被派遣劳动者依法解除、终止劳动合同的经济补偿，依照劳动合同法第四十六条、第四十七条的规定执行。

第三十二条　劳务派遣单位违法解除或者终止被派遣劳动者的劳动合同的，依照劳动合同法第四十八条的规定执行。

部门规章

一、《劳务派遣暂行规定》（2014年1月24日）

第三条　用工单位只能在临时性、辅助性或者替代性的工作岗位上使用被派遣劳动者。

前款规定的临时性工作岗位是指存续时间不超过6个月的岗位；辅助性工作岗位是指为主营业务岗位提供服务的非主营业务岗位；替代性工作岗位是指用工单位的劳动者因脱产学习、休假等原因无法工作的一定期间内，可以由其他劳动者替代工作的岗位。

用工单位决定使用被派遣劳动者的辅助性岗位，应当经职工代表大会或者全体职工讨论，提出方案和意见，与工会或者职工代表平等协商确定，并在用工单位内公示。

第四条 用工单位应当严格控制劳务派遣用工数量，使用的被派遣劳动者数量不得超过其用工总量的10%。

前款所称用工总量是指用工单位订立劳动合同人数与使用的被派遣劳动者人数之和。

计算劳务派遣用工比例的用工单位是指依照劳动合同法和劳动合同法实施条例可以与劳动者订立劳动合同的用人单位。

第十条 被派遣劳动者在用工单位因工作遭受事故伤害的，劳务派遣单位应当依法申请工伤认定，用工单位应当协助工伤认定的调查核实工作。劳务派遣单位承担工伤保险责任，但可以与用工单位约定补偿办法。

被派遣劳动者在申请进行职业病诊断、鉴定时，用工单位应当负责处理职业病诊断、鉴定事宜，并如实提供职业病诊断、鉴定所需的劳动者职业史和职业危害接触史、工作场所职业病危害因素检测结果等资料，劳务派遣单位应当提供被派遣劳动者职业病诊断、鉴定所需的其他材料。

第十一条 劳务派遣单位行政许可有效期未延续或者《劳务派遣经营许可证》被撤销、吊销的，已经与被派遣劳动者依法订立的劳动合同应当履行至期限届满。双方经协商一致，可以解除劳动合同。

第十二条 有下列情形之一的，用工单位可以将被派遣劳动者退回劳务派遣单位：

（一）用工单位有劳动合同法第四十条第三项、第四十一条规定情形的；

（二）用工单位被依法宣告破产、吊销营业执照、责令关闭、撤销、决定提前解散或者经营期限届满不再继续经营的；

（三）劳务派遣协议期满终止的。

被派遣劳动者退回后在无工作期间，劳务派遣单位应当按照不低于所在地人民政府规定的最低工资标准，向其按月支付报酬。

第十三条 被派遣劳动者有劳动合同法第四十二条规定情形的，在派遣期限届满前，用工单位不得依据本规定第十二条第一款第一项规定将被派遣劳动者退回劳务派遣单位；派遣期限届满的，应当延续至相应情形消失时方可退回。

第十四条 被派遣劳动者提前30日以书面形式通知劳务派遣单位，可以解除劳动合同。被派遣劳动者在试用期内提前3日通知劳务派遣单位，可以解除劳动合同。劳务派遣单位应当将被派遣劳动者通知解除劳动合同的情况及时告知用工单位。

第十五条 被派遣劳动者因本规定第十二条规定被用工单位退回，劳务派遣单位重新派遣时维持或者提高劳动合同约定条件，被派遣劳动者不同意的，劳务派遣单位可以解除劳动合同。

被派遣劳动者因本规定第十二条规定被用工单位退回，劳务派遣单位重新派遣时降低劳动合同约定条件，被派遣劳动者不同意的，劳务派遣单位不得解除劳动合同。但被派遣劳动者提出解除劳动合同的除外。

第十六条 劳务派遣单位被依法宣告破产、吊销营业执照、责令关闭、撤销、决定提前解散或者经营期限届满不再继续经营的，劳动合同终止。用工单位应当与劳务派遣单位协商妥善安置被派遣劳动者。

第十七条 劳务派遣单位因劳动合同法第四十六条或者本规定第十五条、第十六条规定的情形，与被派遣劳动者解除或者终止劳动合同的，应当依法向被派遣劳动者支付经济补偿。

第十八条 劳务派遣单位跨地区派遣劳动者的，应当在用工单位所在地为被派遣劳动者参加社会保险，按照用工单位所在地的规定缴纳社会保险费，被派遣劳动者按照国家规定享受社会保险待遇。

第十九条 劳务派遣单位在用工单位所在地设立分支机构的，由分支机构为被派遣劳动者办理参保手续，缴纳社会保险费。

劳务派遣单位未在用工单位所在地设立分支机构的，由用工单位代劳务派遣单位为被派遣劳动者办理参保手续，缴纳社会保险费。

二、《人力资源社会保障部、全国总工会、中国企业联合会/中国企业家协会、全国工商联关于做好新型冠状病毒感染肺炎疫情防控期间稳定劳动关系支持企业复工复产的意见》（2020年2月7日）

二、灵活处理疫情防控期间的劳动用工问题

（三）（节录）指导规范用工管理。在疫情防控期间，要指导企业全面了解职工被实施隔离措施或政府采取的紧急措施情况，要求企业不得在此期间解除受相关措施影响不能提供正常劳动职工的劳动合同或退回被派遣劳动者。

【参考依据】

北京市

《北京市高级人民法院、北京市劳动争议仲裁委员会关于劳动争议案件法律适用问题研讨会会议纪要（二）》（2014年5月7日）

8.劳务派遣单位与用工单位之间基于《劳务派遣协议》而产生的纠纷，仲裁委、法院是否作为劳动争议案件处理？

劳务派遣单位与用工单位基于《劳务派遣协议》而产生的纠纷属于劳动合同以外的其他类型合同纠纷，不作为劳动争议案件处理。

河北省

《河北省人力资源和社会保障厅、河北省高级人民法院关于涉新冠肺炎疫情劳动争议纠纷相关问题的解答》（2020年6月5日）

2.劳动者在隔离治疗期间或医学观察期间未能提供正常劳动，用人单位以此为由要求解除劳动合同，如何处理？

答：对新冠肺炎患者、病原携带者、疑似病人、密切接触者在其隔离治疗期间或医学观察期间以及因政府实施隔离措施或采取其他紧急措施导致不能提供正常劳动的企业职工，用人单位不得因此与其解除劳动合同，也不得以劳动者无过错、经济性裁员为由解除劳动合同；对被派遣劳动者，用工单位不得因此将其退回劳务派遣单位。

上海市

一、《上海市高级人民法院关于适用〈劳动合同法〉若干问题的意见》（2009年3月3日）

十四、如何把握同工同酬的标准

同工同酬是劳动法确立的一项基本规则，用人单位必须严格遵守。但由于劳动者存在个体差异，因此，不能简单以不同劳动者是否在相同岗位工作作为"同工"的标准，而应综合考虑劳动者的个人工作经验、工作技能、工作积极性等特殊因素，允许用人单位依此对相对工作岗位的劳动者在劳动报酬方面有所差别。

二、《上海市人力资源和社会保障局、上海市高级人民法院〈关于劳务派遣适用法律若干问题的会议纪要〉》（2015年2月2日）

三、关于未经许可擅自经营派遣业务的处理问题

未经许可的单位擅自经营派遣业务的，派遣协议被判定无效之前三方已经履行的权利义务可依照原协议和实际履行的内容确定。

用人单位依照《劳动合同法》第四十条第三项规定解除劳动合同，劳动者要求支付经济补偿的，应予支持。

四、关于违反法律规定派遣的问题

《修改决定》《派遣规定》关于"三性"岗位、派遣用工比例的规定均是以派遣单位或用工单位为义务主体的管理性规定，仅违反上述管理性规定的，不影响派遣协议和劳动合同的效力。派遣单位、用工单位违反上述管理性规定的，由人力资源社会保障行政部门责令其限期整改。

当事人以确认某具体岗位是否属于"三性"岗位或者用工单位是否超出法定比例用工而发生的争议，不属于《调解仲裁法》规定的劳动争议案件受理范围，劳动争议处理机构不予受理。当事人要求确认劳动合同或派遣协议无效或者劳动者要求确认与用工单位存在劳动关系的，缺乏法律依据，不予支持。

五、关于同工同酬争议的问题

用工单位未按照《修改决定》的规定执行，仍对劳动合同制员工和派遣员工实行不同的劳动报酬分配办法，派遣员工要求用工单位按照《修改决定》的规定执行相同的劳动报酬分配办法的，由人力资源社会保障行政部门督促用工单位依法整改。但是，当事人之间发生《调解仲裁法》规定范围内的劳动报酬争议，劳动争议处理机构应当依法处理。

六、关于劳务派遣退回情形的问题

《派遣规定》第十二条对退回情形作了部分列举式规定，属于提示性条款，实践中，还存在法律规定的退回情形、派遣单位主动撤回劳动者、协商一致退回等情况。因此，依据以下情形之一的，也可退回劳动者：

（一）《劳动合同法》第六十五条第二款规定的情形；

（二）《劳动合同法》第四十四条第（一）、（二）项规定的情形；

（三）《劳动合同法实施条例》第二十一条规定的情形；

（四）派遣期限届满的；

（五）劳务派遣协议解除的；

（六）三方事前约定或者事后达成合意的；

（七）用工单位不履行义务，派遣单位主动撤回劳动者的；

（八）依据《派遣规定》第十六条规定，派遣单位在办理注销登记手续前，用工单位与派遣单位协商后退回的；

（九）违反法律规定派遣进行整改的；

（十）其他依据法律规定确需退回的。

七、关于退回后重新派遣争议的处理问题

劳动者退回派遣单位后，因重新派遣发生争议的，按以下办法处理：

劳动者被用工单位按照《派遣规定》第十二条规定情形退回的，派遣单位和用工单位应当按照《派遣规定》第十三条、第十五条、第十七条、第二十四条规定执行。

依据本纪要第六条情形，劳动者被退回，派遣单位依据劳动合同约定等对劳动者进行合理重新派遣而劳动者不同意的，派遣单位可按规章制度、劳动纪律或者劳动合同等相关规定处理，双方当事人由此发生争议的，劳动争议处理机构应当依法处理。

派遣单位依照《劳动合同法》第四十条第三项规定与不接受重新派遣的劳动者解除劳动合同，劳动者要求派遣单位支付经济补偿的，应予支持。

八、关于退回依据不足争议的处理问题

劳动者被退回依据不足，且派遣单位未在合理期限内（一般为一个月）进行合理重新派遣的，劳动者参照《劳动合同法》第三十八条规定解除劳动合同并要求支付经济补偿的，劳动争议处理机构应予支持。

九、关于劳务派遣三方当事人权利义务纠纷的处理问题

劳务派遣涉及派遣单位、用工单位、劳动者三方当事人，派遣单位和用工单位对劳动者分别承担义务。劳动者与派遣单位或者用工单位发生劳动争议的，劳动争议处理机构应当按照《调解仲裁法》的规定，将派遣单位和用工单位作为共同当事人，并根据《劳动合同法》等相关法律规定分别确定派遣单位和用工单位的法律责任。用工单位给劳动者造成损害的，派遣单位与用工单位承担连带赔偿责任。

十一、关于派遣用工与人力资源服务外包的区分问题

人力资源服务外包属于市场转型中出现的新情况，派遣用工转为人力资源服务外包过程中涉及法律关系变化、管理权调整等，比较复杂。案件处理中涉及派遣用工与人力资源服务外包的区分问题时，要结合规章制度的适用、用人单位所行使指挥管理权的强弱程度等因素综合作出判断。发包单位基于消防、安全生产、产品服务质量、工作场所秩序等方面管理需要而对承包单位的劳动者行使部分指挥管理权的，劳动争议处理机构要根据案件事实谨慎处理，不可简单判定法

律关系已发生改变。

在人力资源服务外包中，发包单位和承包单位可通过协议方式合理确定具体的管理界限。在外包协议未被判定为无效的情况下，发包单位对承包单位的劳动者部分越权指挥且未对法律关系改变起决定性作用的，应当进行整改；劳动者以此为由要求按劳务派遣处理或确认与发包单位存在劳动关系的，缺乏法律依据，不予支持。

江苏省

《江苏省高级人民法院、江苏省劳动争议仲裁委员会关于审理劳动争议案件的指导意见》（2009年12月14日）

第十条　被派遣劳动者请求与劳务派遣单位订立无固定期限劳动合同的，不予支持，但劳务派遣单位同意的除外。

安徽省

《安徽省高级人民法院关于审理劳动争议案件若干问题的指导意见》（2015年1月20日）

第十六条　被派遣劳动者在用工单位工作期间因工伤亡的，劳务派遣单位应承担工伤保险责任。但劳务派遣单位与用工单位之间就被派遣劳动者工伤保险责任承担有特别约定的，从其约定。

山东省

《山东省高级人民法院、山东省人力资源和社会保障厅关于审理劳动人事争议案件若干问题会议纪要》（2019年4月25日）

十三、关于劳务派遣单位损害劳动者权益情况下，用工单位责任承担问题

劳务派遣用工关系中，劳务派遣单位给劳动者造成损害的，用工单位除存在故意或者重大过失情形外，原则上不承担连带赔偿责任。

广东省

《广东省高级人民法院、广东省劳动人事争议仲裁委员会关于劳动人事争议仲裁与诉讼衔接若干意见》（2018年7月18日）

十七、符合《劳动合同法》第十四条第二款、第三款规定的情形的，劳务派遣单位应依法与被派遣的劳动者订立无固定期限劳动合同。

十八、用工单位违反《劳务派遣暂行规定》第三条、第四条规定的劳务派遣用工范围和用工比例的，由人力资源社会保障行政部门依法处理，不影响劳务派

遣合同的效力。

十九、根据《劳动合同法》第五十七条的规定，劳务派遣单位未取得经营劳务派遣业务行政许可的，劳务派遣协议无效。因劳务派遣协议无效给劳动者造成损害的，劳务派遣单位与用工单位承担连带责任，但用工单位能证明其已尽审查义务的除外。

贵州省

《贵州省高级人民法院、贵州省人力资源和社会保障厅关于劳动争议案件若干问题的会议纪要》（2012年7月9日）

18.根据《劳动合同法》第九十二条和《劳动合同法实施条例》第三十五条规定，劳务派遣关系中，用工单位违反其法定义务，造成劳动者损害的，由用工单位承担赔偿责任，劳务派遣单位承担连带赔偿责任；劳务派遣单位违反其法定义务，造成劳动者损害的，由劳务派遣单位承担赔偿责任，用工单位承担连带赔偿责任。

第七章 涉及非全日制用工的规范

【适用指引】

一、请求权基础及案由问题

在非全日制用工形式下,因劳动者和用人单位之间的劳动争议纠纷,会产生与传统用工模式下基本相同的众多请求权,相关请求权基础亦无不同。案由可适用《民事案件案由规定》"186.劳动合同纠纷"项下的"非全日制用工纠纷"。

二、非全日制用工的实质标准

在同一单位中,如果劳动者每日工作时间不超过4小时,但每周累计工作时间超过24小时的,将构成一般的劳动关系,而不是非全日制用工关系;如果劳动者每天工作时间超过了4小时,即使每周累计不超过24小时,也将构成一般的劳动关系,而不是非全日制用工关系。这里的工作时间应理解为劳动合同约定的工作时间。用人单位可以根据实际业务需要,偶尔要求劳动者进行加班,但超出约定工作时间以外的,用人单位应支付加班费。[1]

三、"随时"解除劳动合同和"不支付经济补偿"的理解

非全日制用工中随时解除劳动合同中的"随时"可以作以下理解:第一,非全日制用工中,劳动合同的解除不需要遵循程序性规定,如提前通知、经济性裁员中的说明情况、听取意见、报告等程序。第二,非全日制用工中劳动合同的解除,不需要满足《劳动合同法》中关于劳动合同解除的条件的规定。

关于不支付经济补偿,是指在非全日制用工中所有解除劳动合同的行为,不管是出于什么原因,不管用人单位或者劳动者是否有过错,用人单位都不支付经济补偿。[2]

---

[1] 《中华人民共和国劳动合同法》起草小组编写:《〈中华人民共和国劳动合同法〉理解与适用》法律出版社2013年版,第132页。

[2] 《中华人民共和国劳动合同法》起草小组编写:《〈中华人民共和国劳动合同法〉理解与适用》法律出版社2013年版,第137页。

【裁判依据】

法律

《中华人民共和国劳动合同法》（2012年12月28日修正）

第六十八条 非全日制用工，是指以小时计酬为主，劳动者在同一用人单位一般平均每日工作时间不超过四小时，每周工作时间累计不超过二十四小时的用工形式。

第六十九条 非全日制用工双方当事人可以订立口头协议。

从事非全日制用工的劳动者可以与一个或者一个以上用人单位订立劳动合同；但是，后订立的劳动合同不得影响先订立的劳动合同的履行。

第七十条 非全日制用工双方当事人不得约定试用期。

第七十一条 非全日制用工双方当事人任何一方都可以随时通知对方终止用工。终止用工，用人单位不向劳动者支付经济补偿。

第七十二条 非全日制用工小时计酬标准不得低于用人单位所在地人民政府规定的最低小时工资标准。

非全日制用工劳动报酬结算支付周期最长不得超过十五日。

行政法规

《中华人民共和国劳动合同法实施条例》（2009年9月18日）

第三十条 劳务派遣单位不得以非全日制用工形式招用被派遣劳动者。

部门规章

《劳动和社会保障部关于非全日制用工若干问题的意见》（2003年5月30日）

6. 从事非全日制工作的劳动者档案可由本人户口所在地劳动保障部门的公共职业介绍机构代管。

10. 从事非全日制工作的劳动者应当参加基本养老保险，原则上参照个体工商户的参保办法执行。对于已参加过基本养老保险和建立个人账户的人员，前后缴费年限合并计算，跨统筹地区转移的，应办理基本养老保险关系和个人账户的转移、接续手续。符合退休条件时，按国家规定计发基本养老金。

11. 从事非全日制工作的劳动者可以以个人身份参加基本医疗保险，并按照待遇水平与缴费水平相挂钩的原则，享受相应的基本医疗保险待遇。参加基本医疗保险的具体办法由各地劳动保障部门研究制定。

12. 用人单位应当按照国家有关规定为建立劳动关系的非全日制劳动者缴纳工伤保险费。从事非全日制工作的劳动者发生工伤，依法享受工伤保险待遇；被鉴定为伤残 5-10 级的，经劳动者与用人单位协商一致，可以一次性结算伤残待遇及有关费用。

【参考依据】

北京市

《北京市高级人民法院、北京市劳动人事争议仲裁委员会关于审理劳动争议案件法律适用问题的解答》（2017 年 4 月 24 日）

15. 劳动者与用人单位实际建立了全日制劳动关系，但双方订立的是非全日制劳动合同，用人单位是否需要向劳动者支付未订立劳动合同二倍工资差额？

劳动者已经与用人单位订立合同的情况下，劳动者主张未订立劳动合同二倍工资差额不予支持。在审理中注意全日制劳动关系与非全日制劳动关系的区分，充分保障劳动者实际权利。

江苏省

《江苏省高级人民法院、江苏省劳动人事争议仲裁委员会关于审理劳动人事争议案件的指导意见（二）》（2011 年 11 月 8 日）

第九条 用人单位与劳动者未订立书面劳动合同，用人单位主张双方为非全日制用工关系的，应由用人单位对其主张负举证责任。用人单位与劳动者已订立了书面非全日制劳动合同，劳动者主张双方为全日制用工关系的，应由劳动者对其主张负举证责任，但与争议事项有关的证据属于用人单位掌握管理，用人单位不提供的除外。

湖北省

《湖北省高级人民法院民事审判工作座谈会会议纪要劳动争议部分》（2013 年 9 月）

3. 考虑到非全日制用工和不定时工作制的特殊性，原则上非全日制用工和不定时工作制不宜认定存在加班费，但双方当事人在劳动合同中对支付加班费有约定的，依照当事人的约定处理。

第八章 涉及劳动合同履行、中止、变更、承继（调整工作地点、工作岗位、薪资标准等）的规范

【适用指引】

一、劳动合同履行、中止、变更、承继的概念

劳动合同履行，是指劳动合同双方当事人完成劳动合同所约定的义务，实现劳动过程和各自合法权益的行为。

劳动合同中止，即劳动合同履行的暂停，是指在劳动合同履行过程中，因出现了法定或约定事由，而暂停履行劳动合同约定的主要义务，待该事由消除后恢复履行。

劳动合同变更，是指当事人双方或单方依法修改或补充劳动合同内容的法律行为。

劳动合同承继，是指因用人单位发生更替，劳动者与原用人单位的劳动合同由与原用人单位有承继关系的新用人单位继续履行。它是劳动合同履行的一种特殊形式。[①]

因劳动合同未能全面履行或产生中止、变更、承继情形可能引发很多纠纷，产生劳动报酬、解除补偿金、违法解除赔偿金等诸多请求权，分别对应相应的请求权基础。

二、《劳动争议司法解释（一）》第四十三条的理解

应当从四个方面理解《劳动争议司法解释（一）》第四十三条的内容：一是用人单位与劳动者协商一致变更劳动合同；二是协商一致可以是明示，也可以是默示；三是默示判断标准是变更后的劳动合同已经实际履行超过一个月；四是变更后的劳动合同内容合法，不违反法律、行政法规以及公序良俗。"[②]

---

① 参见王全兴：《劳动法》，法律出版社2017年版，第199~208页。
② 郑学林、刘敏、于蒙、危浪平：《〈关于审理劳动争议案件适用法律若干问题的解释（一）〉几个重点问题的理解与适用》，载《人民司法》2021年第7期。

第八章　涉及劳动合同履行、中止、变更、承继（调整工作地点、工作岗位、薪资标准等）的规范

【裁判依据】

法律

《中华人民共和国劳动合同法》（2012年12月28日修正）

第三条　订立劳动合同，应当遵循合法、公平、平等自愿、协商一致、诚实信用的原则。

依法订立的劳动合同具有约束力，用人单位与劳动者应当履行劳动合同约定的义务。

第二十九条　用人单位与劳动者应当按照劳动合同的约定，全面履行各自的义务。

第三十二条　劳动者拒绝用人单位管理人员违章指挥、强令冒险作业的，不视为违反劳动合同。

劳动者对危害生命安全和身体健康的劳动条件，有权对用人单位提出批评、检举和控告。

第三十三条　用人单位变更名称、法定代表人、主要负责人或者投资人等事项，不影响劳动合同的履行。

第三十四条　用人单位发生合并或者分立等情况，原劳动合同继续有效，劳动合同由承继其权利和义务的用人单位继续履行。

第三十五条　用人单位与劳动者协商一致，可以变更劳动合同约定的内容。变更劳动合同，应当采用书面形式。

变更后的劳动合同文本由用人单位和劳动者各执一份。

行政法规

《中华人民共和国劳动合同法实施条例》（2009年9月18日）

第十四条　劳动合同履行地与用人单位注册地不一致的，有关劳动者的最低工资标准、劳动保护、劳动条件、职业危害防护和本地区上年度职工月平均工资标准等事项，按照劳动合同履行地的有关规定执行；用人单位注册地的有关标准高于劳动合同履行地的有关标准，且用人单位与劳动者约定按照用人单位注册地的有关规定执行的，从其约定。

司法解释

《最高人民法院关于审理劳动争议案件适用法律若干问题的解释（一）》（2020年12月25日，法释〔2020〕26号）

第四十三条 用人单位与劳动者协商一致变更劳动合同，虽未采用书面形式，但已经实际履行了口头变更的劳动合同超过一个月，变更后的劳动合同内容不违反法律、行政法规且不违背公序良俗，当事人以未采用书面形式为由主张劳动合同变更无效的，人民法院不予支持。

部门规章

《劳动部关于贯彻执行〈中华人民共和国劳动法〉若干问题的意见》（1995年8月4日）

28. 劳动者涉嫌违法犯罪被有关机关收容审查、拘留或逮捕的，用人单位在劳动者被限制人身自由期间，可与其暂时停止劳动合同的履行。

暂时停止履行劳动合同期间，用人单位不承担劳动合同规定的相应义务。劳动者经证明被错误限制人身自由的，暂时停止履行劳动合同期间劳动者的损失，可由其依据《国家赔偿法》要求有关部门赔偿。

【参考依据】

北京市

《北京市高级人民法院、北京市劳动人事争议仲裁委员会关于审理劳动争议案件法律适用问题的解答》（2017年4月24日）

5. 用人单位调整劳动者工作岗位的，如何处理？

用人单位与劳动者约定可根据生产经营情况调整劳动者工作岗位的，经审查用人单位证明生产经营情况已经发生变化，调岗属于合理范畴，应支持用人单位调整劳动者工作岗位。

用人单位与劳动者在劳动合同中未约定工作岗位或约定不明的，用人单位有正当理由，根据生产经营需要，合理地调整劳动者工作岗位属于用人单位自主用工行为。判断合理性应参考以下因素：用人单位经营必要性、目的正当性，调整后的岗位为劳动者所能胜任、工资待遇等劳动条件无不利变更。

用人单位与劳动者签订的劳动合同中明确约定工作岗位但未约定如何调岗

的，在不符合《劳动合同法》第四十条所列情形时，用人单位自行调整劳动者工作岗位的属于违约行为，给劳动者造成损失的，用人单位应予以赔偿，参照原岗位工资标准补发差额。对于劳动者主张恢复原工作岗位的，根据实际情况进行处理。经审查难以恢复原工作岗位的，可释明劳动者另行主张权利，释明后劳动者仍坚持要求恢复原工作岗位，可驳回请求。

用人单位在调整岗位的同时调整工资，劳动者接受调整岗位但不接受同时调整工资的，由用人单位说明调整理由。应根据用人单位实际情况、劳动者调整后的工作岗位性质、双方合同约定等内容综合判断是否侵犯劳动者合法权益。

6.用人单位与劳动者在劳动合同中宽泛地约定工作地点是"全国""北京"等，用人单位在履行劳动合同过程中调整劳动者的工作地点，劳动者不同意，用人单位依据规章制度作出解除劳动合同决定是否支持？

用人单位与劳动者在劳动合同中宽泛地约定工作地点是"全国""北京"等，如无对用人单位经营模式、劳动者工作岗位特性等特别提示，属于对工作地点约定不明。劳动者在签订劳动合同后，已经在实际履行地点工作的，视为双方确定具体的工作地点。用人单位不得仅以工作地点约定为"全国""北京"为由，无正当理由变更劳动者的工作地点。

用人单位与劳动者在劳动合同中明确约定用人单位可以单方变更工作地点的，仍应对工作地点的变更进行合理性审查。具体审查时，除考虑对劳动者的生活影响外，还应考虑用人单位是否采取了合理的弥补措施（如提供交通补助、班车）等。

7.劳动者按变更后的工作地点实际履行合同，又以未采用书面形式为由主张劳动合同变更无效的是否支持？

劳动者已经按变更后的工作地点实际履行合同，又以未采用书面形式为由主张劳动合同变更无效的，适用《最高人民法院关于审理劳动争议案件适用法律若干问题的解释（四）》第十一条的规定处理。

天津市

《天津法院劳动争议案件审理指南》（2017年11月30日）

19.【用人单位单方调整工作岗位的合法性审查】用人单位对劳动者的工作岗位进行调整，应当同时具备以下条件：

（1）符合劳动合同的约定或者用人单位规章制度的规定；

（2）符合用人单位生产经营的客观需要；

（3）调整后的工作岗位的劳动待遇水平与原岗位基本相当，但根据《中华人民共和国劳动合同法》第四十条第一项、第二项，因劳动者患病或者非因公负伤，在规定的医疗期满后不能从事原工作而被调整岗位，或者因劳动者不能胜任工作而调整岗位的除外；

（4）调整工作岗位不具有歧视性、侮辱性；

（5）不违反法律法规的规定。

用人单位因生产经营状况发生较大变化，经济效益出现下滑等客观情况，对内部经营进行调整，属于用人单位经营自主权的范畴，由此导致劳动者岗位变化、待遇水平降低，劳动者主张用人单位违法调整工作岗位、降低待遇水平的，不予支持。

用人单位主张调整劳动者工作岗位合法，应承担举证证明责任。

20.【用人单位调整工作地点】用人单位有权根据经营需要调整劳动者的工作地点，但有以下情形之一的，劳动者主张用人单位未经协商一致单方调整工作地点违法的，应予支持：

（1）工作地点的调整具有歧视性、侮辱性；

（2）明显增加劳动者工作成本，但用人单位提供了相应补偿或者替代条件可以基本弥补劳动者增加的工作成本的除外；

（3）即使用人单位提供了相应补偿或者替代条件，但劳动者订立劳动合同的目的仍然落空的；

（4）违反劳动合同对工作地点约定的。

劳动者对用人单位调整工作地点存在上述情形承担举证证明责任。

上海市

一、《上海市高级人民法院关于适用〈劳动合同法〉若干问题的意见》（2009年3月3日）

三、劳动合同变更的形式要求

《劳动合同法》第三十五条规定，劳动合同变更的应当采取书面形式。这里的书面形式要求，包括发给劳动者的工资单、岗位变化通知等等。因为随着劳动合同的持续履行，劳动合同双方的权利义务本身就必然会不断变化。如随着劳动者工作时间的增加，其休假、奖金标准发生的自然变化等等，都属于劳动合同的变更。因此，对于依法变更劳动合同的，只要能够通过文字记载或者其他形式证明的，可以视为"书面变更"。

二、《上海市高级人民法院、上海市人力资源和社会保障局关于疫情影响下劳动争议案件处理相关指导的意见》(2020 年 4 月 13 日)

六、关于受疫情影响用人单位调岗降薪、延迟支付工资是否属于劳动合同变更的问题

在疫情防控的特殊时期，保障用人单位有序复工复产复市，尽可能减轻用人单位生产经营压力、稳定劳动者工作岗位和保障就业，是当前的首要任务。对于用人单位按照法定程序通过与职代会、工会、职工代表进行民主协商的方式对调岗降薪、延迟支付工资、轮岗轮休、停工停产等事项达成一致意见，且该意见公平合理、仅适用于疫情期间的，可以作为裁审依据。

七、关于劳动合同在隔离期间到期是否可以终止的问题

如劳动者系新冠肺炎患者、疑似病人、密切接触者，根据相关规定被采取隔离观察、医学观察或其他紧急措施，在此期间劳动合同到期的，劳动合同期限可以顺延至隔离期、医学观察期或其他紧急措施期满时终止。

浙江省

《浙江省高级人民法院民一庭关于审理劳动争议案件若干问题的意见》(2009 年 4 月 16 日)

第四十二条 用人单位调整劳动者工作岗位，一般应经劳动者同意。如没有变更劳动合同主要内容，或虽有变更但确属用人单位生产经营所必需，且对劳动者的报酬及其他劳动条件未作不利变更的，劳动者有服从安排的义务。

江西省

《江西省劳动人事争议裁审衔接工作座谈会纪要》(2013 年 12 月 18 日)

第七条 【调整岗位】用人单位单方面调整劳动者工作岗位，同时符合以下情形的，视为用人单位合法行使用工自主权，劳动者以《劳动合同法》第三十八条第一款第一项规定为由要求解除劳动合同并请求用人单位支付经济补偿的，不予支持：

（一）调整劳动者工作岗位是用人单位经营的需要；

（二）调整工作岗位后劳动者的工资水平与原岗位基本相同；

（三）不具有侮辱性和惩罚性；

（四）无其他违反法律法规的情形。

用人单位调整劳动者的工作岗位虽不具上款规定的情形，但劳动者超过三个月未明确提出异议，后又以《劳动合同法》第三十八条第一款第一项规定为由要

求解除劳动合同并请求用人单位支付经济补偿的，不予支持。

山东省

《山东省高级人民法院、山东省人力资源和社会保障厅关于审理劳动人事争议案件若干问题会议纪要》（2019年4月25日）

十一、关于劳动合同宽泛约定工作地点的相关问题

用人单位与劳动者在劳动合同中宽泛约定工作地点为"全国""山东"等，如无对用人单位经营模式、劳动者工作岗位特性等特别提示，属于对工作地点约定不明。劳动者在签订劳动合同后，已经在实际履行地点工作的，视为双方确定具体的工作地点。用人单位不得仅以工作地点约定为"全国""山东"为由，随意单方变更劳动者的工作地点。

用人单位与劳动者在劳动合同中明确约定用人单位可以单方变更工作地点的，仍应对工作地点的变更进行合理性审查。具体审查时，除考虑对劳动者的生活影响外，还应考虑用人单位是否采取了合理的弥补措施（如提供交通补助、班车等）。

重庆市

《重庆市六部门关于劳动争议案件法律适用问题专题座谈会纪要（二）》（2017年8月14日）

三、工作岗位、工作地点的调整问题

工作岗位对应的工作内容、工作地点均属于劳动合同的必备条款。用人单位在招用劳动者时，应当如实告知劳动者工作内容和工作地点。在劳动合同履行过程中，因用人单位调整劳动者工作岗位、工作地点而引发纠纷的，应当从是否确为生产经营之必需、是否显著降低劳动者的劳动报酬和劳动条件、是否对劳动者的工作、生活有重大影响、是否对劳动者具有侮辱性、歧视性等方面，综合认定用人单位的行为是否具备正当性。

四川省

《四川省高级人民法院民一庭关于审理劳动争议案件若干疑难问题的解答》（2016年1月15日）

22.劳动合同中对劳动者工作岗位、地点有约定的，按照约定履行；没有约定的，用人单位具有合理事由可以调整劳动者工作岗位、地点。

用人单位对劳动者工作岗位、地点的调整不具有合理事由，因劳动者拒不履

行而解除劳动合同，劳动者主张违法解除劳动合同赔偿金的，应予支持。

【典型案例】

吴继威与南京搏峰电动工具有限公司劳动合同纠纷案[①]

裁判摘要：因用人单位整体搬迁导致劳动者工作地点变更、通勤时间延长的，是否属于《中华人民共和国劳动合同法》第四十条第三项规定的"劳动合同订立时所依据的客观情况发生重大变化，致使劳动合同无法履行"的情形，需要考量搬迁距离远近、通勤便利程度，结合用人单位是否提供交通工具、是否调整出勤时间、是否增加交通补贴等因素，综合评判工作地点的变更是否给劳动者的工作和生活带来严重不便并足以影响劳动合同的履行。如果用人单位已经采取适当措施降低了搬迁对劳动者的不利影响，搬迁行为不足以导致劳动合同无法履行的，劳动者不得以此为由拒绝提供劳动。

用人单位如何行使用工自主权合法调整劳动者的工作岗位和地点[②]

案例分析

本案的争议焦点是模具公司对孙某调整工作岗位和工作地点是否属于合法行使用工自主权。

《中华人民共和国就业促进法》第8条规定："用人单位依法享有自主用人的权利。"用人单位作为市场主体，根据自身生产经营需要而对劳动者的工作岗位、工作地点进行适当调整，是行使用工自主权的重要内容，对其正常生产经营不可或缺。但同时，用人单位用工自主权的行使也必须在相关法律和政策的框架内，符合一定条件和范围，如用人单位须对岗位或工作地点的调整作出合理说明，防止用人单位借此打击报复或变相逼迫劳动者主动离职，也即防止其权利的滥用。仲裁和司法实务中，岗位或工作地点调整的合理性一般考虑以下因素：（1）是否基于用人单位生产经营需要；（2）是否属于对劳动合同约定的较大变更；（3）是否对劳动者有歧视性、侮辱性；（4）是否对劳动报酬及其他劳动条件产生较大影响；（5）劳动者是否能够胜任调整的岗位；（6）工作地点作出不便调整后，用人

[①] 载《最高人民法院公报》，2020年第9期。
[②] 载《人力资源社会保障部、最高人民法院关于联合发布第一批劳动人事争议典型案例的通知》（2020年7月10日）。

单位是否提供必要协助或补偿措施等。

本案中，双方在劳动合同中约定孙某的工作岗位为"后勤辅助岗"，该岗位不属固定或专业岗位；模具公司根据生产经营需要，适当调整孙某的工作岗位、工作内容及工作地点是基于财务统一管理的需要，对孙某并无针对性；同时，该工作地点和工作内容的调整模具公司亦与孙某进行了沟通协商，给出了包括在原工作地点适当调整岗位等多种选择方案，体现了对孙某劳动权益的尊重；且调整后的人事岗位与孙某的原先岗位性质相近，孙某也完全能够胜任；最后，孙某调整后的工作地点也处于交通便利的城区，上下班时间虽有所增加，但该地点变更不足以认定对其产生较大不利影响，对其劳动权益也构不成侵害，故依法驳回孙某的仲裁请求。

典型意义

在市场经济条件下，用人单位因生产经营需要而调整变化属正常现象。法律允许用人单位根据自身生产经营需要，合理调整劳动者的工作岗位及工作地点，不仅有利于维护用人单位发展，也有利于劳动关系稳定。需要注意的是，如果支持用人单位对岗位或工作地点进行不合理调整必然侵害劳动者合法权益，劳动者可依法请求继续履行劳动合同或补偿工资差额等。《中华人民共和国劳动合同法》第35条规定："用人单位与劳动者协商一致，可以变更劳动合同约定的内容。变更劳动合同，应当采用书面形式。"对于用人单位来说，在生产经营或管理调整时，首先应当选择与劳动者充分协商，尽量通过变更或补充签订劳动合同方式完成调整；若未能协商一致，在基于用工自主权调整劳动者工作岗位或地点时，也要充分考虑劳动者的权益保障问题。作为劳动者，也应理解用人单位发展，在发生调整时，充分了解对自己权益的影响，积极与用人单位开展协商，共同寻求调整变化中的和谐。

第九章 涉及劳动合同解除或终止相关请求的规范

【本章导读】

在劳动争议案件中，劳动合同的解除或终止可以说是一个核心问题，绝大部分案件都是因劳动合同解除或终止而引发。解除或终止补偿金、违法解除或违法终止赔偿金是劳动争议案件最为常见的诉讼请求。由此引发的法律问题也是各地会议纪要重点着墨的内容。

因为内容重要且庞杂，本章细分为十三个专题，将涉及劳动合同解除或终止相关规范的最主要内容分门别类加以汇总，尽可能避免交叉、混杂，以便查找。

第一节　关于劳动合同解除或终止等手续的通知和送达

【适用指引】

现行劳动法律法规对解除或终止劳动合同等手续的通知和送达问题规定得非常简略，且未使用意思表示的概念，实务中引发很多问题，进一步增加了劳动争议案件办理的复杂性。解除或终止劳动合同作为一种意思表示，既有用人单位提出的情形，也有劳动者提出的情形，其作出和生效均应符合《民法典》总则编关于意思表示的相关规定。由于相关规定较为简单，且很多情形下未将书面形式作为必备条件，导致很多案件中对解除或终止劳动合同的意思表示是否作出、是否生效以及真实的解除（终止）原因的认定十分困难。对于劳动者未直接向用人单位提出解除而是径行申请劳动仲裁要求解除补偿金的情形，很多地方在审判实务中视为劳动者向用人单位提出了解除，无形中更是增加了混乱。江苏高院关于"劳动者以《劳动合同法》第38条第1款规定为由解除劳动合同，应当通知用人单位解除劳动合同并说明理由，劳动者未履行告知程序，事后又以《劳动合同法》第46条第1项规定为由请求用人单位支付经济补偿的，不予支持"的规定值得借鉴。

【裁判依据】

法律

《中华人民共和国劳动合同法》（2012年12月28日修正）

第三十七条　劳动者提前三十日以书面形式通知用人单位，可以解除劳动合同。劳动者在试用期内提前三日通知用人单位，可以解除劳动合同。

第三十八条　用人单位有下列情形之一的，劳动者可以解除劳动合同：

（一）未按照劳动合同约定提供劳动保护或者劳动条件的；

用人单位以暴力、威胁或者非法限制人身自由的手段强迫劳动者劳动的，或者用人单位违章指挥、强令冒险作业危及劳动者人身安全的，劳动者可以立即解除劳动合同，不需事先告知用人单位。……

第四十条　有下列情形之一的，用人单位提前三十日以书面形式通知劳动者本人或者额外支付劳动者一个月工资后，可以解除劳动合同：

（一）劳动者患病或者非因工负伤，在规定的医疗期满后不能从事原工作，也不能从事由用人单位另行安排的工作的；

（二）劳动者不能胜任工作，经过培训或者调整工作岗位，仍不能胜任工作的；

（三）劳动合同订立时所依据的客观情况发生重大变化，致使劳动合同无法履行，经用人单位与劳动者协商，未能就变更劳动合同内容达成协议的。

第七十一条　非全日制用工双方当事人任何一方都可以随时通知对方终止用工。终止用工，用人单位不向劳动者支付经济补偿。

行政法规

《中华人民共和国劳动合同法实施条例》（2009年9月18日）

第五条　自用工之日起一个月内，经用人单位书面通知后，劳动者不与用人单位订立书面劳动合同的，用人单位应当书面通知劳动者终止劳动关系，无需向劳动者支付经济补偿，但是应当依法向劳动者支付其实际工作时间的劳动报酬。

第六条　用人单位自用工之日起超过一个月不满一年未与劳动者订立书面劳动合同的，应当依照劳动合同法第八十二条的规定向劳动者每月支付两倍的工资，并与劳动者补订书面劳动合同；劳动者不与用人单位订立书面劳动合同的，用人单位应当书面通知劳动者终止劳动关系，并依照劳动合同法第四十七条的规定支付经济补偿……

【参考依据】

北京市

《北京市高级人民法院、北京市劳动人事争议仲裁委员会关于审理新型冠状病毒感染肺炎疫情防控期间劳动争议案件法律适用问题的解答》（2020年4月29日）

17.劳动者提出离职申请，用人单位因疫情防控延迟复工未按期办理离职手续，劳动者要求撤回离职申请继续履行劳动合同的，如何处理？

答：离职申请自送达用人单位之日起即发生法律效力，因疫情防控无法按期办理离职手续不影响离职申请的效力，故对该项请求不予支持。劳动者提出离职至办理离职手续期间的劳动报酬，可根据劳动者实际提供劳动的情况分别确定。

天津市

《天津法院劳动争议案件审理指南》(2017年11月30日)

22.【用人单位解除劳动合同的通知形式】用人单位单方解除劳动合同的，可以采取口头形式或者书面形式通知。采取口头形式的，用人单位应当承担举证证明责任；采取书面形式的，应当将解除劳动合同通知当面送达劳动者或者送达至劳动者预留的有效通讯地址。用人单位未完成上述送达手续直接采用登报公告等形式通知，劳动者主张不发生解除劳动关系效力的，应予支持。

29.【终止劳动合同的通知问题】劳动合同到期终止，劳动者以用人单位未履行通知义务为由主张违法终止合同的，不予支持。

用人单位根据《最高人民法院关于审理劳动争议案件适用法律若干问题的解释》第十六条第一款的规定终止劳动关系的，应当通知劳动者。未通知的，不发生终止劳动关系的法律后果。通知的形式及效力比照本指南第22条的规定处理。

江苏省

《江苏省高级人民法院、江苏省劳动争议仲裁委员会关于审理劳动争议案件的指导意见》(苏高法审委〔2009〕47号)

第十五条 ……劳动者以《劳动合同法》第三十八条第一款规定为由解除劳动合同，应当通知用人单位解除劳动合同并说明理由，劳动者未履行告知程序，事后又以《劳动合同法》第四十六条第一项规定为由请求用人单位支付经济补偿的，不予支持。

浙江省

《浙江省高级人民法院民一庭关于审理劳动争议案件若干问题的意见》(2009年4月16日)

第四十五条 ……用人单位以劳动者擅自离岗为由，作出解除劳动合同决定，但确因客观原因无法将该决定送达给劳动者，后劳动者以用人单位未履行送达等相关手续为由主张解除无效的，不予支持。

山东省

《山东省高级人民法院、山东省人力资源和社会保障厅关于审理劳动人事争议案件若干问题会议纪要》(2019年4月25日)

二十二、关于用人单位解除劳动合同通知书的送达方式问题

用人单位根据劳动合同法有关规定解除与劳动者的劳动合同时，应当参照仲裁机构和法院的送达规定依法送达解除劳动合同通知书。对于受送达人下落不明，或者采用直接送达、留置送达、邮寄送达、电子送达等送达方式仍然无法送达的，可以适用公告送达。

重庆市

《重庆市高级人民法院民一庭关于九龙坡区法院劳动争议案件法律适用问题研讨会议综述》(2014年7月30日)

六、劳动者未办理离职手续擅自离开用人单位的，劳动合同解除的时间应当如何确定？

一致意见认为，劳动者未办理离职手续擅自离开用人单位的，用人单位可以按照依法制定的规章制度中关于旷工的规定进行处理。符合法定解除条件的，用人单位可以依法解除劳动合同。但是，劳动合同的解除需要有明确的意思表示。

如果劳动者和用人单位以不同理由解除劳动合同的，应当根据各自作出意思表示的先后顺序依次审查解除劳动合同的原因及效力，进而确定劳动关系解除的时间。对于用人单位已经行使解除权及劳动合同解除时间的举证责任由用人单位承担。

四川省

《四川省高级人民法院民一庭关于审理劳动争议案件若干疑难问题的解答》(2016年1月15日)

25.劳动者依据《劳动合同法》第37条书面通知用人单位解除劳动合同的，用人单位已与劳动者办理工作交接手续，并免除了劳动者提前30日通知义务，劳动者要求撤销解除劳动合同的通知的，除用人单位同意的外，一般不予支持。

贵州省

《贵州省高级人民法院、贵州省人力资源和社会保障厅关于劳动争议案件若干问题的会议纪要》(2012年7月9日)

43.……用人单位以劳动者擅自离岗为由,作出解除劳动合同决定,但确因劳动者的原因无法将该决定直接送达给劳动者本人或其同住成年家属,用人单位已在报纸、电台、电视台等公开媒体上公告送达的,可以视为解除劳动合同决定已送达劳动者本人。

第二节　关于解除劳动关系经济补偿金的请求（劳动者提解除的情形）

【适用指引】

一、请求权基础及相关案由

劳动者提解除情形下解除劳动关系经济补偿金的请求权基础为《劳动合同法》第46条第1项、第7项。案由应适用《民事案件案由规定》"186.劳动合同纠纷"项下的"经济补偿金纠纷"。

二、关于《劳动合同法》第38条的理解

（一）如何理解未及时足额支付劳动报酬

参见《天津法院劳动争议案件审理指南》第26条、《上海市高级人民法院关于适用〈劳动合同法〉若干问题的意见》第9条、《重庆市六部门关于劳动争议案件法律适用问题专题座谈会纪要（一）》第1条、《江苏省高级人民法院、江苏省劳动人事争议仲裁委员会关于审理劳动人事争议案件的指导意见（二）》第13条、《江苏省劳动人事争议疑难问题研讨会纪要》第5项、浙江省劳动人事争议仲裁院关于审理劳动争议案件若干问题的解答（三）》第6条、《广东省高级人民法院、广东省劳动争议仲裁委员会关于适用〈劳动争议调解仲裁法〉〈劳动合同法〉若干问题的指导意见》第25条、《云南省高级人民法院、云南省人力资源和社会保障厅关于审理劳动人事争议案件若干问题的座谈会纪要》第4项。

（二）如何理解未依法为劳动者缴纳社会保险费

参见《北京市高级人民法院、北京市劳动争议仲裁委员会关于劳动争议案件法律适用问题研讨会会议纪要》第31条、《北京市高级人民法院、北京市劳动争议仲裁委员会关于劳动争议案件法律适用问题研讨会会议纪要（二）》第13条、《北京市高级人民法院、北京市劳动人事争议仲裁委员会关于审理劳动争议案件法律适用问题的解答》第24条、第25条、《天津法院劳动争议案件审理指南》第27条、《上海市高级人民法院关于适用〈劳动合同法〉若干问题的意见》第9条、《重庆市六部门关于劳动争议案件法律适用问题专题座谈会纪要（二）》第6条、《山东省高级人民法院、山东省人力资源和社会保障厅关于审理劳动人

事争议案件若干问题会议纪要》第14条及第15条、《安徽省高级人民法院关于审理劳动争议案件若干问题的指导意见》第26条、《江苏省高级人民法院、江苏省劳动争议仲裁委员会关于审理劳动争议案件的指导意见》第16条、《江苏省劳动人事争议疑难问题研讨会纪要》第6项、《浙江省高级人民法院民一庭关于审理劳动争议纠纷案件若干疑难问题的解答（一）》第13条、《浙江省高级人民法院民事审判第一庭、浙江省劳动人事争议仲裁院关于审理劳动争议案件若干问题的解答（三）》第6条、《广东省高级人民法院、广东省劳动争议仲裁委员会关于适用〈劳动争议调解仲裁法〉〈劳动合同法〉若干问题的指导意见》第24条、《广东省高级人民法院、广东省劳动人事争议仲裁委员会关于审理劳动人事争议案件若干问题的座谈会纪要》第25条、《湖南省高级人民法院关于审理劳动争议案件若干问题的指导意见》第21条、《江西省劳动人事争议裁审衔接工作座谈会纪要》第14条、《四川省高级人民法院民一庭关于审理劳动争议案件若干疑难问题的解答》第19条、《贵州省高级人民法院、贵州省人力资源和社会保障厅关于劳动争议案件若干问题的会议纪要》第38条、《云南省高级人民法院、云南省人力资源和社会保障厅关于审理劳动人事争议案件若干问题的座谈会纪要》第2条第4项。

（三）劳动者以用人单位拖欠未休年休假工资提出解除的情形

参见《北京市高级人民法院、北京市劳动人事争议仲裁委员会关于审理劳动争议案件法律适用问题的解答》第20条（不支持）、《重庆市高级人民法院民一庭关于九龙坡区法院劳动争议案件法律适用问题研讨会议综述》第7条（支持）、《广东省高级人民法院、广东省劳动人事争议仲裁委员会关于审理劳动人事争议案件若干问题的座谈会纪要》第27条（不支持）、《云南省高级人民法院、云南省人力资源和社会保障厅关于审理劳动人事争议案件若干问题的座谈会纪要》第2条第6项（支持）。

（四）劳动者以用人单位拖欠高温津贴提出解除的情形

参见《广东省高级人民法院、广东省劳动人事争议仲裁委员会关于审理劳动人事争议案件若干问题的座谈会纪要》第27条（不支持）、《云南省高级人民法院、云南省人力资源和社会保障厅关于审理劳动人事争议案件若干问题的座谈会纪要》第2条第6项。

（五）劳动者以用人单位未签订书面劳动合同提出解除的情形

参见《浙江省高级人民法院民事审判第一庭、浙江省劳动人事争议仲裁院关于审理劳动争议案件若干问题的解答（二）》第10条（不支持）。

（六）劳动者以用人单位调整工作岗位提出解除的情形

参见《广东省高级人民法院、广东省劳动人事争议仲裁委员会关于审理劳动人事争议案件若干问题的座谈会纪要》第22条、《江西省劳动人事争议裁审衔接工作座谈会纪要》第7条。

（六）因企业搬迁引起的劳动者提出解除的情形

参见《广东省高级人民法院关于审理劳动争议案件疑难问题的解答》第9条。

（七）新冠疫情防控期间的特殊情形

参见《北京市高级人民法院、北京市劳动人事争议仲裁委员会关于审理新型冠状病毒感染肺炎疫情防控期间劳动争议案件法律适用问题的解答》第18~19条、《上海市高级人民法院、上海市人力资源和社会保障局关于疫情影响下劳动争议案件处理相关指导的意见》第5条、《重庆市高级人民法院民一庭关于审理涉新型冠状病毒肺炎疫情民事案件若干问题的解答》第18条、《河北省人力资源和社会保障厅、河北省高级人民法院关于涉新冠肺炎疫情劳动争议纠纷相关问题的解答》第11条和第14条、《河南省高级人民法院、河南省人力资源和社会保障厅关于做好涉新型冠状病毒肺炎疫情防控劳动争议处理工作的通知》第10~11条、《山东省高级人民法院民一庭关于涉疫情劳动争议案件法官会议纪要》第4条、《浙江省高级人民法院关于规范涉新冠肺炎疫情相关民事法律纠纷的实施意见（试行）》第7~8条、《广东省高级人民法院、广东省人力资源和社会保障厅关于审理涉新冠肺炎疫情劳动人事争议案件若干问题的解答》第7条、第12条和第14条、《四川省高级人民法院民事审判第一庭涉疫情相关民事案件审理的法官会议纪要》第12条。

三、对于劳动者提出解除劳动合同的真实理由，应以劳动者当时实际解除劳动合同时提出的理由作为认定案件事实的依据

参见《北京市高级人民法院、北京市劳动争议仲裁委员会关于劳动争议案件法律适用问题研讨会会议纪要（二）》第39条、《浙江省高级人民法院民一庭关于审理劳动争议案件若干问题的意见》第44条、《浙江省高级人民法院民事审判第一庭、浙江省劳动人事争议仲裁院关于审理劳动争议案件若干问题的解答（三）》第7条、《四川省高级人民法院民一庭关于审理劳动争议案件若干疑难问题的解答》第26条。

另：《云南省高级人民法院、云南省人力资源和社会保障厅关于审理劳动人事争议案件若干问题的座谈会纪要》第2节第5项规定"但劳动者证明在解除劳动合同时存在欺诈、胁迫、重大误解等违背其真实意思表示情形的除外"；《江西省劳动人事争议裁审衔接工作座谈会纪要》第 8 条规定"应予支持"。

【裁判依据】

法律

《中华人民共和国劳动合同法》（2012 年 12 月 28 日修正）

第三十八条 用人单位有下列情形之一的，劳动者可以解除劳动合同：

（一）未按照劳动合同约定提供劳动保护或者劳动条件的；

（二）未及时足额支付劳动报酬的；

（三）未依法为劳动者缴纳社会保险费的；

（四）用人单位的规章制度违反法律、法规的规定，损害劳动者权益的；

（五）因本法第二十六条第一款规定的情形致使劳动合同无效的；

（六）法律、行政法规规定劳动者可以解除劳动合同的其他情形。

用人单位以暴力、威胁或者非法限制人身自由的手段强迫劳动者劳动的，或者用人单位违章指挥、强令冒险作业危及劳动者人身安全的，劳动者可以立即解除劳动合同，不需事先告知用人单位。

第四十六条 有下列情形之一的，用人单位应当向劳动者支付经济补偿：

（一）劳动者依照本法第三十八条规定解除劳动合同的；

……

（七）法律、行政法规规定的其他情形。

行政法规

《中华人民共和国劳动合同法实施条例》（2009 年 9 月 18 日）

第十二条 地方各级人民政府及县级以上地方人民政府有关部门为安置就业困难人员提供的给予岗位补贴和社会保险补贴的公益性岗位，其劳动合同不适用劳动合同法有关无固定期限劳动合同的规定以及支付经济补偿的规定。

司法解释

《最高人民法院关于审理劳动争议案件适用法律若干问题的解释（一）》（2020 年 12 月 25 日，法释〔2020〕26 号）

第四十五条 用人单位有下列情形之一，迫使劳动者提出解除劳动合同的，用人单位应当支付劳动者的劳动报酬和经济补偿，并可支付赔偿金：

（一）以暴力、威胁或者非法限制人身自由的手段强迫劳动的；

（二）未按照劳动合同约定支付劳动报酬或者提供劳动条件的；

（三）克扣或者无故拖欠劳动者工资的；

（四）拒不支付劳动者延长工作时间工资报酬的；

（五）低于当地最低工资标准支付劳动者工资的。

【参考依据】

北京市

一、《北京市高级人民法院、北京市劳动争议仲裁委员会关于劳动争议案件法律适用问题研讨会会议纪要》（2009年8月17日）

31.《劳动合同法》实施后，用人单位未按本市规定的险种为劳动者建立社会保险关系，劳动者请求解除劳动合同并要求用人单位支付经济补偿金的，应予支持，但经济补偿金支付年限应从起开始计算。劳动者以用人单位未足额缴纳或欠缴社会保险费为由请求解除劳动合同并要求用人单位支付经济补偿金的，不予支持。

二、《北京市高级人民法院、北京市劳动争议仲裁委员会关于劳动争议案件法律适用问题研讨会会议纪要（二）》（2014年5月7日）

13. 未达到法定退休年龄的内退人员、停薪留职人员、下岗待岗人员、企业经营性停产放长假人员在退休之前与新用人单位建立用工关系，应按劳动关系处理，但对于新用人单位因客观原因不能为其缴纳社会保险，该劳动者以此为由提出解除劳动合同并要求经济补偿金的，不予支持。

39. 劳动者以《劳动合同法》第三十八条规定之外的情形为由提出解除劳动合同的，在仲裁或诉讼阶段又主张是用人单位存在前述法定情形迫使其解除劳动合同，请求用人单位支付经济补偿金或赔偿金的如何处理？

对于劳动者提出解除劳动合同的，应以劳动者当时实际解除劳动合同时提出理由作为认定案件事实的依据，劳动者以《劳动合同法》第三十八条规定之外的情形为由提出解除劳动合同，在仲裁或诉讼阶段又主张是用人单位存在前述法定情形迫使其解除劳动合同，请求用人单位支付经济补偿金或赔偿金的，仲裁委、法院不予支持，但劳动者证明在解除劳动合同时，存在欺诈、胁迫、重大误解等违背其真实意思表示的情形的除外。

三、《北京市高级人民法院、北京市劳动人事争议仲裁委员会关于审理劳动争议案件法律适用问题的解答》（2017年4月24日）

20. 劳动者因用人单位不支付未休年休假工资，而依据《劳动合同法》第三十八条"未及时足额支付劳动报酬"的规定要求解除劳动合同并支付经济补偿，如何处理？

……支付未休年休假的工资报酬与正常劳动工资报酬、加班工资报酬的性质不同，其中包含用人单位支付职工正常工作期间的工资收入（100%部分）及法定补偿（200%部分）。《职工带薪年休假条例》在于维护劳动者休息休假权利，劳动者以用人单位未支付其未休带薪年休假工资中法定补偿（仅200%部分）而提出解除劳动合同时，不宜认定属于用人单位"未及时足额支付劳动报酬"的情形。

24. 劳动者以用人单位未依法为其缴纳社会保险为由提出解除劳动合同，要求用人单位支付经济补偿的，如何处理？

劳动者提出解除劳动合同前一年内，存在因用人单位过错未为劳动者建立社保账户或虽建立了社保账户但缴纳险种不全情形的，劳动者依据《劳动合同法》第三十八条的规定以用人单位未依法为其缴纳社会保险为由提出解除劳动合同并主张经济补偿的，一般应予支持。

用人单位已为劳动者建立社保账户且险种齐全，但存在缴纳年限不足、缴费基数低等问题的，劳动者的社保权益可通过用人单位补缴或社保管理部门强制征缴的方式实现，在此情形下，劳动者以此为由主张解除劳动合同经济补偿的，一般不予支持。

25. 劳动者要求用人单位不缴纳社会保险，后又以用人单位未缴纳社会保险为由提出解除劳动合同并主张经济补偿的，应否支持？

依法缴纳社会保险是《劳动法》规定的用人单位与劳动者的法定义务，即便是因劳动者要求用人单位不为其缴纳社会保险，劳动者按照《劳动合同法》第三十八条的规定主张经济补偿的，仍应予支持。

四、《北京市高级人民法院、北京市劳动人事争议仲裁委员会关于审理新型冠状病毒感染肺炎疫情防控期间劳动争议案件法律适用问题的解答》（2020年4月29日）

18. 用人单位因对疫情防控期间工资待遇支付等政策掌握不够透彻，导致对劳动者劳动报酬少发或漏发，劳动者依据劳动合同法第三十八条第一款第二项的规定提出解除劳动合同，要求支付解除劳动合同经济补偿的，是否支持？

答：疫情防控期间客观存在劳动报酬计算标准不明确等情形，因用人单位和劳动者对疫情防控期间工资待遇的计算标准存在合理认识偏差，需要经过仲裁或者审判机关审理等才能确定是否构成拖欠的，此种情形下用人单位不存在恶意或重大过失，故对劳动者要求用人单位支付解除劳动合同经济补偿的请求一般不予支持。

19.用人单位在疫情防控期间未能向返岗复工的劳动者提供口罩、消毒液等防护用品,劳动者依据劳动合同法第三十八条第一款第一项的规定提出解除劳动合同,要求支付解除劳动合同经济补偿的,是否支持?

答:除日常工作中医护、检疫、防疫、消毒等特殊岗位或在疫情防控期间从事疫情防控等相关工作,用人单位必须提供口罩、消毒液等防护用品而未提供的情形外,对劳动者的该项请求一般不予支持。

天津市

《天津法院劳动争议案件审理指南》(2017年11月30日)

25.【《劳动合同法》第三十八条的适用:明示被迫辞职的理由方可获得经济补偿金】用人单位存在《中华人民共和国劳动合同法》第三十八条第一款规定的情形,劳动者以此为由主动解除劳动合同并主张经济补偿金的,应予支持,但劳动者并未以此为理由提出解除劳动合同的除外。

26.【《劳动合同法》第三十八条的适用:未及时足额支付劳动报酬而被迫辞职】用人单位因故意或者重大过失导致未及时足额支付劳动报酬的,劳动者以此为由主张解除劳动合同并要求用人单位支付经济补偿金的,应予支持。

存在以下情形之一,劳动者根据《中华人民共和国劳动合同法》第三十八条第一款第二项的规定主张解除劳动合同的经济补偿金的,不予支持:

(1)用人单位因自然灾害、经营困难,停产歇业等原因而无法及时足额支付劳动报酬并经所在单位工会同意,用人单位未建立工会的,已经用人单位职工代表同意;

(2)劳资双方对计算劳动报酬的基数、方法等因客观原因理解不一致而最终导致未足额支付劳动报酬的;

(3)劳动者主张的未足额支付劳动报酬的差额系未签订书面劳动合同二倍工资、未休年假工资的;

(4)其他非因用人单位故意或者重大过失导致的未及时足额支付劳动报酬的。

27.【《劳动合同法》第38条的适用:未依法缴纳社保费而被迫辞职】劳动者以用人单位未建立社会保险关系、无正当理由停缴社会保险费,或者社会保险费缴费基数不符合法律规定为由解除劳动合同,并请求用人单位支付经济补偿金,用人单位对此有过错的,属于《中华人民共和国劳动合同法》第三十八条第一款第三项规定的情形,应予支持。

劳动者主张社会保险费缴费计算不符合法律规定，应当提供社会保险征缴部门或者劳动监察部门出具的限期补缴通知书或者限期整改指令书等证据予以证明。劳动者未举证证明的，对其主张不予支持；劳动者已举证证明且用人单位未在限期内改正的，应当支持劳动者的主张。

上述两款规定的情形中，推定用人单位有过错，但用人单位举证证明无过错的除外。

河北省

《河北省人力资源和社会保障厅、河北省高级人民法院关于涉新冠肺炎疫情劳动争议纠纷相关问题的解答》（2020年6月5日）

11. 疫情防控期间，劳动者以用人单位未提供防控措施为由主张解除劳动合同或要求经济补偿的，能否支持？

答：新冠肺炎疫情防控期间，涉及卫生防疫、商业流通、交通运输、社区服务等相关行业的企业复工复产后，要求劳动者返岗工作，应落实当地政府的疫情防控措施，未提供政府规定必须提供的相关防护措施，劳动者依据《劳动合同法》第三十八条第一项的规定以用人单位未按劳动合同约定提供必要的劳动保护主张解除劳动关系的，应予支持；其他行业的劳动者以用人单位未提供劳动保护为由解除劳动关系主张经济补偿的，应视劳动保护必要性酌情决定。

14. 用人单位因受疫情影响未能及时足额发放工资或缴纳社会保险费，劳动者以此为由主张解除劳动合同，要求支付经济补偿金，是否支持？

答：劳动者以用人单位违反《劳动合同法》第三十八条、第四十六条为由主张解除合同并要求支付经济补偿金的，可根据《民法总则》关于不可抗力的规定，认定用人单位是否存在免责的情形，如果用人单位免责事由成立，劳动者要求解除合同，支付经济补偿金的，不予支持；如果用人单位免责事由不成立的，应予支持。

上海市

一、《上海市高级人民法院关于适用〈劳动合同法〉若干问题的意见》（2009年3月3日）

九、劳动者以用人单位未"及时、足额"支付劳动报酬及"未缴纳"社保金为由解除合同的，"及时、足额"支付及"未缴纳"情形的把握

用人单位依法向劳动者支付劳动报酬和缴纳社保金，是用人单位的基本义务。但是，劳动报酬和社保金的计算标准，在实际操作中往往比较复杂。而法律

规定的目的就是要促使劳动合同当事人双方都诚信履行，无论用人单位还是劳动者，其行使权利、履行义务都不能违背诚实信用的原则。如果用人单位存在有悖诚信的情况，从而拖延支付或拒绝支付的，才属于立法所要规制的对象。因此，用人单位因主观恶意而未"及时、足额"支付劳动报酬或"未缴纳"社保金的，可以作为劳动者解除合同的理由。但对确因客观原因导致计算标准不清楚、有争议，导致用人单位未能"及时、足额"支付劳动报酬或未缴纳社保金的，不能作为劳动者解除合同的依据。

劳动者以存在《劳动合同法》第三十八条规定的其他情形为由主张解除劳动合同的，应当遵循合法、合理、公平的原则，参照前款精神处理。

二、《上海市人力资源和社会保障局、上海市高级人民法院〈关于劳务派遣适用法律若干问题的会议纪要〉》（2015年2月2日）

八、关于退回依据不足争议的处理问题

劳动者被退回依据不足，且派遣单位未在合理期限内（一般为一个月）进行合理重新派遣的，劳动者参照《劳动合同法》第三十八条规定解除劳动合同并要求支付经济补偿的，劳动争议处理机构应予支持。

三、《上海市高级人民法院、上海市人力资源和社会保障局关于疫情影响下劳动争议案件处理相关指导的意见》（2020年4月13日）

五、关于劳动合同解除和经济补偿支付的问题

用人单位或劳动者以受疫情影响为由，要求解除劳动合同的，应重点审查当事人要求解除劳动合同的理由。对于确受疫情影响劳动者无法及时返岗复工、用人单位未能及时足额支付劳动报酬、未依法缴纳社会保险等情形，应审慎处理，尽可能通过和解、调解等方式化解矛盾纠纷，稳定劳动关系，不宜轻易判决解除劳动合同。

一些用人单位如受疫情影响未及时足额支付工资、未依法缴纳社会保险，经审查该未支付或未缴纳行为确非用人单位主观原因造成，对于劳动者依据《劳动合同法》第38、46条规定要求支付经济补偿的请求，应坚持审慎处理的原则，一般不宜支持。

江苏省

一、《江苏省高级人民法院、江苏省劳动争议仲裁委员会关于审理劳动争议案件的指导意见》（2009年12月14日）

第十五条　……劳动者以《劳动合同法》第三十八条第一款规定为由解除劳动合同，应当通知用人单位解除劳动合同并说明理由，劳动者未履行告知程序，

事后又以《劳动合同法》第四十六条第一项规定为由请求用人单位支付经济补偿的，不予支持。

第十六条 因劳动者自身不愿缴纳等不可归责于用人单位的原因，导致用人单位未为其缴纳或未足额缴纳社会保险费，或者未参加某项社会保险险种，劳动者请求解除劳动合同并主张用人单位支付经济补偿的，不予支持。

二、《江苏省高级人民法院、江苏省劳动人事争议仲裁委员会关于审理劳动人事争议案件的指导意见（二）》（2011年11月8日）

第十三条 ……因综合计算周期尚未届满，用人单位未支付劳动者加班加点工资，不属于《劳动合同法》第三十八条规定的"未及时足额支付劳动报酬的"情形。劳动者在一个综合计算周期尚未届满时以用人单位未及时支付加班加点工资为由要求解除劳动合同并支付经济补偿金的，不予支持。

浙江省

一、《浙江省高级人民法院民一庭关于审理劳动争议案件若干问题的意见》（2009年4月16日）

第四十三条 劳动者以用人单位未及时足额支付劳动报酬为由，请求解除劳动合同并要求用人单位支付经济补偿金的，如果该事实发生在《劳动合同法》实施前，除符合最高人民法院《关于审理劳动争议适用法律若干问题的解释》第十五条[①]规定的情形以外，不予支持；如果该事实发生在《劳动合同法》实施后，应予支持，但用人单位确有特殊困难、合理理由或劳动者曾经认可的除外。

第四十四条 劳动者以其他事由提出解除劳动合同后，又以系因用人单位存在《劳动合同法》第三十八条第一款所列情形迫使其辞职为由，要求用人单位支付经济补偿金的，一般不予支持。

二、《浙江省高级人民法院民一庭关于审理劳动争议纠纷案件若干疑难问题的解答（一）》（2012年12月）

十一、劳动者不愿意缴纳社会保险费，并书面承诺放弃参加社会保险的法律后果是什么？

劳动者不愿意缴纳社会保险费，并书面承诺放弃参加社会保险的，该书面承诺无效。劳动者可以此为由解除劳动合同，但要求用人单位支付经济补偿金的，不予支持。

十三、用人单位未及时、足额支付劳动报酬或未依法缴纳社会保险费的，能否作为劳动者单方解除劳动合同的理由？

---

① 注：现为《劳动争议司法解释（一）》第45条。

用人单位因过错未及时、足额支付劳动报酬或未依法缴纳社会保险费的,可以作为劳动者解除劳动合同的理由。但用人单位有证据证明确因客观原因导致计算标准不清楚、有争议,或确因经营困难、具有合理理由或经劳动者认可,或欠缴、缓缴社会保险费已经征缴部门审批,劳动者以用人单位未"及时、足额"支付劳动报酬或未依法缴纳社会保险费为由解除劳动合同,要求用人单位支付经济补偿金的,不予支持。

三、《浙江省高级人民法院民事审判第一庭、浙江省劳动人事争议仲裁院关于审理劳动争议案件若干问题的解答(二)》(2014年4月)

十、劳动者以用人单位未与其签订书面劳动合同为由,提出解除劳动关系并要求用人单位支付经济补偿的,应否支持?

答:用人单位未与劳动者签订书面劳动合同不属于《劳动合同法》第三十八条规定的情形,劳动者以用人单位未与其签订书面劳动合同为由,提出解除劳动关系并要求用人单位支付经济补偿的请求,不符合《劳动合同法》第四十六条的规定,不予支持。

四、《浙江省高级人民法院民事审判第一庭、浙江省劳动人事争议仲裁院关于审理劳动争议案件若干问题的解答(三)》(2015年9月)

六、用人单位存在未及时足额支付劳动报酬或者未依法为劳动者缴纳社会保险费情形,但在劳动者以前述情形为由提出解除劳动合同前,用人单位已经补正的,劳动者要求用人单位支付解除劳动合同的经济补偿,能否支持?

答:在劳动者提出解除劳动合同前,用人单位已经对未及时足额支付劳动报酬或者未依法为劳动者缴纳社会保险费情形予以补正,劳动者主张解除劳动合同经济补偿的,不予支持。

七、劳动者辞职时未说明原因或理由,之后以《劳动合同法》第三十八条第一款为据,要求用人单位支付解除劳动合同经济补偿。经查用人单位确实存在《劳动合同法》第三十八条第一款规定情形的,对劳动者要求经济补偿的主张能否支持?

答:用人单位存在《劳动合同法》第三十八条第一款规定情形,但劳动者辞职时未说明原因或理由,事后以用人单位存在《劳动合同法》第三十八条第一款规定情形为由,要求用人单位支付解除劳动合同经济补偿的,不予支持。

五、《浙江省高级人民法院关于规范涉新冠肺炎疫情相关民事法律纠纷的实施意见(试行)》(2020年2月10日)

7.用人单位应严格遵照当地政府发布的延迟复工通知执行,除涉及保障城市运行、疫情防控、人民生活必须等情形,用人单位不得强制要求劳动者提前复工,不得以疫情防控措施导致劳动者无法复工为由而解除劳动合同。用人单位强制要求劳动者提前复工的,劳动者可依据《中华人民共和国劳动合同法》第三十八条解除劳动合同,并主张经济补偿金。

8. 对于用人单位因疫情停工停产、暂时性经营困难未及时足额支付劳动报酬的,劳动者要求解除劳动关系的,应当审慎适用经济补偿金规定。

安徽省

《安徽省高级人民法院关于审理劳动争议案件若干问题的指导意见》
(2015年1月20日)

第二十六条 用人单位与劳动者约定无需办理社会保险手续或将社会保险费以补贴形式直接支付给劳动者,劳动者事后反悔并主张用人单位为其补办社会保险手续或缴纳社会保险费,如用人单位未在社保机构指定期限内办理,劳动者以此为由解除劳动合同并请求用人单位支付经济补偿金的,人民法院应予支持。

用人单位为劳动者补办社会保险的,有权要求劳动者返还已发放的社保补贴。但用人单位未以书面形式明确社保补贴具体数目的,人民法院不予支持。

江西省

《江西省劳动人事争议裁审衔接工作座谈会纪要》(2013年12月18日)

第七条 【调整岗位】 用人单位单方面调整劳动者工作岗位,同时符合以下情形的,视为用人单位合法行使用工自主权,劳动者以《劳动合同法》第三十八条第一款第一项规定为由要求解除劳动合同并请求用人单位支付经济补偿的,不予支持:

(一)调整劳动者工作岗位是用人单位经营的需要;
(二)调整工作岗位后劳动者的工资水平与原岗位基本相同;
(三)不具有侮辱性和惩罚性;
(四)无其他违反法律法规的情形。

用人单位调整劳动者的工作岗位虽不具上款规定的情形,但劳动者超过三个月未明确提出异议,后又以《劳动合同法》第三十八条第一款第一项规定为由要求解除劳动合同并请求用人单位支付经济补偿的,不予支持。

第八条 【经济补偿支付事由】 劳动者虽以其他理由提出辞职,但确有证据证明用人单位存在《劳动合同法》第三十八条规定情形而迫使其离职,劳动者以此为由请求用人单位支付经济补偿的,应予支持。

第十四条 【社会保险】用人单位与劳动者约定无须办理社会保险手续或将社会保险费直接支付给劳动者，劳动者事后反悔并明确要求用人单位为其办理社会保险手续及缴纳社会保险费的，如用人单位在合理期限内拒不办理，劳动者以此为由解除劳动合同并请求用人单位支付经济补偿的，应予支持。

山东省

一、《山东省高级人民法院、山东省人力资源和社会保障厅关于审理劳动人事争议案件若干问题会议纪要》（2019年4月25日）

十四、关于因"未依法为劳动者缴纳社会保险费"导致的经济补偿争议处理问题

因用人单位过错未为劳动者建立社会保险账户或者虽建立了社会保险账户但存在缴纳险种不全、缴费年限不足等情形的，劳动者依据劳动合同法第三十八条第一款第三项规定，以用人单位未依法为其缴纳社会保险费为由提出解除劳动合同并主张经济补偿的，一般应予支持。

用人单位已为劳动者建立社会保险账户且险种齐全，但存在缴费基数低情形的，劳动者的社会保险权益可通过用人单位补缴或者社会保险费征收机构强制征收的方式实现，在此情形下，劳动者以此为由主张解除劳动合同经济补偿的，一般不予支持。

十五、关于用人单位在劳动者解除劳动合同前补足劳动报酬或补缴社会保险费情况下的争议处理问题

用人单位存在未及时足额支付劳动报酬或者未依法为劳动者缴纳社会保险费情形，但在劳动者以前述情形为由提出解除劳动合同前，用人单位已经补正的，劳动者要求用人单位支付解除劳动合同的经济补偿，不予支持。

二、《山东省高级人民法院民一庭关于涉疫情劳动争议案件法官会议纪要》（2020年2月25日）

四、关于企业拖欠工资、欠缴社会保险费的处理问题

在疫情防控期间内，职工不宜以企业暂时拖欠工资、欠缴社会保险费用为由，根据《劳动合同法》第38条规定，请求解除劳动合同并主张经济补偿金。

因受疫情影响，企业可逾期办理职工参保登记、缴费等业务，逾期办理缴费不影响参保人员个人权益记录，补办手续应在疫情解除后三个月内完成。

根据国家医保局、财政部、国家税务总局《关于阶段性减征职工基本医疗保险费的指导意见》规定，从2020年2月起，根据省里统筹安排，企业在最长不超过5个月的减征期限内，减半缴纳职工医保单位缴费部分。

河南省

《河南省高级人民法院、河南省人力资源和社会保障厅关于做好涉新型冠状病毒肺炎疫情防控劳动争议处理工作的通知》（2020年3月2日）

10.新冠肺炎疫情防控期间，用人单位因执行国家、当地政府规定或者号召等而停工停产、暂时性经营困难未及时足额支付劳动报酬或缴纳社会保险费，劳动者以此为由请求解除劳动合同，产生劳动争议的，应注重调解，引导劳动者与用人单位相互谅解，共渡难关。调解不成的，应综合考虑用人单位的主观过错、客观困难、损失后果等因素，参考《河南省人力资源和社会保障厅关于应对疫情影响支持中小微企业减轻负担稳定用工岗位的通知》（豫人社〔2020〕4号）《河南省人力资源和社会保障厅河南省医疗保障局河南省财政厅国家税务总局河南省税务局关于阶段性减免企业社会保险费的实施意见》（豫人社〔2020〕7号）等政策规定，慎重判定用人单位的责任。

11.新冠肺炎疫情防控期间，用人单位经当地政府许可复工复产的，要求劳动者返岗工作，应落实当地政府的疫情防控措施。用人单位未提供政府规定必须提供的相关防护措施，劳动者依据《劳动合同法》第三十八条第一项的规定以用人单位未按劳动合同约定提供必要的劳动保护主张解除劳动关系的，可予以支持；其他以未提供劳动保护为由解除劳动关系主张经济补偿的，应视劳动保护必要性酌情决定。

湖南省

《湖南省高级人民法院关于审理劳动争议案件若干问题的指导意见》（2009年5月20日）

二十一、《劳动合同法》施行后，劳动者以用人单位未按当地规定的险种为其建立社会保险关系为由，依据《劳动合同法》第三十八条第一款三项之规定请求解除劳动合同的，应予支持；劳动者以用人单位未足额缴纳、欠缴社会保险费为由，请求解除劳动合同的，可予支持。

广东省

一、《广东省高级人民法院、广东省劳动人事争议仲裁委员会关于劳动人事争议仲裁与诉讼衔接若干意见》（2018年7月18日）

五、……非因劳动者原因致用人单位生产经营陷入严重困境，有丧失清偿能力的可能并致用人单位停产、限产，用人单位可以根据《劳动合同法》第四十条第三项的规定解除劳动合同并支付经济补偿,也可以与劳动者协商约定停工限产期限。停工限产超过合理期限或约定期限,劳动者根据《劳动合同法》第三十八条第一款第一项的规定提出解除劳动合同并主张经济补偿的,应予支持。

十二、劳动者申请仲裁或起诉时请求违法解除或违法终止劳动合同的赔偿金,但仲裁机构或人民法院经过审理后认为应支持劳动者解除或终止劳动合同的经济补偿的,可直接裁判用人单位向劳动者支付经济补偿。劳动者申请仲裁或起诉时请求解除或终止劳动合同的经济补偿,但仲裁机构或人民法院经过审理后认为应支持违法解除或终止劳动合同的赔偿金的,可在劳动者请求的金额范围内予以支持。

二、《广东省高级人民法院、广东省人力资源和社会保障厅关于审理涉新冠肺炎疫情劳动人事争议案件若干问题的解答》(2020年4月27日)

7.劳动者在其隔离治疗期满或者医学观察期满以及政府实施隔离措施或者采取其他紧急措施结束之后要求返岗,用人单位拒绝的,工资待遇如何处理;劳动者据此解除劳动合同并请求经济补偿的,应否支持?

新冠肺炎患者治愈出院后,疑似病人在确诊未患新冠肺炎后,新冠肺炎患者密切接触者、自疫情严重地区返粤劳动者以及其他因疫情防控需要集中或者居家隔离的劳动者,在医学观察期满后要求返岗,用人单位无正当理由拒绝的,应支付正常工作时间的工资。

用人单位拒绝劳动者返岗且不支付工资超过合理期限,劳动者依据劳动合同法第三十八条解除劳动合同并请求支付经济补偿的,应予支持。

12.用人单位因受疫情影响延迟发放工资或者未依法及时为劳动者缴纳社会保险费,劳动者解除劳动合同并请求经济补偿,应否支持?

用人单位因受疫情影响延迟发放工资未超过30天,或者未依法及时缴纳社会保险费,劳动者以此为由解除劳动合同并请求经济补偿的,不予支持。

14.用人单位因受疫情影响停工停产,工资待遇等如何处理

用人单位因受疫情影响停工停产,未超过一个工资支付周期的,应当按照劳动合同约定的工资标准支付工资。超过一个工资支付周期的,用人单位与劳动者可以根据劳动者提供的劳动,协商新的工资标准;协商未成的,用人单位可根据劳动合同法第四十条规定解除劳动合同,但应当依照劳动合同法第四十六条、第四十七条规定,向劳动者支付经济补偿。超过一个工资支付周期的,用人单位没有安排劳动者工作,应当按照不低于当地最低工资标准的80%支付劳动者生活费;用人单位没有安排劳动者工作且未按上述标准支付生活费,超过合理期限或者约定期限,劳动者根据劳动合同法第三十八条规定提出解除劳动合同并请求生

活费及经济补偿的，应予支持。

重庆市

一、《重庆市高级人民法院民一庭关于九龙坡区法院劳动争议案件法律适用问题研讨会议综述》(2014 年 7 月 30 日)

七、劳动者以用人单位没有支付未休年休假工资为由，要求用人单位支付经济补偿的，应否支持？

一致意见认为，根据《市高法院民一庭关于当前民事审判若干问题的解答》第 25 条精神，带薪年休假应是定期休假的一种，相应地未休假应享受的待遇应属于工资报酬范围。因此，用人单位未依法向劳动者支付未休年休假工资的，劳动者有权据此请求解除劳动合同，并要求用人单位支付经济补偿。

二、《重庆市六部门关于劳动争议案件法律适用问题专题座谈会纪要(一)》(2017 年 6 月 5 日)

一、《劳动合同法》第三十八条规定的用人单位"未及时足额支付劳动报酬"的把握

按周期支付的劳动报酬应当在每支付周期届满时支付，用人单位因客观原因难以在该支付周期支付的，可在该支付周期届满后的合理时间内支付，最晚不得晚于下一支付周期。

认定用人单位"足额"支付劳动报酬应当遵循诚信原则，劳动者在领取工资时作出了无异议的意思表示，事后又通过证据证明用人单位未足额支付工资，并据此要求解除劳动合同、支付经济补偿的，人民法院不予支持。

三、《重庆市高级人民法院民一庭关于审理涉新型冠状病毒肺炎疫情民事案件若干问题的解答(劳动争议案件部分)》(2020 年 2 月 15 日)

18.用人单位因受疫情影响未能及时足额向劳动者支付劳动报酬的，如何处理？

答：用人单位确因受疫情影响暂无工资支付能力的，可以适当延期支付，但仍应按照不低于劳动合同履行地职工最低月工资标准的 70% 向劳动者支付生活费。

用人单位确因受疫情影响未能及时足额向劳动者支付劳动报酬，劳动者以此为由请求解除劳动合同，并请求支付经济补偿金的，原则上不予支持。

四川省

一、《四川省高级人民法院民一庭关于审理劳动争议案件若干疑难问题的解答》（2016 年 1 月 15 日）

8.用人单位与劳动者约定，工资中包括应由用人单位负担的养老、医疗、失业等社会保险金或者劳动者单方承诺自愿放弃社会保险的，应认定此类约定或承诺无效。

……劳动者明确要求用人单位为其办理社会保险手续及缴纳社会保险费的，如用人单位在合理期限内拒不办理，劳动者以此为由解除劳动合同并要求用人单位支付解除劳动合同经济补偿金的，人民法院应予支持。

19.与原用人单位保留劳动关系的内退、待岗、停薪留职人员以及企业经营性停产放长假人员与新的用人单位建立用工关系的，可按劳动关系处理。其中，劳动者请求在新的用人单位享受《劳动法》《劳动合同法》规定的劳动报酬、劳动保护、劳动条件、工作时间、休息休假、福利待遇的，应予支持；但劳动者请求新的用人单位与其签订无固定期限劳动合同、办理社会保险（除工伤保险外），或劳动者以新的用人单位未为其缴纳社会保险为由提出解除劳动合同并要求经济补偿金的，不予支持。

26.劳动者以其他理由辞职后，又以用人单位存在《劳动合同法》第三十八条所列情形迫使其辞职为由，要求用人单位支付经济补偿金或赔偿金的，一般不予支持。

劳动者与用人单位均无法证明劳动者的离职原因，可视为用人单位提出且经双方协商一致解除劳动合同，用人单位应依照《劳动合同法》第四十七条之规定向劳动者支付经济补偿。

二、《四川省高级人民法院民事审判第一庭涉疫情相关民事案件审理的法官会议纪要》（2020 年 2 月 25 日）

12.关于用人单位因受疫情影响未能及时复工导致其未及时足额发放工资或缴纳社会保险，劳动合同能否解除，用人单位应否支付经济补偿的问题。

虽《四川省人民政府办公厅发布关于在新型冠状病毒感染的肺炎疫情防控期间企业灵活安排工作的通知》规定企业可自行决定复工复产时间，但实践中许多企业因疫情防控需要或原材料供应紧缺、劳动保障条件不能满足，未能安排大量员工及时复工或尚未安排复工的较多。根据《劳动合同法》第三十八条和第四十六条规定，用人单位未及时足额支付劳动报酬或为劳动者缴纳社会保险费的，劳动者可以解除劳动合同，用人单位还应当向劳动者支付经济补偿。上述规定均以用人单位有主观严重过错为前提。用人单位因受疫情影响未能及时复工导致其未及时足额发放工资、未为劳动者缴纳社会保险费的，劳动者以违反《劳动合同法》第三十八条、第四十六条为由主张解除合同并要求用人单位支付经济补偿的，可根据《民法总则》关于不可抗力的规定，认定用人单位是否存在可予免责的情形。如用人单位免责事由成立，劳动者要求解除合同的，不应援引《劳动合同法》第三十八条和第四十六条的规定解除合同、支付经济补偿，而应视为劳动者提出与用人单位协商一致解除合同，援引《劳动合同法》第三十六条的规定予以处理；劳动者要求用人单位支付经济补偿的，不予支持。

贵州省

《贵州省高级人民法院、贵州省人力资源和社会保障厅关于劳动争议案件若干问题的会议纪要》（2012年7月9日）

34.劳动者依据《劳动合同法》第三十八条、最高人民法院《关于审理劳动争议案件适用法律若干问题的解释》第十五条规定解除劳动合同时，用人单位应当支付劳动者经济补偿金。但劳动者同时要求按照《违反和解除劳动合同的经济补偿办法》第十条的规定支付50%额外经济补偿金的，不予支持。

38.用人单位未依法为劳动者缴纳社会保险费的，劳动者应当依法要求用人单位缴纳，用人单位未在劳动者要求之日起一个月内按规定缴纳的，劳动者有权提出解除劳动合同，用人单位应支付经济补偿金，但经济补偿金的支付年限应从2008年1月1日起计算。

云南省

《云南省高级人民法院、云南省人力资源和社会保障厅关于审理劳动人事争议案件若干问题的座谈会纪要》（2015年1月19日）

二、劳动合同订立和解除的相关问题

（四）用人单位未及时足额支付劳动报酬或未依法为劳动者缴纳社会保险费的，可以作为劳动者依据《劳动合同法》第三十八条规定解除劳动合同的理由。但用人单位有证据证明确因客观原因导致计算标准不清楚或缓缴社会保险费已经征缴部门同意，劳动者以用人单位未及时足额支付劳动报酬或未依法为劳动者缴纳社会保险费为由解除劳动合同，要求用人单位支付经济补偿的，不予支持。

（五）劳动者以《劳动合同法》第三十八条规定以外的情形为由提出解除劳动合同，解除劳动合同后又以用人单位存在《劳动合同法》第三十八条规定情形请求用人单位支付经济补偿的，不予支持。但劳动者证明在解除劳动合同时存在欺诈、胁迫、重大误解等违背其真实意思表示情形的除外。

（六）用人单位未按照法律规定或劳动合同约定及时足额向劳动者发放津贴、未休年休假工资报酬，劳动者以此为由解除劳动合同并向用人单位主张经济补偿的，应予支持。

第三节　关于解除劳动关系经济补偿金的请求（用人单位提解除的情形）

【适用指引】

一、请求权基础及相关案由

用人单位提出解除的情形下解除劳动关系经济补偿金的请求权基础为《劳动合同法》第46条第2项、第3项、第4项、第7项。案由应适用《民事案件案由规定》"186.劳动合同纠纷"项下的"经济补偿金纠纷"。

二、各地会议纪要对用人单位提出解除劳动合同应支付经济补偿金情形的补充

1. 双方无法就劳动合同必备条款达成一致意见的情形

参见《上海市高级人民法院民一庭调研与参考》(〔2014〕15号)第四条。

2. 劳动者不愿补签无固定期限书面劳动合同的情形

参见《上海市高级人民法院民一庭调研与参考》(〔2015〕11号)第1条。

3. 涉及劳务派遣问题的情形

参见《上海市人力资源和社会保障局、上海市高级人民法院〈关于劳务派遣适用法律若干问题的会议纪要〉》第3条、第7条。

三、劳动关系解除原因不明，可视为用人单位提出且经双方协商一致解除的情形

参见《四川省高级人民法院民一庭关于审理劳动争议案件若干疑难问题的解答》第26条。

四、新冠疫情防控期间的情形

参见《河北省人力资源和社会保障厅、河北省高级人民法院关于涉新冠肺炎疫情劳动争议纠纷相关问题的解答》第13条和第15条、《广东省高级人民法院、广东省人力资源和社会保障厅关于审理涉新冠肺炎疫情劳动人事争议案件若干问题的解答》第13~14条、第17条。

【裁判依据】

法律

《中华人民共和国劳动合同法》(2012年12月28日修正)

第三十六条 用人单位与劳动者协商一致,可以解除劳动合同。

第四十条 有下列情形之一的,用人单位提前三十日以书面形式通知劳动者本人或者额外支付劳动者一个月工资后,可以解除劳动合同:

(一)劳动者患病或者非因工负伤,在规定的医疗期满后不能从事原工作,也不能从事由用人单位另行安排的工作的;

(二)劳动者不能胜任工作,经过培训或者调整工作岗位,仍不能胜任工作的;

(三)劳动合同订立时所依据的客观情况发生重大变化,致使劳动合同无法履行,经用人单位与劳动者协商,未能就变更劳动合同内容达成协议的。

第四十一条 有下列情形之一,需要裁减人员二十人以上或者裁减不足二十人但占企业职工总数百分之十以上的,用人单位提前三十日向工会或者全体职工说明情况,听取工会或者职工的意见后,裁减人员方案经向劳动行政部门报告,可以裁减人员:

(一)依照企业破产法规定进行重整的;

(二)生产经营发生严重困难的;

(三)企业转产、重大技术革新或者经营方式调整,经变更劳动合同后,仍需裁减人员的;

(四)其他因劳动合同订立时所依据的客观经济情况发生重大变化,致使劳动合同无法履行的。[①]

第四十六条 (节录)有下列情形之一的,用人单位应当向劳动者支付经济补偿:

(二)用人单位依照本法第三十六条规定向劳动者提出解除劳动合同并与劳动者协商一致解除劳动合同的;

(三)用人单位依照本法第四十条规定解除劳动合同的;

(四)用人单位依照本法第四十一条第一款规定解除劳动合同的;

(七)法律、行政法规规定的其他情形。

---

① 另参见《企业经济性裁减人员规定》(1994年11月14日)。

第九章 涉及劳动合同解除或终止相关请求的规范

行政法规

《中华人民共和国劳动合同法实施条例》(2009年9月18日)

第十二条 地方各级人民政府及县级以上地方人民政府有关部门为安置就业困难人员提供的给予岗位补贴和社会保险补贴的公益性岗位,其劳动合同不适用劳动合同法有关无固定期限劳动合同的规定以及支付经济补偿的规定。

部门规章

《人力资源社会保障部、全国总工会、中国企业联合会/中国企业家协会、全国工商联关于做好新型冠状病毒感染肺炎疫情防控期间稳定劳动关系支持企业复工复产的意见》(2020年2月7日)

二、灵活处理疫情防控期间的劳动用工问题

(三)指导规范用工管理。在疫情防控期间,要指导企业全面了解职工被实施隔离措施或政府采取的紧急措施情况,要求企业不得在此期间解除受相关措施影响不能提供正常劳动职工的劳动合同或退回被派遣劳动者。对符合规定的复工企业,要指导企业提供必要的防疫保护和劳动保护措施,积极动员职工返岗。对不愿复工的职工,要指导企业工会及时宣讲疫情防控政策要求和企业复工的重要性,主动劝导职工及时返岗。对经劝导无效或以其他非正当理由拒绝返岗的,指导企业依法予以处理。鼓励企业积极探索稳定劳动关系的途径和方法,对采取相应措施后仍需要裁员的企业,要指导企业制定裁员方案,依法履行相关程序,妥善处理劳动关系,维护企业正常生产经营秩序。

【参考依据】

北京市

《北京市高级人民法院、北京市劳动人事争议仲裁委员会关于审理劳动争议案件法律适用问题的解答》(2017年4月24日)

12.哪些情形属于《劳动合同法》第四十条第三项规定的"劳动合同订立时所依据的客观情况发生重大变化"?

"劳动合同订立时所依据的客观情况发生重大变化"是指劳动合同订立后发生了用人单位和劳动者订立合同时无法预见的变化,致使双方订立的劳动合同全部或者主要条款无法履行,或者若继续履行将出现成本过高等显失公平的状况,致使劳动合同目的难以实现。

下列情形一般属于"劳动合同订立时所依据的客观情况发生重大变化":(1)地震、火灾、水灾等自然灾害形成的不可抗力;(2)受法律、法规、政策变化导致用人单位迁移、资产转移或者停产、转产、转(改)制等重大变化的;(3)特许经营性质的用人单位经营范围等发生变化的。

天津市

《天津市高级人民法院、天津市人力资源和社会保障局关于审理劳动人事争议案件的会议纪要》(2019年11月25日)

8.劳动者患病或者非因工负伤,在规定的医疗期满后继续请休病假的,应区分以下情形处理:

(1)用人单位依据《中华人民共和国劳动合同法》第四十条规定,提前三十日以书面形式通知劳动者本人或者额外支付劳动者一个月工资后,解除劳动合同,劳动者主张经济补偿的,应予支持;

(2)用人单位通知劳动者进行劳动能力(复工)鉴定,如果劳动者不配合,或者经鉴定能够复工后仍没有及时返岗工作,用人单位主张依据企业规章制度解除劳动合同并不支付经济补偿的,应予支持。

河北省

《河北省人力资源和社会保障厅、河北省高级人民法院关于涉新冠肺炎疫情劳动争议纠纷相关问题的解答》(2020年6月5日)

13.具备复工条件的用人单位,劳动者未按照要求复工返岗,如何处理?

答:具备复工条件的用人单位,对不愿复工的劳动者,用人单位应主动劝导劳动者返岗,对经劝导无效及其他非正当理由拒绝返岗,用人单位可按照《劳动合同法》第三十九条第二项规定,依法解除劳动合同。

15.用人单位因受疫情影响导致生产经营严重困难而解除劳动合同,劳动者主张经济补偿金,是否支持?

答:用人单位因受疫情影响导致生产经营严重困难的,可以与劳动者协商,采取调整薪酬、轮岗轮休、缩短工时、待岗等方式变更劳动合同,稳定工作岗位。如双方未能协商一致,用人单位根据劳动合同法第四十条、第四十一条规定解除劳动合同,应当依照劳动合同法第四十六条、第四十七条规定向劳动者支付经济补偿。

上海市

一、《上海市高级人民法院民一庭调研与参考》(〔2014〕15号)

四、劳动关系的解除和终止

……此外,对于实践中出现的一些用人单位已尽了诚实磋商义务,因不可归咎于任何一方责任导致无法与劳动者就劳动合同期限等必备条款达成一致意见的,用人单位可书面通知劳动者解除劳动关系,并支付经济补偿金。

二、《上海市高级人民法院民一庭调研与参考》(〔2015〕11号)

1. 关于用人单位是否可以劳动者不愿补签无固定期限的书面劳动合同为由单方解除劳动关系,若解除是否需支付经济补偿金的问题

……倾向意见认为,根据《劳动合同法》第14条规定,用人单位自用工之日起满一年不与劳动者订立书面劳动合同的,视为用人单位与劳动者已订立无固定期限劳动合同。这种法律拟制的无固定期限劳动合同,仅对劳动合同的期限进行了确定,但未对其他劳动合同权利义务进行书面约定。根据《劳动合同法实施条例》第7条规定,即使双方订立了法律拟制的无固定期限劳动合同,双方仍需补签书面劳动合同,补签书面劳动合同既是用人单位的法定义务,也是劳动者的法定义务。如用人单位已履行了诚实磋商义务,就补订无固定期限劳动合同提出了相对较为合理的条件(该合理性的考量可适当参考同岗位、同工种或自用工之日起一年内形成的事实劳动权利义务或其他合理性因素进行综合判断),但因劳动者个人主观原因不愿签订书面劳动合同的,用人单位可以解除劳动合同,并支付劳动者经济补偿金。

三、《上海市人力资源和社会保障局、上海市高级人民法院〈关于劳务派遣适用法律若干问题的会议纪要〉》(2015年2月2日)

三、关于未经许可擅自经营派遣业务的处理问题

未经许可的单位擅自经营派遣业务的,派遣协议被判定无效之前三方已经履行的权利义务可依照原协议和实际履行的内容确定。

用人单位依照《劳动合同法》第四十条第三项规定解除劳动合同,劳动者要求支付经济补偿的,应予支持。

七、关于退回后重新派遣争议的处理问题

……派遣单位依照《劳动合同法》第四十条第三项规定与不接受重新派遣的劳动者解除劳动合同,劳动者要求派遣单位支付经济补偿的,应予支持。

江西省

《江西省劳动人事争议裁审衔接工作座谈会纪要》(2013年12月18日)

第十条 【不能胜任工作】……用人单位通过"末位淘汰"或者"竞争上岗"等形式确认劳动者不能胜任现任工作岗位,经过培训或者调整岗位仍不能胜任工作的,用人单位依据《劳动合同法》第四十条规定,提前三十日书面通知劳动者本人或者额外支付劳动者一个月工资后,可以解除劳动合同。

广东省

一、《广东省高级人民法院、广东省劳动人事争议仲裁委员会关于劳动人事争议仲裁与诉讼衔接若干意见》(2018年7月18日)

十一、劳动者患病、非因工负伤医疗期满后,经劳动能力鉴定委员会鉴定为完全丧失劳动能力或大部分丧失劳动能力,不能从事原工作、也不能从事由用人单位另行安排的工作而解除劳动合同的,用人单位应按规定支付经济补偿并支付不低于六个月工资的医疗补助费。

二、《广东省高级人民法院、广东省人力资源和社会保障厅关于审理涉新冠肺炎疫情劳动人事争议案件若干问题的解答》(2020年4月27日)

13.用人单位因受疫情影响导致生产经营严重困难而解除劳动合同,劳动者能否主张经济补偿

用人单位因受疫情影响导致生产经营严重困难的,可以与劳动者协商,采取调整薪酬、轮岗轮休、缩短工时、待岗等方式变更劳动合同,稳定工作岗位。如双方未能协商一致,用人单位根据劳动合同法第四十条、第四十一条规定解除劳动合同,应当依照劳动合同法第四十六条、第四十七条规定向劳动者支付经济补偿。

14.用人单位因受疫情影响停工停产,工资待遇等如何处理

用人单位因受疫情影响停工停产,未超过一个工资支付周期的,应当按照劳动合同约定的工资标准支付工资。超过一个工资支付周期的,用人单位与劳动者可以根据劳动者提供的劳动,协商新的工资标准;协商未成的,用人单位可根据劳动合同法第四十条规定解除劳动合同,但应当依照劳动合同法第四十六条、第四十七条规定,向劳动者支付经济补偿。超过一个工资支付周期的,用人单位没有安排劳动者工作,应当按照不低于当地最低工资标准的80%支付劳动者生活费;用人单位没有安排劳动者工作且未按上述标准支付生活费,超过合理期限或者约定期限,劳动者根据劳动合同法第三十八条规定提出解除劳动合同并请求生

活费及经济补偿的,应予支持。

17.劳动者患新冠肺炎治疗后不能从事原工作,也不能从事由用人单位另行安排的工作,用人单位能否解除劳动合同

劳动者患新冠肺炎,在规定的医疗期满后不能从事原工作,也不能从事由用人单位另行安排的工作,用人单位根据劳动合同法第四十条规定可解除劳动合同,但应当支付经济补偿。

新冠肺炎患者、病原携带者、疑似病人、密切接触者的隔离治疗期或者医学观察期均不计算为医疗期。隔离治疗结束后仍需停止工作继续治疗的,自继续开始治疗之日起计算医疗期。

四川省

《四川省高级人民法院民一庭关于审理劳动争议案件若干疑难问题的解答》(2016年1月15日)

26.……劳动者与用人单位均无法证明劳动者的离职原因,可视为用人单位提出且经双方协商一致解除劳动合同,用人单位应依照《劳动合同法》第四十七条之规定向劳动者支付经济补偿。

第四节　关于终止劳动关系经济补偿金的请求

【适用指引】

一、请求权基础及相关案由

终止劳动关系经济补偿金的请求权基础为《劳动合同法》第46条第5项、第6项、第7项。案由应适用《民事案件案由规定》"186.劳动合同纠纷"项下的"经济补偿金纠纷"。

二、涉及劳动者达到法定退休年龄劳动合同终止的规定

参见《劳动合同法实施条例》第21条、《上海市高级人民法院关于适用〈劳动合同法〉若干问题的意见》第16条、《安徽省高级人民法院关于审理劳动争议案件若干问题的指导意见》第2条（不支持补偿金）、《江苏省高级人民法院、江苏省劳动争议仲裁委员会关于审理劳动争议案件的指导意见》第21条（不支持补偿金）、《贵州省高级人民法院、贵州省人力资源和社会保障厅关于劳动争议案件若干问题的会议纪要》第39条（不支持补偿金）。同时可参考本书第三章的相关内容。

三、《劳动争议司法解释（一）》第四十八条适用的构成要件

1. 劳动合同不能继续履行
2. 用人单位经营期限届满，且用人单位不再继续经营
3. 用人单位由于企业经营期限届满不再继续经营同劳动合同的不能继续履行之间存在因果关系。如果由于用人单位基于法定的理由同劳动者解除劳动合同，或者劳动者依法提出解除合同，则应适用《劳动合同法》的相关条文规定。

【裁判依据】

法律

《中华人民共和国劳动合同法》（2012年12月28日修正）

第四十四条 有下列情形之一的，劳动合同终止：

（一）劳动合同期满的；

（二）劳动者开始依法享受基本养老保险待遇的；

（三）劳动者死亡，或者被人民法院宣告死亡或者宣告失踪的；

（四）用人单位被依法宣告破产的；

（五）用人单位被吊销营业执照、责令关闭、撤销或者用人单位决定提前解散的；

（六）法律、行政法规规定的其他情形。

第四十五条 劳动合同期满，有本法第四十二条规定情形之一的，劳动合同应当续延至相应的情形消失时终止。但是，本法第四十二条第二项规定丧失或者部分丧失劳动能力劳动者的劳动合同的终止，按照国家有关工伤保险的规定执行。

第四十六条 有下列情形之一的，用人单位应当向劳动者支付经济补偿：

（五）除用人单位维持或者提高劳动合同约定条件续订劳动合同，劳动者不同意续订的情形外，依照本法第四十四条第一项规定终止固定期限劳动合同的；

（六）依照本法第四十四条第四项、第五项规定终止劳动合同的；

（七）法律、行政法规规定的其他情形。

第七十一条 非全日制用工双方当事人任何一方都可以随时通知对方终止用工。终止用工，用人单位不向劳动者支付经济补偿。

行政法规

《中华人民共和国劳动合同法实施条例》（2009年9月18日）

第五条 自用工之日起一个月内，经用人单位书面通知后，劳动者不与用人单位订立书面劳动合同的，用人单位应当书面通知劳动者终止劳动关系，无需向劳动者支付经济补偿，但是应当依法向劳动者支付其实际工作时间的劳动报酬。

第六条 用人单位自用工之日起超过一个月不满一年未与劳动者订立书面劳动合同的，应当依照劳动合同法第八十二条的规定向劳动者每月支付两倍的工资，并与劳动者补订书面劳动合同；劳动者不与用人单位订立书面劳动合同的，用人单位应当书面通知劳动者终止劳动关系，并依照劳动合同法第四十七条的规定支付经济补偿。

第十二条　地方各级人民政府及县级以上地方人民政府有关部门为安置就业困难人员提供的给予岗位补贴和社会保险补贴的公益性岗位，其劳动合同不适用劳动合同法有关无固定期限劳动合同的规定以及支付经济补偿的规定。

第十三条　用人单位与劳动者不得在劳动合同法第四十四条规定的劳动合同终止情形之外约定其他的劳动合同终止条件。

第二十一条　劳动者达到法定退休年龄的，劳动合同终止。

第二十二条　以完成一定工作任务为期限的劳动合同因任务完成而终止的，用人单位应当依照劳动合同法第四十七条的规定向劳动者支付经济补偿。

司法解释

《最高人民法院关于审理劳动争议案件适用法律若干问题的解释（一）》（2020年12月25日，法释〔2020〕26号）

第三十四条　劳动合同期满后，劳动者仍在原用人单位工作，原用人单位未表示异议的，视为双方同意以原条件继续履行劳动合同。一方提出终止劳动关系的，人民法院应予支持。

根据劳动合同法第十四条规定，用人单位应当与劳动者签订无固定期限劳动合同而未签订的，人民法院可以视为双方之间存在无固定期限劳动合同关系，并以原劳动合同确定双方的权利义务关系。

第四十八条　劳动合同法施行后，因用人单位经营期限届满不再继续经营导致劳动合同不能继续履行，劳动者请求用人单位支付经济补偿的，人民法院应予支持。

【参考依据】

北京市

一、《北京市高级人民法院、北京市劳动争议仲裁委员会关于劳动争议案件法律适用问题研讨会会议纪要（二）》（2014年5月7日）

43.出租车公司与司机签订的承包合同、劳动合同期满后，出租车公司对车辆进行更新，承包金在市政府规定的标准内作相应调整的，劳动者不同意续订劳动合同，并以用人单位降低劳动合同条件为由，要求用人单位应支付终止劳动合同经济补偿金的,如何处理?

应视为出租车公司维持原劳动合同约定的条件与劳动者续订劳动合同,劳动者不同意续订的,不应支付其终止劳动合同经济补偿金。

二、《北京市高级人民法院民一庭2014年部分劳动争议案件法律适用问题研讨会会议纪要》(2015年1月5日)

《会议纪要二》第27条:"劳动合同期满后未订立劳动合同,劳动者仍在原用人单位继续工作,应适用《劳动合同法》第十条、第十四条第三款、第八十二条,《劳动合同法实施条例》第六条、第七条的规定进行处理。在此情况下,因为用人单位对原劳动合同期满和继续用工的法律后果均有预期,因此不需要再给予一个月的宽限期,原劳动合同期满次日,即是用人单位应当订立劳动合同之日和承担未订立劳动合同的法律后果之日。"

问题:如果劳动合同期满后仍继续工作,但劳动者经通知不与用人单位续签劳动合同,用人单位能否适用《劳动合同法实施条例》第六条终止劳动关系?

研讨意见:可以。

河北省

《河北省高级人民法院关于我省劳动争议案件若干疑难问题处理的参考意见》(2010年6月)

14. 自用工之日一个月内,劳动者与用人单位就签订劳动合同事项协商不一致,用人单位提出终止劳动关系的,无须支付经济补偿金。

自用工之日起超过一个月不足一年,用人单位有足够证据证明与劳动者未能签订书面劳动合同的原因完全在劳动者,且用人单位无过错的,用人单位无须支付两倍工资。但用人单位提出终止劳动关系的,须支付经济补偿金。

上海市

一、《上海市高级人民法院关于适用〈劳动合同法〉若干问题的意见》(2009年3月3日)

二、劳动关系双方当事人未订立书面合同的处理

劳动合同期满后,劳动者继续为用人单位提供劳动,用人单位未表示异议,但当事人未续订书面劳动合同的,当事人应及时补订书面劳动合同。如果用人单位已尽到诚实信用义务,而劳动者不与用人单位订立书面劳动合同的,用人单位可以书面通知劳动者终止劳动关系,并依照《劳动合同法》第四十七条规定支付经济补偿;如劳动者拒绝订立书面劳动合同并拒绝继续履行的,视为劳动者单方

终止劳动合同，用人单位应当支付劳动者已实际工作期间的相应报酬，但无须支付经济补偿金。

十六、如何看待"退休年龄"和"依法享受基本养老保险待遇"作为终止劳动合同的依据的关系

《劳动合同法》第四十四条规定，劳动者开始依法享受基本养老保险待遇的劳动合同终止，而《实施条例》第二十一条规定，劳动者达到退休年龄的劳动合同终止。用人单位依据前述规定，均可以终止劳动合同。

江苏省

《江苏省高级人民法院、江苏省劳动争议仲裁委员会关于审理劳动争议案件的指导意见》(2009年12月14日)

第二十一条 劳动者达到法定退休年龄，劳动合同关系终止，劳动者主张用人单位支付经济补偿的，不予支持。

浙江省

《浙江省高级人民法院民事审判第一庭、浙江省劳动人事争议仲裁院关于审理劳动争议案件若干问题的解答（四）》(2016年12月)

九、《劳动合同法》第四十六条第（五）项所规定的维持或者提高劳动合同约定条件，该条件是否包括期限、岗位、地点等；若合同约定的工资低于实际工资，但与前一份合同约定的工资相同，是否属于降低了约定条件？

答：《劳动合同法》第四十六条第（五）项所规定的维持或者提高劳动合同约定条件，该条件应做广义解释，即包括期限、岗位、地点等。若合同约定的工资低于实际工资，但与前一份合同约定的工资相同，视为维持原劳动合同约定的条件。

安徽省

《安徽省高级人民法院关于审理劳动争议案件若干问题的指导意见》(2015年1月20日)

第二条 用人单位与达到法定退休年龄的劳动者终止劳动合同，已经享受职工基本养老保险待遇或领取退休金的劳动者主张用人单位支付经济补偿金的，人民法院不予支持。

广东省

《广东省高级人民法院、广东省劳动人事争议仲裁委员会关于劳动人事争议仲裁与诉讼衔接若干意见》(2018年7月18日)

十二、劳动者申请仲裁或起诉时请求违法解除或违法终止劳动合同的赔偿金,但仲裁机构或人民法院经过审理后认为应支持劳动者解除或终止劳动合同的经济补偿的,可直接裁判用人单位向劳动者支付经济补偿。劳动者申请仲裁或起诉时请求解除或终止劳动合同的经济补偿,但仲裁机构或人民法院经过审理后认为应支持违法解除或终止劳动合同的赔偿金的,可在劳动者请求的金额范围内予以支持。

贵州省

《贵州省高级人民法院、贵州省人力资源和社会保障厅关于劳动争议案件若干问题的会议纪要》(2012年7月9日)

33.自用工之日起一个月内,劳动者与用人单位没有就签订劳动合同事项达成一致,用人单位提出终止劳动关系的,无须支付经济补偿金,但应当依法向劳动者支付其实际工作时间的劳动报酬。

39.劳动者达到法定退休年龄,劳动合同终止,用人单位无须支付经济补偿金。

第五节　关于违法解除劳动关系赔偿金的请求

【适用指引】

一、请求权基础及相关案由

违法解除劳动关系赔偿金的请求权基础为《劳动合同法》第87条。处理经济补偿金纠纷的法律依据主要是《劳动合同法》第46条、第47条、第85条、第87条[①]，故违法解除劳动关系赔偿金案件的案由应适用《民事案件案由规定》"186.劳动合同纠纷"项下的"经济补偿金纠纷"。

二、用人单位违法解除行为的主要情形

1.用人单位在不符合法定情形的情况下解除劳动合同：《劳动合同法》第36条、第39条、第40条、第41条。

2.用人单位存在法律禁止解除劳动合同的情形时，仍然与劳动者解除劳动合同：《劳动合同法》第42条、《职业病防治法》第55条。

3.用人单位解除劳动合同时违反了法定程序：一是裁减人员的特别程序，二是其他单方解除劳动合同的程序，比如用人单位未履行应当事先将解除理由通知工会的程序。

4.用人单位在裁减人员时没有遵守裁员次序的规定：《劳动合同法》第41条。

三、《劳动争议司法解释（一）》第四十七条补正程序的理解

1.补正内容。用人单位应当将解除劳动合同的理由通知工会，征求工会意见，如果工会提出意见，用人单位还应通知工会。

2.补正期限。在用人单位实体上合法解除的情况下，用人单位只要是在起诉前补正的，即可认定不属于违法解除劳动合同。用人单位在劳动仲裁过程中补正通知工会的有关程序，发生补正的法律效果。

---

① 参见：《最高人民法院民事案件案由规定理解与适用》，人民法院出版社2011年版，第292页。

四、新冠疫情防控期间的相关问题

参见《最高人民法院依法妥善审理涉新冠肺炎疫情民事案件若干问题指导意见（一）》《人力资源社会保障部办公厅关于妥善处理新型冠状病毒感染的肺炎疫情防控期间劳动关系问题的通知》《人力资源社会保障部、全国总工会、中国企业联合会/中国企业家协会、全国工商联关于做好新型冠状病毒感染肺炎疫情防控期间稳定劳动关系支持企业复工复产的意见》《北京市高级人民法院、北京市劳动人事争议仲裁委员会关于审理新型冠状病毒感染肺炎疫情防控期间劳动争议案件法律适用问题的解答》第20~21条、《天津市高级人民法院民事审判第一庭关于审理涉新冠肺炎疫情相关民事案件的法官会议纪要（一）劳动争议案件部分》《重庆市高级人民法院民一庭关于审理涉新型冠状病毒肺炎疫情民事案件若干问题的解答（劳动争议案件部分）》第19条、《河北省人力资源和社会保障厅、河北省高级人民法院关于涉新冠肺炎疫情劳动争议纠纷相关问题的解答》第2条和第13条、《河南省高级人民法院、河南省人力资源和社会保障厅关于做好涉新型冠状病毒肺炎疫情防控劳动争议处理工作的通知》第4条、第8~9条、《山东省高级人民法院民一庭关于涉疫情劳动争议案件法官会议纪要》第1条和第5条、《浙江省高级人民法院关于规范涉新冠肺炎疫情相关民事法律纠纷的实施意见（试行）》第7条、《广东省高级人民法院、广东省人力资源和社会保障厅关于审理涉新冠肺炎疫情劳动人事争议案件若干问题的解答》第8~11条和第16条、《湖南省高级人民法院关于涉新型冠状病毒感染肺炎疫情案件法律适用若干问题的解答》问题10、《四川省高级人民法院民事审判第一庭涉疫情相关民事案件审理的法官会议纪要（劳动争议部分）》第11条、《云南省人力资源和社会保障厅关于加强新型冠状病毒感染的肺炎疫情防控期间劳动关系问题处理工作的通知》第2条。

【裁判依据】

法律

一、《中华人民共和国劳动法》（2009年8月27日修正）

第三条 ……劳动者应当完成劳动任务，提高职业技能，执行劳动安全卫生规程，遵守劳动纪律和职业道德。

二、《中华人民共和国劳动合同法》（2012年12月28日修正）

第二十一条 在试用期中，除劳动者有本法第三十九条和第四十条第一项、第二项规定的情形外，用人单位不得解除劳动合同。用人单位在试用期解除劳动合同的,应当向劳动者说明理由。

第三十二条 劳动者拒绝用人单位管理人员违章指挥、强令冒险作业的,不视为违反劳动合同。

劳动者对危害生命安全和身体健康的劳动条件,有权对用人单位提出批评、检举和控告。

第三十九条 劳动者有下列情形之一的,用人单位可以解除劳动合同:

(一)在试用期间被证明不符合录用条件的;

(二)严重违反用人单位的规章制度的;

(三)严重失职,营私舞弊,给用人单位造成重大损害的;

(四)劳动者同时与其他用人单位建立劳动关系,对完成本单位的工作任务造成严重影响,或者经用人单位提出,拒不改正的;

(五)因本法第二十六条第一款第一项规定的情形致使劳动合同无效的;

(六)被依法追究刑事责任的。

第四十条 有下列情形之一的,用人单位提前三十日以书面形式通知劳动者本人或者额外支付劳动者一个月工资后,可以解除劳动合同:

(一)劳动者患病或者非因工负伤,在规定的医疗期满后不能从事原工作,也不能从事由用人单位另行安排的工作的;

(二)劳动者不能胜任工作,经过培训或者调整工作岗位,仍不能胜任工作的;

(三)劳动合同订立时所依据的客观情况发生重大变化,致使劳动合同无法履行,经用人单位与劳动者协商,未能就变更劳动合同内容达成协议的。

第四十一条 有下列情形之一,需要裁减人员二十人以上或者裁减不足二十人但占企业职工总数百分之十以上的,用人单位提前三十日向工会或者全体职工说明情况,听取工会或者职工的意见后,裁减人员方案经向劳动行政部门报告,可以裁减人员:

(一)依照企业破产法规定进行重整的;

(二)生产经营发生严重困难的;

(三)企业转产、重大技术革新或者经营方式调整,经变更劳动合同后,仍需裁减人员的;

(四)其他因劳动合同订立时所依据的客观经济情况发生重大变化,致使劳动合同无法履行的。

裁减人员时,应当优先留用下列人员:

(一)与本单位订立较长期限的固定期限劳动合同的;

（二）与本单位订立无固定期限劳动合同的；

（三）家庭无其他就业人员，有需要扶养的老人或者未成年人的。

用人单位依照本条第一款规定裁减人员，在六个月内重新招用人员的，应当通知被裁减的人员，并在同等条件下优先招用被裁减的人员。

第四十二条　劳动者有下列情形之一的，用人单位不得依照本法第四十条、第四十一条的规定解除劳动合同：

（一）从事接触职业病危害作业的劳动者未进行离岗前职业健康检查，或者疑似职业病病人在诊断或者医学观察期间的；

（二）在本单位患职业病或者因工负伤并被确认丧失或者部分丧失劳动能力的；

（三）患病或者非因工负伤，在规定的医疗期内的；

（四）女职工在孕期、产期、哺乳期的；

（五）在本单位连续工作满十五年，且距法定退休年龄不足五年的；

（六）法律、行政法规规定的其他情形。

第四十三条　用人单位单方解除劳动合同，应当事先将理由通知工会。用人单位违反法律、行政法规规定或者劳动合同约定的，工会有权要求用人单位纠正。用人单位应当研究工会的意见，并将处理结果书面通知工会。

第四十八条　用人单位违反本法规定解除或者终止劳动合同，劳动者要求继续履行劳动合同的，用人单位应当继续履行；劳动者不要求继续履行劳动合同或者劳动合同已经不能继续履行的，用人单位应当依照本法第八十七条规定支付赔偿金。

第八十七条　用人单位违反本法规定解除或者终止劳动合同的，应当依照本法第四十七条规定的经济补偿标准的二倍向劳动者支付赔偿金。

三、《中华人民共和国职业病防治法》（2018年12月29日修正）

第五十五条第二款　用人单位应当及时安排对疑似职业病病人进行诊断；在疑似职业病病人诊断或者医学观察期间，不得解除或者终止与其订立的劳动合同。

司法解释及指导性文件

一、《最高人民法院关于审理劳动争议案件适用法律若干问题的解释（一）》（2020年12月25日，法释〔2020〕26号）

第四十四条　因用人单位作出的开除、除名、辞退、解除劳动合同、减少劳动报酬、计算劳动者工作年限等决定而发生的劳动争议，用人单位负举证责任。

第四十七条 建立了工会组织的用人单位解除劳动合同符合劳动合同法第三十九条、第四十条规定，但未按照劳动合同法第四十三条规定事先通知工会，劳动者以用人单位违法解除劳动合同为由请求用人单位支付赔偿金的，人民法院应予支持，但起诉前用人单位已经补正有关程序的除外。

第五十三条 用人单位对劳动者作出的开除、除名、辞退等处理，或者因其他原因解除劳动合同确有错误的，人民法院可以依法判决予以撤销。

对于追索劳动报酬、养老金、医疗费以及工伤保险待遇、经济补偿金、培训费及其他相关费用等案件，给付数额不当的，人民法院可以予以变更。

二、《最高人民法院关于依法妥善审理涉新冠肺炎疫情民事案件若干问题的指导意见（一）》（2020年4月16日）

四、依法处理劳动争议案件。加强与政府及有关部门的协调，支持用人单位在疫情防控期间依法依规采用灵活工作方式。审理涉疫情劳动争议案件时，要准确适用《中华人民共和国劳动法》第二十六条、《中华人民共和国劳动合同法》第四十条等规定。用人单位仅以劳动者是新冠肺炎确诊患者、疑似新冠肺炎患者、无症状感染者、被依法隔离人员或者劳动者来自疫情相对严重的地区为由主张解除劳动关系的，人民法院不予支持。就相关劳动争议案件的处理，应当正确理解和参照适用国务院有关行政主管部门以及省级人民政府等制定的在疫情防控期间妥善处理劳动关系的政策文件。

三、《第八次全国法院民事商事审判工作会议（民事部分）纪要》（2016年11月21日）

29.用人单位在劳动合同期限内通过"末位淘汰"或"竞争上岗"等形式单方解除劳动合同，劳动者可以用人单位违法解除劳动合同为由，请求用人单位继续履行劳动合同或者支付赔偿金。

部门规章

一、《劳动部关于贯彻执行〈中华人民共和国劳动法〉若干问题的意见》（1995年8月4日）

28.劳动者涉嫌违法犯罪被有关机关收容审查、拘留或逮捕的，用人单位在劳动者被限制人身自由期间，可与其暂时停止劳动合同的履行。

暂时停止履行劳动合同期间，用人单位不承担劳动合同规定的相应义务。劳动者经证明被错误限制人身自由的，暂时停止履行劳动合同期间劳动者的损失，可由其依据《国家赔偿法》要求有关部门赔偿。

29.劳动者被依法追究刑事责任的，用人单位可依据劳动法第二十五条解除劳动合同。

"被依法追究刑事责任"是指：被人民检察院免予起诉的、被人民法院判处刑罚的、被人民法院依据刑法第三十二条免予刑事处分的。

劳动者被人民法院判处拘役、三年以下有期徒刑缓刑的，用人单位可以解除劳动合同。

二、《人力资源社会保障部办公厅关于妥善处理新型冠状病毒感染的肺炎疫情防控期间劳动关系问题的通知》（2020年1月24日）

一、对新型冠状病毒感染的肺炎患者、疑似病人、密切接触者在其隔离治疗期间或医学观察期间以及因政府实施隔离措施或采取其他紧急措施导致不能提供正常劳动的企业职工，企业应当支付职工在此期间的工作报酬，并不得依据劳动合同法第四十条、四十一条与职工解除劳动合同。在此期间，劳动合同到期的，分别顺延至职工医疗期期满、医学观察期期满、隔离期期满或者政府采取的紧急措施结束。

三、《人力资源社会保障部、全国总工会、中国企业联合会/中国企业家协会、全国工商联关于做好新型冠状病毒感染肺炎疫情防控期间稳定劳动关系支持企业复工复产的意见》（2020年2月7日）

二、灵活处理疫情防控期间的劳动用工问题

（三）指导规范用工管理。在疫情防控期间，要指导企业全面了解职工被实施隔离措施或政府采取的紧急措施情况，要求企业不得在此期间解除受相关措施影响不能提供正常劳动职工的劳动合同或退回被派遣劳动者。对符合规定的复工企业，要指导企业提供必要的防疫保护和劳动保护措施，积极动员职工返岗。对不愿复工的职工，要指导企业工会及时宣讲疫情防控政策要求和企业复工的重要性，主动劝导职工及时返岗。对经劝导无效或以其他非正当理由拒绝返岗的，指导企业依法予以处理。鼓励企业积极探索稳定劳动关系的途径和方法，对采取相应措施后仍需要裁员的企业，要指导企业制定裁员方案，依法履行相关程序，妥善处理劳动关系，维护企业正常生产经营秩序。

地方政府规章及规范性文件

《北京市工伤职工停工留薪期管理办法》（2003年12月3日）

第十二条 工伤职工在停工留薪期内或者尚未作出劳动能力鉴定结论的，用人单位不得与之解除或者终止劳动合同。

【参考依据】

北京市

一、《北京市高级人民法院、北京市劳动人事争议仲裁委员会关于审理劳动争议案件法律适用问题的解答》(2017年4月24日)

6.用人单位与劳动者在劳动合同中宽泛地约定工作地点是"全国""北京"等,用人单位在履行劳动合同过程中调整劳动者的工作地点,劳动者不同意,用人单位依据规章制度作出解除劳动合同决定是否支持?

用人单位与劳动者在劳动合同中宽泛地约定工作地点是"全国""北京"等,如无对用人单位经营模式、劳动者工作岗位特性等特别提示,属于对工作地点约定不明。劳动者在签订劳动合同后,已经在实际履行地点工作的,视为双方确定具体的工作地点。用人单位不得仅以工作地点约定为"全国""北京"为由,无正当理由变更劳动者的工作地点。

用人单位与劳动者在劳动合同中明确约定用人单位可以单方变更工作地点的,仍应对工作地点的变更进行合理性审查。具体审查时,除考虑对劳动者的生活影响外,还应考虑用人单位是否采取了合理的弥补措施(如提供交通补助、班车)等。

8.用人单位违法解除或终止劳动合同,劳动者要求继续履行劳动合同的,如何处理?

在仲裁中发现确实无法继续履行劳动合同的,应做好释明工作,告知劳动者将要求继续履行劳动合同的请求变更为要求用人单位支付违法解除劳动合同赔偿金等请求。如经充分释明,劳动者仍坚持要求继续履行劳动合同的,应尊重劳动者的诉权,驳回劳动者的请求,告知其可另行向用人单位主张违法解除劳动合同赔偿金等。如经释明后,劳动者的请求变更为要求用人单位支付违法解除劳动合同赔偿金等的,应当继续处理。

在诉讼中发现确实无法继续履行劳动合同的,驳回劳动者的诉讼请求,告知其可另行向用人单位主张违法解除劳动合同赔偿金等。

9.用人单位违法解除或终止劳动合同后,劳动者要求继续履行劳动合同,哪些情形可以认定为"劳动合同确实无法继续履行"?

劳动合同确实无法继续履行主要有以下情形:(1)用人单位被依法宣告破产、吊销营业执照、责令关闭、撤销,或者用人单位决定提前解散的;(2)劳动者在仲裁或者诉讼过程中达到法定退休年龄的；（3）劳动合同在仲裁或者诉讼过程中到期终止且不存在《劳动合同法》第十四条规定应当订立无固定期限劳动合同情形的；（4）劳动者原岗位对用人单位的正常业务开展具有较强的不可替代性和唯一性（如总经理、财务负责人等），且劳动者原岗位已被他人替代，双方不能就新岗位达成一致意见的；（5）劳动者已入职新单位的；（6）仲裁或诉讼过程中，用人单位向劳动者送达复工通知，要求劳动者继续工作，但劳动者拒绝的；（7）其他明显不具备继续履行劳动合同条件的。

劳动者原岗位已被他人替代的，用人单位仅以此为由进行抗辩，不宜认定为"劳动合同确实无法继续履行的"情形。

11. 用人单位依据《劳动合同法》第三十九条第一项的规定解除劳动合同的，如何处理？

用人单位在录用劳动者时应当向劳动者明确告知录用条件，用人单位在解除劳动合同时应当向劳动者说明理由及法律依据。

用人单位证明已向劳动者明确告知录用条件，并且提供证据证明劳动者在试用期间不符合录用条件的，可依照《劳动合同法》第三十九条第一项的规定解除劳动合同。

就劳动者是否符合录用条件的认定，在试用期的认定标准可适当低于试用期届满后的认定标准。劳动者不符合录用条件的情况主要有以下情形：（1）劳动者违反诚实信用原则对影响劳动合同履行的自身基本情况有隐瞒或虚构事实的，包括提供虚假学历证书、假身份证、假护照等个人重要证件；对履历、知识、技能、业绩、健康等个人情况说明与事实有重大出入的；（2）在试用期间存在工作失误的，对工作失误的认定以劳动法相关规定、用人单位规章制度以及双方合同约定内容为判断标准；（3）双方约定属于用人单位考核劳动者试用期不符合录用条件的其他情况。

12. 哪些情形属于《劳动合同法》第四十条第三项规定的"劳动合同订立时所依据的客观情况发生重大变化"？

"劳动合同订立时所依据的客观情况发生重大变化"是指劳动合同订立后发生了用人单位和劳动者订立合同时无法预见的变化，致使双方订立的劳动合同全部或者主要条款无法履行，或者若继续履行将出现成本过高等显失公平的状况，致使劳动合同目的难以实现。

下列情形一般属于"劳动合同订立时所依据的客观情况发生重大变化"：（1）地震、火灾、水灾等自然灾害形成的不可抗力；（2）受法律、法规、政策变化导致用人单位迁移、资产转移或者停产、转产、转（改）制等重大变化的；

（3）特许经营性质的用人单位经营范围等发生变化的。

13.在规章制度未作出明确规定、劳动合同亦未明确约定的情况下，劳动者严重违反劳动纪律和职业道德的，用人单位是否可以解除劳动合同？

《劳动法》第三条第二款中规定："劳动者应当遵守劳动纪律和职业道德"。上述规定是对劳动者的基本要求，即便在规章制度未作出明确规定、劳动合同亦未明确约定的情况下，如劳动者存在严重违反劳动纪律或职业道德的行为，用人单位可以依据《劳动法》第三条第二款的规定与劳动者解除劳动合同。

三、《北京市高级人民法院、北京市劳动人事争议仲裁委员会关于审理新型冠状病毒感染肺炎疫情防控期间劳动争议案件法律适用问题的解答》（2020年4月29日）

20.用人单位合规复工复产后，劳动者不愿复工，用人单位以此为由解除劳动合同的，是否支持？

答：用人单位应加强特殊时期对劳动者的人文关怀，用人单位能够举证证明劳动者经催告、劝导无效或以其他非正当理由拒绝返岗的，可以依据劳动合同法第三十九条第二项的规定依法解除劳动合同。

21.劳动者故意隐瞒感染或疑似感染新型冠状病毒肺炎，拒不配合接受检查、强制隔离或者治疗，或者劳动者拒不遵守或接受政府疫情防控措施安排，造成重大社会影响或严重后果的，用人单位是否可以解除劳动合同？

答：用人单位能够举证证明上述情形的，可以依据劳动合同法第三十九条第二项或比照《北京市高级人民法院 北京市劳动人事争议仲裁委员会关于审理劳动争议案件法律适用问题的解答》第13条的规定，与劳动者解除劳动合同并无需支付经济补偿。

天津市

一、《天津法院劳动争议案件审理指南》（2017年11月30日）

21.【用人单位合法解除劳动合同的审查要件】认定用人单位合法解除劳动合同，应当审查以下要件：

（1）用人单位与劳动者协商一致解除劳动合同，且不存在欺诈、胁迫或者重大误解的情形；

（2）用人单位向劳动者作出解除劳动合同的意思表示，该意思表示具体明确且已经到达劳动者，用人单位对其解除劳动合同的具体原因承担举证证明责任；

（3）用人单位解除劳动合同符合劳动合同的约定或者规章制度的规定，且该约定或者规定不违反法律规定的；

（4）用人单位解除劳动合同符合《中华人民共和国劳动合同法》第三十九条、第四十条、第四十一条的规定；

（5）已经建立工会的用人单位根据《中华人民共和国劳动合同法》第三十九条、第四十条的规定解除劳动合同，事先已经通知工会；或者虽未通知工会，但是在起诉前已经补正有关程序。

未建立工会的用人单位根据《中华人民共和国劳动合同法》第三十九条、第四十条规定解除劳动合同，劳动者以用人单位未通知所在地工会或者行业工会为由主张违法解除劳动合同的，不予支持。

24.【试用期不符合录用条件】用人单位以劳动者在试用期内被证明不符合录用条件为由解除劳动合同，并同时符合以下条件的，应予支持：

（1）用工之前已经向劳动者告知录用条件；

（2）录用条件应当符合劳动合同目的，与工作岗位、工作能力相联系，不存在设定明显不能完成的、超过一般劳动者平均水平的条件，不存在歧视性条件，不违反法律法规的规定；

（3）劳动者被证明不符合录用条件，且用人单位在试用期满之前明确通知劳动者解除劳动合同。

28.【用人单位违法解除劳动合同的赔偿金与继续履行竞合问题的处理】用人单位违法解除劳动合同，劳动者要求继续履行合同并主张用人单位支付赔偿金及因违法解除劳动合同而导致的工资损失的，应当区分以下情况分别处理：

（1）劳动合同具备继续履行条件的，应当判决双方继续履行劳动合同，同时还应当判决用人单位向劳动者支付自违法解除劳动合同之日起至判决生效之日止的工资损失；

（2）劳动合同不能继续履行的，应当根据《中华人民共和国劳动合同法》第八十七条的规定判决用人单位向劳动者支付赔偿金，但不宜再判决用人单位支付自违法解除劳动合同之日起至劳动合同到期终止之日止（即劳动合同剩余期限）的工资损失；

（3）劳动合同虽然具备继续履行条件，但已在劳动仲裁或者法院审理期间届满的，不应当再判决继续履行劳动合同，而应当判决用人单位向劳动者支付自违法解除劳动合同之日起至劳动合同届满之日止的工资损失。同时，还应当判令用人单位向劳动者支付合同到期终止的经济补偿金，不宜再判决用人单位向劳动者支付赔偿金。

本条规定的工资损失，是指用人单位违法解除劳动合同之日前劳动者十二个月的月平均应得工资，劳动者在该用人单位工作不满十二个月的，按照实际工作月数计算月平均工资。该工资数额高于本市公布的上年度职工月平均工资三倍的，应当按照职工月平均工资三倍的数额确定。上述工资数额无法查明的，以劳动者所在行业平均工资为准。

二、《天津市高级人民法院民事审判第一庭关于审理涉新冠肺炎疫情相关民事案件的法官会议纪要（一）劳动争议案件部分》（2020年3月19日）

3.因新冠肺炎疫情防控工作需要（隔离治疗期间或医学观察期间的新冠肺炎患者、疑似病人、密切接触者，以及受实施隔离或其他紧急措施影响），劳动者不能正常复工的，企业以劳动者旷工为由主张解除劳动合同的，不予支持。

河北省

《河北省人力资源和社会保障厅、河北省高级人民法院关于涉新冠肺炎疫情劳动争议纠纷相关问题的解答》（2020年6月5日）

2.劳动者在隔离治疗期间或医学观察期间未能提供正常劳动，用人单位以此为由要求解除劳动合同，如何处理？

答：对新冠肺炎患者、病原携带者、疑似病人、密切接触者在其隔离治疗期间或医学观察期间以及因政府实施隔离措施或采取其他紧急措施导致不能提供正常劳动的企业职工，用人单位不得因此与其解除劳动合同，也不得以劳动者无过错、经济性裁员为由解除劳动合同；对被派遣劳动者，用工单位不得因此将其退回劳务派遣单位。

13.具备复工条件的用人单位，劳动者未按照要求复工返岗，如何处理？

答：具备复工条件的用人单位，对不愿复工的劳动者，用人单位应主动劝导劳动者返岗，对经劝导无效及其他非正当理由拒绝返岗，用人单位可按照《劳动合同法》第三十九条第（二）项规定，依法解除劳动合同。

上海市

一、《上海市高级人民法院关于适用〈劳动合同法〉若干问题的意见》（2009年3月3日）

八、用人单位因"违法解除或终止合同"需向劳动者支付赔偿金的适用范围

根据《劳动合同法》第四十八条的适用前提，是劳动合同应当履行而实际上已经不再继续履行，不包括劳动合同本来就符合解除和终止条件的情况，即用人单位在不具备合法解除或终止条件的情况下解除合同。因此，如果依法已经具备

解除或终止的条件,只是用人单位在办理解除或终止的程序上存在瑕疵的,不属于本条规定的范围。如用人单位在已经具备解除条件的情况下,只是存在未提前30天通知劳动者等程序瑕疵的,则用人单位应当通过支付相应的"代通金"等方式加以补正,但无需支付赔偿金。

十一、用人单位要求劳动者承担合同责任的处理

劳动合同的履行应当遵循依法、诚实信用的原则。劳动合同的当事人之间除了规章制度的约束之外,实际上也存在很多约定的义务和依据诚实信用原则而应承担的合同义务。

如《劳动法》第三条第二款关于"劳动者应当遵守劳动纪律和职业道德"等规定,就是类似义务的法律基础。因此,在规章制度无效的情况下,劳动者违反必须遵守的合同义务,用人单位可以要求其承担责任。劳动者以用人单位规章制度没有规定为由提出抗辩的,不予支持。但在规范此类行为时,应当仅对影响劳动关系的重大情况进行审核,以免过多干涉用人单位的自主管理权。

二十、用人单位未经法定程序即实行经济性裁员的处理

根据《劳动合同法》第四十一条的规定,企业进行经济性裁员必须满足一定的前提条件,用人单位在未满足该条件的情况下进行裁员,被裁的劳动者要求恢复劳动关系的,可以支持。

二、《上海市高级人民法院、上海市人力资源和社会保障局关于疫情影响下劳动争议案件处理相关指导的意见》(2020年4月13日)

三、关于延长的3天春节假期劳动者未按用人单位要求加班是否属于旷工、如劳动者加班工资应如何支付的问题

……为加强新冠肺炎疫情防控、阻断疫情传播,国务院通知2020年春节假期延长至2月2日,即比原安排多休息3天。对于少数用人单位出于防控、保障国计民生或其他生产经营需要,要求劳动者在延长的3天春节假期内提供正常劳动,如劳动者拒绝,用人单位可否以旷工为由解除劳动合同的问题。我们认为,国家延长2020年春节假期是为了应对疫情防控采取的特殊措施,如用人单位要求劳动者在这3天内加班,应参照《劳动法》第41条规定的加班原则与工会和劳动者协商一致。在未协商一致的情况下,用人单位一般不得以旷工为由解除劳动合同。

江苏省

一、《江苏省高级人民法院、江苏省劳动争议仲裁委员会关于审理劳动争议案件的指导意见》(2009年12月14日)

第十七条 用人单位单方解除劳动合同,未履行《劳动合同法》第四十一条、四十三条规定的向工会或者全体职工说明情况、听取工会或职工的意见等程序性义务的,应认定其解除劳动合同的行为违法,劳动者请求用人单位继续履行劳动合同或支付赔偿金的,应予支持。

用人单位解除劳动合同本身符合法律规定,仅存在未提前三十日书面通知劳动者的程序性瑕疵,劳动者以用人单位违法解除劳动合同为由请求用人单位继续履行劳动合同或支付赔偿金的,不予支持。

二、《江苏省高级人民法院、江苏省劳动人事争议仲裁委员会关于审理劳动人事争议案件的指导意见(二)》(2011年11月8日)

第十四条 劳动者主张被用人单位口头辞退,而用人单位主张是劳动者自动离职,由用人单位就劳动者自动离职的事实负举证责任,用人单位不能举证证明的,由其承担不利后果。

第十六条 用人单位违法解除或终止劳动合同,劳动者请求撤销用人单位的解除决定、继续履行劳动合同,并请求用人单位赔偿仲裁、诉讼期间工资损失的,应予支持。劳动者不要求继续履行劳动合同的,可以解除双方的劳动合同,由用人单位支付违法解除劳动合同的赔偿金,赔偿金的计算年限应包括《劳动合同法》实施前劳动者在用人单位的工作年限。

三、《江苏省劳动人事争议疑难问题研讨会纪要》(2017年7月3日)

(八)企业停产放长假人员、未达到法定退休年龄的离岗休养人员以及其他协商保留劳动关系的不在岗人员的劳动合同对经济补偿作出例外约定,如果用人单位违法解除或终止上述人员的劳动合同,是否应当支付赔偿金?

《江苏省劳动合同条例》第十四条规定,对于企业停产放长假人员、未达到法定退休年龄的离岗休养人员以及其他协商保留劳动关系的不在岗人员到新的用人单位工作,双方可以在劳动合同中对支付经济补偿作出例外约定。如双方有例外约定的,用人单位依照法定情形解除或终止劳动合同,可以不支付经济补偿;但若用人单位系违法解除或终止劳动合同,其违法赔偿责任并不能以此为由免除,劳动者主张用人单位支付赔偿金的,应予支持。

(九)劳动者要求用人单位支付解除或终止劳动合同赔偿金,但经过仲裁庭审,查明用人单位不存在违法解除或终止劳动合同情形,不应支付赔偿金,但符合支付经济补偿情形的,仲裁机构应当如何处理?

仲裁机构应当向劳动者释明,告知劳动者可以变更仲裁请求为支付经济补偿。如果劳动者坚持不变更仲裁请求,为减少诉累,节约仲裁资源,提高工作效率,仲裁机构可以直接裁决支付经济补偿。

浙江省

一、《浙江省高级人民法院民一庭关于审理劳动争议案件若干问题的意见》(2009年4月16日)

第四十五条 对劳动者无正当理由未办理请假手续,擅自离岗连续超过十五日,用人单位规章制度已有规定的,按相关规定执行;用人单位规章制度无规定的,用人单位可以劳动者严重违反劳动纪律为由,解除劳动合同。

用人单位以劳动者擅自离岗为由,作出解除劳动合同决定,但确因客观原因无法将该决定送达给劳动者,后劳动者以用人单位未履行送达等相关手续为由主张解除无效的,不予支持。

二、《浙江省高级人民法院民事审判第一庭、浙江省劳动人事争议仲裁院关于审理劳动争议案件若干问题的解答(二)》(2014年4月14日)

八、劳动者违反用人单位规章制度,符合用人单位与其解除劳动合同的条件,用人单位应在多长时间内行使劳动合同解除权?

答:劳动者违反用人单位规章制度,符合用人单位与其解除劳动合同的条件,用人单位一般应在知道或者应当知道之日起5个月内行使劳动合同解除权。

九、用人单位的规章制度规定绩效考核等级,并规定考核末位淘汰的,用人单位能否据此单方解除与考核末位者的劳动关系?

答:劳动者在用人单位绩效考核中居于末位等次,不等同于"不能胜任工作",不符合单方解除劳动合同的法定条件,用人单位不能据此单方解除劳动合同。

三、《浙江省高级人民法院民事审判第一庭、浙江省劳动人事争议仲裁院关于审理劳动争议案件若干问题的解答(三)》(2015年9月29日)

八、用人单位以劳动者存在《劳动合同法》第三十九条规定情形为由解除劳动合同,在仲裁或诉讼程序中,用人单位又补充提出劳动者存在用人单位可单方解除劳动合同的其他事由或情形,对此如何处理?

答:对用人单位是否构成违法解除劳动合同的审查,应当围绕用人单位在解除劳动合同当时所提出的事由或情形,用人单位事后补充的劳动者存在用人单位可单方解除劳动合同的其他事由或情形,均不纳入审查范围。

九、用人单位解除劳动合同符合《劳动合同法》第四十条规定情形，但未提前三十日通知劳动者，也未额外支付劳动者一个月工资，劳动者要求用人单位支付违法解除劳动合同的赔偿金，能否支持？

答：用人单位解除劳动合同符合《劳动合同法》第四十条规定情形，但未提前三十日通知劳动者，也未额外支付劳动者一个月工资的，属于程序瑕疵，不构成违法解除。劳动者要求用人单位支付违法解除劳动合同赔偿金的，不予支持。但劳动者要求用人单位额外支付一个月工资的，可予支持。

十、劳动者以用人单位违法解除或终止劳动合同为由要求用人单位支付赔偿金，经审理认为理由不成立，但解除或终止劳动合同符合用人单位应当支付经济补偿的情形，能否直接裁决或者判决用人单位向劳动者支付经济补偿？

答：仲裁委员会和法院在审理中可以告知劳动者赔偿金和经济补偿的区别，询问如对其赔偿金的请求不能支持，是否要求用人单位向其支付经济补偿。经释明后，劳动者仍坚持只要求用人单位支付赔偿金的，不能径行裁判由用人单位支付经济补偿。

十一、劳动者擅自离岗，用人单位以劳动者严重违反规章制度或劳动纪律为由解除劳动合同，劳动者以用人单位未及时足额支付其劳动报酬为由进行抗辩，该抗辩事由能否成立？

答：劳动者提供劳动是劳动关系的根本特征之一。用人单位未及时足额支付劳动报酬的，劳动者可以依据《劳动合同法》第三十八条规定解除劳动合同，或者依据《劳动合同法》第八十五条规定请求劳动行政部门责令用人单位限期支付，但不能以此为由擅自离岗。该抗辩事由不能成立。

四、《浙江省高级人民法院民事审判第一庭、浙江省劳动人事争议仲裁院关于审理劳动争议案件若干问题的解答（四）》（2016年12月30日）

七、用人单位违法与劳动者解除劳动合同，劳动者要求继续履行劳动合同，而劳动合同已经客观上无法继续履行的，如何处理？

答：用人单位违法解除劳动合同，且劳动合同客观上无法继续履行，劳动者要求继续履行劳动合同的，仲裁委员会和法院可询问劳动者是否要求用人单位支付赔偿金。劳动者坚持原请求的，不予支持；劳动者要求支付违法解除劳动合同赔偿金的，可予支持。

八、用人单位以《劳动合同法》第四十条规定解除了与女职工的劳动合同，女职工现以怀孕期间不能解除劳动合同为由，要求恢复劳动关系，是否支持？如其要求支付违法解除劳动合同的赔偿金，是否支持？

答：用人单位以《劳动合同法》第四十条规定解除了与女职工的劳动合同，

女职工现以怀孕期间不能解除劳动合同为由，要求恢复劳动关系的，应当予以支持；不要求恢复劳动关系但要求支付违法解除劳动合同赔偿金的，应举证证明在解除劳动合同前其已告知用人单位怀孕的事实。

五、《浙江省高级人民法院关于规范涉新冠肺炎疫情相关民事法律纠纷的实施意见（试行）》（2020年2月10日）

7.用人单位应严格遵照当地政府发布的延迟复工通知执行，除涉及保障城市运行、疫情防控、人民生活必须等情形，用人单位不得强制要求劳动者提前复工，不得以疫情防控措施导致劳动者无法复工为由而解除劳动合同。用人单位强制要求劳动者提前复工的，劳动者可依据《中华人民共和国劳动合同法》第三十八条解除劳动合同，并主张经济补偿金。

江西省

《江西省劳动人事争议裁审衔接工作座谈会纪要》（2013年12月18日）

第十条【不能胜任工作】用人单位在劳动合同期限内以"末位淘汰"或者"竞争上岗"等考评考核结果为由单方面解除劳动合同，劳动者以用人单位违法解除劳动合同为由，请求用人单位继续履行劳动合同或支付赔偿金的，应予支持。

用人单位通过"末位淘汰"或者"竞争上岗"等形式确认劳动者不能胜任现任工作岗位，经过培训或者调整岗位仍不能胜任工作的，用人单位依据《劳动合同法》第四十条规定，提起三十日书面通知劳动者本人或者额外支付劳动者一个月工资后，可以解除劳动合同。

山东省

《山东省高级人民法院民一庭关于涉疫情劳动争议案件法官会议纪要》（2020年2月25日）

一、关于职工患新冠肺炎或被隔离期间，用人单位能否解除或终止劳动合同的问题

（节录）对于在隔离治疗期间或医学观察期间的新冠肺炎患者、疑似病人、密切接触者，以及因政府实施隔离措施或采取其他紧急措施不能提供正常劳动的职工，用人单位根据《中华人民共和国劳动合同法》（以下简称《劳动合同法》）第40条、第41条规定请求与职工解除劳动合同的，不予支持。

职工患有或者疑似患有新冠肺炎，故意隐瞒病情，拒绝接受检疫、强制隔离或者治疗的，构成严重违反用人单位规章制度或被依法追究刑事责任的，依据

《劳动合同法》第 39 条规定，用人单位可以请求解除劳动合同，无需支付经济补偿金。

五、关于职工未能如期复工的处理问题

按照山东省《关于加快全省企业和项目建设复工复产的若干措施》要求，解决企业和项目建设单位反映突出的员工返岗等问题，由于长途客运停运、外来人员管控、隔离观察等措施，如职工不能如期返工，应如实向单位汇报情况，并履行相应的请假手续，企业不得以旷工为由解除劳动合同。对不愿复工的职工，企业工会应主动劝导职工及时返岗。对经劝导无效及其他非正当理由拒绝返岗的，企业可依法处理。

河南省

《河南省高级人民法院、河南省人力资源和社会保障厅关于做好涉新型冠状病毒肺炎疫情防控劳动争议处理工作的通知》（2020 年 3 月 2 日）

4. 劳动者因新冠肺炎疫情防控接受调查、检验、隔离观察、治疗以及因政府采取其他紧急措施导致不能按时返岗，不应认定为旷工；如劳动者被用人单位以未及时返岗、拒不服从安排等方式为由解除劳动合同，劳动者请求用人单位承担违法解除劳动合同相应责任的，应予支持。

8. 对新冠肺炎患者、疑似病人、密切接触者在其隔离治疗期间或医学观察期间以及因政府实施隔离措施或采取其他紧急措施导致不能提供正常劳动的劳动者，用人单位不得依据《中华人民共和国劳动合同法》(以下简称《劳动合同法》)第四十条、四十一条与劳动者解除劳动合同。劳动合同在新冠肺炎疫情防控期间到期的，用人单位不得以劳动合同到期为由与劳动者终止劳动关系，劳动合同期限应顺延至劳动者医疗期期满、医学观察期期满、隔离期期满或者政府采取的紧急措施结束，之后由劳动者与用人单位依法处理劳动关系。

9. 劳动者存在违反疫情防控管理措施、拒绝配合检疫治疗等违法违规情形，被依法追究刑事责任的，用人单位依据《劳动合同法》第三十九条第六项的规定与劳动者解除劳动合同，劳动者主张用人单位违法解除劳动合同的，不予支持。

湖南省

《湖南省高级人民法院关于涉新型冠状病毒感染肺炎疫情案件法律适用若干问题的解答》（2020 年 2 月 25 日）

问题 10：用人单位提出与确诊的新冠肺炎患者及其密切接触者、疑似的新冠肺炎患者、无法明确排除新冠肺炎可能的发热患者（以下简称四类人员），以及因政府实施隔离措施或采取其他紧急措施导致不能提供正常劳动的劳动者解除劳动合同的，如何处理？

答：用人单位以此为由起诉解除劳动合同的，人民法院一般不予支持。在此期间劳动合同到期的，应延长至医疗期满、医学观察期满、隔离期满、政府采取的紧急措施结束。

广东省

一、《广东省高级人民法院、广东省劳动人事争议仲裁委员会关于劳动人事争议仲裁与诉讼衔接若干意见》（2018 年 7 月 18 日）

十二、劳动者申请仲裁或起诉时请求违法解除或违法终止劳动合同的赔偿金，但仲裁机构或人民法院经过审理后认为应支持劳动者解除或终止劳动合同的经济补偿的，可直接裁判用人单位向劳动者支付经济补偿。劳动者申请仲裁或起诉时请求解除或终止劳动合同的经济补偿，但仲裁机构或人民法院经过审理后认为应支持违法解除或终止劳动合同的赔偿金的，可在劳动者请求的金额范围内予以支持。

十三、用人单位以劳动者违反计划生育政策为由解除劳动合同的，应承担违法解除劳动合同的法律责任。

二、《广东省高级人民法院、广东省人力资源和社会保障厅关于审理涉新冠肺炎疫情劳动人事争议案件若干问题的解答》（2020 年 4 月 27 日）

8.承担疫情防控保障任务的用人单位，要求劳动者提前返岗或者合理延长工作时间被拒，应如何处理

承担疫情防控保障任务的用人单位，通知劳动者在春节延长假或者限制复工期间返岗或者合理延长工作时间，劳动者无正当理由未按时返岗或者未按用人单位要求合理延长工作时间，属于可以解除劳动合同情形的，用人单位根据法律、劳动合同的约定或者本单位的规章制度可解除劳动合同，劳动者要求用人单位支付解除劳动合同经济补偿或者违法解除劳动合同赔偿金的，不予支持。

9.用人单位以劳动者拒绝到疫情严重地区或者原疫情严重地区但已被确定为低风险地区工作、出差为由，解除劳动合同，劳动者能否主张违法解除劳动合同的赔偿金

疫情防控期间，用人单位未提供必要的防护措施、没有正当理由或者相关的政策依据要求劳动者到疫情严重地区工作、出差，劳动者有权拒绝。用人单位因劳动者拒绝而解除劳动合同，劳动者根据劳动合同法第八十七条规定请求支付赔

偿金的，应予支持。但涉及运送防疫物资等与疫情防控密切相关的，劳动者无特殊情况不得拒绝。劳动者无正当理由拒绝的，用人单位有权依照法律法规、劳动合同约定或者规章制度处理。属于可以解除劳动合同情形的，用人单位依法解除劳动合同，劳动者请求支付赔偿金的，不予支持。

用人单位要求劳动者到原疫情严重地区但已被确定为低风险地区工作、出差，劳动者无正当理由拒不服从的，用人单位有权依照法律法规、劳动合同约定或者规章制度处理。属于可以解除劳动合同情形的，用人单位依法解除劳动合同，劳动者请求支付赔偿金的，不予支持。

10.用人单位以劳动者籍贯、居所属原疫情严重地区为由解除劳动合同，应如何处理

用人单位以劳动者籍贯、户籍登记、其他有效身份登记的居所属原疫情严重地区为由解除劳动合同，应承担违法解除劳动合同的法律责任。

11.劳动者违反政府疫情防控措施拒绝治疗、医学观察、医学检查、隔离，用人单位能否解除劳动合同

劳动者违反政府疫情防控措施拒绝治疗、医学观察、医学检查、隔离，影响用人单位生产经营或者严重违反劳动纪律、用人单位规章制度的，用人单位可根据劳动法第二十五条或者劳动合同法第三十九条规定解除劳动合同。

16.用人单位以劳动者在治疗期间或者疫情防控期间无法提供正常劳动为由解除劳动合同，劳动者请求继续履行或者支付赔偿金，应否支持

劳动者因隔离治疗、医学观察、政府实施隔离措施或者采取其他紧急措施，未能提供正常劳动，用人单位以此解除劳动合同，劳动者要求继续履行的，应予支持；劳动者不要求继续履行或者劳动合同已经不能履行，请求根据劳动合同法第八十七条规定支付赔偿金的，应予支持。

重庆市

一、《重庆市六部门关于劳动争议案件法律适用问题专题座谈会纪要（一）》（2017年6月5日）

四、劳动者遭受工伤且符合用人单位可以解除劳动合同的情形时用人单位能否解除劳动合同

劳动者因工负伤且伤残等级为一至四级的，用人单位不能解除劳动合同，伤残等级为其他等级且劳动者存在"在试用期间被证明不符合录用条件"、"被依法追究刑事责任"等用人单位可以解除劳动合同情形的，用人单位可以依法解除劳动合同。

六、用人单位以劳动者违反公序良俗为由解除劳动合同的把握

用人单位依法制定的规章制度未规定劳动者违反公序良俗时用人单位可以解除劳动合同的,用人单位不得以劳动者的行为违反公序良俗为由解除劳动合同。

二、《重庆市高级人民法院民一庭关于审理涉新型冠状病毒肺炎疫情民事案件若干问题的解答(劳动争议案件部分)》(2020年2月15日)

19.迟延复工、复产期间结束后劳动者不能到岗的,用人单位能否解除劳动合同?

答:我市规定的迟延复工、复产期间结束后,劳动者因疫情防控原因不能到岗的,用人单位不能解除劳动合同,用人单位解除劳动合同的,应当依法承担违法解除劳动合同的法律责任。劳动者主张因疫情防控原因不能到岗的,应当由劳动者对该事实承担举证证明责任。

劳动者非因疫情防控原因拒不到岗的,用人单位可以按照相关法律、法规及用人单位规章制度规定处理,符合法律规定的解除条件的,用人单位可以依法解除劳动合同。

四川省

一、《四川省高级人民法院民一庭关于审理劳动争议案件若干疑难问题的解答》(2016年1月15日)

22.劳动合同中对劳动者工作岗位、地点有约定的,按照约定履行;没有约定的,用人单位具有合理事由可以调整劳动者工作岗位、地点。

用人单位对劳动者工作岗位、地点的调整不具有合理事由,因劳动者拒不履行而解除劳动合同,劳动者主张违法解除劳动合同赔偿金的,应予支持。

26.……劳动者与用人单位均无法证明劳动者的离职原因,可视为用人单位提出且经双方协商一致解除劳动合同,用人单位应依照《劳动合同法》第四十七条之规定向劳动者支付经济补偿。

二、《四川省高级人民法院民事审判第一庭涉疫情相关民事案件审理的法官会议纪要(劳动争议部分)》(2020年2月25日)

11.关于非受隔离措施影响的劳动者因客观原因无法到岗,劳动合同能否解除的问题。

《劳动合同法》第三十九条系用人单位单方解除合同条款,系过失性辞退条款,以劳动者有严重过失为一般前提。用人单位复工后,非受隔离及其他强制措施影响的劳动者有证据证明因疫情等客观原因无法到岗,不存在主观严重过失

的，不能触发法定合同解除条件；如劳动者无证据证明有受疫情影响的客观原因无法到岗且时间超过一个月的，用人单位以劳动者旷工为由主张解除合同的，法院可根据具体案件事实，审慎认定合同解除条件是否成就。

贵州省

《贵州省高级人民法院、贵州省人力资源和社会保障厅关于劳动争议案件若干问题的会议纪要》(2012年7月9日)

40. 用人单位违法解除或终止劳动合同，劳动者不要求继续履行劳动合同或劳动合同已经不能继续履行的，用人单位应按《劳动合同法》相关规定向劳动者支付赔偿金，但无需另外支付经济补偿金。赔偿金的计算年限依照《劳动合同法实施条例》第二十五条的规定计算。

43. 对劳动者无正当理由未办理请假手续、擅自离岗，用人单位规章制度已有明确规定的，按相关规定处理；劳动者擅自离岗行为严重影响用人单位正常生产经营活动的，用人单位可以劳动者严重违反劳动纪律为由，解除劳动合同。

用人单位以劳动者擅自离岗为由，作出解除劳动合同决定，但确因劳动者的原因无法将该决定直接送达给劳动者本人或其同住成年家属，用人单位已在报纸、电台、电视台等公开媒体上公告送达的，可以视为解除劳动合同决定已送达劳动者本人。

云南省

《云南省人力资源和社会保障厅关于加强新型冠状病毒感染的肺炎疫情防控期间劳动关系问题处理工作的通知》(2020年1月31日)

全力维护劳动关系和谐稳定

（一）关于不得随意解除终止劳动合同的问题。对新型冠状病毒感染的肺炎患者、疑似病人、密切接触者在其隔离治疗期间或医学观察期间以及因政府实施隔离措施或采取其他紧急措施导致不能提供正常劳动的企业职工，企业不得依据劳动合同法第四十条、第四十一条与职工解除劳动合同。在此期间，劳动合同到期的，分别顺延至职工医疗期期满、医学观察期期满、隔离期期满或者政府采取的紧急措施结束。

第九章 涉及劳动合同解除或终止相关请求的规范

【典型案例】

中兴通讯（杭州）有限责任公司诉王鹏劳动合同纠纷案[①]

裁判要点：劳动者在用人单位等级考核中居于末位等次，不等同于"不能胜任工作"，不符合单方解除劳动合同的法定条件，用人单位不能据此单方解除劳动合同。

---

① 最高人民法院指导案例18号。

第六节　关于违法终止劳动关系赔偿金的请求

【适用指引】

一、请求权基础及相关案由

违法终止劳动关系赔偿金的请求权基础为《劳动合同法》第87条。同违法解除劳动关系赔偿金情形，违法终止劳动关系赔偿金案件的案由亦应适用《民事案件案由规定》"186.劳动合同纠纷"项下的"经济补偿金纠纷"。

二、用人单位违法终止行为的主要情形

1.用人单位在不符合法定情形的情况下终止劳动合同，相关法定情形见《劳动合同法》第44条。

2.用人单位在存在法律禁止终止劳动合同的情形时，仍然与劳动者终止劳动合同：《劳动合同法》第45条、《职业病防治法》第55条。另根据《工伤保险条例》相关规定（详见第十五章第三节），对伤残等级为一至四级的工伤职工，用人单位不得终止劳动合同，对伤残等级为五至六级的工伤职工，除非其本人提出终止劳动合同，否则用人单位不得终止劳动合同。

三、连续两次订立固定期限劳动合同后，用人单位是否还享有劳动合同到期终止权[①]

观点一：用人单位不再享有劳动合同到期终止的权利，除非劳动者决定不许定劳动合同，或者劳动者提出订立固定期限劳动合同。

观点二：用人单位可以选择终止劳动合同。根据《劳动合同法》第14条前后文意思，应当理解为前面两次固定期限劳动合同终止后，双方再次决定续订劳动合同的，除劳动者提出订立固定期限劳动合同外，应当订立无固定期限劳动合同。

根据观点一，用人单位在二次固定期限劳动合同到期后直接发出终止劳动合

---

① 参见李盛荣、马千里：《劳动争议案件司法观点集成》，法律出版社2017年版，第171页。

同通知的，应认定为违法终止劳动合同。①

【裁判依据】

法律

一、《中华人民共和国劳动合同法》（2012年12月28日修正）

第四十四条 有下列情形之一的，劳动合同终止：

（一）劳动合同期满的；

（二）劳动者开始依法享受基本养老保险待遇的；

（三）劳动者死亡，或者被人民法院宣告死亡或者宣告失踪的；

（四）用人单位被依法宣告破产的；

（五）用人单位被吊销营业执照、责令关闭、撤销或者用人单位决定提前解散的；

（六）法律、行政法规规定的其他情形。

第四十五条 劳动合同期满，有本法第四十二条规定情形之一的，劳动合同应当续延至相应的情形消失时终止。但是，本法第四十二条第二项规定丧失或者部分丧失劳动能力劳动者的劳动合同的终止，按照国家有关工伤保险的规定执行。

第四十八条 用人单位违反本法规定解除或者终止劳动合同，劳动者要求继续履行劳动合同的，用人单位应当继续履行；劳动者不要求继续履行劳动合同或者劳动合同已经不能继续履行的，用人单位应当依照本法第八十七条规定支付赔偿金。

第七十一条 非全日制用工双方当事人任何一方都可以随时通知对方终止用工。终止用工，用人单位不向劳动者支付经济补偿。

第八十七条 用人单位违反本法规定解除或者终止劳动合同的，应当依照本法第四十七条规定的经济补偿标准的二倍向劳动者支付赔偿金。

二、《中华人民共和国职业病防治法》（2018年12月29日修正）

第五十五条第二款 用人单位应当及时安排对疑似职业病病人进行诊断；在疑似职业病病人诊断或者医学观察期间，不得解除或者终止与其订立的劳动合同。

---

① 《北京市高级人民法院、北京市劳动人事争议仲裁委员会关于审理劳动争议案件法律适用问题的解答》第16条。

行政法规

《中华人民共和国劳动合同法实施条例》(2009年9月18日)

第十三条 用人单位与劳动者不得在劳动合同法第四十四条规定的劳动合同终止情形之外约定其他的劳动合同终止条件。

部门规范性文件

《人力资源社会保障部办公厅关于妥善处理新型冠状病毒感染的肺炎疫情防控期间劳动关系问题的通知》(2020年1月24日)

一、对新型冠状病毒感染的肺炎患者、疑似病人、密切接触者在其隔离治疗期间或医学观察期间以及因政府实施隔离措施或采取其他紧急措施导致不能提供正常劳动的企业职工,企业应当支付职工在此期间的工作报酬,并不得依据劳动合同法第四十条、四十一条与职工解除劳动合同。在此期间,劳动合同到期的,分别顺延至职工医疗期满、医学观察期期满、隔离期期满或者政府采取的紧急措施结束。

【参考依据】

北京市

一、**《北京市工伤职工停工留薪期管理办法》**(2003年12月3日)

第十二条 工伤职工在停工留薪期内或者尚未作出劳动能力鉴定结论的,用人单位不得与之解除或者终止劳动合同。

二、**《北京市高级人民法院、北京市劳动争议仲裁委员会关于劳动争议案件法律适用问题研讨会会议纪要》**(2009年8月17日)

29.用人单位未提前三十日通知劳动者劳动合同到期终止,劳动者要求用人单位按照《劳动合同法》第八十七条规定支付赔偿金的,不予支持;劳动者要求用人单位按照《北京市劳动合同规定》第四十七条规定,每延迟一日支付一日工资赔偿金的,应予支持。

三、**《北京市高级人民法院、北京市劳动人事争议仲裁委员会关于审理劳动争议案件法律适用问题的解答》**(2017年4月24日)

8.用人单位违法解除或终止劳动合同,劳动者要求继续履行劳动合同的,如何处理?

劳动者要求继续履行劳动合同的，一般应予以支持。

在仲裁中发现确实无法继续履行劳动合同的，应做好释明工作，告知劳动者将要求继续履行劳动合同的请求变更为要求用人单位支付违法解除劳动合同赔偿金等请求。如经充分释明，劳动者仍坚持要求继续履行劳动合同的，应尊重劳动者的诉权，驳回劳动者的请求，告知其可另行向用人单位主张违法解除劳动合同赔偿金等。如经释明后，劳动者的请求变更为要求用人单位支付违法解除劳动合同赔偿金等的，应当继续处理。

在诉讼中发现确实无法继续履行劳动合同的，驳回劳动者的诉讼请求，告知其可另行向用人单位主张违法解除劳动合同赔偿金等。

9.用人单位违法解除或终止劳动合同后，劳动者要求继续履行劳动合同，哪些情形可以认定为"劳动合同确实无法继续履行"？

劳动合同确实无法继续履行主要有以下情形：（1）用人单位被依法宣告破产、吊销营业执照、责令关闭、撤销，或者用人单位决定提前解散的；（2）劳动者在仲裁或者诉讼过程中达到法定退休年龄的；（3）劳动合同在仲裁或者诉讼过程中到期终止且不存在《劳动合同法》第十四条规定应当订立无固定期限劳动合同情形的；（4）劳动者原岗位对用人单位的正常业务开展具有较强的不可替代性和唯一性（如总经理、财务负责人等），且劳动者原岗位已被他人替代，双方不能就新岗位达成一致意见的；（5）劳动者已入职新单位的；（6）仲裁或诉讼过程中，用人单位向劳动者送达复工通知，要求劳动者继续工作，但劳动者拒绝的；（7）其他明显不具备继续履行劳动合同条件的。

劳动者原岗位已被他人替代的，用人单位仅以此为由进行抗辩，不宜认定为"劳动合同确实无法继续履行的"情形。

16.二次固定期限劳动合同到期后，用人单位发出终止劳动合同通知，劳动者主张用人单位支付违法终止劳动合同的赔偿金，是否支持？

在劳动者不符合《劳动合同法》第三十九条和第四十条第一项、第二项规定情形时，用人单位在二次固定期限劳动合同到期后直接发出终止劳动合同（关系）通知，不符合《劳动合同法》第十四条第二款第三项之规定，应认定为违法终止劳动合同（关系）。劳动者主张用人单位支付违法终止劳动合同的赔偿金，应予支持。

天津市

《天津法院劳动争议案件审理指南》（2017 年 11 月 30 日）

29.【终止劳动合同的通知问题】劳动合同到期终止，劳动者以用人单位未履行通知义务为由主张违法终止合同的，不予支持。

用人单位根据《最高人民法院关于审理劳动争议案件适用法律若干问题的解释》第十六条第一款的规定终止劳动关系的，应当通知劳动者。未通知的，不发生终止劳动关系的法律后果。通知的形式及效力比照本指南第22条的规定处理。

上海市

一、《上海市高级人民法院关于适用〈劳动合同法〉若干问题的意见》（2009年3月3日）

八、用人单位因"违法解除或终止合同"需向劳动者支付赔偿金的适用范围

根据《劳动合同法》第四十八条的适用前提，是劳动合同应当履行而实际上已经不再继续履行，不包括劳动合同本来就符合解除和终止条件的情况，即用人单位在不具备合法解除或终止条件的情况下解除合同。因此，如果依法已经具备解除或终止的条件，只是用人单位在办理解除或终止的程序上存在瑕疵的，不属于本条规定的范围。如用人单位在已经具备解除条件的情况下，只是存在未提前30天通知劳动者等程序瑕疵的，则用人单位应当通过支付相应的"代通金"等方式加以补正，但无需支付赔偿金。

二、《上海市高级人民法院民一庭调研与参考》（〔2015〕11号）

2.关于法院是否允许劳动者在诉讼过程中将原仲裁申请的经济补偿金变更为赔偿金的问题

根据《最高人民法院关于民事诉讼证据的若干规定》第35条"诉讼过程中，当事人主张的法律关系的性质或民事行为的效力与人民法院根据案件事实作出的认定不一致的，法院应告知当事人可以变更诉讼请求"以及《最高人民法院关于审理劳动争议案件适用法律若干问题的解释》第6条"人民法院受理劳动争议案件后，当事人增加诉讼请求的，如该诉讼请求与讼争的劳动争议具有不可分性，应当合并审理"的规定，法院审理范围并不当然局限于裁什么审什么。劳动者无论主张经济补偿金还是主张赔偿金，其诉请均基于用人单位解除劳动合同这一相同的民事行为产生的不同法律后果，经法院释明后应允许当事人变更诉讼请求。同时，如不允许当事人变更诉请，一方面可能导致当事人的诉请无法获得司法救济，另一方面也可能浪费有限的司法资源。综上，倾向意见认为，劳动者在劳动仲裁中主张支付经济补偿金，但在诉讼阶段又要求变更为支付赔偿金的，一审法院在向劳动者充分释明经济补偿金和赔偿金的法律性质、法律规定适用的情形及其法律后果后，劳动者仍要求将诉请变更为支付赔偿金的，应予准许。

江苏省

一、《江苏省高级人民法院、江苏省劳动人事争议仲裁委员会关于审理劳动人事争议案件的指导意见（二）》（2011年11月8日）

第十六条　用人单位违法解除或终止劳动合同，劳动者请求撤销用人单位的解除决定、继续履行劳动合同，并请求用人单位赔偿仲裁、诉讼期间工资损失的，应予支持。劳动者不要求继续履行劳动合同的，可以解除双方的劳动合同，由用人单位支付违法解除劳动合同的赔偿金，赔偿金的计算年限应包括《劳动合同法》实施前劳动者在用人单位的工作年限。

二、《江苏省劳动人事争议疑难问题研讨会纪要》（2017年7月3日）

（八）企业停产放长假人员、未达到法定退休年龄的离岗休养人员以及其他协商保留劳动关系的不在岗人员的劳动合同对经济补偿作出例外约定，如果用人单位违法解除或终止上述人员的劳动合同，是否应当支付赔偿金？

《江苏省劳动合同条例》第十四条规定，对于企业停产放长假人员、未达到法定退休年龄的离岗休养人员以及其他协商保留劳动关系的不在岗人员到新的用人单位工作，双方可以在劳动合同中对支付经济补偿作出例外约定。如双方有例外约定的，用人单位依照法定情形解除或终止劳动合同，可以不支付经济补偿；但若用人单位系违法解除或终止劳动合同，其违法赔偿责任并不能以此为由免除，劳动者主张用人单位支付赔偿金的，应予支持。

（九）劳动者要求用人单位支付解除或终止劳动合同赔偿金，但经过仲裁庭审，查明用人单位不存在违法解除或终止劳动合同情形，不应支付赔偿金，但符合支付经济补偿情形的，仲裁机构应当如何处理？

仲裁机构应当向劳动者释明，告知劳动者可以变更仲裁请求为支付经济补偿。如果劳动者坚持不变更仲裁请求，为减少诉累，节约仲裁资源，提高工作效率，仲裁机构可以直接裁决支付经济补偿。

浙江省

《浙江省高级人民法院民事审判第一庭、浙江省劳动人事争议仲裁院关于审理劳动争议案件若干问题的解答（三）》（2015年9月29日）

十、劳动者以用人单位违法解除或终止劳动合同为由要求用人单位支付赔偿金，经审理认为理由不成立，但解除或终止劳动合同符合用人单位应当支付经济补偿的情形，能否直接裁决或者判决用人单位向劳动者支付经济补偿？

答：劳动者提供劳动是劳动关系的根本特征之一。用人单位未及时足额支付劳动报酬的，劳动者可以依据《劳动合同法》第三十八条规定解除劳动合同，或者依据《劳动合同法》第八十五条规定请求劳动行政部门责令用人单位限期支付，但不能以此为由擅自离岗。该抗辩事由不能成立。

山东省

《山东省高级人民法院民一庭关于涉疫情劳动争议案件法官会议纪要》（2020年2月25日）

一、关于职工患新冠肺炎或被隔离期间，用人单位能否解除或终止劳动合同的问题

……职工在隔离治疗及医学观察期间、政府实施隔离措施或采取其他紧急措施期间劳动合同到期的，劳动合同期限应当分别顺延至职工医疗期期满、医学观察期期满、隔离期期满或者政府采取的紧急措施结束。

河南省

《河南省高级人民法院、河南省人力资源和社会保障厅关于做好涉新型冠状病毒肺炎疫情防控劳动争议处理工作的通知》（2020年3月2日）

8.对新冠肺炎患者、疑似病人、密切接触者在其隔离治疗期间或医学观察期间以及因政府实施隔离措施或采取其他紧急措施导致不能提供正常劳动的劳动者，用人单位不得依据《中华人民共和国劳动合同法》（以下简称《劳动合同法》）第四十条、四十一条与劳动者解除劳动合同。劳动合同在新冠肺炎疫情防控期间到期的，用人单位不得以劳动合同到期为由与劳动者终止劳动关系，劳动合同期限应顺延至劳动者医疗期期满、医学观察期期满、隔离期期满或者政府采取的紧急措施结束，之后由劳动者与用人单位依法处理劳动关系。

湖南省

《湖南省高级人民法院关于涉新型冠状病毒感染肺炎疫情案件法律适用若干问题的解答》（2020年2月25日）

问题10：用人单位提出与确诊的新冠肺炎患者及其密切接触者、疑似的新冠肺炎患者、无法明确排除新冠肺炎可能的发热患者（以下简称四类人员），以及因政府实施隔离措施或采取其他紧急措施导致不能提供正常劳动的劳动者解除劳动合同的，如何处理？

答：用人单位以此为由起诉解除劳动合同的，人民法院一般不予支持。在此期间劳动合同到期的，应延长至医疗期满、医学观察期满、隔离期满、政府采取

的紧急措施结束。

广东省

一、《广东省高级人民法院、广东省劳动人事争议仲裁委员会关于劳动人事争议仲裁与诉讼衔接若干意见》（2018年7月18日）

十二、劳动者申请仲裁或起诉时请求违法解除或违法终止劳动合同的赔偿金，但仲裁机构或人民法院经过审理后认为应支持劳动者解除或终止劳动合同的经济补偿的，可直接裁判用人单位向劳动者支付经济补偿。劳动者申请仲裁或起诉时请求解除或终止劳动合同的经济补偿，但仲裁机构或人民法院经过审理后认为应支持违法解除或终止劳动合同的赔偿金的，可在劳动者请求的金额范围内予以支持。

二、《广东省高级人民法院、广东省人力资源和社会保障厅关于审理涉新冠肺炎疫情劳动人事争议案件若干问题的解答》（2020年4月27日）

15.用人单位终止在疫情防控期间到期的劳动合同，劳动者请求继续履行或者支付赔偿金，应否支持

劳动合同在隔离治疗期间、医学观察期间以及因政府实施隔离措施或者采取其他紧急措施期间到期，劳动合同期限分别顺延至劳动者隔离治疗期、医学观察期、隔离期期满或者政府采取的紧急措施结束。

用人单位终止在上述期间到期的劳动合同，劳动者请求继续履行的，应予支持。劳动者不要求继续履行或者劳动合同已经不能履行，请求根据劳动合同法第八十七条规定支付赔偿金的，应予支持。

四川省

《四川省高级人民法院民事审判第一庭涉疫情相关民事案件审理的法官会议纪要（劳动争议部分）》（2020年2月25日）

10.关于劳动者因疫情防控被隔离期间劳动合同届满，劳动关系应如何处理的问题。

虽然劳动法律关系有其特殊社会属性，但《民法总则》关于不可抗力的规定及公平、诚实信用原则仍应适用于劳动合同的履行、解除、终止。根据上述规定，同时基于劳动合同的人身专属性，新冠肺炎感染的患者、疑似病人、密切接触者在接受隔离治疗期间、医学隔离期间、医疗观察期间，其他劳动者在接受政府实施隔离措施或其他紧急措施期间，必然造成相关劳动者在劳动合同期限届满时无法与用人单位协商合同的履行或重新订约。在此情形下，劳动合同应自动延

续至医疗期、隔离期间、医疗观察期间期满或政府实施其他紧急措施结束时。用人单位在上述期间内以劳动合同期限届满为由终止合同的，不予支持。

贵州省

《贵州省高级人民法院劳动争议案件法律适用问题座谈会会议纪要》（2009年12月）

27.用人单位未提前三十日通知劳动者劳动合同到期终止，劳动者要求用人单位按照《劳动合同法》第八十七条规定支付赔偿金的，不予支持。

云南省

《云南省人力资源和社会保障厅关于加强新型冠状病毒感染的肺炎疫情防控期间劳动关系问题处理工作的通知》（2020年1月31日）

二、全力维护劳动关系和谐稳定

（一）关于不得随意解除终止劳动合同的问题。对新型冠状病毒感染的肺炎患者、疑似病人、密切接触者在其隔离治疗期间或医学观察期间以及因政府实施隔离措施或采取其他紧急措施导致不能提供正常劳动的企业职工，企业不得依据劳动合同法第四十条、第四十一条与职工解除劳动合同。在此期间，劳动合同到期的，分别顺延至职工医疗期期满、医学观察期期满、隔离期期满或者政府采取的紧急措施结束。

【典型案例】

用人单位能否以新冠肺炎疫情属不可抗力为由中止劳动合同[①]

案例分析

本案的争议焦点是物流公司能否以不可抗力为由拒绝支付张某工资。

本次新冠肺炎疫情是突发公共卫生事件，属于不能预见、不能避免且不能克服的不可抗力。不可抗力是民法的一个法定免责条款。《中华人民共和国合同法》第117条[②]规定："因不可抗力不能履行合同的，根据不可抗力的影响，部分或者

---

① 《人力资源社会保障部、最高人民法院第一批劳动人事争议典型案例》（2020年7月10日）。

② 对应《民法典》合同编中的第180条："因不可抗力不能履行民事义务的，不承担民事责任。法律另有规定的，依照其规定。不可抗力是不能预见、不能避免且不能克服的客观情况。"

全部免除责任，但法律另有规定的除外。"第九十四条①规定："有下列情形之一的，当事人可以解除合同：（一）因不可抗力致使不能实现合同目的……"《最高人民法院关于依法妥善审理涉新冠肺炎疫情民事案件若干问题的指导意见（一）》第2条规定："人民法院审理涉疫情民事案件，要准确适用不可抗力的具体规定，严格把握适用条件。"人力资源社会保障部、最高人民法院等七部门《关于妥善处置涉疫情劳动关系有关问题的意见》（人社部发〔2020〕17号）第1条规定："受疫情影响导致原劳动合同确实无法履行的，不得采取暂时停止履行劳动合同的做法，企业和劳动者协商一致，可依法变更劳动合同。"因此，受疫情影响的民事合同主体可依法适用不可抗力条款，但劳动合同主体则不适用并不得因此中止履行劳动合同。

典型意义

劳动法未引入不可抗力免责条款，主要原因是劳动关系是一种从属性的不对等关系，不同于民事关系是两个平等主体之间的关系。如果用人单位因不可抗力而免责，则会直接影响劳动者生存权。劳动报酬是劳动者赖以生存的经济来源，即使出现不可抗力，劳动者的该项权益仍需予以维护，用人单位也应谨慎区分民事关系与劳动关系适用不可抗力的条件、法律后果，避免适用错误，侵害劳动者权益，并因此承担违法后果。

---

① 对应《民法典》合同编中的第563条："有下列情形之一的，当事人可以解除合同：（一）因不可抗力致使不能实现合同目的……以持续履行的债务为内容的不定期合同，当事人可以随时解除合同，但是应当在合理期限之前通知对方。"

第七节　关于撤销解除决定、继续履行劳动合同、支付解除期间工资的请求

【适用指引】

一、请求权基础及相关案由

撤销解除决定、继续履行劳动合同的请求权基础为《劳动合同法》第48条。案由应适用《民事案件案由规定》"十七、劳动争议"。对于劳动者要求用人单位支付违法解除期间工资或赔偿工资损失的情形,《劳动法》《劳动合同法》未有明确规定。

二、优先强制继续履行是用人单位违法解除或终止劳动合同的法律后果

强制用人单位继续履行劳动合同,是保障劳动者就业稳定的需要,但这种优先应当以劳动者的意愿为准,即给予劳动者优先选择强制用人单位继续劳动合同的权利。要件包括:(1)用人单位已实施违法解除或终止劳动合同的行为;(2)劳动者有复职的要求;(3)用人单位有复职的条件。[①]

三、"劳动合同已经不能继续履行"包括哪些情形?[②]

1. 法定终止情形出现导致劳动合同不能继续履行:比如《劳动合同法》第44条第2~5项规定的情形。

2. 劳动合同订立时的客观情况或客观经济情况发生重大变化,导致劳动合同无法继续履行。

3. 某些主观因素,导致劳动合同无法继续履行:比如用人单位与劳动者丧失基本互信、双方矛盾难以调和等。[③]

---

① 参见王全兴:《劳动法》,法律出版社2017年4版,第229~230页。
② 参见李盛荣、马千里:《劳动争议案件司法观点集成》,法律出版社2017年版,第397~400页。
③ 《北京市高级人民法院、北京市劳动人事争议仲裁委员会关于审理劳动争议案件法律适用问题的解答》第9条、第10条。

【裁判依据】

法律

《中华人民共和国劳动合同法》(2012年12月28日修正)

第四十八条　用人单位违反本法规定解除或者终止劳动合同,劳动者要求继续履行劳动合同的,用人单位应当继续履行;劳动者不要求继续履行劳动合同或者劳动合同已经不能继续履行的,用人单位应当依照本法第八十七条规定支付赔偿金。

部门规章

《劳动部办公厅关于企业职工被错判宣告无罪释放后,是否应恢复与企业的劳动关系等有关问题的复函》(1997年4月29日)

关于企业职工被错判,宣告无罪释放后,企业是否应与其恢复劳动关系,补发工资问题。我们认为,职工于《国家赔偿法》实施以前被判犯罪,后经司法机关改判无罪的,如企业仅因其被判刑而解除劳动关系的,企业应恢复与该职工的劳动关系,并按照原劳动人事部《关于受处分人员的工资待遇问题给天津市劳动局的复文》(劳人薪局〔1985〕第12号)的规定,恢复其原工资待遇,并补发在押期间的工资。

司法指导性文件

《最高人民法院关于依法妥善审理涉新冠肺炎疫情民事案件若干问题的指导意见（一）》(2020年4月16日)

四、……用人单位仅以劳动者是新冠肺炎确诊患者、疑似新冠肺炎患者、无症状感染者、被依法隔离人员或者劳动者来自疫情相对严重的地区为由主张解除劳动关系的,人民法院不予支持。就相关劳动争议案件的处理,应当正确理解和参照适用国务院有关行政主管部门以及省级人民政府等制定的在疫情防控期间妥善处理劳动关系的政策文件。

【参考依据】

北京市

一、《北京市高级人民法院、北京市劳动争议仲裁委员会关于劳动争议案件法律适用问题研讨会会议纪要》（2009 年 8 月 17 日）

24.用人单位作出的与劳动者解除劳动合同的处理决定被劳动仲裁委或人民法院依法撤销后，劳动者主张用人单位给付上述处理决定作出后至仲裁或诉讼期间的工资，应按以下原则把握：（1）用人单位作出的处理决定仅因程序方面存在瑕疵而被依法撤销的，用人单位应按最低工资标准向劳动者支付上述期间的工资；（2）用人单位作出的处理决定因在实体方面存在问题而被依法撤销的，用人单位应按劳动者正常劳动时的工资标准向劳动者支付上述期间的工资。

二、《北京市高级人民法院、北京市劳动人事争议仲裁委员会关于审理劳动争议案件法律适用问题的解答》（2017 年 4 月 24 日）

8.用人单位违法解除或终止劳动合同，劳动者要求继续履行劳动合同的，如何处理？

劳动者要求继续履行劳动合同的，一般应予以支持。

在仲裁中发现确实无法继续履行劳动合同的，应做好释明工作，告知劳动者将要求继续履行劳动合同的请求变更为要求用人单位支付违法解除劳动合同赔偿金等请求。如经充分释明，劳动者仍坚持要求继续履行劳动合同的，应尊重劳动者的诉权，驳回劳动者的请求，告知其可另行向用人单位主张违法解除劳动合同赔偿金等。如经释明后，劳动者的请求变更为要求用人单位支付违法解除劳动合同赔偿金等的，应当继续处理。

在诉讼中发现确实无法继续履行劳动合同的，驳回劳动者的诉讼请求，告知其可另行向用人单位主张违法解除劳动合同赔偿金等。

9.用人单位违法解除或终止劳动合同后，劳动者要求继续履行劳动合同，哪些情形可以认定为"劳动合同确实无法继续履行"？

劳动合同确实无法继续履行主要有以下情形：（1）用人单位被依法宣告破产、吊销营业执照、责令关闭、撤销，或者用人单位决定提前解散的；（2）劳动者在仲裁或者诉讼过程中达到法定退休年龄的；（3）劳动合同在仲裁或者诉讼过程中到期终止且不存在《劳动合同法》第十四条规定应当订立无固定期限劳动合同情形的；（4）劳动者原岗位对用人单位的正常业务开展具有较强的不可替代性和唯一性（如总经理、财务负责人等），且劳动者原岗位已被他人替代，双方不能就新岗位达成一致意见的；（5）劳动者已入职新单位的；（6）仲裁或诉讼过程中，用人单位向劳动者送达复工通知，要求劳动者继续工作，但劳动者拒绝的；（7）其他明显不具备继续履行劳动合同条件的。

劳动者原岗位已被他人替代的，用人单位仅以此为由进行抗辩，不宜认定为"劳动合同确实无法继续履行的"情形。

10.劳动者与用人单位因劳动合同是否为违法解除发生争议，劳动者要求继续履行劳动合同的情况下，原单位提交了其他单位为劳动者缴纳社会保险的凭证，并以此主张劳动者与新单位之间已经形成劳动关系，此时社会保险缴纳记录能否作为认定劳动者与新单位形成劳动关系的依据？并由此导致劳动者与用人单位"劳动合同已经不能继续履行"？

不能仅以社会保险缴纳记录作为认定劳动者与新单位形成劳动关系的依据。但此时举证责任转移，由劳动者证明其与新用人单位之间不是劳动关系。若劳动者不能提出反证，则依据其与新用人单位之间的社保缴费记录确认劳动者与原用人单位"劳动合同确实无法继续履行"。新用人单位不是案件当事人的，劳动者与新用人单位之间的社保缴费记录仅为"劳动合同确实无法继续履行"的裁判理由，不应径行裁判劳动者与新用人单位之间是否形成劳动关系。

天津市

一、《天津法院劳动争议案件审理指南》（2017年11月30日）

28.【用人单位违法解除劳动合同的赔偿金与继续履行竞合问题的处理】用人单位违法解除劳动合同，劳动者要求继续履行合同并主张用人单位支付赔偿金及因违法解除劳动合同而导致的工资损失的，应当区分以下情况分别处理：

（1）劳动合同具备继续履行条件的，应当判决双方继续履行劳动合同，同时还应当判决用人单位向劳动者支付自违法解除劳动合同之日起至判决生效之日止的工资损失；

（2）劳动合同不能继续履行的，应当根据《中华人民共和国劳动合同法》第八十七条的规定判决用人单位向劳动者支付赔偿金，但不宜再判决用人单位支付自违法解除劳动合同之日起至劳动合同到期终止之日止（即劳动合同剩余期限）的工资损失；

（3）劳动合同虽然具备继续履行条件，但已在劳动仲裁或者法院审理期间届满的，不应当再判决继续履行劳动合同，而应当判决用人单位向劳动者支付自违法解除劳动合同之日起至劳动合同届满之日止的工资损失。同时,还应当判令用人单位向劳动者支付合同到期终止的经济补偿金,不宜再判决用人单位向劳动者支付赔偿金。

本条规定的工资损失,是指用人单位违法解除劳动合同之日前劳动者十二个月的月平均应得工资,劳动者在该用人单位工作不满十二个月的,按照实际工作月数计算月平均工资。该工资数额高于本市公布的上年度职工月平均工资三倍的,应当按照职工月平均工资三倍的数额确定。上述工资数额无法查明的,以劳动者所在行业平均工资为准。

二、《天津市高级人民法院民事审判第一庭关于审理涉新冠肺炎疫情相关民事案件的法官会议纪要(一)劳动争议案件部分》(2020年3月19日)

3.因新冠肺炎疫情防控工作需要(隔离治疗期间或医学观察期间的新冠肺炎患者、疑似病人、密切接触者,以及受实施隔离或其他紧急措施影响),劳动者不能正常复工的,企业以劳动者旷工为由主张解除劳动合同的,不予支持。

辽宁省

《辽宁省高级人民法院民一庭劳动人事争议及劳务纠纷案件审判问题解答》(2013年8月)

问题1:《劳动争议司法解释(四)》第十二条规定,建立了工会组织的用人单位,解除劳动合同符合劳动合同法第三十九条、第四十条的规定,但未按劳动合同法第四十三条的规定事先通知工会的,劳动者以用人单位违法解除劳动合同为由请求支付赔偿金的,应予支持。但如果劳动者没有主动提出相关主张,法院是否应当依职权适用或向劳动者进行释明?如果劳动者不请求支付赔偿金,只要求继续履行劳动合同,是否应予支持?

参考意见:……劳动者不请求支付赔偿金,坚持要求继续履行劳动合同的,如果用人单位解除劳动合同的行为除未通知工会的程序瑕疵外均符合相关法律规定,对继续履行劳动合同的请求不应予以支持。

上海市

一、《上海市高级人民法院关于适用〈劳动合同法〉若干问题的意见》(2009年3月3日)

二十、用人单位未经法定程序即实行经济性裁员的处理

根据《劳动合同法》第四十一条的规定,企业进行经济性裁员必须满足一定的前提条件,用人单位在未满足该条件的情况下进行裁员,被裁的劳动者要求恢

复劳动关系的，可以支持。

二、《上海市高级人民法院民一庭调研与参考》（〔2014〕15号）

二、外国人就业的相关问题

3. 关于外国人与用人单位在劳动合同中未就违约解除劳动合同的法律责任进行约定，法院如何处理违约解除的问题

对于外国人与用人单位在劳动合同中明确约定用人单位可根据《劳动合同法》规定的解除条件解除劳动合同，但未对用人单位违约解除应承担的责任做出约定，如外国劳动者要求恢复劳动关系，该诉请是否支持的问题，倾向认为，审理中应审查双方劳动关系是否有恢复的可能。如用人单位同意恢复的，则可判决恢复劳动关系；如用人单位不同意恢复的，考虑到如判决恢复劳动关系可能面临二审或执行期间用人单位擅自注销就业许可证，导致外国劳动者无法合法就业的后果，故如用人单位违约解除劳动合同，外国人要求恢复劳动关系的，在向外国劳动者做好相关释明工作后，可判决不予支持。

江苏省

一、《江苏省高级人民法院、江苏省劳动人事争议仲裁委员会关于审理劳动人事争议案件的指导意见（二）》（2011年11月8日）

第十六条　用人单位违法解除或终止劳动合同，劳动者请求撤销用人单位的解除决定、继续履行劳动合同，并请求用人单位赔偿仲裁、诉讼期间工资损失的，应予支持。劳动者不要求继续履行劳动合同的，可以解除双方的劳动合同，由用人单位支付违法解除劳动合同的赔偿金，赔偿金的计算年限应包括《劳动合同法》实施前劳动者在用人单位的工作年限。

二、《江苏省劳动人事争议疑难问题研讨会纪要》（2017年7月3日）

（七）仲裁机构在适用《劳动合同法》第四十八条规定时，应当注意哪些问题？

在劳动合同可以继续履行的情况下，仲裁机构应依法撤销用人单位的违法解除劳动合同决定，劳动者主张用人单位支付解除劳动合同决定作出后至仲裁期间的原工资待遇的，裁决时应根据公平合理、过错分担的原则对赔偿责任进行合理裁定。

对于劳动合同不能继续履行的审查，应当基于用人单位的抗辩而启动。审查时既要考量用人单位主观不愿继续履行的意思表示，还要审查劳动合同不能继续履行的客观情形。

仲裁机构在确认劳动合同已无法继续履行，应当向劳动者进行释明，告知其可以变更仲裁请求为要求用人单位支付违法解除劳动合同的赔偿金。如果劳动者

坚持不变更，则应当驳回继续履行劳动合同的请求，并告知可以另行主张违法解除劳动合同的赔偿金。

浙江省

一、《浙江省高级人民法院民一庭关于审理劳动争议纠纷案件若干疑难问题的解答（一）》（2012年12月）

十二、用人单位违法解除劳动合同，劳动者要求撤销解除劳动合同的决定，继续履行劳动合同的，应如何处理？

如果在一审宣判前，原劳动合同期限已经届满的，则一般不支持劳动者关于继续履行劳动合同的请求。对劳动者主张停发工资日至劳动合同届满日期间的工资损失，应按劳动者被停发工资前十二个月的平均工资确定。

如果在一审宣判时，原劳动合同期限尚未届满的，则对劳动者主张继续履行劳动合同的请求予以支持。对停发工资日以后的工资损失，应按劳动者被停发工资前十二个月的平均工资确定。

二、《浙江省高级人民法院民事审判第一庭、浙江省劳动人事争议仲裁院关于审理劳动争议案件若干问题的解答（四）》（2016年12月）

七、用人单位违法与劳动者解除劳动合同，劳动者要求继续履行劳动合同，而劳动合同已经客观上无法继续履行的，如何处理？

答：用人单位违法解除劳动合同，且劳动合同客观上无法继续履行，劳动者要求继续履行劳动合同的，仲裁委员会和法院可询问劳动者是否要求用人单位支付赔偿金。劳动者坚持原请求的，不予支持；劳动者要求支付违法解除劳动合同赔偿金的，可予支持。

八、用人单位以《劳动合同法》第四十条规定解除了与女职工的劳动合同，女职工现以怀孕期间不能解除劳动合同为由，要求恢复劳动关系，是否支持？如其要求支付违法解除劳动合同的赔偿金，是否支持？

答：用人单位以《劳动合同法》第四十条规定解除了与女职工的劳动合同，女职工现以怀孕期间不能解除劳动合同为由，要求恢复劳动关系的，应当予以支持；不要求恢复劳动关系但要求支付违法解除劳动合同赔偿金的，应举证证明在解除劳动合同前其已告知用人单位怀孕的事实。

江西省

《江西省劳动人事争议裁审衔接工作座谈会纪要》（2013年12月）

第十一条 【继续履行合同】用人单位解除或者终止劳动合同，劳动者要求继续履行合同，且劳动合同可以履行的，应予支持。

山东省

一、《山东省高级人民法院、山东省劳动争议仲裁委员会、山东省人事争议仲裁委员会关于适用〈中华人民共和国劳动争议调解仲裁法〉和〈中华人民共和国劳动合同法〉若干问题意见》（2010年4月6日）

33. 用人单位违法解除劳动合同的决定被撤销后，劳动者要求支付违法解除劳动合同期间的工资，劳动者在仲裁、诉讼期间的劳动报酬应当按用人单位违法解除劳动合同前劳动者提供正常劳动应得工资计算。

二、《山东省高级人民法院、山东省人力资源和社会保障厅关于审理劳动人事争议案件若干问题会议纪要》（2019年4月25日）

十二、关于违法解除或者终止劳动合同，劳动者要求继续履行劳动合同争议的处理问题

用人单位违法解除或者终止劳动合同后，劳动者要求继续履行劳动合同的，一般应予以支持。

在案件处理过程中发现确实无法继续履行劳动合同的，应向劳动者释明变更请求为要求用人单位支付违法解除劳动合同赔偿金等。劳动者仍坚持要求继续履行劳动合同的，应驳回劳动者的请求。

上述"确实无法继续履行劳动合同"的情形包括：（一）用人单位被依法宣告破产、吊销营业执照、责令关闭、撤销，或者用人单位决定提前解散的；（二）劳动者在仲裁或者诉讼过程中达到法定退休年龄的；（三）劳动合同在仲裁或者诉讼过程中到期终止且不存在劳动合同法第十四条规定应当订立无固定期限劳动合同情形的；（四）劳动者原岗位对用人单位的正常业务开展具有较强的不可替代性和唯一性（如总经理、财务负责人等），且劳动者原岗位已被他人替代，双方不能就新岗位达成一致意见的；（五）劳动者已入职新用人单位的；（六）仲裁或者诉讼过程中，用人单位有证据证明向劳动者提供合理工作岗位，但劳动者拒绝的；（七）其他明显不具备继续履行劳动合同条件的。

劳动者原岗位已被他人替代的，用人单位仅以此为由进行抗辩，不宜认定为"确实无法继续履行劳动合同"的情形。

河南省

《河南省高级人民法院、河南省人力资源和社会保障厅关于做好涉新型冠状病毒肺炎疫情防控劳动争议处理工作的通知》(2020年3月2日)

4.劳动者因新冠肺炎疫情防控接受调查、检验、隔离观察、治疗以及因政府采取其他紧急措施导致不能按时返岗，不应认定为旷工；如劳动者被用人单位以未及时返岗、拒不服从安排等方式为由解除劳动合同，劳动者请求用人单位承担违法解除劳动合同相应责任的，应予支持。

广东省

《广东省高级人民法院、广东省人力资源和社会保障厅关于审理涉新冠肺炎疫情劳动人事争议案件若干问题的解答》(2020年4月27日)

15.用人单位终止在疫情防控期间到期的劳动合同，劳动者请求继续履行或者支付赔偿金，应否支持

劳动合同在隔离治疗期间、医学观察期间以及因政府实施隔离措施或者采取其他紧急措施期间到期，劳动合同期限分别顺延至劳动者隔离治疗期、医学观察期、隔离期期满或者政府采取的紧急措施结束。

用人单位终止在上述期间到期的劳动合同，劳动者请求继续履行的，应予支持。劳动者不要求继续履行或者劳动合同已经不能履行，请求根据劳动合同法第八十七条规定支付赔偿金的，应予支持。

16.用人单位以劳动者在治疗期间或者疫情防控期间无法提供正常劳动为由解除劳动合同，劳动者请求继续履行或者支付赔偿金，应否支持

劳动者因隔离治疗、医学观察、政府实施隔离措施或者采取其他紧急措施，未能提供正常劳动，用人单位以此解除劳动合同，劳动者要求继续履行的，应予支持；劳动者不要求继续履行或者劳动合同已经不能履行，请求根据劳动合同法第八十七条规定支付赔偿金的，应予支持。

第八节　关于用人单位规章制度审查

【适用指引】

审查劳动者是否严重违反用人单位的规章制度和劳动纪律，需要注意以下四点：

1. 用人单位的规章制度必须符合合法性和合理性两个基本原则，不得任意订立超越本单位的职业特征和岗位需求，制定苛刻、抽象、缺乏人性的规则。

2. 如果用人单位未按法律规定履行公示程序，则不产生对劳动者的任何法律效力，当然也不能作为解除劳动合同的依据。用人单位可采用多种灵活便利形式进行公示，但应注意留存证据。

3. 用人单位的规章制度再细致也难以囊括现实中全部的情形。《劳动法》第三条第二款规定劳动者应当遵守劳动纪律和职业道德。如果劳动者的行为表面看来并无规章制度可寻，但该行为违背了基本的职业伦理和职业道德，违背诚信原则和公序良俗，用人单位依然有权将其解聘并无需支付经济补偿金。

4. 在判断违纪严重程度时，一方面法院对用人单位的管理自主权要保持充分的尊重和必要的克制，另一方面也要对"严重"的性质予以判断，不能听之任之。①

【裁判依据】

法律

一、《中华人民共和国劳动法》（2018年12月29日修正）

第三条　……劳动者应当完成劳动任务，提高职业技能，执行劳动安全卫生规程，遵守劳动纪律和职业道德。

---

① 参见李盛荣、马千里：《劳动争议案件司法观点集成》，法律出版社2017年版，第356~357页。

第四条 用人单位应当依法建立和完善规章制度，保障劳动者享有劳动权利和履行劳动义务。

二、《中华人民共和国劳动合同法》（2012年12月28日修正）

第四条 用人单位应当依法建立和完善劳动规章制度，保障劳动者享有劳动权利、履行劳动义务。

用人单位在制定、修改或者决定有关劳动报酬、工作时间、休息休假、劳动安全卫生、保险福利、职工培训、劳动纪律以及劳动定额管理等直接涉及劳动者切身利益的规章制度或者重大事项时，应当经职工代表大会或者全体职工讨论，提出方案和意见，与工会或者职工代表平等协商确定。

在规章制度和重大事项决定实施过程中，工会或者职工认为不适当的，有权向用人单位提出，通过协商予以修改完善。

用人单位应当将直接涉及劳动者切身利益的规章制度和重大事项决定公示，或者告知劳动者。

第三十九条（节录）劳动者有下列情形之一的，用人单位可以解除劳动合同：

（二）严重违反用人单位的规章制度的；

司法解释

《最高人民法院关于审理劳动争议案件适用法律若干问题的解释（一）》（2020年12月25日，法释〔2020〕26号）

第五十条 用人单位根据劳动合同法第四条规定，通过民主程序制定的规章制度，不违反国家法律、行政法规及政策规定，并已向劳动者公示的，可以作为确定双方权利义务的依据。

用人单位制定的内部规章制度与集体合同或者劳动合同约定的内容不一致，劳动者请求优先适用合同约定的，人民法院应予支持。

【参考依据】

北京市

《北京市高级人民法院、北京市劳动争议仲裁委员会关于劳动争议案件法律适用问题研讨会会议纪要》（2009年8月17日）

36.用人单位在《劳动合同法》实施前制定的规章制度，虽未经过《劳动合同法》第四条第二款规定的民主程序，但内容未违反法律、行政法规及政策规定，并已向劳动者公示或告知的，可以作为用人单位用工管理的依据。

天津市

《天津法院劳动争议案件审理指南》（2017年11月30日）

23.【规章制度的制定程序】对于《中华人民共和国劳动合同法》第四条第二款规定的规章制度，用人单位制定时经过以下程序之一的，可以认定为已经经过民主议定程序：

（1）经过职工代表大会或者全体职工讨论协商；

（2）与用人单位工会平等协商；

（3）与用人单位职工代表平等协商。

河北省

《河北省高级人民法院关于我省劳动争议案件若干疑难问题处理的参考意见》（2010年6月）

15.用人单位在劳动合同法施行前制定的规章制度，虽未经过劳动合同法第四条第二款规定的民主程序，但内容未违反法律、行政法规及政策规定，并已向劳动者公示或告知的，可以作为用人单位用工管理的依据。

16.合同法实施后，用人单位制定、修改直接涉及劳动者切身利益的规章制度或者重大事项时，未经过劳动合同法第四条第二款规定的民主程序的，原则上不能作为用人单位用工管理的依据。但规章制度或者重大事项的内容未违反法律、行政法规及政策规定，不存在明显不合理的情形，并已向劳动者公示或告知，劳动者没有提出异议的，可以作为劳动仲裁和人民法院裁判的依据。

辽宁省

《辽宁省高级人民法院民一庭劳动人事争议及劳务纠纷案件审判问题解答》（2013年8月）

问题18：用人单位以劳动者"严重违反用人单位的规章制度"为由解除劳动合同，如何认定该解除劳动合同决定的效力？

参考意见：……就劳动者"严重违反规章制度"的争议事实，应由用人单位承担举证责任。如果劳动者严重违反本单位规章制度的事实成立，还需要从制定程序和实质内容两方面对相关规章制度进行合法性审查。

江苏省

《江苏省高级人民法院江苏省劳动争议仲裁委员会关于审理劳动争议案件的指导意见》(2009年12月14日)

第十八条 用人单位在《劳动合同法》实施前制定的规章制度，虽未经过《劳动合同法》第四条规定的民主程序，但其内容不违反法律、行政法规及政策规定，且不存在明显不合理的情形，并已向劳动者公示或者告知的，可以作为处理劳动争议的依据。

用人单位在《劳动合同法》实施后制定、修改规章制度，经法定民主程序与工会或职工代表协商，但未达成一致意见，若该规章制度的内容不违反法律、行政法规的规定、不存在明显不合理的情形，且已向劳动者公示或者告知的，可以作为处理劳动争议的依据。

有独立法人资格的子公司执行母公司的规章制度，如子公司履行了《劳动合同法》第四条规定的民主程序，或母公司履行了《劳动合同法》第四条规定的民主程序且在子公司内向劳动者公示或告知的，母公司的规章制度可以作为处理子公司劳动争议的依据。

第十九条 用人单位以劳动者严重违反规章制度为由解除劳动合同的，人民法院、仲裁机构应当审查用人单位规章制度的制定程序是否合法、劳动者的违纪行为在规章制度中是否有明确规定、规章制度对劳动者严重违纪行为的规定是否公平合理等，以判断劳动者是否属于严重违反用人单位规章制度、用人单位解除劳动合同的行为是否合法有效。

浙江省

《浙江省高级人民法院民一庭关于审理劳动争议案件若干问题的意见》(2009年4月16日)

第三十四条 用人单位在《劳动合同法》实施前制定的规章制度，虽未经过该法第四条第二款规定的民主程序，但内容不违反法律、行政法规、政策及集体合同规定，不存在明显不合理的情形，并已向劳动者公示或者告知的，可以作为人民法院审理劳动争议案件的依据。

《劳动合同法》实施后，用人单位制定、修改或者决定直接涉及劳动者切身利益的规章制度或者重大事项时，未经过该法第四条第二款规定的民主程序的，一般不能作为人民法院审理劳动争议案件的依据。但规章制度或者重大事项决定的内容不违反法律、行政法规、政策及集体合同规定，不存在明显不合理的情形，并已向劳动者公示或告知，且劳动者没有异议的，可以作为人民法院审理劳动争议案件的依据。

安徽省

《安徽省高级人民法院关于审理劳动争议案件若干问题的指导意见》
（2015年1月20日）

第四条 用人单位制定的规章制度符合《劳动合同法》第四条、《最高人民法院〈关于审理劳动争议案件适用法律若干问题的解释〉》第十九条规定的，可以作为人民法院审理劳动争议案件的依据。

《劳动合同法》施行前，用人单位制定直接涉及劳动者切身利益的规章制度或者决定的重大事项，虽未履行《劳动合同法》第四条第二款规定的民主程序，但其内容未违反法律、行政法规及政策规定，又不存在明显不合理情形，且已向劳动者公示或告知的，可以作为人民法院裁判的依据。

第五条 用人单位在与劳动者签订的书面劳动合同中，已明确告知劳动者存在某种特定规章制度，该特定规章制度属于劳动合同内容，人民法院应根据《劳动合同法》关于劳动合同效力的规定审查其效力。

第六条 用人单位的规章制度规定绩效考核末位淘汰并以此为由单方解除劳动合同的，人民法院仍应依据《劳动合同法》第四十条第二项的规定对劳动者是否能胜任工作进行审查。

湖南省

《湖南省高级人民法院关于审理劳动争议案件若干问题的指导意见》
（2009年5月20日）

十七、用人单位在《劳动合同法》施行前制定的规章制度，一般予以认可。

《劳动合同法》施行后，用人单位制定、修改直接涉及劳动者切身利益的规章制度或者决定重大事项时，未经过《劳动合同法》第四条第二款规定的民主程序的，原则上不能作为用人单位用工管理的依据。但规章制度或者重大事项的内容未违反法律、行政法规及政策规定，不存在明显不合理的情形，并已向劳动者公示或告知的，可以作为人民法院裁判的依据。

重庆市

一、《重庆市六部门关于劳动争议案件法律适用问题专题座谈会纪要（一）》（2017年6月5日）

六、用人单位以劳动者违反公序良俗为由解除劳动合同的把握

用人单位依法制定的规章制度未规定劳动者违反公序良俗时用人单位可以解除劳动合同的，用人单位不得以劳动者的行为违反公序良俗为由解除劳动合同。

二、《重庆高院等六部门关于劳动争议案件法律适用问题专题座谈会纪要（三）》（2017年11月9日）

四、用人单位制定的规章制度能否成为解除劳动合同依据的问题

根据《最高人民法院关于审理劳动争议案件适用法律若干问题的解释》第十九条之规定，用人单位制定的规章制度通过民主程序制定，内容不违反国家法律、行政法规及政策规定，并已向劳动者公示的，可以作为人民法院审理劳动争议案件的依据。因此，用人单位以劳动者违反规章制度为由解除劳动合同的，应当对其制定程序、内容的合法性以及是否公示进行审查。

制定程序的合法性，应当根据《中华人民共和国劳动合同法》第四条之规定予以认定。用人单位有证据证明规章制度已通过召开职工代表大会或者全体职工大会进行讨论，或者将规章制度草案征求全体职工意见的，可以认定为规章制度已通过民主程序制定。

规章制度的公示，应当以是否告知劳动者、是否为劳动者所知晓为标准进行判断。用人单位举示的证据能够证明劳动者知道或者应当知道规章制度内容的，如张贴公告、组织学习、发放员工手册、在计算机网络平台公开等，即可认定规章制度已向劳动者公示。用人单位对规章制度进行修订的，应当将修改内容通过有效的公示方式劳动者向劳动者公示。

四川省

《四川省高级人民法院民一庭关于审理劳动争议案件若干疑难问题的解答》（2016年1月15日）

24.认定用人单位规章制度的效力，需考察规章制度的制定程序是否合法，内容是否违反法律、行政法规及政策规定，是否公示或者告知劳动者。另外，还要结合劳动者的违纪行为在规章制度中是否有明确规定、规章制度对劳动者违纪行为的规定是否公平合理等因素，严格审查用人单位解除劳动合同的行为是否符

合《劳动合同法》第三十九条第二项的规定。

企业规章制度中约定"末位淘汰"或"竞争上岗",用人单位以此为由解除劳动合同的,应认定为解除违法。

贵州省

《贵州省高级人民法院、贵州省人力资源和社会保障厅关于劳动争议案件若干问题的会议纪要》(2012年7月9日)

42.用人单位以劳动者严重违反企业规章制度为由解除劳动合同的,应当审查用人单位规章制度的制订程序是否合法、劳动者违反劳动纪律的行为在用人单位规章制度中是否有明确规定、用人单位规章制度对劳动者严重违反劳动纪律行为的规定是否公平合理等,以审查判断劳动者是否属于严重违反用人单位规章制度、用人单位解除劳动合同的行为是否合法有效。

【典型案例】

张建明诉京隆科技(苏州)公司支付经济赔偿金纠纷案[①]

裁判摘要:用人单位规章制度是在本企业内部实施的、关于组织劳动过程和进行劳动管理的制度。用人单位以劳动者严重违反单位的规章制度为由解除劳动合同,劳动者提起相关诉讼的,法院应当依法审查该规章制度的合法性与合理性。如果用人单位的规章制度超越合理权限对劳动者设定义务,并据此解除劳动合同,属于违法解除,损害劳动者的合法权益,用人单位应当依法支付赔偿金。

---

① 载《最高人民法院公报》,2014年第7期。

第九节　关于医疗期问题

【适用指引】

一、用人单位依据《劳动合同法》第 4 条第 1 项规定解除劳动合同的，是否需先对劳动者进行劳动能力鉴定

有观点认为，用人单位依据《劳动合同法》第 40 条第 1 项规定解除劳动合同的，进行劳动能力鉴定是解除劳动合同的前置程序，除劳动者拒绝进行劳动能力鉴定外，用人单位未经劳动能力鉴定而直接解除劳动合同的，属于违法解除劳动合同。另有观点认为，对于上述情形，不应将劳动能力鉴定作为解除劳动合同的前置程序和判断解除行为是否违法的依据。两种观点各有依据，实践中掌握尺度不一，需要进一步明确。

二、患有难以治疗的特殊疾病的劳动者能否直接享受 24 个月的医疗期

目前各地掌握不尽一致。最高人民法院公报案例"梁介树诉南京乐府餐饮管理有限公司劳动争议案"裁判要点认为，患有癌症、精神病等难以治疗的特殊疾病的劳动者，应当享受 24 个月的医疗期。《山东省高级人民法院、山东省人力资源和社会保障厅关于审理劳动人事争议案件若干问题会议纪要》和《浙江省高级人民法院民事审判第一庭、浙江省劳动人事争议仲裁院关于审理劳动争议案件若干问题的解答（四）》认为，从现有规定不能得出患有特殊疾病的职工的医疗期当然为 24 个月的结论。

【裁判依据】

法律

《中华人民共和国劳动合同法》（2012 年 12 月 28 日修正）

第四十条　有下列情形之一的，用人单位提前三十日以书面形式通知劳动者本人或者额外支付劳动者一个月工资后，可以解除劳动合同：

（一）劳动者患病或者非因工负伤，在规定的医疗期满后不能从事原工作，也不能从事由用人单位另行安排的工作的；

……

部门规章及规范性文件

一、《企业职工患病或非因工负伤医疗期规定》(1994年12月1日)

第二条 医疗期是指企业职工因患病或非因工负伤停止工作治病休息不得解除劳动合同的时限。

第三条 企业职工因患病或非因工负伤，需要停止工作医疗时，根据本人实际参加工作年限和在本单位工作年限，给予三个月到二十四个月的医疗期：

（一）实际工作年限十年以下的，在本单位工作年限五年以下的为三个月；五年以上的为六个月。

（二）实际工作年限十年以上的，在本单位工作年限五年以下的为六个月；五年以上十年以下的为九个月；十年以上十五年以下的为十二个月；十五年以上二十年以下的为十八个月；二十年以上的为二十四个月。

第四条 医疗期三个月的按六个月内累计病休时间计算；六个月的按十二个月内累计病休时间计算；九个月的按十五个月内累计病休时间计算；十二个月的按十八个月内累计病休时间计算；十八个月的按二十四个月内累计病休时间计算；二十四个月的按三十个月内累计病休时间计算。

第五条 企业职工在医疗期内，其病假工资、疾病救济费和医疗待遇按照有关规定执行。

第六条 企业职工非因工致残和经医生或医疗机构认定患有难以治疗的疾病，在医疗期内医疗终结，不能从事原工作，也不能从事用人单位另行安排的工作的，应当由劳动鉴定委员会参照工伤与职业病致残程度鉴定标准进行劳动能力的鉴定。被鉴定为一至四级的，应当退出劳动岗位，终止劳动关系，办理退休、退职手续，享受退休、退职待遇；被鉴定为五至十级的，医疗期内不得解除劳动合同。

第七条 企业职工非因工致残和经医生或医疗机构认定患有难以治疗的疾病，医疗期满，应当由劳动鉴定委员会参照工伤与职业病致残程度鉴定标准进行劳动能力的鉴定。被鉴定为一至四级的，应当退出劳动岗位，解除劳动关系，并办理退休、退职手续，享受退休、退职待遇。

第八条 医疗期满尚未痊愈者，被解除劳动合同的经济补偿问题按照有关规定执行。

二、《劳动部关于贯彻〈企业职工患病或非因工负伤医疗期规定〉的通知》（1995年5月23）

1994年12月1日，我部发布了《企业职工患病或非因工负伤医疗期规定》（劳部发〔1994〕479号，以下简称《医疗期规定》）后，一些企业和地方劳动部门反映，《医疗期规定》中医疗期最长为24个月，时间过短，限制较死，在实际执行中遇到一定困难，要求适当延长医疗期，并要求进一步明确计算医疗期的起止时间。经研究，现对贯彻《医疗期规定》提出以下意见：

一、关于医疗期的计算问题

1. 医疗期计算应从病休第一天开始，累计计算。如：应享受三个月医疗期的职工，如果从1995年3月5日起第一次病休，那么，该职工的医疗期应在3月5日至9月5日之间确定，在此期间累计病休三个月即视为医疗期满。其它依此类推。

2. 病休期间，公休、假日和法定节日包括在内。

二、关于特殊疾病的医疗期问题

根据目前的实际情况，对某些患特殊疾病（如癌症、精神病、瘫痪等）的职工，在24个月内尚不能痊愈的，经企业和劳动主管部门批准，可以适当延长医疗期。

三、《劳动部关于贯彻执行〈中华人民共和国劳动法〉若干问题的意见》（1995年8月4日）

76. 依据劳动部《企业职工患病或非因工负伤医疗期的规定》（劳部发〔1994〕479号）和劳动部《关于贯彻〈企业职工患病或非因工负伤医疗期的规定〉的通知》（劳部发〔1995〕236号），职工患病或非因工负伤，根据本人实际参加工作的年限和本企业工作年限长短，享受3-24个月的医疗期。对于某些患特殊疾病（如癌症、精神病、瘫痪等）的职工，在24个月内尚不能痊愈的，经企业和当地劳动部门批准，可以适当延长医疗期。

【参考依据】

天津市

《天津市高级人民法院、天津市人力资源和社会保障局关于审理劳动人事争议案件的会议纪要》（2019年11月25日）

8. 劳动者患病或者非因工负伤，在规定的医疗期满后继续请休病假的，应区分以下情形处理：

（1）用人单位依据《中华人民共和国劳动合同法》第四十条规定，提前三十日以书面形式通知劳动者本人或者额外支付劳动者一个月工资后，解除劳动合同，劳动者主张经济补偿的，应予支持；

（2）用人单位通知劳动者进行劳动能力（复工）鉴定，如果劳动者不配合，或者经鉴定能够复工后仍没有及时返岗工作，用人单位主张依据企业规章制度解除劳动合同并不支付经济补偿的，应予支持。

浙江省

一、《浙江省高级人民法院民事审判第一庭、浙江省劳动人事争议仲裁院关于审理劳动争议案件若干问题的解答（四）》（2016年12月）

十三、《劳动部关于贯彻〈企业职工患病或非因工负伤医疗期规定〉的通知》（劳部发〔1995〕236号）规定："对某些患特殊疾病（如癌症、精神病、瘫痪等）的职工，在24个月内尚不能痊愈的，经企业和劳动主管部门批准，可以适当延长医疗期。"该规定是否可以理解为患上述特殊疾病的职工无需考虑其工作年限而直接给予24个月医疗期？

答：该规定指职工根据实际参加工作年限和在本单位工作年限确定医疗期，该医疗期满后尚不能痊愈的情况下，可以申请延长，并不意味着患有上述特殊疾病的职工的医疗期当然为24个月。

二、《浙江省高级人民法院关于规范涉新冠肺炎疫情相关民事法律纠纷的实施意见（试行）》（2020年2月10日）

6.劳动者非因履行工作职责感染新冠肺炎的，用人单位应依照《企业职工患病或非因工负伤医疗期规定》等规定保障劳动者享有医疗期相关合法权益。

山东省

《山东省高级人民法院、山东省人力资源和社会保障厅关于审理劳动人事争议案件若干问题会议纪要》（2019年4月25日）

十七、关于患特殊疾病职工医疗期的确定问题

《劳动部关于贯彻〈企业职工患病或非因工负伤医疗期规定〉的通知》（劳部发〔1995〕236号）规定："对某些患特殊疾病（如癌症、精神病、瘫痪等）的职工，在24个月内尚不能痊愈的，经企业和劳动主管部门批准，可以适当延长医疗期。"该规定指根据企业职工实际参加工作年限和在本单位工作年限确定享受24个月医疗期的，该医疗期满后尚不能痊愈的情况下，职工可以申请延长，

并不意味着患有上述特殊疾病职工的医疗期当然为 24 个月。

河南省

《河南省高级人民法院、河南省人力资源和社会保障厅关于做好涉新型冠状病毒肺炎疫情防控劳动争议处理工作的通知》（2020 年 3 月 2 日）

7. 劳动者非因工确诊或疑似感染新冠肺炎，在其隔离治疗或医学观察期间，用人单位应依照《中华人民共和国传染病防治法》第四十一条第二款的规定，并遵照人社部发〔2020〕8 号、人社厅明电〔2020〕5 号及豫人社明电〔2020〕2 号等政策规定支付工资报酬。对于期满后仍需治疗的，用人单位应按照《企业职工患病或非因工负伤医疗期规定》及相关规定支付相应待遇。

广东省

《广东省高级人民法院、广东省人力资源和社会保障厅关于审理涉新冠肺炎疫情劳动人事争议案件若干问题的解答》（2020 年 4 月 27 日）

17. 劳动者患新冠肺炎治疗后不能从事原工作，也不能从事由用人单位另行安排的工作，用人单位能否解除劳动合同

劳动者患新冠肺炎，在规定的医疗期满后不能从事原工作，也不能从事由用人单位另行安排的工作，用人单位根据劳动合同法第四十条规定可解除劳动合同，但应当支付经济补偿。

新冠肺炎患者、病原携带者、疑似病人、密切接触者的隔离治疗期或者医学观察期均不计算为医疗期。隔离治疗结束后仍需停止工作继续治疗的，自继续开始治疗之日起计算医疗期。

重庆市

《重庆市高级人民法院、一五中法院民事审判长劳动争议专题例会会议综述》（2014 年 9 月 19 日）

九、产假期内患病，产假与医疗期是否应当分别保障？

产假期与疾病医疗期重合的部分仅能计算一次假期。女职工在生育之前生病持续到生育的，病假终止，产假开始计算；女职工生育之后生病持续到产假期满仍未康复的，从产假期满之日起计算病假。产假期间和病假期间均是基于劳动者的生理状态而产生，生育津贴及病假工资的两种待遇均是基于健康权而产生的请求权，应当构成权利竞合。人的生理机能决定了针对身体而产生的健康恢复是同步进行的。病情的恢复不可能待产假期满后才启动。病休之日，不能机械的认定

为请病假之日，应认定为停止工作治疗疾病之日。

十、同一疾病不同医疗期周期内的病休时间可否合并计算？

不同的医疗期周期应分别计算病休时间。医疗期和医疗期周期属不同概念。医疗期，是指企业职工因患病或非因公负伤停止工作治病休息不得解除劳动合同的时限。医疗期周期是指医疗期的计算周期，即劳动者间断病休时可累计计算医疗期的期间段，如医疗期三个月的，按六个月内累计病休时间计算，其医疗期为三个月，医疗期计算周期为六个月。如果将不同医疗期周期内的病休时间合并计算，则医疗期计算周期的规定毫无实际意义。同时，医疗期是根据劳动者有停止工作治病休息的客观事实而产生，因此在不同的医疗期计算周期内，劳动者应享受的医疗期应"归零"后从其再次病休之日起重新计算。

四川省

《四川省高级人民法院民事审判第一庭涉疫情相关民事案件审理的法官会议纪要（劳动争议部分）》（2020年2月25日）

5.关于新冠肺炎患者的劳动者在隔离期结束后因传染病后遗症仍需休息期间的工资支付标准的问题

被确诊为新冠肺炎患者的劳动者在隔离期结束后因传染病后遗症仍需休息的，根据原劳动部《用人单位职工患病或非因工负伤医疗期规定》第二条、第三条、第五条的规定一，视同医疗期，医疗期自被确诊之日起开始计算。劳动者主张医疗期内用人单位支付病假工资、疾病救济费和医疗待遇，并提供医疗机构出具的证明的，应予支持。

9.关于非因工作职责感染新冠肺炎劳动者权益的问题

除本纪要第8条规定的劳动者范围之外，非因工作职责感染新冠肺炎的劳动者不符合《工伤保险条例》第十四条规定的情形，不具备工伤认定的"三工"（工作原因、工作时间、工作场所）原则，一般不应认定为工伤，该劳动者或其近亲属主张享受工伤保险待遇的，不予支持，但根据原劳动部《用人单位职工患病或非因工负伤医疗期规定》第二条的规定，该劳动者主张享有医疗期合法权益的，应予支持。

【典型案例】

梁介树诉南京乐府餐饮管理有限公司劳动争议案[①]

裁判摘要：患有癌症、精神病等难以治疗的特殊疾病的劳动者，应当享受24个月的医疗期。医疗期内劳动合同期满，劳动合同应当延续至医疗期满时终止。用人单位在医疗期内违法解除或者终止劳动合同，劳动者起诉要求继续履行劳动合同的，人民法院应当判决撤销用人单位的解除或者终止通知书。

---

① 载《最高人民法院公报》，2013年第6期。

第十节　关于补偿（赔偿）年限及补偿（赔偿）标准

【适用指引】

补偿（赔偿）年限和计算基数问题的复杂性：

1. 涉及以《劳动合同法》实施（2008年1月1日）为节点的规定变化问题，很多情况下以2008年为界前后适用不同的规则分段计算，《违反和解除劳动合同的经济补偿办法》于2017年12月24日废止，其对相关问题的影响需进一步明确。

2. 劳动者的工作年限在审判实务中经常是一个比较麻烦的事实问题，《劳动争议司法解释（一）》关于合并计算工作年限问题的规定仍然较为笼统，在劳务派遣用工形式等特殊情形下如何适用仍存在分歧。

3. 虽然《劳动合同法实施条例》第27条对补偿金或赔偿金的计算基数进行了较为细致的规定，但由于工资构成问题本身的复杂性，导致对应得工资如何理解存在分歧。比如北京、江苏等地将加班费计算入补偿金计算基数，上海、四川等地则相反。关于医疗期等特殊情形下的非正常工资收入是否计入前12个月平均工资问题，重庆高院认为应计入，浙江高院和云南高院认为不可计入。

【裁判依据】

法律

《中华人民共和国劳动合同法》（2012年12月28日修正）

第四十七条　经济补偿按劳动者在本单位工作的年限，每满一年支付一个月工资的标准向劳动者支付。六个月以上不满一年的，按一年计算；不满六个月的，向劳动者支付半个月工资的经济补偿。

劳动者月工资高于用人单位所在直辖市、设区的市级人民政府公布的本地区上年度职工月平均工资三倍的，向其支付经济补偿的标准按职工月平均工资三倍的数额支付，向其支付经济补偿的年限最高不超过十二年。

本条所称月工资是指劳动者在劳动合同解除或者终止前十二个月的平均工资。

第九十七条第三款　本法施行之日存续的劳动合同在本法施行后解除或者终止，依照本法第四十六条规定应当支付经济补偿的，经济补偿年限自本法施行之日起计算；本法施行前按照当时有关规定，用人单位应当向劳动者支付经济补偿的，按照当时有关规定执行。

行政法规

《中华人民共和国劳动合同法实施条例》（2009年9月18日）

第十条　劳动者非因本人原因从原用人单位被安排到新用人单位工作的，劳动者在原用人单位的工作年限合并计算为新用人单位的工作年限。原用人单位已经向劳动者支付经济补偿的，新用人单位在依法解除、终止劳动合同计算支付经济补偿的工作年限时，不再计算劳动者在原用人单位的工作年限。

第十四条　劳动合同履行地与用人单位注册地不一致的，有关劳动者的最低工资标准、劳动保护、劳动条件、职业危害防护和本地区上年度职工月平均工资标准等事项，按照劳动合同履行地的有关规定执行；用人单位注册地的有关标准高于劳动合同履行地的有关标准，且用人单位与劳动者约定按照用人单位注册地的有关规定执行的，从其约定。

第二十五条　用人单位违反劳动合同法的规定解除或者终止劳动合同，依照劳动合同法第八十七条的规定支付了赔偿金的，不再支付经济补偿。赔偿金的计算年限自用工之日起计算。

第二十七条　劳动合同法第四十七条规定的经济补偿的月工资按照劳动者应得工资计算，包括计时工资或者计件工资以及奖金、津贴和补贴等货币性收入。劳动者在劳动合同解除或者终止前12个月的平均工资低于当地最低工资标准的，按照当地最低工资标准计算。劳动者工作不满12个月的，按照实际工作的月数计算平均工资。

司法解释

《最高人民法院关于审理劳动争议案件适用法律若干问题的解释（一）》（2020年12月25日，法律〔2020〕26号）

第四十六条　劳动者非因本人原因从原用人单位被安排到新用人单位工作，原用人单位未支付经济补偿，劳动者依照劳动合同法第三十八条规定与新用人单位解除劳动合同，或者新用人单位向劳动者提出解除、终止劳动合同，在计算支付经济补偿或赔偿金的工作年限时，劳动者请求把在原用人单位的工作年限合并计算为新用人单位工作年限的，人民法院应予支持。

用人单位符合下列情形之一的，应当认定属于"劳动者非因本人原因从原用人单位被安排到新用人单位工作"：

（一）劳动者仍在原工作场所、工作岗位工作，劳动合同主体由原用人单位变更为新用人单位；

（二）用人单位以组织委派或任命形式对劳动者进行工作调动；

（三）因用人单位合并、分立等原因导致劳动者工作调动；

（四）用人单位及其关联企业与劳动者轮流订立劳动合同；

（五）其他合理情形。

【参考依据】

北京市

一、《北京市高级人民法院、北京市劳动争议仲裁委员会关于劳动争议案件法律适用问题研讨会会议纪要》（2009年8月17日）

25.《劳动合同法》施行之日存续的劳动合同，在《劳动合同法》施行后解除或者终止，依照《劳动合同法》第四十六的规定应当支付经济补偿的，2007年12月31日前的经济补偿依照《劳动法》及其配套规定计算，2008年1月1日后的经济补偿依照《劳动合同法》的规定计算。

经济补偿金的基数为劳动者在劳动合同解除或者终止前十二个月的平均工资，不再分段计算。

根据《劳动合同法》第四十七条、第八十七条、《劳动合同法实施条例》第二十五条的规定，用人单位违反劳动合同法的规定解除或终止劳动合同，应支付的赔偿金的计算方法为：自用工之日起依照《劳动合同法》第四十七条的规定计算出经济补偿金，再乘以2，即为赔偿金，不再分段计算。

用人单位违反《劳动合同法》的有关规定，需向劳动者每月支付二倍工资的，其加付的一倍工资不应计入经济补偿金和赔偿金的计算基数。

39.劳动者在用人单位设立筹备阶段的工作时间一般不计算为本单位工作年限，但双方另有约定的除外。

二、《北京市高级人民法院、北京市劳动争议仲裁委员会关于劳动争议案件法律适用问题研讨会会议纪要（二）》(2014年5月7日)

37. 对用人单位存在规避签订无固定期限劳动合同和连续计算工作年限的情况，如何处理？

用人单位存在规避《劳动合同法》第十四条规定的下列行为，劳动者订立固定期限劳动合同和工作年限的次数仍应连续计算：

（一）为减少计算劳动者的工龄，迫使劳动者与其解除或终止劳动合同后重新与其签订劳动合同的；

（二）通过设立关联用人单位，在与劳动者签订合同时交替变换用人单位名称的；

（三）仅就劳动合同的终止期限进行变更，用人单位无法做出合理解释的；

（四）采取注销原单位、设立新单位的方式，将劳动者重新招用到新单位，且单位经营内容与劳动者的工作地点、工作内容均没有实质性变化的；

（五）其他明显违反诚信和公平原则的规避行为。

三、《北京市高级人民法院、北京市劳动人事争议仲裁委员会关于审理劳动争议案件法律适用问题的解答》(2017年4月24日)

21. 用人单位给付劳动者的工资标准计算基数按哪些原则确定？

（1）劳动者每月应得工资与实得工资的主要差别在于各类扣款和费用，应得工资包括个人应当承担的社会保险金、税费等。对于社会保险金、税费，用人单位承担的仅是代缴义务，劳动者的纳税由税务机关负责，社会保险金缴纳由社会保险机构负责，审理中一般按照劳动者应得工资确定工资标准。

（2）用人单位与劳动者在劳动合同中约定了工资标准的，以该约定为准。劳动合同没有约定的，按照集体合同约定的工资标准确定。劳动合同、集体合同均未约定的，按照劳动者本人正常劳动实际发放的工资标准工资确定。依照本款确定的工资标准不得低于本市规定的最低工资标准。

（4）在计算劳动者解除劳动合同前十二个月平均工资时，应当包括计时工资或者计件工资以及奖金、津贴和补贴等货币性收入。其中包括正常工作时间的工资，还包括劳动者延长工作时间的加班费。劳动者应得的年终奖或年终双薪，计入工资基数时应按每年十二个月平均分摊。《劳动合同法》第四十七条规定的计算经济补偿的月工资标准应依照《劳动合同法实施条例》第二十七条规定予以确定；《劳动合同法实施条例》第二十七条中的"应得工资"包含由个人缴纳的社会保险和住房公积金以及所得税。

（5）劳动者所得实际工资扣除该月加班费后的数额低于本市规定的最低工资

标准的，按照本市规定的最低工资标准执行。

天津市

《天津法院劳动争议案件审理指南》（2017年11月30日）

30.【《最高人民法院关于审理劳动争议案件适用法律若干问题的解释（四）》第五条[①]规定的新用人单位的理解】《最高人民法院关于审理劳动争议案件适用法律若干问题的解释（四）》第五条所规定的"新用人单位"宜理解为相对概念，劳动者可以选择向任一原用人单位主张权利，被选择的用人单位相对于之前的用人单位而言即为"新用人单位"。

31.【违法解除劳动合同的赔偿金】用人单位违法解除劳动合同、劳动者请求用人单位支付赔偿金的，赔偿金计算年限应当区分《中华人民共和国劳动合同法》实施前后而分别计算.《中华人民共和国劳动合同法》实施前，是否支持劳动者提出的赔偿金的诉讼请求，应当按照当时的法律法规执行；《中华人民共和国劳动合同法》实施后，赔偿金计算年限自用工之日起计算，最早自2008年1月1日起算。

上海市

一、《上海市高级人民法院关于适用〈劳动合同法〉若干问题的意见》（2009年3月3日）

二十一、关于经济补偿金"分段计算"的问题

根据《劳动合同法》第九十七条的规定，《劳动合同法》施行之日存续的劳动合同，在《劳动合同法》施行后解除或终止的，其经济补偿金的具体计算方法如下：

（一）《劳动合同法》与2008年1月1日之前施行的相关法律法规的规定（以下简称"以前规定"）均规定应当支付经济补偿金的情况，且劳动者的月平均工资不高于上年度本市职工月平均工资三倍的，经济补偿金的计算基数按劳动者在劳动合同解除或终止前十二个月的月平均工资确定。

（二）《劳动合同法》规定应当支付经济补偿金的情形，且不属于以前规定中"经济补偿金总额不超过劳动者十二个月的工资收入"情形的，经济补偿年限自用工之日起计算。《劳动合同法》规定应当支付经济补偿金的情形，但属于以前规定中"经济补偿金总额不超过劳动者十二个月的工资收入"情形的，劳动者在《劳动合同法》施行前的经济补偿年限按照以前规定计算；劳动者在《劳动合同

---

① 注：现为《劳动争议司法解释（一）》第46条。

法》施行后的工作年限在计算经济补偿年限时并入计算。

（三）符合《劳动合同法》规定三倍封顶的情形，实施封顶计算经济补偿年限自《劳动合同法》施行之日起计算，《劳动合同法》施行之前的工作年限仍按以前规定的标准计算经济补偿金。

（四）根据《劳动合同法实施条例》第二十五条的规定，用人单位违反《劳动合同法》的规定解除或终止劳动合同，依法支付劳动者赔偿金，赔偿金的计算年限自用工之日起计算。如劳动者在劳动合同被违法解除或终止前十二个月的月平均工资高于上年度本市职工月平均工资三倍的，根据《劳动合同法》第八十七条规定，应当按照第四十七条第二款规定的经济补偿标准计算。

二、《上海市高级人民法院民一庭民事法律适用问答》（2013年第1期）

五、关于劳动争议案件中确定经济补偿金计算基数时是否需要将加班工资包括在内的问题

有的法院反映，一些用人单位加班已成为常态，劳动者的劳动报酬一般由最低工资和加班费组成，如在确定经济补偿金计算基数时不将加班费计算在内，则可能导致用人单位支付的经济补偿金过低的问题。我们认为，第一、经济补偿从性质上看系用人单位与劳动者解除或终止劳动关系后，为弥补劳动者损失或基于用人单位所承担的社会责任而给予劳动者的补偿，故经济补偿金应以劳动者的正常工作时间工资为计算基数。第二，加班工资系劳动者提供额外劳动所获得的报酬，不属于正常工作时间内的劳动报酬。第三，从原劳动部《关于贯彻〈中华人民共和国劳动法〉若干问题的意见》第55条和《劳动合同法实施条例》第27条规定来看，也应认为经济补偿金不包含加班费。综上，我们认为在计算经济补偿金计算基数时不应将加班工资包括在内。

如有证据证明用人单位恶意将本应计入正常工作时间工资的项目计入加班工资，以达到减少正常工作时间工资和经济补偿金计算标准的，则应将该部分"加班工资"计入经济补偿金的计算基数。

江苏省

一、《江苏省高级人民法院江苏省劳动争议仲裁委员会关于审理劳动争议案件的指导意见》（2009年12月14日）

第二十二条　劳动合同在《劳动合同法》施行后解除或者终止，劳动者请求用人单位支付经济补偿的，应以该法实施之日即2008年1月1日为界，对经济补偿的适用条件和计发年限予以分段审查计算。

用人单位解除或终止劳动合同，劳动者请求将用人单位加付给劳动者的赔偿

金计入经济补偿的计发基数的，不予支持。

二、《江苏省劳动人事争议疑难问题研讨会纪要》（2017年7月3日）

（十）经济补偿的月工资是指劳动者在劳动合同解除或终止前十二个月的平均工资，是否包含加班工资、年终奖或季度奖？

劳动者在解除或终止劳动合同前十二个月内的加班工资、年终奖、季度奖应当作为计算平均工资内容。但年终奖、季度奖应当分摊计算至相应的月份，分摊计算后，如果不在劳动合同解除或终止前十二个月内的，不宜作为计发数额。

（十一）劳动合同中止期间是否计入符合签订无固定期限劳动合同的时间或者计发经济补偿的年限？

符合《江苏省劳动合同条例》第三十条规定劳动合同中止情形的，劳动合同中止期间不计算为劳动者在用人单位的工作年限，不计入《劳动合同法》第十四条第一项规定的"连续工作满十年"可以签订无固定期限劳动合同的期间，也不计算为支付劳动者经济补偿的年限。

浙江省

一、《浙江省高级人民法院民一庭关于审理劳动争议案件若干问题的意见》（2009年4月16日）

第三十五条 用人单位为规避《劳动合同法》第十四条而采取下列行为的，应认定无效，劳动者的工作年限和订立固定期限劳动合同的次数应连续计算：

（一）采取迫使劳动者辞职后重新签订劳动合同的方式，将劳动者工龄"清零"的；

（二）采取注销原单位、设立新单位的方式，将劳动者重新招用到新单位，且工作地点、工作内容没有实质性变化的；

（三）通过设立关联企业，在与劳动者签订合同时交替变换用人单位名称的；

（四）通过非法劳务派遣的；

（五）其他明显违反诚信和公平原则的规避行为。

二、《浙江省高级人民法院民事审判第一庭、浙江省劳动人事争议仲裁院关于审理劳动争议案件若干问题的解答（二）》（2014年4月）

十一、劳动者解除或者终止劳动合同前十二个月包含医疗期等非正常工作期间，且在该期间内用人单位未支付正常工作工资的，经济补偿基数应如何确定？

答：《劳动合同法》第四十七条第三款规定的"本条所称月工资是指劳动者在劳动合同解除或者终止前十二个月的平均工资"，应理解为劳动合同解除或者终止前劳动者正常工作状态下十二个月的平均工资，不包括医疗期等非正常工作期间。

十二、劳动者月工资高于用人单位所在直辖市、设区的市级人民政府公布的本地区上年度职工月平均工资三倍，其在用人单位的工作时间跨越 2008 年 1 月 1 日，劳动合同在《劳动合同法》施行后解除或者终止，劳动者要求用人单位支付经济补偿的，计算经济补偿的最高年限应如何认定？

答：《劳动合同法》第四十七条第二款规定经济补偿的最高支付年限为十二年。劳动者工作时间跨越《劳动合同法》实施之日，依法计算的工作年限超过十二年的，经济补偿金最多支付 12 个月工资。

安徽省

《安徽省高级人民法院关于审理劳动争议案件若干问题的指导意见》
（2015 年 1 月 20 日）

第十二条 《劳动合同法》施行之日前签订的劳动合同，在《劳动合同法》施行后解除或终止的，劳动者主张经济补偿金的，人民法院应视以下情形确定：

（一）《劳动合同法》与 2008 年 1 月 1 日之前施行的相关法律法规均有应当支付经济补偿金的规定，且劳动者解除或终止劳动合同前 12 个月的月平均工资不高于上年度本市（设区的市）职工月平均工资三倍，经济补偿金的计算基数为劳动合同解除或终止前 12 个月的月平均工资。劳动者解除或终止劳动合同前 12 个月的月平均工资高于上年度本市（设区的市）职工月平均工资三倍，《劳动合同法》施行之前的年限按该劳动者解除或终止劳动合同前 12 个月的月平均工资确定经济补偿金的计算基数；《劳动合同法》施行之后的年限按照三倍封顶数额确定经济补偿金的计算基数。

（二）《劳动合同法》规定应当支付经济补偿金的，既不属予以前规定中"经济补偿金总额不超过劳动者 12 个月的工资收入"情形的，也不属于《劳动合同法》规定的封顶情形的，经济补偿年限自用工之日起计算。《劳动合同法》规定应当支付经济补偿金的，但属于以前规定中"经济补偿金总额不超过劳动者 12 个月的工资收入"情形的，劳动者在《劳动合同法》施行前的经济补偿年限按照以前的规定计算；劳动者在《劳动合同法》施行后的工作年限在计算经济补偿年限时并入计算。

（三）符合《劳动合同法》规定的封顶情形的，实施封顶计算经济补偿的年限自《劳动合同法》施行之日起计算，《劳动合同法》施行之前的工作年限仍按以前规定的标准计算经济补偿金。

山东省

《山东省高级人民法院、山东省劳动争议仲裁委员会、山东省人事争议仲裁委员会关于适用〈中华人民共和国劳动争议调解仲裁法〉和〈中华人民共和国劳动合同法〉若干问题意见》(2010年4月6日)

27. 用人单位具有恶意规避劳动合同法第十四条的下列行为，劳动者的工作年限和订立固定期限劳动合同的次数应当连续计算：

（1）有证据证明劳动者因用人单位的原因被迫辞职的，再重新与其订立劳动合同的；

（2）通过设立关联企业，在与劳动者订立劳动合同时交替交换用人单位名称的；

（3）通过非法劳务派遣的；

（4）通过非法非全日制用工的；

（5）其他明显违反诚信和公平原则的规避行为。

28. 劳动合同法施行之日存续的劳动合同，在劳动合同法施行后解除或终止，依照劳动合同法第四十六条规定应当支付经济补偿的，2007年12月31日前的经济补偿依照劳动法及有关政策规定计算；2008年1月1日后的经济补偿依照劳动合同法的规定计算。

经济补偿金的基数，即为劳动者在劳动合同解除或者终止前12个月的平均工资。

30. 用人单位自用工之日起超过一个月但不满一年未与劳动者订立书面劳动合同的，应当向劳动者每月支付二倍的工资，其中加付的一倍工资不纳入经济补偿金或赔偿金的计算基数。

广东省

《广东省高级人民法院、广东省劳动人事争议仲裁委员会关于劳动人事争议仲裁与诉讼衔接若干意见》(2018年7月18日)

四、用人单位和劳动者均不能对工资数额举证的，由仲裁机构、人民法院参照本单位同岗位平均工资或者根据用人单位经济类型，参照当地城镇非私营单位就业人员年平均工资或当地城镇私营单位就业人员年平均工资确定。如按照上述标准确定的工资与该行业（或岗位）的普遍工资收入明显不符的，参照政府职能部门公布的人力资源市场工资指导价位等因素综合确定。

十、原劳动部《违反和解除劳动合同的经济补偿办法》废止后，经济补偿月数上限、工作年限不满六个月经济补偿计发月数、经济补偿的计发基数问题统一适用《劳动合同法》第四十七条的规定。

根据《劳动合同法》第九十七条第三款的规定，《劳动合同法》施行之日存续的劳动合同在该法施行后解除或终止的，依照《劳动合同法》第四十六条规定用人单位应当支付经济补偿的，补偿年限从该法施行之日起计算。在《劳动合同法》施行前，按照当时的规定用人单位应当支付经济补偿的，仍适用当时规定。

重庆市

一、《重庆市高级人民法院民一庭关于九龙坡区法院劳动争议案件法律适用问题研讨会议综述》(2014年7月30日)

八、劳动者与用人单位就入职时间存在争议的，如何分配举证责任？

一致意见认为，对于劳动者与用人单位之间是否存在劳动关系应当由劳动者承担举证责任。劳动者举示证据能够证明与用人单位存在劳动关系或者用人单位对双方存在劳动关系并无异议但对劳动关系的存续期间存在争议的，应当由用人单位承担举证责任。

二、《重庆高院等六部门关于劳动争议案件法律适用问题专题座谈会纪要（三）》(2017年11月9日)

五、停工留薪期工资、鉴定期间生活津贴等是否作为平均工资的计算基数的问题

根据《中华人民共和国劳动合同法》第四十七条之规定，经济补偿金的计算标准为劳动者在劳动合同解除或者终止前十二个月的平均工资。根据法律、行政法规规定，劳动者因患病、工伤、产假、婚丧假、事假、探亲假等原因，用人单位按一定比例或者标准支付的工资，属于特殊情况下支付的工资，因此，用人单位按月向工伤职工支付的停工留薪期工资、鉴定期间生活津贴等属于特殊情况下支付的工资，应当作为平均工资的计算基数。

四川省

《四川省高级人民法院民一庭关于审理劳动争议案件若干疑难问题的解答》(2016年1月15日)

5.公司筹办期间招用劳动者，应签订书面协议，明确双方的权利义务。公司依法成立后，筹办期间的工作期限计入劳动者在成立后公司的工作年限。筹办未成功的，如果发起人或出资人是自然人，在筹办期间发生的用工争议不作为劳动争议处理。

29.《劳动合同法》中规定的经济补偿金及二倍工资计算基数按照劳动者正常工作状态下十二个月的应得工资计算,即未扣除社会保险费、税费等之前的当月工资总额,但不应包括:(一)加班工资;(二)非常规性奖金、津补贴、福利。

贵州省

一、《贵州省高级人民法院劳动争议案件法律适用问题座谈会会议纪要》(2009年12月)

24.《劳动合同法》施行之日存续的劳动合同,在《劳动合同法》施行后解除或者终止,依照《劳动合同法》第四十六条的规定应当支付经济补偿的,2007年12月31日前的经济补偿依照《劳动法》及其配套规定计算,2008年1月1日后的经济补偿依照《劳动合同法》的规定计算。

26.用人单位违反《劳动合同法》的有关规定,需向劳动者每月支付二倍工资的,其加付的一倍工资不应计入经济补偿金和赔偿金的计算基数。

二、《贵州省高级人民法院、贵州省人力资源和社会保障厅关于劳动争议案件若干问题的会议纪要》(2012年7月9日)

37.用人单位变更名称、法定代表人、主要负责人或者投资人,不影响劳动合同的履行,劳动者的工作年限应连续计算。

云南省

《云南省高级人民法院、云南省人力资源和社会保障厅关于审理劳动人事争议案件若干问题的座谈会纪要》(2015年1月19日)

四、关于解除劳动合同经济补偿中的"月工资"的问题

(九)《劳动合同法》第四十七条第三款规定的"本条所称月工资是指劳动者在劳动合同解除或者终止前十二个月的平均工资",应理解为劳动合同解除或者终止前劳动者正常工作状态下十二个月的平均工资,不包括医疗期等非正常工作期间。

【典型案例】

包利英诉上海申美饮料食品有限公司劳动合同纠纷案[1]

裁判摘要:劳动者仍在原工作场所、工作岗位工作,劳动合同主体由原用人

---

[1] 载《最高人民法院公报》,2016年第12期。

单位变更为新用人单位的,应当认定属于"劳动者非因本人原因从原用人单位被安排到新用人单位工作",工作年限应当连续计算。劳动者用人单位发生变动,对于如何界定是否因劳动者本人原因,不应将举证责任简单地归于新用人单位,而应从该变动的原因着手,查清是哪一方主动引起了此次变动。劳务派遣公司亦不应成为工作年限连续计算的阻却因素

第十一节　关于医疗补助费的请求

【适用指引】

请求权基础及相关案由

劳动者要求用人单位支付医疗补助费的请求权基础为《劳动部关于贯彻执行〈中华人民共和国劳动法〉若干问题的意见》第35条或《劳动部关于实行劳动合同制度若干问题的通知》第22条。案由应适用《民事案件案由规定》"十七、劳动争议"。

【裁判依据】

部门规范性文件

一、《劳动部关于贯彻执行〈中华人民共和国劳动法〉若干问题的意见》（1995年8月4日）

35. 请长病假的职工在医疗期满后，能从事原工作的，可以继续履行劳动合同；医疗期满后仍不能从事原工作也不能从事由单位另行安排的工作的，由劳动鉴定委员会参照工伤与职业病致残程度鉴定标准进行劳动能力鉴定。被鉴定为一至四级的，应当退出劳动岗位，解除劳动关系，办理因病或非因工负伤退休退职手续，享受相应的退休退职待遇；被鉴定为五至十级的，用人单位可以解除劳动合同，并按规定支付经济补偿金和医疗补助费。

二、《劳动部关于实行劳动合同制度若干问题的通知》（1996年10月31日）

22. 劳动者患病或者非因工负伤，合同期满终止劳动合同的，用人单位应当支付不低于六个月工资的医疗补助费；对患重病或绝症的，还应适当增加医疗补助费。

地方政府规章

《北京市劳动合同规定》(2001年12月24日)

第三十八条 用人单位依据本规定第二十九条、第三十一条、第三十二条规定解除劳动合同的,应当依照国家及本市有关规定给予劳动者经济补偿;依据本规定第三十一条第(一)项规定解除劳动合同的,还应当依照国家及本市有关规定支付医疗补助费。

劳动者依据本规定第三十五条第(二)项的规定解除劳动合同的,用人单位应当按照劳动者在本单位连续工作年限,每满1年发给劳动者1个月工资的经济补偿金,工作年限不满1年的按照1年计算。经济补偿金按照本市上一年企业平均工资计算。

【参考依据】

广东省

《广东省高级人民法院、广东省劳动人事争议仲裁委员会关于劳动人事争议仲裁与诉讼衔接若干意见》(2018年7月18日)

十一、劳动者患病、非因工负伤医疗期满后,经劳动能力鉴定委员会鉴定为完全丧失劳动能力或大部分丧失劳动能力,不能从事原工作、也不能从事由用人单位另行安排的工作而解除劳动合同的,用人单位应按规定支付经济补偿并支付不低于六个月工资的医疗补助费。

第十二节　关于代通知金的请求

【适用指引】

一、请求权基础及相关案由

劳动者要求用人单位支付代通知金的请求权基础为《劳动合同法》第 40 条。案由应适用《民事案件案由规定》"十七、劳动争议"。

二、代通知金与提前 30 日通知解除的关系

代通知金与提前 30 日通知解除，实质上是两者互相置换的一个过程，即用人单位可以用补偿换时间。如果用人单位来不及等待 30 天，就可以用代通知金来代替劳动者 30 天应得的工资。

三、"上一个月工资标准"的理解

上海高院、江苏高院、贵州高院等均认为"上一个月工资标准"，应当是指劳动者的正常工资标准。上月工资不能反映正常工资水平的，可按劳动合同解除前劳动者 12 个月的平均工资确定。

【裁判依据】

法律

《中华人民共和国劳动合同法》(2012 年 12 月 28 日修正)

第四十条　有下列情形之一的，用人单位提前三十日以书面形式通知劳动者本人或者额外支付劳动者一个月工资后，可以解除劳动合同：

（一）劳动者患病或者非因工负伤，在规定的医疗期满后不能从事原工作，也不能从事由用人单位另行安排的工作的；

（二）劳动者不能胜任工作，经过培训或者调整工作岗位，仍不能胜任工作的；

（三）劳动合同订立时所依据的客观情况发生重大变化，致使劳动合同无法履行，经用人单位与劳动者协商，未能就变更劳动合同内容达成协议的。

行政法规

《中华人民共和国劳动合同法实施条例》(2009年9月28日)

第二十条　用人单位依照劳动合同法第四十条的规定，选择额外支付劳动者一个月工资解除劳动合同的，其额外支付的工资应当按照该劳动者上一个月的工资标准确定。

【参考依据】

上海市

《上海市高级人民法院关于适用〈劳动合同法〉若干问题的意见》(2009年3月3日)

五、用人单位解除劳动合同时如需要向劳动者支付一个月的替代通知期工资(简称"代通金")，其支付标准如何确定

用人单位是否需要支付"代通金"，应当根据法律的规定来判断，法律没有规定的，不能要求用人单位支付。

《实施条例》规定"代通金"的支付标准，应当以上个月的工资标准确定，但只以单月的工资为准，可能过高或过低，既有可能对用人单位不利，也有可能对劳动者不利，从整体上看不利于促进和形成和谐稳定的劳动关系。所以，结合劳动法和劳动合同法的立法精神，上个月的"工资标准"，应当是指劳动者的正常工资标准。如其上月工资不能反映正常工资水平的，可按解除劳动合同之前劳动者十二个月的平均工资确认。

江苏省

《江苏省高级人民法院、江苏省劳动争议仲裁委员会关于审理劳动争议案件的指导意见》(2009年12月14日)

第二十条 《劳动合同法》第四十条规定的用人单位需额外支付劳动者的"一个月工资",应按劳动者上一个月的应发工资标准予以确定。上月工资低于当地最低工资标准的,按最低工资标准确定。上月工资不能反映正常工资水平的,可按劳动合同解除前劳动者十二个月的平均工资确定,不满十二个月的,按实际月平均工资确定。

贵州省

《贵州省高级人民法院、贵州省人力资源和社会保障厅关于劳动争议案件若干问题的会议纪要》(2012年7月9日)

28.《劳动合同法》第四十条规定的用工单位需额外支付劳动者"一个月工资",应按劳动者上一个月的应发工资标准予以确定。上一个月工资不能反映正常工资水平的,可按劳动合同解除前劳动者十二个月的平均工资确定,不满十二个月的,按实际月平均工资确定。

第十三节　关于一次性解决协议或兜底性条款的效力

【适用指引】

一、《劳动争议司法解释（一）》第 35 条中"不违反法律、行政法规的强制性规定，且不存在欺诈、胁迫或者乘人之危情形的"的理解

在劳动者与用人单位签订的协议违反法律、行政法规的强制性规定时，合同无效；在该协议存在欺诈、胁迫或者乘人之危情形的，合同亦无效，并非同时具备两种情形方能认定为无效。

二、工伤赔偿协议约定的赔偿标准低于法定标准时的不同处理规定

1. 劳动者可直接要求按法定标准补足差额：《北京市高级人民法院、北京市劳动争议仲裁委员会关于劳动争议案件法律适用问题研讨会会议纪要》第 30 条。

2. 根据是否已认定工伤且完成劳动能力等级鉴定分情形处理，如系未认定工伤且完成劳动能力等级鉴定情况下签订的赔偿协议，劳动者可请求撤销或要求按法定标准补足差额：《天津法院劳动争议案件审理指南》第 38 条。

3. 赔偿协议存在重大误解或显失公平情形的，劳动者可请求撤销：《重庆市高级人民法院、一五中法院民事审判长劳动争议专题例会会议综述》第 3 条。

4. 劳动者主张协议标准低于法定标准的，应就协议效力另行起诉：《四川省高级人民法院民一庭关于审理劳动争议案件若干疑难问题的解答》第 38 条。

5. 除劳动者有证据证明协议签订存在受胁迫、欺诈或协议内容显失公平等情形外，不予支持。

【裁判依据】

司法解释

《最高人民法院关于审理劳动争议案件适用法律若干问题的解释（一）》（2020年12月25日，法释〔2020〕26号）

第三十五条　劳动者与用人单位就解除或者终止劳动合同办理相关手续、支付工资报酬、加班费、经济补偿或者赔偿金等达成的协议，不违反法律、行政法规的强制性规定，且不存在欺诈、胁迫或者乘人之危情形的，应当认定有效。

前款协议存在重大误解或者显失公平情形，当事人请求撤销的，人民法院应予支持。

第五十一条　当事人在调解仲裁法第十条规定的调解组织主持下达成的具有劳动权利义务内容的调解协议，具有劳动合同的约束力，可以作为人民法院裁判的根据。

当事人在调解仲裁法第十条规定的调解组织主持下仅就劳动报酬争议达成调解协议，用人单位不履行调解协议确定的给付义务，劳动者直接提起诉讼的，人民法院可以按照普通民事纠纷受理。

第五十二条　当事人在人民调解委员会主持下仅就给付义务达成的调解协议，双方认为有必要的，可以共同向人民调解委员会所在地的基层人民法院申请司法确认。

【参考依据】

北京市

一、《北京市高级人民法院、北京市劳动争议仲裁委员会关于劳动争议案件法律适用问题研讨会会议纪要》（2009年8月17日）

30.用人单位与劳动者解除或终止劳动合同时，自愿签订的和解协议，不违反法律和行政法规的强制性规定，在履行完毕后，一方当事人反悔，主张双方约定无效的，一般不予支持。但协议中双方的权利义务明显失衡，仲裁委或人民法院可予以适当调整。

用人单位与劳动者就工伤保险待遇达成的协议在履行完毕后，劳动者以双方约定的给付标准低于法定标准为由，在仲裁时效内要求用人单位按法定标准补足差额部分的，应予支持。

二、《北京市高级人民法院、北京市劳动争议仲裁委员会关于劳动争议案件法律适用问题研讨会会议纪要》（2014年5月7日）

45. 女职工在未知自己怀孕的情况下与用人单位协商解除劳动合同后，又要求撤销解除协议或者要求继续履行原合同的，如何处理？

女职工与用人单位协商解除劳动合同后，发现自己怀孕后又要求撤销协议或者要求继续履行原合同的，一般不予支持。

天津市

《天津法院劳动争议案件审理指南》（2017年11月30日）

36.【工资结算协议】用人单位与劳动者就劳动报酬的计算、支付达成结算协议的，应认定有效，但有证据证明签订协议时存在欺诈、胁迫、重大误解、显失公平或者乘人之危等违背当事人真实意思表示的情形除外。

按照前款规定的结算协议并结合用人单位已经发放的劳动报酬数额，劳动者应得工资经核算低于最低工资标准的，用人单位应当补齐应得工资与最低工资标准之间的差额。

38.【工伤赔偿协议的效力】劳动者发生工伤，用人单位与劳动者达成赔偿协议后，劳动者又提起仲裁和诉讼，要求用人单位按照工伤保险待遇赔付的，对该协议应当区分以下情况处理：

（1）如果该赔偿协议是在劳动者已被依法认定为工伤且已完成劳动能力鉴定的前提下签订，不存在《中华人民共和国民法总则》第一百四十八条至第一百五十一条规定的情形的，应认定有效；

（2）如果该赔偿协议是在劳动者未经劳动行政部门依法认定为工伤且未完成劳动能力鉴定的情形下签订，劳动者实际所获补偿明显低于法定工伤保险待遇标准，劳动者主张该赔偿协议违反其真实意思表示，请求依法予以撤销，或者主张用人单位补足双方协议低于工伤保险待遇的差额部分的，应予支持。

劳动者主张上述赔偿协议违反其真实意思表示应予撤销的，应当根据《中华人民共和国民法总则》第六章第三节的相关规定进行审查和处理。

江苏省

一、《江苏省高级人民法院、江苏省劳动争议仲裁委员会关于审理劳动争议案件的指导意见》（2009年12月14日）

第二十五条 劳动者与用人单位就工资、加班工资等劳动报酬的计算、支付达成结算协议，不违反法律、行政法规的强制性规定的，应认定有效，但有证据证明在协议签订时存在欺诈、胁迫、重大误解、显失公平或乘人之危等违背当事人真实意思表示的情形除外。

劳动者与用人单位双方在结算协议中约定结清的费用列有工资或劳动报酬，但未列明是否包含加班工资，如果确有证据证明用人单位未支付加班工资，劳动者请求支付的，应予支持。

浙江省

一、《浙江省高级人民法院民一庭关于审理劳动争议纠纷案件若干疑难问题的解答（一）》（2012年12月）

十四、用人单位与劳动者就工伤待遇、加班工资、经济补偿金等达成和解或经调解组织调解后，劳动者能否再以数额过低要求用人单位补足差额？

用人单位与劳动者协商或经调解组织调解，就工伤待遇、加班工资、经济补偿金等达成和解或调解协议后，劳动者以数额过低要求用人单位补足差额的，不予支持。但劳动者有证据证明协议签订存在受胁迫、欺诈而违背自己真实意思表示，或协议内容显失公平等情形的除外。

二、《浙江省高级人民法院民事审判第一庭、浙江省劳动人事争议仲裁院关于审理劳动争议案件若干问题的解答（四）》（2016年12月）

四、劳动者与用人单位经协商签订了协议，其中有"不得再向用人单位主张权利""双方签订协议后互不追究任何一方经济责任"等类似表述，该约定是否有效？

答：如劳动仲裁、诉讼所涉事项，协议已作约定，且协议不违反法律、行政法规的强制性规定，不存在欺诈、胁迫或者乘人之危情形的，该协议应当认定有效，作为裁判依据。

山东省

《山东省高级人民法院、山东省人力资源和社会保障厅关于审理劳动人事争议案件若干问题会议纪要》（2019年4月25日）

十六、关于用人单位与劳动者就工伤保险待遇、加班工资、经济补偿等达成的和解协议或调解协议的处理问题

用人单位与劳动者就工伤保险待遇、加班工资、经济补偿等达成和解或者经调解组织调解达成协议后,劳动者再以数额过低要求用人单位补足差额,一般不予支持,但是劳动者有证据证明该协议存在欺诈、胁迫、乘人之危等情形,违背劳动者真实意思表示或者显失公平的除外。

重庆市

《重庆市高级人民法院、一五中法院民事审判长劳动争议专题例会会议综述》（2014年9月19日）

三、工伤职工与用人单位协商达成的赔偿协议的性质及效力如何认定？

与会法院代表一致认为,法律、法规没有禁止用人单位和工伤职工在工伤认定之前或之后签订赔偿协议,并且在工伤认定之前由用人单位先行支付工伤职工一定的医疗费有助于缓解工伤职工的困难,故用人单位和工伤职工可以自愿达成赔偿协议。当事人经平等协商、自愿协商达成的赔偿协议具有民事合同性质,非经撤销、变更或者被确认无效,对用人单位和劳动者具有拘束力。赔偿协议存在重大误解或者显失公平情形的,当事人可以请求撤销。赔偿协议达成的赔偿金额达不到工伤保险赔偿金额75%的,人民法院可以认定该赔偿协议显失公平。工伤职工申请撤销的期限为一年,从其知道或者应当知道劳动能力鉴定委员会作出劳动能力鉴定结论之日起计算。

市总工会、市劳动人事争议仲裁院代表认为,赔偿协议达成的赔偿金额低于工伤保险赔偿金额,工伤职工请求确认赔偿协议无效的,人民法院应予支持。

四川省

《四川省高级人民法院民一庭关于审理劳动争议案件若干疑难问题的解答》（2016年1月15日）

27.解除劳动合同时或者劳动合同终止后,劳动者以承诺书等书面形式放弃相关权利的,如不违反法律、行政法规的强制性规定,且不存在欺诈、胁迫或者乘人之危情形的,原则上应当认定该承诺书的效力。

38. 劳动者与用人单位就工伤保险待遇达成的协议已实际履行的，人民法院原则上应认可该协议的效力。

劳动者主张协议约定的标准低于法定标准，要求用人单位按照法定标准补差的，应告知其就协议的效力另行起诉。

云南省

《云南省高级人民法院、云南省人力资源和社会保障厅关于审理劳动人事争议案件若干问题的座谈会纪要》(2015年1月19日)

八、劳动争议处理中的调解、和解及自认问题

（十八）用人单位与劳动者协商或经调解组织调解，就工伤保险待遇、加班工资、经济补偿等达成和解协议或调解协议后，劳动者以数额过低要求用人单位补足差额的，不予支持。但劳动者有证据证明协议签订存在受胁迫、欺诈或协议内容显失公平等情形的除外。

【典型案例】

黄仲华诉刘三明债权人撤销权纠纷案①

裁判摘要：用人单位与劳动者就工伤事故达成赔偿协议，但约定的赔偿金额明显低于劳动者应当享受的工伤保险待遇的，应当认定为显失公平。劳动者请求撤销该赔偿协议的，人民法院应予支持。

张传杰诉上海敬豪劳务服务有限公司等劳动合同纠纷案②

裁判摘要：从事接触职业病危害的作业的劳动者未进行离岗前职业健康检查的，用人单位不得解除或终止与其订立的劳动合同。即使用人单位与劳动者已协商一致解除劳动合同，解除协议也应认定无效。

---

① 载《最高人民法院公报》，2013年第1期。
② 载《最高人民法院公报》，2017年第5期。

第十章 涉及拖欠劳动报酬、福利待遇等请求的规范
（不含加班费）

【本章导读】

　　劳动者要求用人单位支付工资、加班工资、未休年休假工资等纠纷是劳动争议案件中的常见类型。因其中加班工资问题最为复杂，且有很多特殊问题需要梳理，故单列一章，放在本章之后。本章分五节，第一节汇总了关于工资和生活费的相关规定。第二节汇总了关于最低工资问题的相关规定。年终奖和提成与正常工资在很多情况下发放标准和发放时间不同，虽然相关规范不多，但仍单列一节为第三节。关于高温津贴的相关规定列为第四节。带薪年休假属于福利待遇，涉及未休年休假工资的相关规定列为第五节。另涉及劳动者要求用人单位支付违法解除劳动合同期间工资损失的规定安排在第九章第七节。

第一节　关于拖欠工资、生活费的请求

【适用指引】

一、请求权基础及相关案由

关于要求支付工资、生活费的请求权基础为《劳动法》第 50 条、《劳动合同法》第 30 条第 1 款。案由应适用《民事案件案由规定》"186. 劳动合同纠纷"项下的"追索劳动报酬纠纷"。

二、关于病假工资标准

《北京市工资支付规定》第 22 条（不低于最低工资标准的 80%）、《上海市高级人民法院民事审判庭 2014 年第三季度庭长例会研讨纪要》第 1 条（病假工资计算基数一般为正常出勤工资的 70%）、《重庆市高级人民法院民一庭关于九龙坡区法院劳动争议案件法律适用问题研讨会议综述》第 2 条（最低工资标准的 70%~80%）。

三、关于生活费标准

《北京市工资支付规定》第 22 条（不低于最低工资标准的 70%）、《重庆市高级人民法院民一庭关于九龙坡区法院劳动争议案件法律适用问题研讨会议综述》第 2 条（最低工资标准的 70%~80%）。

【裁判依据】

法律

一、《中华人民共和国劳动法》（2018年12月29日修正）

第五十条　工资应当以货币形式按月支付给劳动者本人。不得克扣或者无故拖欠劳动者的工资。

二、《中华人民共和国劳动合同法》（2012年12月28日修正）

第十八条　劳动合同对劳动报酬和劳动条件等标准约定不明确，引发争议的，用人单位与劳动者可以重新协商；协商不成的，适用集体合同规定；没有集体合同或者集体合同未规定劳动报酬的，实行同工同酬；没有集体合同或者集体合同未规定劳动条件等标准的，适用国家有关规定。

第二十条　劳动者在试用期的工资不得低于本单位相同岗位最低档工资或者劳动合同约定工资的百分之八十，并不得低于用人单位所在地的最低工资标准。

第三十条　用人单位应当按照劳动合同约定和国家规定，向劳动者及时足额支付劳动报酬。

用人单位拖欠或者未足额支付劳动报酬的，劳动者可以依法向当地人民法院申请支付令，人民法院应当依法发出支付令。

行政法规

一、《中华人民共和国劳动合同法实施条例》（2008年9月18日）

第十五条　劳动者在试用期的工资不得低于本单位相同岗位最低档工资的80%或者不得低于劳动合同约定工资的80%，并不得低于用人单位所在地的最低工资标准。

二、《保障农民工工资支付条例》（2019年12月30日）

第六条　用人单位实行农民工劳动用工实名制管理，与招用的农民工书面约定或者通过依法制定的规章制度规定工资支付标准、支付时间、支付方式等内容。

第十一条　农民工工资应当以货币形式，通过银行转账或者现金支付给农民工本人，不得以实物或者有价证券等其他形式替代。

第十二条　用人单位应当按照与农民工书面约定或者依法制定的规章制度规定的工资支付周期和具体支付日期足额支付工资。

第十三条 实行月、周、日、小时工资制的，按照月、周、日、小时为周期支付工资；实行计件工资制的，工资支付周期由双方依法约定。

第十四条 用人单位与农民工书面约定或者依法制定的规章制度规定的具体支付日期，可以在农民工提供劳动的当期或者次期。具体支付日期遇法定节假日或者休息日的，应当在法定节假日或者休息日前支付。

用人单位因不可抗力未能在支付日期支付工资的，应当在不可抗力消除后及时支付。

第十五条 用人单位应当按照工资支付周期编制书面工资支付台账，并至少保存3年。

书面工资支付台账应当包括用人单位名称，支付周期，支付日期，支付对象姓名、身份证号码、联系方式，工作时间，应发工资项目及数额，代扣、代缴、扣除项目和数额，实发工资数额，银行代发工资凭证或者农民工签字等内容。

用人单位向农民工支付工资时，应当提供农民工本人的工资清单。

第十六条 用人单位拖欠农民工工资的，应当依法予以清偿。

第十七条 不具备合法经营资格的单位招用农民工，农民工已经付出劳动而未获得工资的，依照有关法律规定执行。

第十八条 用工单位使用个人、不具备合法经营资格的单位或者未依法取得劳务派遣许可证的单位派遣的农民工，拖欠农民工工资的，由用工单位清偿，并可以依法进行追偿。

第十九条 用人单位将工作任务发包给个人或者不具备合法经营资格的单位，导致拖欠所招用农民工工资的，依照有关法律规定执行。

用人单位允许个人、不具备合法经营资格或者未取得相应资质的单位以用人单位的名义对外经营，导致拖欠所招用农民工工资的，由用人单位清偿，并可以依法进行追偿。

第二十条 合伙企业、个人独资企业、个体经济组织等用人单位拖欠农民工工资的，应当依法予以清偿；不清偿的，由出资人依法清偿。

第二十一条 用人单位合并或者分立时，应当在实施合并或者分立前依法清偿拖欠的农民工工资；经与农民工书面协商一致的，可以由合并或者分立后承继其权利和义务的用人单位清偿。

第二十二条 用人单位被依法吊销营业执照或者登记证书、被责令关闭、被撤销或者依法解散的，应当在申请注销登记前依法清偿拖欠的农民工工资。

未依据前款规定清偿农民工工资的用人单位主要出资人，应当在注册新用人单位前清偿拖欠的农民工工资。

第二十四条 建设单位应当向施工单位提供工程款支付担保。

建设单位与施工总承包单位依法订立书面工程施工合同，应当约定工程款计量周期、工程款进度结算办法以及人工费用拨付周期，并按照保障农民工工资按时足额支付的要求约定人工费用。人工费用拨付周期不得超过1个月。

建设单位与施工总承包单位应当将工程施工合同保存备查。

第二十八条 施工总承包单位或者分包单位应当依法与所招用的农民工订立劳动合同并进行用工实名登记，具备条件的行业应当通过相应的管理服务信息平台进行用工实名登记、管理。未与施工总承包单位或者分包单位订立劳动合同并进行用工实名登记的人员，不得进入项目现场施工。

施工总承包单位应当在工程项目部配备劳资专管员，对分包单位劳动用工实施监督管理，掌握施工现场用工、考勤、工资支付等情况，审核分包单位编制的农民工工资支付表，分包单位应当予以配合。

施工总承包单位、分包单位应当建立用工管理台账，并保存至工程完工且工资全部结清后至少3年。

第二十九条 建设单位应当按照合同约定及时拨付工程款，并将人工费用及时足额拨付至农民工工资专用账户，加强对施工总承包单位按时足额支付农民工工资的监督。

因建设单位未按照合同约定及时拨付工程款导致农民工工资拖欠的，建设单位应当以未结清的工程款为限先行垫付被拖欠的农民工工资。

建设单位应当以项目为单位建立保障农民工工资支付协调机制和工资拖欠预防机制，督促施工总承包单位加强劳动用工管理，妥善处理与农民工工资支付相关的矛盾纠纷。发生农民工集体讨薪事件的，建设单位应当会同施工总承包单位及时处理，并向项目所在地人力资源社会保障行政部门和相关行业工程建设主管部门报告有关情况。

第三十条 分包单位对所招用农民工的实名制管理和工资支付负直接责任。

施工总承包单位对分包单位劳动用工和工资发放等情况进行监督。

分包单位拖欠农民工工资的，由施工总承包单位先行清偿，再依法进行追偿。

工程建设项目转包，拖欠农民工工资的，由施工总承包单位先行清偿，再依法进行追偿。

第三十一条 工程建设领域推行分包单位农民工工资委托施工总承包单位代发制度。

分包单位应当按月考核农民工工作量并编制工资支付表，经农民工本人签字确认后，与当月工程进度等情况一并交施工总承包单位。

施工总承包单位根据分包单位编制的工资支付表，通过农民工工资专用账户直接将工资支付到农民工本人的银行账户，并向分包单位提供代发工资凭证。

用于支付农民工工资的银行账户所绑定的农民工本人社会保障卡或者银行卡，用人单位或者其他人员不得以任何理由扣押或者变相扣押。

第三十三条　除法律另有规定外，农民工工资专用账户资金和工资保证金不得因支付为本项目提供劳动的农民工工资之外的原因被查封、冻结或者划拨。

第三十五条　建设单位与施工总承包单位或者承包单位与分包单位因工程数量、质量、造价等产生争议的，建设单位不得因争议不按照本条例第二十四条的规定拨付工程款中的人工费用，施工总承包单位也不得因争议不按照规定代发工资。

第三十六条　建设单位或者施工总承包单位将建设工程发包或者分包给个人或者不具备合法经营资格的单位，导致拖欠农民工工资的，由建设单位或者施工总承包单位清偿。

施工单位允许其他单位和个人以施工单位的名义对外承揽建设工程，导致拖欠农民工工资的，由施工单位清偿。

第三十七条　工程建设项目违反国土空间规划、工程建设等法律法规，导致拖欠农民工工资的，由建设单位清偿。

第四十二条　人力资源社会保障行政部门作出责令支付被拖欠的农民工工资的决定，相关单位不支付的，可以依法申请人民法院强制执行。

第五十条　农民工与用人单位就拖欠工资存在争议，用人单位应当提供依法由其保存的劳动合同、职工名册、工资支付台账和清单等材料；不提供的，依法承担不利后果。

部门规章及规范性文件

一、《国家统计局关于工资总额组成的规定》（1990年1月1日）

第三条　工资总额是指各单位在一定时期内直接支付给全单位全部职工的劳动报酬总额。工资总额的计算应以直接支付给职工的全部劳动报酬为本单位全部职工的劳动报酬总额。

工资总额的计算应以直接支付给职工的全部劳动报酬为根据。

第四条　工资总额由下列六个部分组成：

（一）计时工资；

（二）计件工资；

（三）奖金；

（四）津贴和补贴；

（五）加班加点工资；

（六）特殊情况下支付的工资。

二、《工资支付暂行规定》（1994年12月6日）

第六条 用人单位应将工资支付给劳动者本人。劳动者本人因故不能领取工资时，可由其亲属或委托他人代领。

用人单位可委托银行代发工资。

用人单位必须书面记录支付劳动者工资的数额、时间、领取者的姓名以及签字，并保存两年以上备查。用人单位在支付工资时应向劳动者提供一份其个人的工资清单。

第十一条 劳动者依法享受年休假、探亲假、婚假、丧假期间，用人单位应按劳动合同规定的标准支付劳动者工资。

第十二条 非因劳动者原因造成单位停工、停产在一个工资支付周期内的，用人单位应按劳动合同规定的标准支付劳动者工资。超过一个工资支付周期的，若劳动者提供了正常劳动，则支付给劳动者的劳动报酬不得低于当地的最低工资标准；若劳动者没有提供正常劳动，应按国家有关规定办理。

第十五条 用人单位不得克扣劳动者工资。有下列情况之一的，用人单位可以代扣劳动者工资：

（1）用人单位代扣代缴的个人所得税；

（2）用人单位代扣代缴的应由劳动者个人负担的各项社会保险费用；

（3）法院判决、裁定中要求代扣的抚养费、赡养费；

（4）法律、法规规定可以从劳动者工资中扣除的其他费用。

第十六条 因劳动者本人原因给用人单位造成经济损失的，用人单位可按照劳动合同的约定要求其赔偿经济损失。经济损失的赔偿，可从劳动者本人的工资中扣除。但每月扣除的部分不得超过劳动者当月工资的20%。若扣除后的剩余工资部分低于当地月最低工资标准，则按最低工资标准支付。

三、《劳动部对〈工资支付暂行规定〉有关问题的补充规定》（1995年5月12日）

三、《规定》第十五条中所称"克扣"系指用人单位无正当理由扣减劳动者应得工资（即在劳动者已提供正常劳动的前提下用人单位按劳动合同规定的标准应当支付给劳动者的全部劳动报酬）。不包括以下减发工资的情况：（1）国家的法律、法规中有明确规定的；（2）依法签订的劳动合同中有明确规定的；

（3）用人单位依法制定并经职代会批准的厂规、厂纪中有明确规定的；（4）企业工资总额与经济效益相联系，经济效益下浮时，工资必须下浮的（但支付给劳动者工资不得低于当地最低工资标准）；（5）因劳动者请事假等相应减发工资等。

四、《劳动部关于贯彻执行〈中华人民共和国劳动法〉若干问题的意见》（1995年8月4日）

53.劳动法中的"工资"是指用人单位依据国家有关规定或劳动合同的约定，以货币形式直接支付给本单位劳动者的劳动报酬，一般包括计时工资、计件工资、奖金、津贴和补贴、延长工作时间的工资报酬以及特殊情况下支付的工资等。"工资"是劳动者劳动收入的主要组成部分。劳动者的以下劳动收入不属于工资范围：

（1）单位支付给劳动者个人的社会保险福利费用，如丧葬抚恤救济费、生活困难补助费、计划生育补贴等；

（2）劳动保护方面的费用，如用人单位支付给劳动者的工作服、解毒剂、清凉饮料费用等；

（3）按规定未列入工资总额的各种劳动报酬及其他劳动收入，如根据国家规定发放的创造发明奖、国家星火奖、自然科学奖、科学技术进步奖、合理化建议和技术改进奖、中华技能大奖等，以及稿费、讲课费、翻译费等。

五、《人力资源社会保障部办公厅关于妥善处理新型冠状病毒感染的肺炎疫情防控期间劳动关系问题的通知》（2020年1月24日）

二、企业因受疫情影响导致生产经营困难的，可以通过与职工协商一致采取调整薪酬、轮岗轮休、缩短工时等方式稳定工作岗位，尽量不裁员或者少裁员。符合条件的企业，可按规定享受稳岗补贴。企业停工停产在一个工资支付周期内的，企业应按劳动合同规定的标准支付职工工资。超过一个工资支付周期的，若职工提供了正常劳动，企业支付给职工的工资不得低于当地最低工资标准。职工没有提供正常劳动的，企业应当发放生活费，生活费标准按各省、自治区、直辖市规定的办法执行。

六、《人力资源社会保障部、全国总工会、中国企业联合会/中国企业家协会、全国工商联关于做好新型冠状病毒感染肺炎疫情防控期间稳定劳动关系支持企业复工复产的意见》（2020年2月7日）

三、协商处理疫情防控期间的工资待遇问题

（四）支持协商未返岗期间的工资待遇。在受疫情影响的延迟复工或未返岗期间，对用完各类休假仍不能提供正常劳动或其他不能提供正常劳动的职工，指导企业参照国家关于停工、停产期间工资支付相关规定与职工协商，在一个工资支付周期内的按照劳动合同规定的标准支付工资；超过一个工资支付周期的按有关规定发放生活费。

（五）支持困难企业协商工资待遇。对受疫情影响导致企业生产经营困难的，鼓励企业通过协商民主程序与职工协商采取调整薪酬、轮岗轮休、缩短工时等方式稳定工作岗位；对暂无工资支付能力的，要引导企业与工会或职工代表协商延期支付，帮助企业减轻资金周转压力。

（六）保障职工工资待遇权益。对因依法被隔离导致不能提供正常劳动的职工，要指导企业按正常劳动支付其工资；隔离期结束后，对仍需停止工作进行治疗的职工，按医疗期有关规定支付工资。对在春节假期延长假期间因疫情防控不能休假的职工，指导企业应先安排补休，对不能安排补休的，依法支付加班工资。

地方政府规章

《北京市工资支付规定》（2003年12月22日）

第十三条 用人单位应当按照工资支付周期编制工资支付记录表，并至少保存二年备查。工资支付记录表应当主要包括用人单位名称、劳动者姓名、支付时间以及支付项目和金额、加班工资金额、应发金额、扣除项目和金额、实发金额等事项。

劳动者有权查询本人的工资支付记录。

第二十条 妇女节、青年节等部分公民节日期间，用人单位安排劳动者休息、参加节日活动的，应当视同其正常劳动支付工资；劳动者照常工作的，可以不支付加班工资。

第二十一条 劳动者患病或者非因工负伤的，在病休期间，用人单位应当根据劳动合同或集体合同的约定支付病假工资。用人单位支付病假工资不得低于本市最低工资标准的80%。

第二十二条 劳动者在事假期间，用人单位可以不支付其工资。

第二十三条 劳动者生育或者施行计划生育手术依法享受休假期间，用人单位应当支付其工资。

劳动者因产前检查和哺乳依法休假的，用人单位应当视同其正常劳动支付工资。

第二十六条 用人单位因生产经营困难暂时无法按时支付工资的，应当向劳动者说明情况，并经与工会或者职工代表协商一致后，可以延期支付工资，但最长不得超过30日。

第二十七条 非因劳动者本人原因造成用人单位停工、停业的，在一个工资支付周期内，用人单位应当按照提供正常劳动支付劳动者工资；超过一个工资支付周期的，可以根据劳动者提供的劳动，按照双方新约定的标准支付工资，但不得低于本市最低工资标准；用人单位没有安排劳动者工作的，应当按照不低于本市最低工资标准的70%支付劳动者基本生活费。国家或者本市另有规定的从其规定。

第四十二条　克扣工资是指除本规定第十一条规定的行为外，用人单位扣减劳动者工资的行为。

无故拖欠工资是指除自然灾害、战争等不可抗力以及本规定第二十六条规定情形以外，用人单位延期支付工资的行为。

【参考依据】

北京市

一、《北京市高级人民法院、北京市劳动争议仲裁委员会关于劳动争议案件法律适用问题研讨会会议纪要》(2009年8月17日)

17.用人单位应当按照工资支付周期编制工资支付记录表，并至少保存二年备查。劳动者与用人单位因劳动报酬问题产生争议时，在二年保存期间内，由用人单位承担举证责任。超出这一期间的则应适用"谁主张，谁举证"的证明责任分配规则。

"两年"是指劳动者申请仲裁之日起往前推算两年。

18.工资结算支付周期届满后，用人单位应当在与劳动者约定的日期内支付工资，最迟不应超过约定支付日期的七天。如工资支付日遇节假日或休息日时，应当提前在最近的工作日支付。

24.用人单位作出的与劳动者解除劳动合同的处理决定被劳动仲裁委或人民法院依法撤销后，劳动者主张用人单位给付上述处理决定作出后至仲裁或诉讼期间的工资，应按以下原则把握：（1）用人单位作出的处理决定仅因程序方面存在瑕疵而被依法撤销的，用人单位应按最低工资标准向劳动者支付上述期间的工资；（2）用人单位作出的处理决定因在实体方面存在问题而被依法撤销的，用人单位应按劳动者正常劳动时的工资标准向劳动者支付上述期间的工资。

二、《北京市高级人民法院、北京市劳动人事争议仲裁委员会关于审理劳动争议案件法律适用问题的解答》(2017年4月24日)

5.用人单位调整劳动者工作岗位的，如何处理？

……用人单位在调整岗位的同时调整工资，劳动者接受调整岗位但不接受同时调整工资的，由用人单位说明调整理由。应根据用人单位实际情况、劳动者调整后的工作岗位性质、双方合同约定等内容综合判断是否侵犯劳动者合法权益。

21.用人单位给付劳动者的工资标准计算基数按哪些原则确定？

（1）劳动者每月应得工资与实得工资的主要差别在于各类扣款和费用，应得工资包括个人应当承担的社会保险金、税费等。对于社会保险金、税费，用人单位承担的仅是代缴义务，劳动者的纳税由税务机关负责，社会保险金缴纳由社会保险机构负责，审理中一般按照劳动者应得工资确定工资标准。

（2）用人单位与劳动者在劳动合同中约定了工资标准的，以该约定为准。劳动合同没有约定的，按照集体合同约定的工资标准确定。劳动合同、集体合同均未约定，按照劳动者本人正常劳动实际发放的工资标准工资确定。依照本款确定的工资标准不得低于本市规定的最低工资标准。

（5）劳动者所得实际工资扣除该月加班费后的数额低于本市规定的最低工资标准的，按照本市规定的最低工资标准执行。

三、《北京市高级人民法院、北京市劳动人事争议仲裁委员会关于审理新型冠状病毒感染肺炎疫情防控期间劳动争议案件法律适用问题的解答》（2020年4月29日）

2.用人单位于2020年春节假期开始前招聘劳动者并约定春节假期结束后入职计薪，因疫情影响受聘劳动者无法按约定入职的，用人单位与劳动者就劳动关系建立时间发生争议，如何处理？

答：应按照用人单位与劳动者实际用工时间确定劳动关系建立时间，依法支付劳动报酬。用人单位以灵活用工方式已经安排劳动者提供劳动的，劳动者开始提供劳动之日为用人单位开始用工之日。

8.春节放假期间和用人单位延迟复工期间，留守值班人员的劳动报酬，如何发放？

答：无论是春节放假期间还是用人单位延迟复工期间，因安全、消防、节假日巡视等需要，用人单位安排劳动者从事与本职工作无关的值班任务，可以根据本单位的值班制度支付值班津贴或补助。如果值班人员本职工作就是安保、消防中控、巡逻等值守工作的，则应当按照国家规定，结合岗位工时制度予以调休或支付相应劳动报酬。

9.疫情防控期间，用人单位安排劳动者在家上班或灵活办公，用人单位降低劳动报酬，劳动者要求支付工资差额的，是否支持？

答：除经协商一致降低劳动报酬外，用人单位安排劳动者在家上班或灵活办公，一般应视为劳动者正常出勤，对劳动者要求支付工资差额的请求应予支持。

10. 对新型冠状病毒感染的肺炎患者、病原携带者（无症状感染者）、疑似病人、密切接触者在其隔离治疗期间或医学观察期间，如何支付工资待遇？

答：由用人单位按照劳动者正常工作期间工资待遇中基本工资、岗位工资等固定构成部分支付，可以不支付绩效、奖金、提成等劳动报酬中非固定构成部分以及与实际出勤相关的车补、饭补等款项，但不得低于本市最低工资标准。上述期间，用人单位安排上述人员灵活办公的，按照劳动者正常出勤支付劳动报酬。

用人单位停工停业的，上述劳动者的工资待遇按照《北京市工资支付规定》第二十七条处理。

有证据证明劳动者本人不遵守政府防控措施导致被隔离治疗或接受医学观察无法提供劳动的，用人单位可以比照事假处理。

11. 劳动者结束本解答第10条所述的隔离措施后，如需要继续治疗的，应按什么标准确定工资待遇？

答：劳动者在本解答第10条所规定的隔离措施结束后，仍需停止工作继续治疗的（无论是否被诊断患有新型冠状病毒肺炎），按医疗期有关规定支付病假工资，病假工资支付标准按《北京市工资支付规定》第二十一条执行。但劳动者被依法认定为工伤的，按照《工伤保险条例》的相关规定处理。

12. 受疫情影响延迟复工或未返岗期间，对不能提供正常劳动的劳动者，如何支付工资待遇？

答：用人单位安排劳动者优先使用带薪年休假等各类假（包括用人单位自设的福利假）、综合调剂使用2020年度内休息日的，按照相关休假规定或劳动者正常出勤支付劳动报酬。

用人单位可以依据与劳动者协商一致调整后的工资标准支付劳动报酬，调整后的工资标准不得低于本市最低工资标准。

未复工时间较短（一般不超过一个月）且不存在第一款、第二款情形的，由用人单位按照劳动者正常工作期间劳动报酬中基本工资、岗位工资等固定构成部分支付，可以不支付绩效、奖金、提成等劳动报酬中非固定构成部分以及与实际出勤相关的车补、饭补等款项，但不得低于本市最低工资标准。

未复工时间较长且不存在第一款、第二款情形的，参照《北京市工资支付规定》第二十七条向劳动者支付工资待遇。对于滞留湖北未返京劳动者自2020年3月起基本生活费的发放，按照《关于稳定滞留湖北未返京人员劳动关系有关措施的通知》（京人社办字〔2020〕30号）执行。

出差执行工作任务的劳动者，因疫情防控未能及时返京期间的工资待遇由用人单位按正常工作期间劳动报酬支付。未返京期间用人单位停工停业的，按照《北京市工资支付规定》第二十七条处理。出差职工滞留期间的差旅费由用人单位承担。

用人单位劳务派遣职工参照本条规定执行。

13.新型冠状病毒感染的肺炎患者结束治疗进行隔离观察期间，或劳动者返京到岗上班须先行隔离观察14天期间，如何支付工资待遇？

答：上述期间不属于传染病防治法第四十一条规定的隔离期间。用人单位安排劳动者在家上班或灵活办公的，工资待遇支付参照本解答第9条处理。用人单位未安排劳动者提供劳动的，工资待遇支付参照本解答第12条处理。

自北京新型冠状病毒肺炎疫情防控工作领导小组办公室于2020年2月14日发布《关于进一步明确疫情防控期间返京人员有关要求的通告》之时起，在京劳动者因私出京返京后的隔离期间无法提供劳动的，用人单位可以比照事假处理。

14.疫情防控期间，劳动者在家看护未成年子女，如何支付看护期间的工资待遇？

答：用人单位安排劳动者看护未成年子女期间在家上班，或安排劳动者采取错时、弹性工作制等灵活方式提供劳动，或综合调剂使用年度内的休息日，按照劳动者正常出勤支付劳动报酬。

不存在第一款情形的，用人单位可以依据与劳动者协商一致调整后的工资标准支付劳动报酬，调整后的工资标准不得低于本市最低工资标准。

不存在第一款、第二款情形的，落实上述期间请假制度后，由用人单位按照劳动者正常工作期间劳动报酬中基本工资、岗位工资等固定构成部分支付，可以不支付绩效、奖金、提成等劳动报酬中非固定构成部分以及与实际出勤相关的车补、饭补等款项，但不得低于本市最低工资标准。

劳动者居家看护未成年子女期间，如用人单位已停工停业的，按照《北京市工资支付规定》第二十七条规定执行。

劳动者未在家看护未成年子女而正常出勤提供劳动，要求用人单位支付上述期间加班费的，因缺乏明确法律法规及政策依据，不予支持。

15.疫情原因导致用人单位停工停业或劳动者因疫情防控原因无法返岗复工，用人单位未经过协商一致安排劳动者待岗，劳动者以待岗安排未经过协商一致为由主张安排无效，要求按照正常工资标准支付待岗期间工资差额，是否支持？

答：疫情原因导致用人单位停工停业安排劳动者待岗的，《北京市工资支付规定》第二十七条并未规定此种情形下须双方协商一致；劳动者因疫情防控原因无法返岗复工，在上述情形下用人单位安排劳动者待岗，亦不可归责于用人单位，虽鼓励协商但不宜严格要求双方必须协商一致，对劳动者的请求不予支持。

天津市

一、《天津法院劳动争议案件审理指南》（2017年11月30日）

28.【用人单位违法解除劳动合同的赔偿金与继续履行竞合问题的处理】用人单位违法解除劳动合同，劳动者要求继续履行合同并主张用人单位支付赔偿金及因违法解除劳动合同而导致的工资损失的，应当区分以下情况分别处理：

内容详见：第九章第七节相关内容部分。

36.【工资结算协议】用人单位与劳动者就劳动报酬的计算、支付达成结算协议的，应认定有效，但有证据证明签订协议时存在欺诈、胁迫、重大误解、显失公平或者乘人之危等违背当事人真实意思表示的情形除外。

按照前款规定的结算协议并结合用人单位已经发放的劳动报酬数额，劳动者应得工资经核算低于最低工资标准的，用人单位应当补齐应得工资与最低工资标准之间的差额。

二、《天津市高级人民法院、天津市人力资源和社会保障局关于审理劳动人事争议案件的会议纪要》（2019年11月25日）

7.用人单位向劳动者发放或者支付的交通补贴（车改补贴）、通讯补贴、餐费补贴等应属于劳动者工资还是福利费范畴的问题

用人单位已经实行货币化改革，按月按标准向劳动者发放或者支付的交通补贴（车改补贴）、通讯补贴、餐费补贴等应纳入劳动者的工资构成。

9.因用人单位原因造成劳动者待岗，待岗期间的工资问题

因用人单位过错导致劳动者待岗，劳动者要求待岗期间工资待遇的，应予支持。待岗期间工资待遇标准按照劳动者待岗前十二个月的月平均工资（加班费除外）标准计算。

符合《天津市工资支付规定》第二十七条规定，非因劳动者本人原因造成用人单位停工停产，未超过一个工资支付周期的，用人单位应当按照劳动合同约定的工资标准支付劳动者工资。超过一个工资支付周期，用人单位没有安排劳动者工作的，就待岗工资双方可以协商解决，如果双方协商一致，按协商协议执行。

三、《天津市高级人民法院民事审判第一庭关于审理涉新冠肺炎疫情相关民事案件的法官会议纪要（一）（劳动争议案件部分）》（2020年3月19日）

4. 劳动者因新冠肺炎疫情防控（隔离治疗期间或医学观察期间的新冠肺炎患者、疑似病人、密切接触者，以及受实施隔离或其他紧急措施影响）导致未能提供劳动的，企业应当按照劳动合同约定支付该期间的工资。如企业受疫情影响生产经营出现严重困难，可与劳动者协商工资支付问题。隔离期结束后，劳动者仍需治疗的，企业应当依照《企业职工患病或非因工负伤医疗期规定》保障劳动者享有医疗期的相关合法权益。

6. 企业应当严格按照我市发布的延迟复工通知执行。延迟复工期间，企业安排劳动者居家办公的，视为正常提供劳动，应当按照劳动合同约定的标准支付工资。劳动者主张应视为加班的，不予支持。

河北省

《河北省人力资源和社会保障厅、河北省高级人民法院关于涉新冠肺炎疫情劳动争议纠纷相关问题的解答》（2020年6月5日）

4. 被依法隔离的劳动者，工资待遇如何掌握？

答：根据传染病防治法规定，由医疗机构或政府依法对新冠肺炎患者、病原携带者、疑似病人、密切接触者等实施隔离措施，导致劳动者不能提供正常劳动的，企业按正常劳动支付其在隔离期间的工资。隔离期结束后，对仍需停止工作进行治疗的劳动者，企业按照职工患病的医疗期有关规定支付其工资。

5. 疫情防控期间，用人单位安排劳动者在家灵活上班或办公的，如何掌握劳动报酬标准？

答：除用人单位与劳动者协商一致外，用人单位安排劳动者在家上班或灵活办公，一般应视为劳动者正常出勤，应按在岗工作支付劳动报酬。

7. 企业未复工或者企业复工但劳动者未返岗且不能通过其他方式提供正常劳动的，如何掌握工资标准？

答：企业参照国家关于停工停产期间工资支付相关规定与劳动者协商，在一个工资支付周期内的，按照《河北省工资支付规定》第二十七条规定执行；超过一个工资支付周期的，按照《河北省工资支付规定》第二十八条规定执行。其中：停工停产期间计算从2020年春节延长假结束的次日起至企业复工或劳动者返岗前一日止。但对企业因生产经营困难在2020年春节假期之前已履行相关程序后决定停工停产的，其停工停产起始日期为宣布停工停产之日。

8. 劳动者不遵守政府防控措施，导致被隔离治疗或接受医学观察，如何掌握工资待遇？

答：劳动者不遵守政府防控措施，导致被隔离治疗或接受医学观察，劳动者主张该期间劳动报酬的，不予支持。劳动者存在违反疫情防控管理措施、拒绝配合检疫治疗等违法违规情形，被依法追究刑事责任的，用人单位可依据《劳动合同法》第三十九条第六项的规定与劳动者解除劳动合同。

10.新冠肺炎患者结束治疗后的隔离观察时间，或劳动者根据当地政府的疫情防控措施从外地返岗先行隔离观察14天期间，劳动者主张待遇的，如何掌握？

答：上述期间不属于《传染病防治法》规定的隔离期间，用人单位安排劳动者在家灵活上班的，可根据本解答第5条处理。用人单位未安排劳动者提供劳动的，参照本解答第7条处理。

12.因疫情待岗，劳动者以用人单位安排待岗未经过协商一致为由主张安排无效，要求按照正常工资标准支付待岗期间工资的是否支持？

答：企业因疫情原因停工停产导致劳动者待岗的，劳动者要求按照正常工资标准支付待岗期间工资的是否支持对劳动者的请求，不予支持。

上海市

一、《上海市高级人民法院关于适用〈劳动合同法〉若干问题的意见》（2009年3月3日）

十四、如何把握同工同酬的标准

同工同酬是劳动法确立的一项基本规则，用人单位必须严格遵守。但由于劳动者存在个体差异，因此，不能简单以不同劳动者是否在相同岗位工作作为"同工"的标准，而应综合考虑劳动者的个人工作经验、工作技能、工作积极性等特殊因素，允许用人单位依此对相对工作岗位的劳动者在劳动报酬方面有所差别。

二、《上海市高级人民法院民事审判庭2014年第三季度庭长例会研讨纪要》（民一庭调研与参考〔2015〕11号）

一、劳动报酬相关问题

1.关于病假工资基数如何确定的问题

（节录）倾向意见认为，如劳动合同或双方签订的其他协议对病假工资计算基数有约定的，可按双方约定的数额来确定病假工资计算基数，但该约定的计算基数不得低于正常出勤工资（该正常出勤工资应理解为劳动者正常出勤即可获得的可预期收入，不包括一次性或临时性收入）×70%的标准；双方未约定病假工资计算基数的，病假工资的计算基数应按照上述正常出勤工资×70%的标准来确定。

3. 关于劳动者持欠条要求用人单位支付劳动报酬利息的诉请是否支持的问题

根据《最高人民法院关于审理劳动争议案件适用法律若干问题的解释（二）》第3条"劳动者以用人单位的工资欠条为证据直接向人民法院起诉，诉讼请求不涉及劳动关系其他争议的，视为拖欠劳动报酬争议，按照普通民事纠纷受理"的规定，倾向意见认为，虽拖欠劳动报酬的基础法律关系是劳动争议纠纷，但只要用人单位对欠薪事实无异议且出具书面欠条，原劳动法律关系就已转化为一般民事欠款纠纷。故劳动者持欠条直接到法院起诉，要求用人单位支付所拖欠的劳动报酬，应依照普通民事诉讼程序进行审理。如用人单位在欠条上写明支付劳动报酬的期限和相应利息的，法院可判决支持劳动者要求支付劳动报酬利息的诉请。如用人单位在欠条上仅明确支付劳动报酬期限但未约定支付利息的，法院可判决不支付利息；但如用人单位未按约定期限支付劳动报酬，劳动者因而要求用人单位支付逾期付款利息的，法院应予支持。

三、《上海市高级人民法院、上海市人力资源和社会保障局关于疫情影响下劳动争议案件处理相关指导的意见》（2020年4月13日）

四、关于受疫情影响停工停产超过一个工资支付周期是否需要支付劳动者工资的问题

受疫情影响导致用人单位停工停产与用人单位因经营、管理不善导致停工停产不同，并非劳动者或用人单位一方原因所致。对于停工停产期间的待遇支付标准可以通过用人单位与职代会、工会或职工代表进行民主协商的方式确定；如不能达成一致意见的，可按《人力资源和社会保障部办公厅关于妥善处理新型冠状病毒感染的肺炎疫情防控期间劳动关系问题的通知》（人社厅明电〔2020〕5号）和8号文规定，用人单位停工停产超过一个工资支付周期的，用人单位应当与劳动者协商支付相应的生活费。如少数劳动者在停工停产期间提供正常劳动的，用人单位应当按规定支付不低于上海市最低工资标准的工资。

江苏省

《江苏省高级人民法院、江苏省劳动人事争议仲裁委员会关于审理劳动人事争议案件的指导意见（二）》（2011年11月8日）

第七条 高级管理人员与用人单位发生劳动报酬争议，董事会决议中关于劳动报酬的规定与劳动合同的约定相冲突的，应优先适用劳动合同的约定，但当事人均同意适用董事会决议的除外。

浙江省

一、《浙江省高级人民法院民事审判第一庭、浙江省劳动人事争议仲裁院关于审理劳动争议案件若干问题的解答（三）》（2015年9月）

十五、用人单位超过法律规定期限与劳动者约定试用期，已经实际履行的超过法定试用期的期间，用人单位除按照《劳动合同法》第八十三条规定支付赔偿金外，是否还应当补足超过期间的工资差额？

答：用人单位超过法律规定期限与劳动者约定试用期，对已经履行的超过法定试用期的期间，用人单位应当按照《劳动合同法》第八十三条规定支付赔偿金，但无需向劳动者补足超过期间的工资差额。

二、《浙江省高级人民法院关于规范涉新冠肺炎疫情相关民事法律纠纷的实施意见（试行）》（2020年2月10日）

2. 疫情防控期间的劳动用工、工资待遇等问题处理，遵照《关于做好新型冠状病毒感染肺炎疫情防控期间稳定劳动关系支持企业复工复产的意见》（人社部发〔2020〕8号）、《关于妥善处理新型冠状病毒感染的肺炎疫情防控期间劳动关系问题的通知》（人社厅明电〔2020〕5号）等规定执行。

3. 劳动者不遵守政府防控措施，导致被隔离治疗或接受医学观察，劳动者主张该期间劳动报酬的，一般不予支持。

山东省

《山东省高级人民法院民一庭关于涉疫情劳动争议案件法官会议纪要》（2020年2月25日）

二、关于隔离治疗、灵活用工、企业停工停产等期间，劳动报酬的支付问题

对新冠肺炎患者、疑似病人、密切接触者在其隔离治疗期间或医学观察期间，以及因政府实施隔离措施或其他紧急措施，导致不能提供正常劳动的职工，用人单位应当视同提供正常劳动并支付职工正常工作时间工资。职工不遵守政府防控措施，导致被隔离治疗或接受医学观察，职工主张该期间劳动报酬的，一般不予支持。

隔离治疗期、医学观察期期满或者政府采取的紧急措施结束，职工仍需停止工作进行治疗的，按照国家规定享有医疗期，医疗期期限和工资待遇按照国家有关规定执行；被认定为工伤的新冠肺炎患者，其工资福利待遇按照《工伤保险条例》第33条的规定处理；不能认定为工伤的新冠肺炎患者，其工资报酬标准按照职工患病或非因工负伤处理。

疫情防控期间，职工根据用人单位要求通过网络、电话等灵活用工方式完成工作任务的，用人单位应当按正常工作的标准支付劳动报酬。

针对企业因疫情防控而停产停工，或者在受疫情影响的延迟复工或未返岗期间，对用完各类休假仍不能提供正常劳动的职工，在一个工资支付周期内，企业应当按照劳动合同约定的标准支付职工工资；超过一个工资支付周期的，可以根据职工提供的劳动，按照双方新约定的标准支付工资，但不得低于最低工资标准；职工未提供正常劳动的，企业应当依照有关规定发放生活费。

七、关于因疫情导致生产经营困难企业的劳动关系处理问题

企业可以通过与职工协商一致采取调整薪酬、轮岗轮休、缩短工时等方式稳定工作岗位，尽量不裁员或者少裁员。符合条件的企业，可按规定享受稳岗补贴。

对受疫情影响导致企业生产经营困难、暂无工资支付能力的，企业经与工会或职工代表协商，可以延期支付职工工资。

河南省

《河南省高级人民法院、河南省人力资源和社会保障厅关于做好涉新型冠状病毒肺炎疫情防控劳动争议处理工作的通知》（2020年3月2日）

2.疫情防控期间的劳动用工、工资待遇等问题处理，遵照《人力资源社会保障部全国总工会中国企业联合会/中国企业家协会全国工商联关于做好新型冠状病毒感染肺炎疫情防控期间稳定劳动关系支持企业复工复产的意见》（人社部发〔2020〕8号）《人力资源社会保障部办公厅关于妥善处理新型冠状病毒感染的肺炎疫情防控期间劳动关系问题的通知》（人社厅明电〔2020〕5号）《河南省人力资源和社会保障厅关于转发人社厅明电〔2020〕5号文件，妥善做好新型冠状病毒感染的肺炎疫情防控期间劳动关系工作的通知》（豫人社明电〔2020〕2号）等规定执行。

3.因疫情防控不能在国家规定的法定假期（包括国家决定延长假期）休假的劳动者，用人单位应根据《中华人民共和国劳动法》规定安排补休。如劳动者正常上班提供劳动，用人单位又未能给予补休的，劳动者请求支付200%加班工资的，予以支持；如劳动者未提供劳动，用人单位应按劳动合同的约定正常支付工资。实行特殊工时制的劳动者，工作时间和工资待遇按相关规定执行。法定休假日的工资待遇按相关规定执行。

6.劳动者不遵守政府防控措施，导致被隔离治疗或接受医学观察，劳动者主张该期间劳动报酬的，一般不予支持。

7.劳动者非因工确诊或疑似感染新冠肺炎，在其隔离治疗或医学观察期间，用人单位应依照《中华人民共和国传染病防治法》第四十一条第二款的规定，并

遵照人社部发〔2020〕8号、人社厅明电〔2020〕5号及豫人社明电〔2020〕2号等政策规定支付工资报酬。对于期满后仍需治疗的，用人单位应按照《企业职工患病或非因工负伤医疗期规定》及相关规定支付相应待遇。

湖南省

《湖南省高级人民法院关于涉新型冠状病毒感染肺炎疫情案件法律适用若干问题的解答》（2020年2月25日）

问题9：受新冠疫情影响，因企业灵活用工产生的劳动争议如何处理？

答：疫情防控期间，职工根据用人单位要求通过网络、电话等灵活用工方式完成工作任务，主张用人单位按正常工作的标准支付劳动报酬的，人民法院可予支持。

广东省

一、《广东省高级人民法院、广东省劳动人事争议仲裁委员会关于劳动人事争议仲裁与诉讼衔接若干意见》（2018年7月18日）

四、用人单位和劳动者均不能对工资数额举证的，由仲裁机构、人民法院参照本单位同岗位平均工资或者根据用人单位经济类型，参照当地城镇非私营单位就业人员年平均工资或当地城镇私营单位就业人员年平均工资确定。如按照上述标准确定的工资与该行业（或岗位）的普遍工资收入明显不符的，参照政府职能部门公布的人力资源市场工资指导价位等因素综合确定。

五、……非因劳动者原因致用人单位生产经营陷入严重困境，有丧失清偿能力的可能并致用人单位停产、限产，用人单位可以根据《劳动合同法》第四十条第三项的规定解除劳动合同并支付经济补偿，也可以与劳动者协商约定停工限产期限。停工限产未超过一个工资支付周期，用人单位按照正常工作时间支付工资，超过一个工资支付周期，用人单位根据《广东省工资支付条例》第三十九条的规定向劳动者支付工资或生活费。

六、女职工按照《女职工劳动保护特别规定》第七条的规定休产假的，原工资标准按照《广东省实施〈女职工劳动保护特别规定〉办法》第十三条第二款的规定确定。根据《广东省人口与计划生育条例》第三十条的规定，符合法律、法规规定生育子女的，女方享受八十日的奖励假，男方享受十五日的陪产假，在规定假期内照发工资，不影响福利待遇和全勤评奖。奖励假和陪产假期间的工资应按职工正常出勤情况下的应得工资计算，但加班工资、高温津贴、支付周期超过一个月或未确定支付周期的劳动报酬除外。

二、《广东省高级人民法院、广东省人力资源和社会保障厅关于审理涉新冠肺炎疫情劳动人事争议案件若干问题的解答》(2020年4月27日)

1. 劳动者在2020年春节延长假期间的工资待遇，应如何确定

按照《国务院办公厅关于延长2020年春节假期的通知》要求，延长2020年春节假期至2月2日。用人单位在春节延长假期间（1月31日、2月1日、2月2日）安排劳动者工作的，应先安排补休；不能安排补休的，应按照不低于劳动者本人日或者小时工资标准的200%支付工资报酬。用人单位在此期间未安排劳动者工作，适逢工作日或者休息日的，按原工资计发方式处理。

2. 2020年春节延长假与其他假期、医疗期、停工留薪期重叠，应如何处理

产假、奖励假、陪产假（看护假）、停工留薪期及医疗期与2020年春节延长假重叠的，不得顺延。年休假与2020年春节延长假重叠的，可以顺延，或者由劳动者另行申请或者由用人单位另行安排。婚丧假、事假与2020年春节延长假重叠的，可由劳动者与用人单位依法协商安排。

3. 劳动者在政府规定延迟复工期间的工资待遇，应如何确定

按照《广东省人民政府关于企业复工和学校开学时间的通知》要求，除特殊情形外，本行政区域内各类企业复工时间不早于2月9日24时。2月3日至9日受疫情影响延迟复工期间，用人单位已经安排劳动者使用带薪年休假、单位自设福利假等各类假的，按相关假的规定支付其工资。如未安排各类假期的，按劳动合同约定标准支付工资。

符合规定不受延迟复工限制的用人单位，在此期间安排劳动者工作的，应当依法支付劳动者工资。其中，用人单位在休息日安排劳动者工作又不能安排补休的，应当根据《广东省工资支付条例》第二十条规定，按照不低于劳动者本人日或者小时工资标准的200%支付工资报酬。

5. 劳动者请求新冠肺炎治疗期间或者医学观察期间以及因政府实施隔离措施期间的工资报酬，应如何处理

劳动者要求用人单位按照正常工作时间工资支付新冠肺炎隔离治疗期间或者医学观察期间以及因政府实施隔离措施期间的工资报酬，应予支持。

劳动者不遵守政府疫情防控规定，导致被隔离治疗或者医学观察，劳动者请求该期间工资报酬的，不予支持。

6. 因政府依法采取停工停业、封锁疫区等紧急措施，用人单位延迟复工，劳动者请求不能返岗期间的工资报酬，应如何处理

用人单位安排未返岗劳动者通过电话、网络等方式提供正常劳动的，按正常劳动支付工资。

用人单位安排劳动者在受疫情影响延迟复工期间使用带薪年休假、用人单位自设福利假等各类假的，按相关假的规定支付工资。

用人单位未复工或者复工但劳动者未返岗且不能通过其他方式提供正常劳动的，参照停工停产期间工资支付相关规定与劳动者协商，在一个工资支付周期的，按照劳动合同约定的标准支付工资；超过一个工资支付周期的，由用人单位发放生活费，生活费按不低于当地最低工资标准的80%支付。

前款停工停产期间的计算，从2020年春节延长假结束的次日起至用人单位复工或者劳动者返岗前一日止。但用人单位因生产经营困难在2020年春节假期之前已履行相关程序后决定停工停产的，其停工停产起始日期为宣布停工停产之日。

用人单位停工停产的起止日期计算，从停工停产当日起至复工复产前一日止连续计算。其中，一个工资支付周期最长不超过30天（不剔除休息日、法定节假日等各类假）。用人单位发薪日期在此期间的，不影响按停工停产相关支付标准分段计算工资。

用人单位停工停产后复工，复工后再次停工停产的，每中断一次需重新计算，不得将两次停工停产的时间累加计算。

7. 劳动者在其隔离治疗期满或者医学观察期满以及政府实施隔离措施或者采取其他紧急措施结束之后要求返岗，用人单位拒绝的，工资待遇如何处理；劳动者据此解除劳动合同并请求经济补偿的，应否支持

新冠肺炎患者治愈出院后，疑似病人在确诊未患新冠肺炎后，新冠肺炎患者密切接触者、自疫情严重地区返粤劳动者以及其他因疫情防控需要集中或者居家隔离的劳动者，在医学观察期满后要求返岗，用人单位无正当理由拒绝的，应支付正常工作时间的工资。

用人单位拒绝劳动者返岗且不支付工资超过合理期限，劳动者依据劳动合同法第三十八条解除劳动合同并请求支付经济补偿的，应予支持。

14. 用人单位因受疫情影响停工停产，工资待遇等如何处理

用人单位因受疫情影响停工停产，未超过一个工资支付周期的，应当按照劳动合同约定的工资标准支付工资。超过一个工资支付周期的，用人单位与劳动者可以根据劳动者提供的劳动，协商新的工资标准；协商未成的，用人单位可根据劳动合同法第四十条规定解除劳动合同，但应当依照劳动合同法第四十六条、第四十七条规定，向劳动者支付经济补偿。超过一个工资支付周期的，用人单位没有安排劳动者工作，应当按照不低于当地最低工资标准的80%支付劳动者生活费；用人单位没有安排劳动者工作且未按上述标准支付生活费，超过合理期限或者约定期限，劳动者根据劳动合同法第三十八条规定提出解除劳动合同并请求生

活费及经济补偿的，应予支持。

重庆市

一、《重庆市高级人民法院民一庭关于九龙坡区法院劳动争议案件法律适用问题研讨会议综述》（2014年7月30日）

一、工伤职工在停工留薪期和鉴定期间均结束后，未回用人单位上班的，如何认定其性质？应当采用何种标准确定其待遇？

一致意见认为，工伤职工在停工留薪期和鉴定期满后，若用人单位已行使管理权要求非一至四级工伤职工上班但其未上班的，用人单位可以按照依法制定的规章制度中关于旷工的规定处理，符合法定解除条件的，用人单位可以依法解除与工伤职工的劳动关系。人民法院可以认定该工伤职工的行为为旷工行为。如果工伤职工主动要求上班，但是用人单位未安排工作岗位的，不宜认定为旷工。

在劳动关系存续期间，因用人单位原因导致职工未能上班的，应按工伤职工的正常工资标准向其支付报酬。因工伤职工自身原因未上班的，可以按最低工资标准向工伤职工支付报酬。

二、《工资支付暂行规定》第十二条规定的"应按国家有关规定办理"的把握

重庆市并未制定"非因劳动者原因造成单位停工、停产超过一个工资支付周期的，劳动者没有提供正常劳动的劳动报酬"的具体规定，人民法院裁判案件可以参照财政部《关于企业重组有关职工安置费用财务管理问题的通知》（财企〔2009〕117号）第四条规定的内退人员生活费标准，以及职工患病或非因工负伤治疗期间的劳动报酬标准，根据单位停工、停产的具体情况在当地最低工资标准的70%—80%间酌情确定。

二、《重庆高院等六部门关于劳动争议案件法律适用问题专题座谈会纪要（三）》（2017年11月9日）

一、关于劳动合同被认定为无效后的法律后果问题

……因劳动者原因导致劳动合同被认定为无效的，用人单位可以根据《中华人民共和国劳动合同法》第三十九条之规定解除劳动合同。劳动者已付出劳动的，可以请求用人单位根据《中华人民共和国劳动合同法》第二十八条之规定支付劳动报酬。但劳动者要求用人单位支付其他赔偿性费用、福利待遇或者劳动保护费用的，不予支持。

三、《重庆市高级人民法院民一庭关于审理涉新型冠状病毒肺炎疫情民事案件若干问题的解答（劳动争议案件部分）》

14.国务院办公厅延长春节假期期间上班的劳动报酬如何计付?

答：国务院办公厅于 2020 年 1 月 26 日发布了《关于延长 2020 年春节假期的通知》(国办发明电〔2020〕1 号),决定延长 2020 年春节假期至 2 月 2 日,2 月 3 日起正常上班。国务院办公厅延长春节假期属于为了控制新型冠状病毒肺炎疫情而采取的特殊防控措施,延长的假期在性质上不属于法定节假日,可以比照休息日的规定处理。用人单位安排劳动者在上述期间内上班或者劳动者因疫情防控需要而上班的,用人单位应当安排劳动者补休,不能安排补休的,应当以相关法律、法规规定的休息日加班工资标准向劳动者支付加班工资。

15.用人单位按照政府部门要求迟延复工、复产期间的劳动报酬如何计付?

答：重庆市新型冠状病毒感染的肺炎疫情防控工作领导小组综合办公室于 2020 年 1 月 28 日发布《关于我市企业复工复产有关工作的通知》,要求本市行政区域内各类企业复工、复产时间不得早于 2020 年 2 月 9 日 24 时。涉及市民生活和城市运行必需的行业（如供水、供气、供电、通讯、超市、农贸市场等）、疫情防控必需的行业（医疗器械、药品、防护品生产和销售等）及其他需要复工、复产的行业除外。

根据《中华人民共和国传染病防治法》第四十二条规定,上述通知要求我市各类企业迟延复工、复产属于政府为了防控新型冠状病毒肺炎疫情而采取的紧急措施。其中 2 月 3 日—7 日属于特殊时期的停工、停业期间,劳动者基于疫情防控需要而复工、复产,或者用人单位安排劳动者通过电话、网络等灵活的工作方式居家办公的,应当按照劳动合同的约定支付劳动报酬,但不支付正常工作时间内的加班工资。未上班的,用人单位可以与职工协商优先使用带薪年休假、企业自设福利假等各类假期予以冲抵。2 月 8 日、9 日属于休息日,劳动者基于疫情防控需要而复工、复产,或者用人单位安排劳动者通过电话、网络等灵活的工作方式居家办公的,应当安排劳动者补休,不能安排补休的,应当以相关法律、法规规定的休息日加班工资标准向劳动者支付加班工资。

16.政府规定的迟延复工、复产期间结束后的劳动者不能正常上班的劳动报酬如何计付?

答：我市规定的迟延复工、复产期间结束后,用人单位可以安排劳动者采用错时上下班、弹性上下班、轮岗轮休等方式灵活安排工作时间,并可与劳动者协商劳动报酬支付标准,但协商支付的劳动报酬标准不得低于最低工资标准。

因受疫情影响,劳动者在用完各类假期后仍不能提供正常劳动或者劳动者因其他原因不能提供正常劳动的,按照《工资支付暂行规定》第十二条规定处理,在一个工资支付周期内的,用人单位应按劳动合同规定的标准支付劳动者工资;

超过一个工资支付周期的,按照《重庆市人力资源和社会保障局关于转发〈妥善处理新型冠状病毒感染的肺炎疫情防控期间劳动关系问题的通知〉》要求,用人单位应向劳动者支付不低于劳动合同履行地职工最低月工资标准的70%的生活费。

17.新型冠状病毒肺炎患者、疑似感染者、密切接触者在隔离治疗、医学观察期间的劳动报酬如何计付?

答:新型冠状病毒肺炎患者、疑似感染者、密切接触者在隔离治疗期间、医学观察期间,用人单位应当按照合同的约定支付劳动报酬,但劳动者因不遵守政府防控措施而被隔离治疗或者被采取隔离措施的除外。隔离期结束后,仍需要停止工作进行治疗的,按照《企业职工患病或非因工负伤医疗期规定》等相关规定处理。

18.用人单位因受疫情影响未能及时足额向劳动者支付劳动报酬的,如何处理?

答:用人单位确因受疫情影响暂无工资支付能力的,可以适当延期支付,但仍应按照不低于劳动合同履行地职工最低月工资标准的70%向劳动者支付生活费。

用人单位确因受疫情影响未能及时足额向劳动者支付劳动报酬,劳动者以此为由请求解除劳动合同,并请求支付经济补偿金的,原则上不予支持。

四川省

《四川省高级人民法院民事审判第一庭涉疫情相关民事案件审理的法官会议纪要(劳动争议部分)》(2020年2月25日)

1.关于受疫情影响期间工资待遇支付的一般标准的问题

国务院办公厅《关于延长2020年春节假期的通知》规定,延长2020年春节假期至2月2日,2月3日(星期一)起正常上班。按照原劳动部《工资支付暂行条例》第十二条和人社函〔2020〕46号第十一条的规定,2020年2月3日起一个工资支付周期内企业因疫情防控停工、停产的,劳动者主张用人单位按劳动合同约定标准支付工资的,应予支持;超过一个工资支付周期,劳动者主张用人单位按照其提供的劳动与劳动者重新约定的工资标准支付工资的,应予支持,且该工资标准不得低于当地的最低工资标准;劳动者未提供劳动的,主张用人单位给付不低于当地最低工资标准70%生活费的,应予支持。

4.关于劳动者因疫情防控导致不能上工期间的工资支付标准的问题

新冠肺炎感染的患者、疑似病人、密切接触者接受隔离治疗或医学隔离,劳动者接受政府隔离措施或其他紧急措施,根据《传染病防治法》第十二条和《突发事件应对法》第五十六条第二款的规定,系其接受强制性规定的法定义务,由此导致不能正常上工的,该劳动者主张用人单位支付工资的,应当参照(人社部发〔2020〕8号、人社厅明电〔2020〕5号、人社函〔2020〕46号等文件要求,视同在此期间其提供了正常劳动,用人单位应按劳动合同约定标准支付工资。但劳动者应当就其符合上述事由承担相应举证责任,提供医疗机构或当地疫情防控指挥部等有权机构出具的出入院证明、隔离观察证明等相关书证予以证明。

5. 关于新冠肺炎患者的劳动者在隔离期结束后因传染病后遗症仍需休息期间的工资支付标准的问题

被确诊为新冠肺炎患者的劳动者在隔离期结束后因传染病后遗症仍需休息的,根据原劳动部《用人单位职工患病或非因工负伤医疗期规定》第二条、第三条、第五条的规定一,视同医疗期,医疗期自被确诊之日起开始计算。劳动者主张医疗期内用人单位支付病假工资、疾病救济费和医疗待遇,并提供医疗机构出具的证明的,应予支持。

6. 关于非必须隔离劳动者自行隔离期间的工资标准支付的问题

非新冠肺炎感染的疑似病人、密切接触者以及非因政府实施隔离措施或采取其他紧急措施的劳动者,按照当地政府要求自行隔离,用人单位安排劳动者在家办公或带薪休假的,劳动者主张用人单位按照劳动合同约定的工资标准支付工资的,可予支持。如劳动者自行隔离期间自2020年2月3日起超过一个工资支付周期的,依照本纪要第二条规定处理。但劳动者应就其自行隔离的合理性及隔离期间的合理性承担举证责任。

7. 关于非隔离劳动者因客观原因无法到岗期间的工资标准的问题

用人单位复工后,非新冠肺炎患者及未隔离人员因当地政府采取紧急措施等客观原因无法到岗,亦无法进行远程工作,此种情形下,仍应视同劳动者提供了正常劳动,劳动者主张按照劳动合同约定的工资标准支付工资的,应予支持。如劳动者未到岗期间自2020年2月3日起超过一个工资支付周期的,依照纪要第二条规定处理。劳动者应当就其因客观原因未能提供正常劳动承担举证责任。

云南省

《云南省人力资源和社会保障厅关于加强新型冠状病毒感染的肺炎疫情防控期间劳动关系问题处理工作的通知》(2020年2月7日)

一、依法维护职工工资报酬权益

（一）关于隔离期间的工资问题。对新型冠状病毒感染的肺炎患者、疑似病人、密切接触者因被采取隔离治疗、医学观察等隔离措施导致不能提供正常劳动的，企业应当按正常出勤支付其在隔离期间的工资。

（三）关于停工停产期间的工资问题。企业因受疫情影响停工停产在一个工资支付周期内的，企业应按劳动合同约定的标准支付职工工资。超过一个工资支付周期的，若职工提供了正常劳动，企业支付给职工的工资按照双方新约定的标准支付，但不得低于当地最低工资标准。

【典型案例】

戴为军与台玻长江玻璃有限公司追索劳动报酬案[①]

裁判摘要：用人单位依据末位淘汰制对员工实行奖优惩劣，对排名靠后的员工采取调岗调薪等措施，是企业经营自主权的重要内容，只要该调岗调薪行为是基于企业生产经营管理的合理需要，且不违反法律规定和单位依法制定的规章制度，劳动者主张该调岗调薪行为违法的，人民法院不予支持。

《人力资源社会保障部、最高人民法院第一批劳动人事争议典型案例》（2020年7月10日）

新冠肺炎疫情期间，劳动者以处于居家观察期为由拒绝提供正常劳动如何认定[②]

案例分析

本案的争议焦点是新冠肺炎疫情期间，张某以处于居家观察期为由拒绝提供正常劳动应如何认定。

关于新冠肺炎疫情期间劳动者依法隔离的情形有明确规定：一是医疗机构对确诊的新型冠状病毒感染的肺炎患者、疑似病人、密切接触者可予以隔离治疗或医学观察；二是所在地的县级以上地方人民政府，根据法律规定可采取隔离措施。此外，企业对超过一个工资支付周期不能提供正常劳动的职工发放生活费应与劳动者协商，但并未规定必须达成一致方可发放生活费。

本案中，张某不属于需隔离治疗或医学观察的三类人，其所在地区的县级以

---

① 《最高人民法院公报》，2021年第2期。
② 《人力资源社会保障部、最高人民法院第一批劳动人事争议典型案例》（2020年7月10日）。

上地方人民政府亦未对新冠肺炎确诊病例密切接触者所在小区人员采取隔离措施，要求张某居家观察系物业公司从小区管理角度采取的防范措施。故依照上述规定，张某不属于因处于隔离治疗期或医学观察期以及因政府实施隔离措施而不能提供正常劳动的情形。同时，该商业公司在向张某发放生活费之前与其进行了协商，对超过一个工资支付周期的，商业公司支付张某生活费并不违反相关规定，故依法驳回张某的仲裁请求。

典型意义

根据《传染病防治法》规定，国家卫生健康委已明确将此次新冠肺炎纳入该法规定管理的乙类传染病，并采取甲类传染病预防、控制措施。在疫情期间，县级以上地方人民政府根据疫情防控需要作出的疫区封锁、交通检疫、停工停业停课以及密切接触者集中定点隔离等措施，均在法律授权范围内。劳动者在主张自己权益时应严格依照相关规定，严格区分隔离治疗期、医学观察期和居家观察期的不同内涵，避免"权利滥用"问题的发生。

新冠肺炎疫情期间，如何支付因工滞留湖北劳动者在企业停工停产期间的工资待遇[①]

案例分析

本案的争议焦点是软件公司因新冠肺炎疫情停工停产期间，李某因工滞留湖北，其工资待遇如何支付。

人力资源社会保障部、最高人民法院等七部门《关于妥善处置涉疫情劳动关系有关问题的意见》（人社部发〔2020〕17号）规定："对不属于被依法隔离情形但属于因政府依法采取停工停业、封锁疫区等紧急措施情形，导致企业延迟复工或劳动者不能返岗的，区分不同情况处理。……三是对企业未复工或者企业复工但劳动者未返岗且不能通过其他方式提供正常劳动的，企业参照国家关于停工停产期间工资支付相关规定与劳动者协商……"本案中，李某虽未返岗且不能通过其他方式提供正常劳动，但其系因用人单位安排出差而滞留湖北，其滞留行为是为完成用人单位所安排的工作内容导致，应视为提供了正常劳动，故李某在超过一个工资支付周期期间应按正常劳动领取工资。

[①] 《人力资源社会保障部、最高人民法院第一批劳动人事争议典型案例》（2020年7月10日）。

典型意义

在新冠肺炎疫情这一特殊情形下，在引导用人单位与劳动者共担责任、共渡难关的同时，还要考虑劳动关系的人身从属性、依附性特点，也即劳动者的劳动以用人单位安排为前提，如因工作原因导致滞留进而无法提供正常劳动的，要充分考虑无法提供劳动的"正当性"，并与劳动者能够提供正常劳动而未提供正常劳动的情形相区分。

第二节　关于补足最低工资差额的请求

【适用指引】

一、请求权基础及相关案由

关于要求支付工资、生活费的请求权基础为《劳动法》第48条第2款。案由应适用《民事案件案由规定》"186.劳动合同纠纷"项下的"追索劳动报酬纠纷"。

二、最低工资标准的具体把握

1.劳动者只要在法定工作时间内提供了正常劳动，用人单位支付的工资即不得低于最低工资标准。

2.劳动者因探亲、婚丧按规定休假期间，以及依法参加社会活动期间，视为提供了正常劳动。

3.劳动者在法定工作时间内未提供正常劳动，如果不是由于劳动者本人原因造成的，用人单位支付的工资也不得低于最低工资标准。

4.实行计件工资或提成工资形式的，必须进行合理折算，相应的折算额不得低于最低工资标准。

【裁判依据】

法律

一、《中华人民共和国劳动法》（2018年12月29日修正）

第四十八条　国家实行最低工资保障制度。最低工资的具体标准由省、自治区、直辖市人民政府规定，报国务院备案。

用人单位支付劳动者的工资不得低于当地最低工资标准。

第四十九条　确定和调整最低工资标准应当综合参考下列因素：

（一）劳动者本人及平均赡养人口的最低生活费用；

（二）社会平均工资水平；

（三）劳动生产率；

（四）就业状况；

（五）地区之间经济发展水平的差异。

二、《中华人民共和国劳动合同法》（2012年12月28日修正）

第二十条　劳动者在试用期的工资不得低于本单位相同岗位最低档工资或者劳动合同约定工资的百分之八十，并不得低于用人单位所在地的最低工资标准。

行政法规

《中华人民共和国劳动合同法实施条例》（2008年9月18日）

第十五条　劳动者在试用期的工资不得低于本单位相同岗位最低档工资的80%或者不得低于劳动合同约定工资的80%，并不得低于用人单位所在地的最低工资标准。

部门规章

一、《最低工资规定》（2009年1月20日）

第三条　本规定所称最低工资标准，是指劳动者在法定工作时间或依法签订的劳动合同约定的工作时间内提供了正常劳动的前提下，用人单位依法应支付的最低劳动报酬。

本规定所称正常劳动，是指劳动者按依法签订的劳动合同约定，在法定工作时间或劳动合同约定的工作时间内从事的劳动。劳动者依法享受带薪年休假、探亲假、婚丧假、生育（产）假、节育手术假等国家规定的假期间，以及法定工作时间内依法参加社会活动期间，视为提供了正常劳动。

第十二条　在劳动者提供正常劳动的情况下，用人单位应支付给劳动者的工资在剔除下列各项以后，不得低于当地最低工资标准：

（一）延长工作时间工资；

（二）中班、夜班、高温、低温、井下、有毒有害等特殊工作环境、条件下的津贴；

（三）法律、法规和国家规定的劳动者福利待遇等。

实行计件工资或提成工资等工资形式的用人单位，在科学合理的劳动定额基础上，其支付劳动者的工资不得低于相应的最低工资标准。

劳动者由于本人原因造成在法定工作时间内或依法签订的劳动合同约定的工作时间内未提供正常劳动的，不适用于本条规定。

二、《工资支付暂行规定》(1994年12月6日)

第十二条 非因劳动者原因造成单位停工、停产在一个工资支付周期内的,用人单位应按劳动合同规定的标准支付劳动者工资。超过一个工资支付周期的,若劳动者提供了正常劳动,则支付给劳动者的劳动报酬不得低于当地的最低工资标准;若劳动者没有提供正常劳动,应按国家有关规定办理。

第十六条 因劳动者本人原因给用人单位造成经济损失的,用人单位可按照劳动合同的约定要求其赔偿经济损失。经济损失的赔偿,可从劳动者本人的工资中扣除。但每月扣除的部分不得超过劳动者当月工资的20%。若扣除后的剩余工资部分低于当地月最低工资标准,则按最低工资标准支付。

地方政府规章及规范性文件

一、《北京市工资支付规定》(2003年12月22日)

第二十七条 非因劳动者本人原因造成用人单位停工、停业的,在一个工资支付周期内,用人单位应当按照提供正常劳动支付劳动者工资;超过一个工资支付周期的,可以根据劳动者提供的劳动,按照双方新约定的标准支付工资,但不得低于本市最低工资标准;用人单位没有安排劳动者工作的,应当按照不低于本市最低工资标准的70%支付劳动者基本生活费。国家或者本市另有规定的从其规定。

二、《北京市人力资源和社会保障局关于调整北京市2019年最低工资标准的通知》(2019年5月8日)

一、我市最低工资标准由每小时不低于12.18元、每月不低于2120元,调整到每小时不低于12.64元、每月不低于2200元。

下列项目不作为最低工资标准的组成部分,用人单位应按规定另行支付:

(一)劳动者在中班、夜班、高温、低温、井下、有毒有害等特殊工作环境、条件下的津贴;

(二)劳动者应得的加班、加点工资;

(三)劳动者个人应缴纳的各项社会保险费和住房公积金;

(四)根据国家和本市规定不计入最低工资标准的其它收入。

二、综合考虑本市降低社会保险费率和调整社保缴费基数等因素,非全日制从业人员小时最低工资标准确定为24元/小时,非全日制从业人员法定节假日小时最低工资标准确定为56元/小时。以上标准包括用人单位及劳动者本人应缴纳的养老、医疗、失业保险费。

三、实行计件工资形式的企业,要通过平等协商合理确定劳动定额和计件单价，保证劳动者在法定工作时间内提供正常劳动的前提下，应得工资不低于我市最低工资标准。

四、生产经营正常、经济效益持续增长的企业，原则上应高于最低工资标准支付劳动者在法定工作时间内提供劳动的工资；因生产经营困难确需以最低工资标准支付全体劳动者或部分岗位劳动者工资的，应当通过工资集体协商确定或经职工代表大会（或职工大会）讨论通过。

五、在劳动合同中约定的劳动者在未完成劳动定额或承包任务的情况下，用人单位可低于最低工资标准支付劳动者工资的条款不具有法律效力。

六、上述各项标准适用于本市各类企、事业等用人单位。

七、本通知自 2019 年 7 月 1 日起执行。

【参考依据】

北京市

一、《北京市高级人民法院、北京市劳动人事争议仲裁委员会关于审理劳动争议案件法律适用问题的解答》(2017 年 4 月 24 日）

21. 用人单位给付劳动者的工资标准计算基数按哪些原则确定？

（5）劳动者所得实际工资扣除该月加班费后的数额低于本市规定的最低工资标准的，按照本市规定的最低工资标准执行。

天津市

二、《天津法院劳动争议案件审理指南》(2017 年 11 月 30 日）

36.【工资结算协议】用人单位与劳动者就劳动报酬的计算、支付达成结算协议的，应认定有效，但有证据证明签订协议时存在欺诈、胁迫、重大误解、显失公平或者乘人之危等违背当事人真实意思表示的情形除外。

按照前款规定的结算协议并结合用人单位已经发放的劳动报酬数额，劳动者应得工资经核算低于最低工资标准的，用人单位应当补齐应得工资与最低工资标准之间的差额。

第三节　关于拖欠年终奖、提成的请求

【适用指引】

一、请求权基础及相关案由

关于要求支付年终奖、提成的请求权基础为《劳动法》第50条、《劳动合同法》第30条第1款。案由应适用《民事案件案由规定》"186.劳动合同纠纷"项下的"追索劳动报酬纠纷"。

关于提成的给付条件。一般而言，提成要成就了相应条件后方可领取，或者是约定的期限届满，或者是约定的项目进度、回款达到一定程度。实践中常见的争议是当劳动者与用人单位解除或终止劳动合同时，用人单位尚有提成余款未付。一种意见认为，只要是劳动关系解除，劳动者出于更加弱势地位，为避免用人单位隐瞒回款借机逃避支付提成，应在解除劳动关系时一次性将提成全额支付给劳动者，回款问题由用人单位另行安排人员解决。另一种意见认为，应当坚持"款到提成"的约定，随着项目的进度在客户将每笔回款打入用人单位账户后，方可计提。对于回款的举证责任的分配上，法院应把握合理的尺度。比较而言，第二种意见更具合理性。[①]

【参考依据】

天津市

《天津法院劳动争议案件审理指南》（2017年11月30日）

37.【年终奖发放】用人单位以规章制度、通知、会议纪要等规定有权利领取年终奖的劳动者范围为年终奖实际发放之日仍然在职的劳动者为由，拒绝向考核年度内已经离职的劳动者发放年终奖的，如该年终奖属于劳动报酬性质，劳动

---

① 参见李盛荣、马千里：《劳动争议案件司法观点集成》，法律出版社2017年版，第270~271页。

者请求给付年终奖的,应予支持。劳动者在年终奖对应的考核年度工作不满一年的,用人单位应当按照劳动者实际工作时间占全年工作时间的比例确定发放年终奖的比例。

浙江省

一、《浙江省高级人民法院民一庭关于审理劳动争议案件若干问题的意见》(2009年4月16日)

第三十二条 劳动者与用人单位约定业务提成在货款回收后才支付,且货款回收由劳动者经手的,劳动者应对货款回收的事实负举证责任。

二、《浙江省高级人民法院民事审判第一庭、浙江省劳动人事争议仲裁院关于审理劳动争议案件若干问题的解答(四)》(2016年12月)

三、用人单位依法制定的规章制度规定,在发放年度绩效奖金时双方已解除或终止劳动合同的,不予发放年度绩效奖金。该规定是否有效?

答:该规章制度未违反法律、法规的强制性规定,应属合法有效。在发放年度绩效奖金时双方已解除或终止劳动合同,劳动者请求用人单位支付年度绩效奖金的,一般不予支持。

重庆市

《重庆市六部门关于劳动争议案件法律适用问题专题座谈会纪要(二)》(2017年8月14日)

八、提前解除劳动合同的年终奖发放问题

用人单位将劳动者劳动报酬的一部分予以提留,并在年终时作为年终奖向劳动者发放的,如果劳动合同未到年终而解除,用人单位应当向劳动者发放对应期间的年终奖。

劳动合同中明确约定劳动者完成一定工作任务或者符合一定条件,用人单位在年终向劳动者另行支付一定数额的年终奖的,如果劳动合同未到年终而解除,人民法院经审查认定劳动者未完成约定的工作任务,或者年终奖的发放条件不成就的,对劳动者要求用人单位支付年终奖的请求不予支持。

第四节 关于拖欠高温津贴的请求

【适用指引】

因高温津贴属于劳动者工资组成部分,故关于要求支付高温津贴的请求权基础应为《劳动法》第50条、《劳动合同法》第30条第1款。案由应适用《民事案件案由规定》"186.劳动合同纠纷"项下的"追索劳动报酬纠纷"。

【裁判依据】

部门规章

《防暑降温措施管理办法》(2012年6月29日)

第二条 本办法适用于存在高温作业及在高温天气期间安排劳动者作业的企业、事业单位和个体经济组织等用人单位。

第十七条 劳动者从事高温作业的,依法享受岗位津贴。

用人单位安排劳动者在35℃以上高温天气从事室外露天作业以及不能采取有效措施将工作场所温度降低到33℃以下的,应当向劳动者发放高温津贴,并纳入工资总额。高温津贴标准由省级人力资源社会保障行政部门会同有关部门制定,并根据社会经济发展状况适时调整。

地方政府规范性文件

一、《北京市劳动和社会保障局等部门关于进一步做好工作场所夏季防暑降温工作有关问题的通知》(2007年7月17日)

四、用人单位每年6月至8月安排劳动者在高温天气下露天工作以及不能采取有效措施将工作场所温度降低到33℃以下的(不含33℃),应当向劳动者支付高温津贴。

室外露天作业人员高温津贴按每人每月不低于60元的标准发放;在33℃

（含33℃）以上室内工作场所作业的人员，高温津贴按每人每月不低于45元的标准发放。

高温津贴属于劳动者工资组成部分，应计入企业工资总额。

二、《北京市人力资源和社会保障局等部门关于做好工作场所夏季防暑降温工作有关问题的通知》（2010年7月6日）

四、用人单位每年6月至8月安排劳动者在高温天气下露天工作以及不能采取有效措施将工作场所温度降低到33℃以下的（不含33℃），应当向劳动者支付高温津贴。

自2010年7月起，室外露天作业人员高温津贴调整为每人每月不低于120元；在33℃（含33℃）以上室内工作场所作业的人员，高温津贴调整为每人每月不低于90元。

高温津贴属于劳动者工资组成部分，应计入企业工资总额。

三、《北京市安全生产监督管理局等部门关于做好2014年夏季防暑降温工作的通知》（2014年5月30日）

二、强化管理，落实责任

（三）做好高温津贴和防暑降温用品发放工作

1. 用人单位每年6月至8月安排劳动者在高温天气下露天工作以及不能采取有效措施将工作场所温度降低到33℃以下的（不含33℃），应当向劳动者支付高温津贴。

2. 自2014年6月起，室外露天作业人员高温津贴调整为每人每月不低于180元；在33℃（含33℃）以上室内工作场所作业的人员，高温津贴调整为每人每月不低于120元。高温津贴属于劳动者工资组成部分，应计入企业工资总额。

3. 用人单位应当为从事高温作业、高温天气作业的劳动者提供防暑降温饮料和必需药品，不得以发放钱物替代防暑降温饮料和必需药品，防暑降温饮料和必需药品不得充抵高温津贴。

【参考依据】

浙江省

《浙江省高级人民法院民事审判第一庭、浙江省劳动人事争议仲裁院关于审理劳动争议案件若干问题的解答（二）》（2014年4月）

二十、劳动者8月份上班22天，其中10天在35℃以上环境下工作，12天在33℃以下环境下工作,其当月高温津贴应如何计发?

答:根据浙江省人力资源和社会保障厅2013年7月5日下发的《关于夏季防暑降温工作有关问题的答复》等相关规定,高温津贴的发放是以用人单位安排劳动者在高温月份(6月、7月、8月、9月)工作为标准,而不是以实际工作的高温天数计发。用人单位提供的防暑降温饮料和必需药品不得冲抵高温津贴。

第五节　关于拖欠未休年休假工资的请求

【适用指引】

一、请求权基础及相关案由

要求支付未休年休假工资的请求权基础为《职工带薪年休假条例》第 5 条第 3 款，案由应适用《民事案件案由规定》"十七、劳动争议"。

二、关于案件受理范围问题

《江苏省高级人民法院、江苏省劳动争议委员会关于审理劳动争议案件的指导意见》认为，未休年休假工资问题应通过劳动行政部门解决，法院不予受理，具体内容见本书第一章第二节相应部分。

三、关于年休假工资时效问题

《北京市高级人民法院、北京市劳动人事争议仲裁委员会关于审理劳动争议案件法律适用问题的解答》第 19 条、《辽宁省高级人民法院民一庭劳动人事争议及劳务纠纷案件审判问题解答》问题 11、《浙江省高级人民法院民事审判第一庭、浙江省劳动人事争议仲裁院关于审理劳动争议案件若干问题的解答（二）》第 19 条、《四川省高级人民法院民一庭关于审理劳动争议案件若干疑难问题的解答》第 37 条。

四、新冠疫情防控期间的相关问题

《北京市高级人民法院、北京市劳动人事争议仲裁委员会关于审理新型冠状病毒感染肺炎疫情防控期间劳动争议案件法律适用问题的解答》第 16 条、《河北省人力资源和社会保障厅、河北省高级人民法院关于涉新冠肺炎疫情劳动争议纠纷相关问题的解答》第 6 条。

第十章 涉及拖欠劳动报酬、福利待遇等请求的规范（不含加班费）

【裁判依据】

行政法规

《职工带薪年休假条例》（2007年12月14日）

第二条 机关、团体、企业、事业单位、民办非企业单位、有雇工的个体工商户等单位的职工连续工作1年以上的，享受带薪年休假（以下简称年休假）。单位应当保证职工享受年休假。职工在年休假期间享受与正常工作期间相同的工资收入。

第三条 职工累计工作已满1年不满10年的，年休假5天；已满10年不满20年的，年休假10天；已满20年的，年休假15天。

国家法定休假日、休息日不计入年休假的假期。

第四条 职工有下列情形之一的，不享受当年的年休假：

（一）职工依法享受寒暑假，其休假天数多于年休假天数的；

（二）职工请事假累计20天以上且单位按照规定不扣工资的；

（三）累计工作满1年不满10年的职工，请病假累计2个月以上的；

（四）累计工作满10年不满20年的职工，请病假累计3个月以上的；

（五）累计工作满20年以上的职工，请病假累计4个月以上的。

第五条 单位根据生产、工作的具体情况，并考虑职工本人意愿，统筹安排职工年休假。

年休假在1个年度内可以集中安排，也可以分段安排，一般不跨年度安排。单位因生产、工作特点确有必要跨年度安排职工年休假的，可以跨1个年度安排。

单位确因工作需要不能安排职工休年休假的，经职工本人同意，可以不安排职工休年休假。对职工应休未休的年休假天数，单位应当按照该职工日工资收入的300%支付年休假工资报酬。

部门规章

《企业职工带薪年休假实施办法》（2008年9月18日）

第三条 职工连续工作满12个月以上的，享受带薪年休假（以下简称年休假）。

第五条 职工新进用人单位且符合本办法第三条规定的，当年度年休假天数，按照在本单位剩余日历天数折算确定，折算后不足1整天的部分不享受年休假。

前款规定的折算方法为：（当年度在本单位剩余日历天数÷365天）×职工

本人全年应当享受的年休假天数。

第六条 职工依法享受的探亲假、婚丧假、产假等国家规定的假期以及因工伤停工留薪期间不计入年休假假期。

第八条 职工已享受当年的年休假，年度内又出现条例第四条第（二）、（三）、（四）、（五）项规定情形之一的，不享受下一年度的年休假。

第十条 用人单位经职工同意不安排年休假或者安排职工年休假天数少于应休年休假天数，应当在本年度内对职工应休未休年休假天数，按照其日工资收入的300%支付未休年休假工资报酬，其中包含用人单位支付职工正常工作期间的工资收入。

用人单位安排职工休年休假，但是职工因本人原因且书面提出不休年休假的，用人单位可以只支付其正常工作期间的工资收入。

第十一条 计算未休年休假工资报酬的日工资收入按照职工本人的月工资除以月计薪天数（21.75天）进行折算。

前款所称月工资是指职工在用人单位支付其未休年休假工资报酬前12个月剔除加班工资后的月平均工资。在本用人单位工作时间不满12个月的，按实际月份计算月平均工资。

职工在年休假期间享受与正常工作期间相同的工资收入。实行计件工资、提成工资或者其他绩效工资制的职工，日工资收入的计发办法按照本条第一款、第二款的规定执行。

第十二条 用人单位与职工解除或者终止劳动合同时，当年度未安排职工休满应休年休假的，应当按照职工当年已工作时间折算应休未休年休假天数并支付未休年休假工资报酬，但折算后不足1整天的部分不支付未休年休假工资报酬。

前款规定的折算方法为：（当年度在本单位已过日历天数÷365天）×职工本人全年应当享受的年休假天数－当年度已安排年休假天数。

用人单位当年已安排职工年休假的，多于折算应休年休假的天数不再扣回。

第十三条 劳动合同、集体合同约定的或者用人单位规章制度规定的年休假天数、未休年休假工资报酬高于法定标准的，用人单位应当按照有关约定或者规定执行。

附：《人力资源和社会保障部办公厅关于企业职工带薪年休假实施办法有关问题的复函》（2009年4月15日）

一、关于带薪年休假的享受条件

《企业职工带薪年休假实施办法》第3条中的"职工连续工作满12个月以

上",既包括职工在同一用人单位连续工作满12个月以上的情形,也包括职工在不同用人单位连续工作满12个月以上的情形。

二、关于累计工作时间的确定

《企业职工带薪年休假实施办法》第4条中的"累计工作时间",包括职工在机关、团体、企业、事业单位、民办非企业单位、有雇工的个体工商户等单位从事全日制工作期间,以及依法服兵役和其他按照国家法律、行政法规和国务院规定可以计算为工龄的期间(视同工作期间)。职工的累计工作时间可以根据档案记载、单位缴纳社保费记录、劳动合同或者其他具有法律效力的证明材料确定。

【参考依据】

北京市

一、《北京市高级人民法院、北京市劳动人事争议仲裁委员会关于审理劳动争议案件法律适用问题的解答》(2017年4月24日)

18. 如何计算劳动者享受带薪年休假的时间?

《职工带薪年休假条例》中规定职工累计已满1年不满10年的,年休假5天;已满10年不满20年的,年休假10天;已满20年的,年休假15天。其中"累计"应指工作时间的相加,其中中断工作时间予以扣除。对于参加工作第1年的时间的"累计",应按《企业职工带薪年休假实施办法》"连续工作满12个月"的规定执行。"连续工作满12个月",指劳动者在参加工作后曾经在同一或两个以上用人单位连续不中断工作满12个月。

劳动者在符合参加工作后曾经"连续工作满12个月"条件后,此后年休假时间以当年度在用人单位已工作时间计算。

用人单位未安排职工休满应休年休假的,应当按照职工当年已工作时间折算应休未休年休假天数并支付未休年休假工资报酬,但折算后不足1整天的部分不支付未休年休假工资报酬。未休年休假折算方法为:当年度在本单位已过日历天数÷365天×职工本人全年应当享受的年休假天数–当年度已安排年休假天数。

19. 劳动者要求用人单位支付未休带薪年休假工资的,如何处理?

对劳动者应休未休的年休假天数,单位应当按照该职工日工资收入的300%支付年休假工资报酬。劳动者要求用人单位支付其未休带薪年休假工资中法定补偿(200%福利部分)诉请的仲裁时效期间应适用《劳动争议调解仲裁法》第二十七条第一款规定,即劳动争议申请仲裁的时效期间为一年。仲裁时效期间从当事人知道或者应当知道其权利被侵害之日起计算。考虑年休假可以集中、分段和跨年度安排的特点，故劳动者每年未休带薪年休假应获得年休假工资报酬的时间从第二年的 12 月 31 日起算。

二、《北京市高级人民法院、北京市劳动人事争议仲裁委员会关于审理新型冠状病毒感染肺炎疫情防控期间劳动争议案件法律适用问题的解答》(2020 年 4 月 29 日)

16. 用人单位在疫情防控延迟复工期间，安排劳动者休带薪年休假或单位自设福利假等各类假，劳动者以未经过协商一致或未考虑本人意愿为由，主张已休的年休假无效，并要求相应支付未休年休假工资报酬的，是否支持？

答：依据《职工带薪年休假条例》规定，对当年（或跨 1 个年度）具体休带薪年休假的方案，由用人单位根据生产、工作的具体情况，并考虑劳动者本人意愿统筹安排，未要求用人单位必须与劳动者协商一致才可决定如何安排休带薪年休假。用人单位自设福利假等各类假同理，故对劳动者的该项请求不予支持。

河北省

《河北省人力资源和社会保障厅、河北省高级人民法院关于涉新冠肺炎疫情劳动争议纠纷相关问题的解答》(2020 年 6 月 5 日)

6. 疫情防控期间，用人单位安排劳动者在受疫情影响延迟复工期间使用带薪年休假、企业自设福利假等各类假的，如何掌握工资标准？

答：按相关假的规定支付其工资。

辽宁省

《辽宁省高级人民法院民一庭劳动人事争议及劳务纠纷案件审判问题解答》(2013 年 8 月)

问题 11：关于带薪年休假和加班费的请求有无时效限制？如果符合休假条件的职工未主动提出休假，或用人单位要求劳动者休假而劳动者未休假，劳动者关于工资或经济赔偿的请求，是否还应予支持？

参考意见：带薪年休假属福利待遇，其相关请求应受仲裁时效期间限制；加班费属劳动报酬，劳动者在劳动关系存续期间内提出相关请求，不受仲裁时效期间的限制。

如果用人单位为劳动者安排了带薪年休假而劳动者拒绝休假，劳动者的相关请求不应予以支持；如果劳动者未主动提出休假要求，用人单位也未安排带薪年休假，则劳动者的相关请求仍应予以支持。

第十章　涉及拖欠劳动报酬、福利待遇等请求的规范（不含加班费）

浙江省

《浙江省高级人民法院民事审判第一庭、浙江省劳动人事争议仲裁院关于审理劳动争议案件若干问题的解答（二）》(2014年4月)

十九、劳动者与用人单位就未休年休假的工资报酬发生争议的，申请仲裁的时效期间及起算点应如何确定？

答：用人单位未安排劳动者年休假，侵害的是劳动者的休假权利，支付未休年休假工资报酬是因用人单位未安排年休假而应当承担的法律义务，故适用一般的时效规定。劳动者要求用人单位支付未休年休假工资报酬的仲裁时效从次年的1月1日起计算。经劳动者同意跨年度安排年休假的，顺延至下一年度的1月1日起计算；劳动关系解除或者终止的，从解除或者终止之日起计算。

四川省

《四川省高级人民法院民一庭关于审理劳动争议案件若干疑难问题的解答》(2016年1月15日)

37.劳动者要求用人单位支付未休年休假折算工资的仲裁时效适用一年的时效规定，从次年的1月1日起计算。经劳动者同意跨年度安排年休假的，顺延至下一年度的1月1日起计算；劳动关系解除或者终止的，该年度的未休年休假折算工资仲裁时效从解除或者终止之日起计算。

【典型案例】

受疫情影响延迟复工复产期间，用人单位是否有权单方面安排劳动者休带薪年休假[①]

案例分析

本案的争议焦点是餐饮公司未经李某同意安排其在延迟复工复产期间休带薪年休假是否合法。

《职工带薪年休假条例》第5条第1款规定："单位根据生产、工作的具体情况，并考虑职工本人意愿，统筹安排职工年休假。"《企业职工带薪年休假实施

---

① 《人力资源社会保障部、最高人民法院第一批劳动人事争议典型案例》(2020年7月10日)。

办法》第九条规定："用人单位根据生产、工作的具体情况，并考虑职工本人意愿，统筹安排年休假。"人力资源社会保障部等四部门（人社部发〔2020〕8号，以下简称8号文件）规定："对不具备远程办公条件的企业，与职工协商优先使用带薪年休假、企业自设福利假等各类假"。从上述条款可知，用人单位有权统筹安排劳动者带薪年休假，与劳动者协商是用人单位需履行的程序，但并未要求"必须协商一致"。无论劳动者是否同意，企业都可以在履行协商程序后统筹安排带薪年休假。

典型意义

8号文件明确引导企业与劳动者优先使用带薪年休假、企业自设福利假等各类假，把新冠肺炎疫情对企业经营和劳动者收入损失降到最低。安排劳动者在延迟复工复产期间优先使用带薪年休假时，企业应当尽量考虑劳动者实际情况，依法履行协商程序，并依法支付带薪年休假工资；劳动者应当准确理解法律和政策规定，积极接受用人单位安排。

第十一章　涉及拖欠加班工资请求的规范

【本章导读】

鉴于加班工资问题的特殊性和复杂性，涉及加班工资的规定与一般工资问题相区分，单列本章集中处理。本章分五节，第一节汇总了工作时间、工资折算、加班与值班区分等方面的相关规定。第二节汇总了涉及综合计算工时制、不定时工时制以及特殊人员、特殊岗位的相关规定。因用人单位经常主张在已发工资中包含了加班工资，该问题内容较多，故单列一节作为第三节。关于加班事实的举证责任在审判实务中经常遇到，内容集中，为便于查找，从第二十二章第一节中分离出来，作为第四节。加班工资计算基数问题各地掌握不尽一致，相关规定较多，列为第五节。

第一节　一般规定

【适用指引】

一、请求权基础及相关案由

要求延时加班工资的请求权基础为《劳动法》第 44 条第 1 项，要求休息日加班工资的请求权基础为《劳动法》第 44 条第 2 项，要求法定节假日加班工资的请求权基础为《劳动法》第 44 条第 3 项，案由均应适用《民事案件案由规定》"186. 劳动合同纠纷"项下的"追索劳动报酬纠纷"。

二、关于月工作日和月计薪天数的计算基数

根据《劳动和社会保障部关于职工全年月平均工作时间和工员折算问题的通知》，在折算工作小时，月工作日按照 20.83 天计算（即工作日 ×20.83×8）；在折算日工资和小时工资时，月计薪天数按 21.75 天计算（即工资数 ÷21.75）。实践中容易出现按照 21.75 天核算工作小时的问题。

三、每周休息一天、每周工作时间不超过 40 小时的是否存在休息日加班

根据《劳动部关于〈国务院关于职工工作时间的规定〉问题解答》，该种情况不视为存在休息日加班。

四、法定节假日加班工资倍数问题

法定节假日加班工资为另行计付的三倍工资，不包括即使劳动者休息用人单位也应正常发放的一倍工资。

五、关于加班与值班的区分

《北京市高级人民法院、北京市劳动争议仲裁委员会关于劳动争议案件法律适用问题研讨会会议纪要》第 22 条、《山东省高级人民法院、山东省劳动争议仲裁委员会、山东省人事争议仲裁委员会关于适用〈中华人民共和国劳动争议调解仲裁法〉和〈中华人民共和国劳动合同法〉若干问题意见》第 37 条。

六、疫情防控期间的加班费问题

《北京市高级人民法院、北京市劳动人事争议仲裁委员会关于审理新型冠状病毒感染肺炎疫情防控期间劳动争议案件法律适用问题的解答》第 6 条、《天津

市高级人民法院民事审判第一庭关于审理涉新冠肺炎疫情相关民事案件的法官会议纪要（一）劳动争议案件部分》第5~6条、《上海市高级人民法院、上海市人力资源和社会保障局关于疫情影响下劳动争议案件处理相关指导的意见》第3条、《重庆市高级人民法院民一庭关于审理涉新型冠状病毒肺炎疫情民事案件若干问题的解答（劳动争议案件部分）》第14~15条、《河北省人力资源和社会保障厅、河北省高级人民法院关于涉新冠肺炎疫情劳动争议纠纷相关问题的解答》第10条和第16条、《河南省高级人民法院、河南省人力资源和社会保障厅关于做好涉新型冠状病毒肺炎疫情防控劳动争议处理工作的通知》第3条、《山东省高级人民法院、山东省劳动争议仲裁委员会、山东省人事争议仲裁委员会关于适用〈中华人民共和国劳动争议调解仲裁法〉和〈中华人民共和国劳动合同法〉若干问题意见》第6条、《广东省高级人民法院、广东省人力资源和社会保障厅关于审理涉新冠肺炎疫情劳动人事争议案件若干问题的解答》第3条、《湖南省高级人民法院关于涉新型冠状病毒感染肺炎疫情案件法律适用若干问题的解答》问题8、《四川省高级人民法院民事审判第一庭涉疫情相关民事案件审理的法官会议纪要（劳动争议部分）》第2~3条、《云南省人力资源和社会保障厅关于加强新型冠状病毒感染的肺炎疫情防控期间劳动关系问题处理工作的通知》第1条。

【裁判依据】

法律

《**中华人民共和国劳动法**》（2018年12月29日修正）

第四十四条　有下列情形之一的，用人单位应当按照下列标准支付高于劳动者正常工作时间工资的工资报酬：

（一）安排劳动者延长工作时间的，支付不低于工资的百分之一百五十的工资报酬；

（二）休息日安排劳动者工作又不能安排补休的，支付不低于工资的百分之二百的工资报酬；

（三）法定休假日安排劳动者工作的，支付不低于工资的百分之三百的工资报酬。

行政法规

一、《全国年节及纪念日放假办法》（2013年12月11日修订）

第二条 全体公民放假的节日：

（一）新年，放假1天（1月1日）；

（二）春节，放假3天（农历正月初一、初二、初三）；

（三）清明节，放假1天（农历清明当日）；

（四）劳动节，放假1天（5月1日）；

（五）端午节，放假1天（农历端午当日）；

（六）中秋节，放假1天（农历中秋当日）；

（七）国庆节，放假3天（10月1日、2日、3日）。

第三条 部分公民放假的节日及纪念日：

（一）妇女节（3月8日），妇女放假半天；

（二）青年节（5月4日），14周岁以上的青年放假半天；

（三）儿童节（6月1日），不满14周岁的少年儿童放假1天；

（四）中国人民解放军建军纪念日（8月1日），现役军人放假半天。

第四条 少数民族习惯的节日，由各少数民族聚居地区的地方人民政府，按照各该民族习惯，规定放假日期。

第五条 二七纪念日、五卅纪念日、七七抗战纪念日、九三抗战胜利纪念日、九一八纪念日、教师节、护士节、记者节、植树节等其他节日、纪念日，均不放假。

第六条 全体公民放假的假日，如果适逢星期六、星期日，应当在工作日补假。部分公民放假的假日，如果适逢星期六、星期日，则不补假。

二、《国务院关于职工工作时间的规定》（1995年3月25日修订）

第二条 本规定适用于在中华人民共和国境内的国家机关、社会团体、企业事业单位以及其他组织的职工。

第三条 职工每日工作8小时、每周工作40小时。

第四条 在特殊条件下从事劳动和有特殊情况，需要适当缩短工作时间的，按照国家有关规定执行。

第五条 因工作性质或者生产特点的限制，不能实行每日工作8小时、每周工作40小时标准工时制度的，按照国家有关规定，可以实行其他工作和休息办法。

第六条 任何单位和个人不得擅自延长职工工作时间。因特殊情况和紧急任务确需延长工作时间的，按照国家有关规定执行。

第七条 国家机关、事业单位实行统一的工作时间，星期六和星期日为周休息日。

企业和不能实行前款规定的统一工作时间的事业单位，可以根据实际情况灵活安排周休息日。

附：《劳动部关于〈国务院关于职工工作时间的规定〉问题解答》（1995年4月22日）

一、问：1995年1月17日《国务院关于职工工作时间的规定》（以下简称《规定》）发布后，企业职工每周工作时间不超过40小时，是否一定要每周休息两天？

答：有条件的企业应尽可能实行职工每日工作8小时、每周工作40小时这一标准工时制度。有些企业因工作性质和生产特点不能实行标准工时制度的，应将贯彻《规定》和贯彻《劳动法》结合起来，保证职工每周工作时间不超过40小时，每周至少休息1天；有些企业还可以实行不定时工作制、综合计算工时工作制等其他工作和休息办法。

部门规范性文件

《劳动和社会保障部关于职工全年月平均工作时间和工资折算问题的通知》（2008年1月3日）

一、制度工作时间的计算

年工作日：365天 –104天（休息日）–11天（法定节假日）＝ 250天

季工作日：250天 ÷4季＝ 62.5天/季

月工作日：250天 ÷12月＝ 20.83天/月

工作小时数的计算：以月、季、年的工作日乘以每日的8小时。

二、日工资、小时工资的折算

按照《劳动法》第五十一条的规定，法定节假日用人单位应当依法支付工资，即折算日工资、小时工资时不剔除国家规定的11天法定节假日。据此，日工资、小时工资的折算为：

日工资：月工资收入 ÷ 月计薪天数

小时工资：月工资收入 ÷（月计薪天数 ×8小时）。

月计薪天数＝（365天 –104天）÷12月＝ 21.75天

【参考依据】

北京市

一、《北京市高级人民法院、北京市劳动争议仲裁委员会关于劳动争议案件法律适用问题研讨会会议纪要》（2009年8月17日）

21. 用人单位因工作性质和生产特点不能实行标准工时制度的，应保证劳动者每天工作时间不超过8小时、每周工作时间不超过40小时，每周至少休息一天，职工少休息的一天，不应视为加班。

22. 下列情形中，劳动者要求用人单位支付加班工资的，一般不予支持：（1）用人单位因安全、消防、节假日等需要，安排劳动者从事与本职工作无关的值班任务；（2）用人单位安排劳动者从事与其本职工作有关的值班任务，但值班期间可以休息的。

在上述情况下，劳动者可以要求用人单位按照劳动合同、规章制度、集体合同等支付相应待遇。

二、《北京市高级人民法院、北京市劳动人事争议仲裁委员会关于审理新型冠状病毒感染肺炎疫情防控期间劳动争议案件法律适用问题的解答》（2020年4月29日）

6. 2020年春节延长放假期间加班费，如何计算？

答：2020年1月31日、2月1日为春节延长假期，2月2日为正常休息日，上述3天用人单位安排实行标准工时制的劳动者加班的，可先行安排补休，不能安排补休的，支付不低于本人工资200%的加班工资。劳动者1月31日、2月1日休息的，用人单位应当视同劳动者正常出勤支付劳动报酬。对于实行综合计算工时工作制的劳动者，用人单位需减去1月31日和2月1日的对应工作时间，即从周期内的法定标准工作时间总数中减去该两日（共计16小时）的工作时间后，再行计算是否应支付延时加班工资。

天津市

一、《天津法院劳动争议案件审理指南》（2017年11月30日）

35.【加班和值班】用人单位因安全、消防、节假日值守等需要，安排劳动者从事与本职工作无直接关系的值班任务，劳动者要求用人单位支付加班工资的，不予支持，但劳动者可以要求用人单位依照劳动合同、规章制度、集体合同的规定给予相应待遇。

二、《天津市高级人民法院民事审判第一庭关于审理涉新冠肺炎疫情相关民事案件的法官会议纪要（一）劳动争议案件部分》（2020年3月19日）

5. 企业在春节假期延长期间（2020年1月31日至2月2日）安排劳动者加班的，可在复工后及时安排补休；企业未能安排补休的，应当按照不低于劳动者工资200%的标准向劳动者支付加班工资。

6. 企业应当严格按照我市发布的延迟复工通知执行。延迟复工期间，企业安排劳动者居家办公的，视为正常提供劳动，应当按照劳动合同约定的标准支付工资。劳动者主张应视为加班的，不予支持。

河北省

《河北省人力资源和社会保障厅、河北省高级人民法院关于涉新冠肺炎疫情劳动争议纠纷相关问题的解答》（2020年6月5日）

9. 春节期间的加班费，如何掌握？

答：因疫情防控在2020年春节假期内不能休假的劳动者，1月24日至26日为法定休假日，应当按百分之三百支付加班费；1月27日至2月2日为休息日，应安排补休，不能补休的应当按百分之二百支付加班费。

16. 企业以受政府延迟复工有关规定限制为由，要求劳动者补回等量工作时间而不视为加班，是否支持？

答：不予支持。企业不得以受政府延迟复工有关规定限制为由，要求劳动者补回等量工作时间而不视为加班。企业应根据生产经营需要，在符合法律法规规定的加班和休息时间要求的前提下，与工会或职工代表协商在年度内统筹安排工作时间和休息时间。依法安排劳动者加班的，应支付加班工资。

辽宁省

《辽宁省高级人民法院民一庭劳动人事争议及劳务纠纷案件审判问题解答》（2013年8月）

问题12：……劳动合同约定的工时超过了法定工时，劳动者没有在合同签订时提出异议。如果劳动者在劳动合同解除后又要求支付加班工资的，应该如何处理？加班工资的计算基数应该如何确定，能否以基本工资作为计算基数？

参考意见：按照《劳动法》第四章关于工作时间和休息休假的规定，如果劳动合同约定的工作时间超过了法定工作时间，用人单位应当依法支付高于劳动者正常工作时间工资的工资报酬。

上海市

《上海市高级人民法院、上海市人力资源和社会保障局关于疫情影响下劳动争议案件处理相关指导的意见》（2020年4月13日）

三、关于延长的3天春节假期劳动者未按用人单位要求加班是否属于旷工、如劳动者加班工资应如何支付的问题

根据人社部、全国总工会、中国企联/中国企业家协会、全国工商联等四部门《关于做好新型冠状病毒感染肺炎疫情防控期间稳定劳动关系支持企业复工复产的意见》[人社部发（2020）8号，以下简称8号文]的相关规定，参照《人力资源和社会保障部关于2015年9月3日放假期间安排劳动者工作工资计发问题的通知》[人社部发（2015）74号]，对于因疫情防控在延长的春节假期内不能休假的职工，指导用人单位应先安排补休。不能安排补休的，依法支付百分之二百的加班工资。

浙江省

一、《浙江省高级人民法院民一庭关于审理劳动争议案件若干问题的意见》（2009年4月16日）

第十三条 劳动者与用人单位之间因加班工资发生争议的，其申请仲裁的时效期间为二年，从当事人知道或者应当知道其权利被侵害之日起计算；但劳动关系终止的，其申请仲裁的时效期间为一年，从劳动关系终止之日起计算。

二、《浙江省高级人民法院民一庭关于审理劳动争议纠纷案件若干疑难问题的解答（一）》（2012年12月）

九、实行计件工资制的加班工资如何认定？

用人单位实行计件工资制，劳动者主张加班工资的，认定加班事实应主要审查计件工资劳动定额是否合理。劳动合同对计件工资劳动定额有约定的按照约定的定额审查，无约定的按行业规定审查。对劳动定额明显不合理或无行业规定的，按标准工时折算定额后再计算加班工资。

三、《浙江省高级人民法院民事审判第一庭、浙江省劳动人事争议仲裁院关于审理劳动争议案件若干问题的解答（三）》（2015年9月）

十三、劳动者在元旦、春节等法定节假日工作的，加班工资如何计付？

答：根据《劳动法》第四十四条规定，元旦、春节等法定节假日安排劳动者工作的，支付不低于工资百分之三百的工资报酬。法定节假日计薪，不影响加班工资的计付。劳动者在法定节假日工作的，加班工资应当按照百分之三百工资报

酬标准另行计付。

山东省

一、《山东省高级人民法院、山东省劳动争议仲裁委员会、山东省人事争议仲裁委员会关于适用〈中华人民共和国劳动争议调解仲裁法〉和〈中华人民共和国劳动合同法〉若干问题意见》（2010年4月6日）

37.下列情形不属于用人单位应当支付加班工资的范围：

（1）用人单位因安全、消防、节假日等特殊需要，经劳动者同意安排劳动者从事与本职工作无关的值班任务；

（2）用人单位安排劳动者从事与本职工作有关的值班任务，但值班期间可以休息的。

上述情形，劳动者可以要求用人单位按照劳动合同、规章制度、集体合同或惯例等支付相应待遇。

二、《山东省高级人民法院民一庭关于涉疫情劳动争议案件法官会议纪要》（2020年2月25日）

六、关于因疫情防控的加班费支付问题

根据国务院办公厅《关于延长2020年春节假期的通知》规定，决定延长2020年春节假期至2月2日，2月3日起正常上班。其中1月25日至27日为法定节假日，职工在此期间工作的，企业需支付不低于工资的300%的工资报酬；除上述3天法定节假日，其余春节假期应为休息日调休，如劳动者在此期间工作的，企业又不能安排职工补休的，需支付不低于工资的200%的工资报酬。

河南省

《河南省高级人民法院、河南省人力资源和社会保障厅关于做好涉新型冠状病毒肺炎疫情防控劳动争议处理工作的通知》（2020年3月2日）

3.因疫情防控不能在国家规定的法定假期（包括国家决定延长假期）休假的劳动者，用人单位应根据《中华人民共和国劳动法》规定安排补休。如劳动者正常上班提供劳动，用人单位又未能给予补休的，劳动者请求支付200%加班工资的，予以支持；如劳动者未提供劳动，用人单位应按劳动合同的约定正常支付工资。实行特殊工时制的劳动者，工作时间和工资待遇按相关规定执行。法定休假日的工资待遇按相关规定执行。

湖北省

《湖北省高级人民法院民事审判工作座谈会会议纪要劳动争议部分》（2013 年 9 月）

3. 考虑到非全日制用工和不定时工作制的特殊性，原则上非全日制用工和不定时工作制不宜认定存在加班工资，但双方当事人在劳动合同中对支付加班工资有约定的，依照当事人的约定处理。

湖南省

《湖南省高级人民法院关于涉新型冠状病毒感染肺炎疫情案件法律适用若干问题的解答》（2020 年 2 月 25 日）

问题 8：2020 年春节假期延长期间（1 月 31 日 –2 月 2 日），用人单位安排劳动者上班，就支付劳动报酬发生争议的如何处理？

答：2020 年春节假期延长期间，用人单位安排劳动者在此期间上班，劳动者请求支付加班工资的，应当适用《劳动法》第四十四条第二款的规定，用人单位应当安排劳动者补休，不能安排补休的，按日工资 200% 的标准支付劳动报酬。

广东省

《广东省高级人民法院、广东省人力资源和社会保障厅关于审理涉新冠肺炎疫情劳动人事争议案件若干问题的解答》（2020 年 4 月 27 日）

3. 劳动者在政府规定延迟复工期间的工资待遇，应如何确定

……符合规定不受延迟复工限制的用人单位，在此期间安排劳动者工作的，应当依法支付劳动者工资。其中，用人单位在休息日安排劳动者工作又不能安排补休的，应当根据《广东省工资支付条例》第二十条规定，按照不低于劳动者本人日或者小时工资标准的 200% 支付工资报酬。

重庆市

《重庆市高级人民法院民一庭关于审理涉新型冠状病毒肺炎疫情民事案件若干问题的解答（劳动争议案件部分）》（2020 年 2 月 15 日）

14. 国务院办公厅延长春节假期期间上班的劳动报酬如何计付？

答：国务院办公厅于 2020 年 1 月 26 日发布了《关于延长 2020 年春节假期的通知》（国办发明电〔2020〕1 号），决定延长 2020 年春节假期至 2 月 2

日，2月3日起正常上班。国务院办公厅延长春节假期属于为了控制新型冠状病毒肺炎疫情而采取的特殊防控措施，延长的假期在性质上不属于法定节假日，可以比照休息日的规定处理。用人单位安排劳动者在上述期间内上班或者劳动者因疫情防控需要而上班的，用人单位应当安排劳动者补休，不能安排补休的，应当以相关法律、法规规定的休息日加班工资标准向劳动者支付加班工资。

15. 用人单位按照政府部门要求迟延复工、复产期间的劳动报酬如何计付？

答：……其中2月3日~7日属于特殊时期的停工、停业期间，劳动者基于疫情防控需要而复工、复产，或者用人单位安排劳动者通过电话、网络等灵活的工作方式居家办公的，应当按照劳动合同的约定支付劳动报酬，但不支付正常工作时间内的加班工资。未上班的，用人单位可以与职工协商优先使用带薪年休假、企业自设福利假等各类假期予以冲抵。2月8日、9日属于休息日，劳动者基于疫情防控需要而复工、复产，或者用人单位安排劳动者通过电话、网络等灵活的工作方式居家办公的，应当安排劳动者补休，不能安排补休的，应当以相关法律、法规规定的休息日加班工资标准向劳动者支付加班工资。

四川省

《四川省高级人民法院民事审判第一庭涉疫情相关民事案件审理的法官会议纪要（劳动争议部分）》（2020年2月25日）

2. 关于春节调休假期和国家延长假期期间的工资支付标准的问题

根据国务院办公厅《关于延长2020年春节假期的通知》的规定，春节调休假期和国家延长假期期间属于休息日。根据原劳动部《工资支付暂行条例》第十三条的规定，春节调休假期和国家延长假期期间（2020年1月24日、1月28日、1月29日、1月30日、1月31日、2月1日、2月2日），因疫情防控未能休假且未安排补休的劳动者，主张用人单位按照不低于劳动合同约定工资标准的200%支付工资的，应予支持。

3. 关于春节法定假期期间的工资支付标准的问题

根据原劳动部《工资支付暂行条例》第十三条之规定，春节法定假期期间（1月25日至27日），因疫情防控未能休假且未安排补休的劳动者，主张用人单位按照不低于劳动合同约定工资标准的300%支付工资的，应予支持。

云南省

《云南省人力资源和社会保障厅关于加强新型冠状病毒感染的肺炎疫情防控期间劳动关系问题处理工作的通知》(2020年2月1日)

一、依法维护职工工资报酬权益

(二)关于春节假期工资问题。春节法定节假日期间,因疫情防控等原因不能休假的职工,企业应支付不低于职工本人工资的300%的工资。春节调休假期和国务院延长春节假期期间,因疫情防控等原因不能休假的职工,企业应按规定安排补休,不能安排补休的,支付不低于职工本人工资的200%的工资。

第二节　关于特殊工时工作制审批及涉及特殊人员或岗位的情形

【适用指引】

一、关于综合计算工时工作制和不定时工作制的审批

1. 未依法履行审批手续的，仍应认定实行标准工时工作制

参见《人力资源社会保障部、最高人民法院第一批劳动人事争议典型案例》案例13、《安徽省高级人民法院关于审理劳动争议案件若干问题的指导意见》第7条、《江苏省高级人民法院、江苏省劳动争议仲裁委员会关于审理劳动争议案件的指导意见》第24条。

2. 因工作性质、工作岗位特殊但未依法履行审批手续的，可结合劳动合同约定等多因素综合认定

参见《四川省高级人民法院民一庭关于审理劳动争议案件若干疑难问题的解答》第23条。

二、关于高级管理人员的特殊规定

参见《北京市企业实行综合计算工时工作制和不定时工作制的办法》第16条、《安徽省高级人民法院关于审理劳动争议案件若干问题的指导意见》第8条、《江苏省高级人民法院、江苏省劳动人事争议仲裁委员会关于审理劳动人事争议案件的指导意见（二）》第8条。

三、关于出租车司机、销售人员、保安、门卫、仓库保管员的特殊规定

参见《北京市高级人民法院、北京市劳动争议仲裁委员会关于劳动争议案件法律适用问题研讨会会议纪要（二）》第44条、《安徽省高级人民法院关于审理劳动争议案件若干问题的指导意见》第8条、《浙江省高级人民法院民一庭关于审理劳动争议纠纷案件若干疑难问题的解答（一）》第8条、《云南省高级人民法院、云南省人力资源和社会保障厅关于审理劳动人事争议案件若干问题的座谈会纪要》第5条第10项。

【裁判依据】

行政法规

《国务院关于职工工作时间的规定》（1995年3月25日修订）

第五条 因工作性质或者生产特点的限制，不能实行每日工作8小时、每周工作40小时标准工时制度的，按照国家有关规定，可以实行其他工作和休息办法。

部门规范性文件

《劳动部关于〈国务院关于职工工作时间的规定〉问题解答》（1995年4月22日）

五、问：哪些企业职工可实行不定时工作制？

答：不定时工作制是针对因生产特点、工作特殊需要或职责范围的关系，无法按标准工作时间衡量或需要机动作业的职工所采用的一种工时制度。例如：企业中从事高级管理、推销、货运、装卸、长途运输驾驶、押运、非生产性值班和特殊工作形式的个体工作岗位的职工，出租车驾驶员等，可实行不定时工作制。鉴于每个企业的情况不同，企业可依据上述原则结合企业的实际情况进行研究，并按有关规定报批。

六、问：哪些企业职工可实行综合计算工时工作制？

答：综合计算工时工作制是针对因工作性质特殊，需连续作业或受季节及自然条件限制的企业的部分职工，采用的以周、月、季、年等为周期综合计算工作时间的一种工时制度，但其平均日工作时间和平均周工作时间应与法定标准工作时间基本相同。主要是指：交通、铁路、邮电、水运、航空、渔业等行业中因工作性质特殊，需要连续作业的职工；地质、石油及资源勘探、建筑、制盐、制糖、旅游等受季节和自然条件限制的行业的部分职工；亦工亦农或由于受能源、原材料供应等条件限制难以均衡生产的乡镇企业的职工等。另外，对于那些在市场竞争中，由于外界因素影响，生产任务不均衡的企业的部分职工也可以参照综合计算工时工作制的办法实施。

地方政府规章及规范性文件

一、《北京市工资支付规定》（2003年12月22日）

第十六条 用人单位经批准实行综合计算工时工作制的，在综合计算工时周期内，用人单位应当按照劳动者实际工作时间计算其工资；劳动者总实际工作时间超过总标准工作时间的部分，视为延长工作时间，应当按照本规定第十四条第（一）项的规定支付加班工资；安排劳动者在法定休假日工作的，应当按照本规定第十四条第（三）项的规定支付加班工资。

第十七条 用人单位经批准实行不定时工作制度的，不适用本规定第十四条的规定。

二、《北京市企业实行综合计算工时工作制和不定时工作制的办法》

（2003年12月9日）

第五条 职工的工作时间包括工艺准备、工艺结束时间、作业时间、职工自然需要的中断时间和工艺中断时间。

第六条 综合计算工时工作制是指采用以周、月、季、年等为周期综合计算工作时间的工时制度。

综合计算工时工作制适用于从事下列工种或者岗位的人员：

（一）因工作性质需连续作业的；

（二）生产经营受季节及自然条件限制的；

（三）受外界因素影响，生产任务不均衡的；

（四）因职工家庭距工作地点较远，采用集中工作、集中休息的；

（五）实行轮班作业的；

（六）可以定期集中安排休息、休假的。

第七条 企业实行综合计算工时工作制，应分别以周、月、季、年为周期综合计算工作时间，但其平均日工作时间和平均周工作时间应与法定标准工作时间相同，即平均每日工作不超过8小时，平均每周工作不超过40小时。

对于从事第三级以上（含第三级）体力劳动强度工作的职工，每日连续工作时间不得超过11小时，每周至少休息1天。

第十一条 不定时工作制是指因企业生产特点、工作特殊需要或职责范围的关系，无法按标准工作时间安排工作或因工作时间不固定，需要机动作业的职工所采用的弹性工时制度。

不定时工作制适用于从事下列工种或者岗位的人员：

（一）高级管理人员；

（二）外勤、推销人员；

（三）长途运输人员；

（四）长驻外埠的人员；

（五）非生产性值班人员；

（六）可以自主决定工作、休息时间的特殊工作岗位的其他人员。

第十六条 区、县劳动和社会保障局对实行不定时工作制企业批准的实行时限为一至三年；实行综合计算工时工作制的企业在申报的岗位未发生变化的情况下，区、县劳动和社会保障局在批准时可以不规定实行时限，但因生产任务不均衡而实行综合计算工时工作制的企业，批准其实行时限为一至三年。

企业中的高级管理人员实行不定时工作制，不办理审批手续。

国家和本市已规定实行特殊工时制度的企业不再履行审批手续。

【参考依据】

北京市

一、《北京市高级人民法院、北京市劳动争议仲裁委员会关于劳动争议案件法律适用问题研讨会会议纪要（二）》（2014年5月7日）

44. 出租车司机主张休息日和法定节假日加班工资如何处理？

出租车行业实行不定时工作制，休息、休假由出租车司机自行安排，故对出租车司机主张休息日和法定节假日加班工资的不予支持。

二、《北京市高级人民法院、北京市劳动人事争议仲裁委员会关于审理新型冠状病毒感染肺炎疫情防控期间劳动争议案件法律适用问题的解答》（2020年4月29日）

7. 执行不定时工作制的劳动者在2020年春节延长假期出勤工作，要求支付加班工资的，如何处理？

答：按照《工资支付暂行规定》第十三条第四款的规定，对该类请求不予支持。

上海市

《上海市高级人民法院民事审判庭2014年第三季度庭长例会研讨纪要民一庭调研与参考》（〔2015〕11号）

一、劳动报酬相关问题

2. 关于未安排哺乳时间能否视为加班，用人单位是否需要支付加班工资的问题

……1990年《上海市女职工劳动保护办法》第15条和2012年施行的《女职工劳动保护特别规定》第9条仅规定"授乳时间及在本单位内授乳往返时间，

应算作劳动时间"、"用人单位应当在每天的劳动时间内为哺乳女职工安排 1 小时哺乳时间",但未规定女职工未享受 1 小时哺乳时间的视作加班。同时,女职工享受的产后 1 小时哺乳时间在性质上属于劳动保护。倾向意见认为,女职工未享受 1 小时哺乳时间的不属于加班,其要求用人单位支付加班工资的诉请不予支持。

江苏省

一、《江苏省高级人民法院、江苏省劳动争议仲裁委员会关于审理劳动争议案件的指导意见》(2009 年 12 月 14 日)

第二十四条　劳动者与用人单位因加班工资发生争议,用人单位主张由于劳动者工作性质、工作岗位的特点无法对其实行标准工时制度而实行不定时工作制或综合计算工时工作制,但用人单位未依法履行审批手续的,仍然应当认定其实行标准工时工作制。但劳动者的工作岗位具有不定时工作制或综合计算工时工作制的特点、依据标准工时计算加班工资明显不合理,或者工作时间无法根据标准工时进行计算,或者其上级单位、行业主管部门已办理了相应岗位、工种的不定时工作制或综合计算工时工作制审批手续的,可以根据实际情况酌情计算劳动者加班工资。

对于劳动者工作时间长,但劳动强度与工作时间明显不一致的;或者长期处于等待状态且等待期间有休息场所可以休息、完全认定为工作时间明显不合理的,在认定时可以根据用人单位规章制度或者劳动合同的约定,对工作时间进行合理的折算。

二、《江苏省高级人民法院、江苏省劳动人事争议仲裁委员会关于审理劳动人事争议案件的指导意见(二)》(2011 年 11 月 8 日)

第八条　高级管理人员与用人单位发生加班工资争议,用人单位虽未办理不定时工作制审批手续,但高级管理人员的工作性质、工作岗位符合不定时工作制特点,依据标准工时制计算加班工资明显不合理,或者工作时间无法根据标准工时制进行计算的,可以认定高级管理人员实行的是不定时工作制,对其请求支付加班工资的主张不予支持。

第十三条　……经过批准实行综合计算工时工作制的,劳动者在一个结算周期内实际工作时间超过法定标准工作时间的,超过部分应当按照《江苏省工资支付条例》第二十条和第二十二条的规定支付加班加点工资。综合计算工作时间的结算周期与终止、解除劳动合同的时间不一致的,以终止、解除时间作为结算周期的时间。在一个结算周期未满时,用人单位解除、终止劳动合同,劳动者要求以实际工作时间作为结算周期主张加班加点工资的，应予支持。

浙江省

《浙江省高级人民法院民一庭关于审理劳动争议纠纷案件若干疑难问题的解答（一）》（2012年12月）

八、对保安、门卫、仓库保管员等特殊岗位劳动者主张加班工资的，加班事实应如何把握？

对于全天24小时吃住在单位的保安、传达室门卫、仓库保管员等人员，其工作性质具有特殊性。如确因工作所需和单位要求，不能睡眠休息的，应认定为工作时间；如工作场所中同时提供了住宿或休息设施的，应合理扣除可以睡眠休息的时间，即劳动者正常上班以外的时间不应计算为工作时间，对超出标准工作时间上班的，用人单位应支付加班工资。审判实践中，可以综合考虑以下因素：用人单位是否就该岗位向劳动行政部门申请办理过综合计算工时工作制、不定时工作制的审批手续（应注意审批的有效期和审批人数）；用人单位是否在工作场所内为劳动者配备必要的休息设施；用人单位的工作制度或规章制度中对劳动者具体工作内容、工作强度的要求（以判断劳动者按照该制度工作是否将导致事实上无法休息）；用人单位安排值班的人数（即考虑同一时段劳动者是否有轮换休息的可能性）。

安徽省

《安徽省高级人民法院关于审理劳动争议案件若干问题的指导意见》（2015年1月20日）

第七条 用人单位主张实行不定时工作制、综合计算工时工作制，但未依法履行审批手续的，人民法院不予支持。人民法院在计算加班工资时，应当结合劳动合同约定、劳动者的岗位性质以及工作要求等因素合理认定。

第八条 对下列实行不定时工作制的劳动者主张加班工资的，人民法院原则上不予支持：

（一）与单位约定年薪制的企业高级管理人员、高级技术人员，以及其他难以用标准工时衡量工作时间、劳动报酬而与用人单位实行较高年薪制的劳动者；

（二）出租车司机、销售人员等特殊岗位的劳动者。

第九条 对实行综合计算工时工作制的劳动者加班时间，人民法院应在一个综合计算周期内进行认定。综合计算周期内的实际工作时间，超过法定标准工作时间的，超过部分应认定为加班时间。

湖北省

《湖北省高级人民法院民事审判工作座谈会会议纪要劳动争议部分》（2013年9月）

3. 考虑到非全日制用工和不定时工作制的特殊性，原则上非全日制用工和不定时工作制不宜认定存在加班工资，但双方当事人在劳动合同中对支付加班工资有约定的，依照当事人的约定处理。

四川省

《四川省高级人民法院民一庭关于审理劳动争议案件若干疑难问题的解答》（2016年1月15日）

23. 如果劳动者的工作岗位具有不定时工作制或综合计算工时工作制的特点、工作时间无法根据标准工时进行计算，并且其上级单位、行业主管部门已办理了相应岗位、工种的不定时工作制或综合计算工时工作制审批手续的，可以认定审批手续的效力及于该工作岗位。

用人单位主张由于劳动者工作性质、工作岗位的特点无法对其实行标准工时制度而实行不定时工作制或综合计算工时工作制，但未依法履行审批手续的，在计算加班工资时，应当结合劳动合同约定、劳动者的岗位性质以及工作要求等因素综合认定。

贵州省

《贵州省高级人民法院、贵州省人力资源和社会保障厅关于劳动争议案件若干问题的会议纪要》（2012年7月9日）

21. 经劳动保障行政部门批准实行不定时工作制度的劳动者，不执行有关支付加班工资的规定，对实行不定时工作制度的劳动者在休息日和法定节假日的在岗行为，不需支付加班工资。

云南省

《云南省高级人民法院、云南省人力资源和社会保障厅关于审理劳动人事争议案件若干问题的座谈会纪要》（2015年1月19日）

五、关于加班工资的认定问题

（十）全天二十四小时吃住在单位的保安、传达室门卫、仓库保管员等人员主张加班工资的，如确因工作所需和单位要求，不能睡眠休息的，应认定为工作时间；如工作场所中同时提供了住宿或休息设施的，应合理扣除可以睡眠休息的时间，即劳动者正常上班以外的时间不应计算为工作时间。

【典型案例】

用人单位与劳动者自行约定实行不定时工作制是否有效[1]

案例分析

本案的争议焦点是未经审批，物业公司能否仅凭与张某的约定实行不定时工作制。

《中华人民共和国劳动法》(以下简称《劳动法》)第三十九条规定："企业因生产特点不能实行本法第三十六条、第三十八条规定的，经劳动行政部门批准，可以实行其他工作和休息办法。"《关于企业实行不定时工作制和综合计算工时工作制的审批办法》(劳部发〔1994〕503号)第四条规定："企业对符合下列条件之一的职工，可以实行不定时工作制。(一)企业中的高级管理人员、外勤人员、推销人员、部分值班人员和其他因工作无法按标准工作时间衡量的职工……"从上述条款可知，用人单位对劳动者实行不定时工作制，有严格的适用主体和适用程序要求。只有符合国家规定的特殊岗位劳动者，并经过人力资源社会保障部门审批，用人单位才能实行不定时工作制，否则不能实行。

本案中，张某所在的安全员岗位经审批实行不定时工作制的期间为2018年5月1日至2019年4月30日，此期间内根据《工资支付暂行规定》(劳部发〔1994〕489号)第十三条规定，物业公司依法可以不支付张某休息日加班工资。2017年11月至2018年4月期间，物业公司未经人力资源社会保障部门审批，对张某所在岗位实行不定时工作制，违反相关法律规定。因此，应当认定此期间张某实行标准工时制，物业公司应当按照《劳动法》第四十四条规定"休息日安排劳动者工作又不能安排补休的，支付不低于工资的百分之二百的工资报酬"支付张某休息日加班工资。

典型意义

不定时工作制是针对因生产特点、工作特殊需要或职责范围的关系，无法按

---

[1]《人力资源社会保障部、最高人民法院第一批劳动人事争议典型案例》(2020年7月10日)。

标准工作时间衡量或需要机动作业的劳动者所采用的一种工时制度。法律规定不定时工作制必须经审批方可实行。一方面，用人单位不能仅凭与劳动者约定就实行不定时工作制，而应当及时报人力资源社会保障部门批准后实行。对实行不定时工作制劳动者，也应当根据有关规定，采用集中工作、集中休息、轮休调休、弹性工作时间等方式，确保劳动者休息休假权利。另一方面，人力资源社会保障部门不断完善特殊工时工作制的审批机制，及时满足用人单位经营管理需要。比如，规定批复时效在疫情防控期间到期且无法通过邮寄、网络等方式办理的，经原审批部门同意并备案后，原批复有效期可顺延至疫情防控措施结束。

第三节　关于已发工资中是否包含加班工资的情形

【适用指引】

一、有约定的情形

1. 约定了正常工资标准和应发工资中包含加班费的，从其约定，但折算后不得低于法定最低标准

参见《天津法院劳动争议案件审理指南》第 34 条第 1 款。

2. 约定了"加班费包干条款"，用人单位仍应对已足额支付加班费承担举证证明责任

参见《重庆市六部门关于劳动争议案件法律适用问题专题座谈会纪要（二）》第 4 条。

二、没有约定的情形

1. 仅约定正常工作时间工资标准，未约定已发工资中包含加班费的

参见《天津法院劳动争议案件审理指南》第 34 条第 2 款。

2. 既未约定正常工作时间工资标准，又未约定已发工资中包含加班费的（各地规定中有细微差异）

参见《北京市高级人民法院、北京市劳动争议仲裁委员会关于劳动争议案件法律适用问题研讨会会议纪要》第 23 条、《天津法院劳动争议案件审理指南》34 条第 3 款、《重庆市高级人民法院关于审理劳动争议案件若干问题的指导意见》第 8 条、《山东省高级人民法院、山东省劳动争议仲裁委员会、山东省人事争议仲裁委员会关于适用〈中华人民共和国劳动争议调解仲裁法〉和〈中华人民共和国劳动合同法〉若干问题意见》第 34 条、《浙江省高级人民法院民一庭关于审理劳动争议案件若干问题的意见》第 23 条、《贵州省高级人民法院、贵州省人力资源和社会保障厅关于劳动争议案件若干问题的会议纪要》第 20 条。

【参考依据】

北京市

《北京市高级人民法院、北京市劳动争议仲裁委员会关于劳动争议案件法律适用问题研讨会会议纪要》（2009年8月17日）

23.用人单位与劳动者虽然未书面约定实际支付的工资是否包含加班工资，但用人单位有证据证明已支付的工资包含正常工作时间工资和加班工资的，可以认定用人单位已支付的工资包含加班工资。但折算后的正常工作时间工资不得低于当地最低工资标准。

天津市

《天津法院劳动争议案件审理指南》（2017年11月30日）

34.【约定工资中包括加班工资】用人单位与劳动者约定了正常工作时间工资标准，且约定应发工资中包含加班工资的，从其约定。但核算后的加班工资基数标准不符合本指南第33条规定（内容详见本章第五节相应部分），劳动者要求用人单位补齐的，应予支持。

用人单位与劳动者约定了正常工作时间工资标准，但未约定应发工资中是否包含加班工资的，如用人单位有证据证明应发工资中已经包含正常工作时间工资和加班工资的，可以认定用人单位已经支付的工资中包含加班工资。但核算后的加班工资基数标准不符合本指南第33条规定，劳动者要求用人单位补齐的，应予支持。

用人单位与劳动者未约定正常工作时间工资标准，亦未约定应发工资中是否包含加班工资的，如用人单位有证据证明应发工资中已经包含正常工作时间工资和加班工资的，可以认定用人单位已经支付的工资中包含加班工资，但核算后的加班工资基数标准不得低于最低工资标准。

本条规定的正常工作时间工资低于最低工资标准的，应当按照最低工资标准计算。

江苏省

《江苏省高级人民法院、江苏省劳动争议仲裁委员会关于审理劳动争议案件的指导意见》（2009年12月14日）

第二十三条 用人单位实际支付劳动者的工资未明确区分正常工作时间工资

和加班工资,但用人单位有证据证明已支付的工资包含正常工作时间工资和加班工资的,可以认定用人单位已支付的工资包含加班工资。但折算后的正常工作时间工资低于当地最低工资标准或者计件工资中的劳动定额明显不合理的除外。

第二十五条 劳动者与用人单位就工资、加班工资等劳动报酬的计算、支付达成结算协议,不违反法律、行政法规的强制性规定的,应认定有效,但有证据证明在协议签订时存在欺诈、胁迫、重大误解、显失公平或乘人之危等违背当事人真实意思表示的情形除外。

劳动者与用人单位双方在结算协议中约定结清的费用列有工资或劳动报酬,但未列明是否包含加班工资,如果确有证据证明用人单位未支付加班工资,劳动者请求支付的,应予支持。

浙江省

《浙江省高级人民法院民一庭关于审理劳动争议案件若干问题的意见》(2009年4月16日)

第三十一条 劳动者与用人单位对有无支付加班工资的事实发生争议的,应由用人单位对其已经支付加班工资的事实负举证责任。用人单位已支付的工资具有以下情形的,人民法院可认定其中不包含加班工资:

(一)折算后的正常工作时间工资低于当地最低工资标准的;

(二)计件工资有劳动定额且定额明显不合理的。

山东省

《山东省高级人民法院、山东省劳动争议仲裁委员会、山东省人事争议仲裁委员会关于适用〈中华人民共和国劳动争议调解仲裁法〉和〈中华人民共和国劳动合同法〉若干问题意见》(2010年4月6日)

34.用人单位与劳动者未书面约定实际支付的工资是否包含加班工资,用人单位有证据证明已支付的工资包含加班工资的,可以认定用人单位已支付的工资包含加班工资。但经折算后,法定工作时间劳动者提供正常劳动后所得工资等于或者低于当地最低工资标准的除外。

重庆市

一、《重庆市高级人民法院关于审理劳动争议案件若干问题的指导意见》(2009年2月9日)

第八条 用人单位与劳动者虽然未书面约定实际支付的工资是否包含加班工

资，但用人单位有证据证明已支付的工资包含法定工作时间工资和加班工资的，可以认定用人单位已支付的工资包含加班工资。但折算后的工资标准低于当地最低工资标准的除外。

二、《重庆市六部门关于劳动争议案件法律适用问题专题座谈会纪要（二）》（2017年8月14日）

四、劳动合同中"加班工资包干"条款的效力认定问题

劳动者请求用人单位向其支付加班工资的，应当根据《最高人民法院关于审理劳动争议案件适用法律若干问题的解释（三）》第九条之规定，就加班事实的存在承担举证证明责任。

用人单位以劳动合同中存在的"加班工资包干"条款，即劳动合同中已约定用人单位向劳动者支付的劳动报酬中已包含加班工资进行抗辩的，用人单位仍应对其已支付的劳动报酬中正常工作时间的工资标准以及已足额支付加班工资的事实承担举证证明责任。用人单位已支付的劳动报酬中正常工作时间的工资标准不得低于最低工资标准。

贵州省

《贵州省高级人民法院、贵州省人力资源和社会保障厅关于劳动争议案件若干问题的会议纪要》（2012年7月9日）

20. 劳动者与用人单位对是否支付加班工资的事实发生争议的，用人单位有证据证明已支付的工资中包含正常工作时间工资和加班工资的，可以认定用人单位已支付的工资中包含了加班工资。但用人单位已支付的工资具有下列情形的，应认定不包含加班工资：

（1）折算后的正常工作时间工资低于当地最低工资标准的；

（2）计件工资中没有劳动定额或者虽有劳动定额但劳动定额明显不合理的。

第四节　关于加班事实的举证证明责任

【适用指引】

一、加班事实的举证责任由劳动者承担，但在特定条件下减轻

主张权利存在的当事人对作为该权利发生原因的加班事实承担证明责任。虽然让劳动者承担存在加班事实的举证责任存在诸多困难，但仍应遵守举证责任的分配规则。《劳动争议司法解释（一）》第42条通过证明妨碍规则的运用达到减轻劳动者证明负担的目的。

二、劳动者提供电子打卡记录、电子考勤证明存在加班的情形

一般情况下，打卡记录所体现的内容是劳动者在工作场所的时间，不能等同于从事了用人单位安排的工作。

参见《北京市高级人民法院、北京市劳动争议仲裁委员会关于劳动争议案件法律适用问题研讨会会议纪要》第20条、《江苏省高级人民法院、江苏省劳动争议仲裁委员会关于审理劳动争议案件的指导意见》第26条。

【裁判依据】

司法解释

《最高人民法院关于审理劳动争议案件适用法律若干问题的解释（一）》（2020年12月25日，法释〔2020〕26号）

第四十二条　劳动者主张加班工资的，应当就加班事实的存在承担举证责任。但劳动者有证据证明用人单位掌握加班事实存在的证据，用人单位不提供的，由用人单位承担不利后果。

【参考依据】

北京市

《北京市高级人民法院、北京市劳动争议仲裁委员会关于劳动争议案件法律适用问题研讨会会议纪要》(2009年8月17日)

20.经用人单位和劳动者予以确认的考勤记录可以作为认定是否存在加班事实的依据。劳动者仅凭电子打卡记录要求认定存在加班事实的，一般不予支持。

在上述情况下，劳动者可以要求用人单位按照劳动合同、规章制度、集体合同等支付相应待遇。

天津市

《天津法院劳动争议案件审理指南》(2017年11月30日)

32.【加班事实的举证证明责任】劳动者有证据证明用人单位实行考勤制度，其主张考勤记录、工资台账由用人单位保存的，用人单位应当提交至少两年的考勤记录及工资台账，不能提交的应当承担不利后果。劳动者主张的两年以上的加班事实，应当提供证据予以证明。两年的起算时间劳动者提起劳动争议仲裁之日。

劳动者主张用人单位提交的考勤记录不真实，但无法提供证据予以证实的，不予支持。

江苏省

《江苏省高级人民法院、江苏省劳动争议仲裁委员会关于审理劳动争议案件的指导意见》(2009年12月14日)

第二十六条 劳动者与用人单位就加班工资发生争议的，对劳动者提供的证明其加班事实的证据和用人单位提供的否认劳动者加班的证据，人民法院、仲裁机构应审慎审查，综合分析，合理认定。

用人单位提供的电子考勤记录、手工考勤记录、工资发放表等证据未经劳动者签字确认，但用人单位有证据证明根据规章制度规定或劳动合同约定，考勤记录、工资发放表等已通过一定方式向劳动者公示而劳动者在合理期限内没有提出异议的，应予采信。

劳动者提供电子考勤记录主张加班工资，但用人单位有证据证明劳动者未加班的，对劳动者的主张不予支持。

用人单位有明确的加班审批制度，劳动者仅以电子考勤记录主张存在加班事实的，不予支持。

浙江省

《浙江省高级人民法院民一庭关于审理劳动争议案件若干问题的意见》（2009年4月16日）

第三十一条　劳动者与用人单位对有无支付加班工资的事实发生争议的，应由用人单位对其已经支付加班工资的事实负举证责任。用人单位已支付的工资具有以下情形的，人民法院可认定其中不包含加班工资：

（一）折算后的正常工作时间工资低于当地最低工资标准的；

（二）计件工资有劳动定额且定额明显不合理的。

山东省

《山东省高级人民法院、山东省劳动争议仲裁委员会、山东省人事争议仲裁委员会关于适用〈中华人民共和国劳动争议调解仲裁法〉和〈中华人民共和国劳动合同法〉若干问题意见》（2010年4月6日）

36.劳动者主张加班工资，应当提供加班事实的相关证据。用人单位否认劳动者加班的，用人单位应当对劳动者未加班的事实负举证责任。用人单位以已经劳动者确认的考勤记录证明劳动者未加班的，对用人单位的考勤记录应予采信。

劳动者追索两年前的加班工资，举证确实充分的，应予支持，但法律法规等另有规定的除外。

重庆市

《重庆市高级人民法院关于审理劳动争议案件若干问题的指导意见》（2009年2月9日）

第九条　劳动者起诉要求用人单位支付加班工资的，一般由劳动者对用人单位安排加班的事实负举证责任，但有证据证明该部分系用人单位持有的，由用人单位负举证责任。

用人单位认为已经足额支付劳动者近两年来的加班工资的，应由用人单位负举证责任。劳动者追索两年前的加班工资的，由劳动者对用人单位未足额支付加班工资负举证责任。

四川省

《四川省高级人民法院民一庭关于审理劳动争议案件若干疑难问题的解答》(2016年1月15日)

36. 劳动者对加班的基本事实承担举证责任后,用人单位对劳动者加班的具体时间、加班工资计付标准及已支付的加班工资数额举证。

劳动者主张权利之日起二年之前的加班时间应由劳动者承担举证责任。

贵州省

《贵州省高级人民法院、贵州省人力资源和社会保障厅关于劳动争议案件若干问题的会议纪要》(2012年7月9日)

22. 劳动者与用人单位就加班工资发生争议,劳动者主张加班工资的,应对加班事实负举证责任。如果证明劳动者加班事实的相关证据由用人单位持有的,应责令用人单位提供,用人单位不提供的,应由其承担不利的法律后果。

第五节　关于加班工资的计算基数

【适用指引】

一、法律法规关于加班工资基数的规定

《劳动法》将加班工资基数界定为"劳动者正常工作时间工资",《工资支付暂行规定》界定为"劳动合同规定劳动者本人日或小时工资"。

二、提成或奖金是否纳入加班工资计算基数

首先，看双方约定的报酬是否属于提成制以及该提成报酬是否建立在固定工作时间内，如果没有明确建立在固定工作时间内，应当不确认为加班；其次，要判断提成或者奖金是否为固定工资的变相形式，避免用人单位以提成或奖金的名义来减少加班工资的给付数额；最后，要确定该提成或者奖金的归属期，对于归属多个月份的，可以平均折算出属于当月月份的正常收入部分。[①]

三、双方约定以最低工资标准作为加班工资计算基数的情形

参见《北京市高级人民法院、北京市劳动争议仲裁委员会关于劳动争议案件法律适用问题研讨会会议纪要》第19条、《北京市高级人民法院、北京市劳动人事争议仲裁委员会关于审理劳动争议案件法律适用问题的解答》第22条第1项，《重庆市高级人民法院民一庭关于九龙坡区法院劳动争议案件法律适用问题研讨会议综述》第12条。

【裁判依据】

法律

《中华人民共和国劳动法》(2018年12月29日修正)

第四十四条　有下列情形之一的，用人单位应当按照下列标准支付高于劳动者正常工作时间工资的工资报酬：

[①] 参见：《劳动纠纷裁判思路与规范解释》，法律出版社2016年版，第238页。

（一）安排劳动者延长工作时间的，支付不低于工资的百分之一百五十的工资报酬；

（二）休息日安排劳动者工作又不能安排补休的，支付不低于工资的百分之二百的工资报酬；

（三）法定休假日安排劳动者工作的，支付不低于工资的百分之三百的工资报酬。

部门规章

《**工资支付暂行规定**》（1994年12月6日）

第十三条　用人单位在劳动者完成劳动定额或规定的工作任务后，根据实际需要安排劳动者在法定标准工作时间以外工作的，应按以下标准支付工资：

（一）用人单位依法安排劳动者在日法定标准工作时间以外延长工作时间的，按照不低于劳动合同规定的劳动者本人小时工资标准的150%支付劳动者工资；

（二）用人单位依法安排劳动者在休息日工作，而又不能安排补休的，按照不低于劳动合同规定的劳动者本人日或小时工资标准的200%支付劳动者工资；

（三）用人单位依法安排劳动者在法定休假节日工作的，按照不低于劳动合同规定的劳动者本人日或小时工资标准的300%支付劳动者工资。

实行计件工资的劳动者，在完成计件定额任务后，由用人单位安排延长工作时间的，应根据上述规定的原则，分别按照不低于其本人法定工作时间计件单价的150%、200%、300%支付其工资。

经劳动行政部门批准实行综合计算工时工作制的，其综合计算工作时间超过法定标准工作时间的部分，应视为延长工作时间，并应按本规定支付劳动者延长工作时间的工资。

实行不定时工时制度的劳动者，不执行上述规定。

【参考依据】

北京市

一、《**北京市高级人民法院、北京市劳动争议仲裁委员会关于劳动争议案件法律适用问题研讨会会议纪要**》（2009年8月17日）

19.对于加班工资的日或小时工资基数的确定，应参照《北京市工资支付规定》第四十四条的规定执行。

用人单位与劳动者在劳动合同中约定了工资标准，但同时又约定以本市最低工资标准或低于劳动合同约定的工资标准作为加班工资基数，劳动者主张以劳动合同约定的工资标准作为加班工资基数的，应予支持。

二、《北京市高级人民法院、北京市劳动人事争议仲裁委员会关于审理劳动争议案件法律适用问题的解答》（2017年4月24日）

22. 如何确定劳动者加班工资计算基数？

劳动者加班工资计算基数，应当按照法定工作时间内劳动者提供正常劳动应得工资确定，劳动者每月加班工资不计到下月加班工资计算基数中。具体情况如下：

（1）用人单位与劳动者在劳动合同中约定了加班工资计算基数的，以该约定为准；双方同时又约定以本市规定的最低工资标准或低于劳动合同约定的工资标准作为加班工资计算基数，劳动者主张以劳动合同约定的工资标准作为加班工资计算基数的，应予支持。

（2）劳动者正常提供劳动的情况下，双方实际发放的工资标准高于原约定工资标准的，可以视为双方变更了合同约定的工资标准，以实际发放的工资标准作为计算加班工资计算基数。实际发放的工资标准低于合同约定的工资标准，能够认定为双方变更了合同约定的工资标准的，以实际发放的工资标准作为计算加班工资的计算基数。

（3）劳动合同没有明确约定工资数额，或者合同约定不明确时，应当以实际发放的工资作为计算基数。用人单位按月直接支付给职工的工资、奖金、津贴、补贴等都属于实际发放的工资，具体包括国家统计局《〈关于工资总额组成的规定〉若干具体范围的解释》中规定"工资总额"的几个组成部分。加班工资计算基数应包括"基本工资""岗位津贴"等所有工资项目。不能以"基本工资""岗位工资"或"职务工资"单独一项作为计算基数。在以实际发放的工资作为加班工资计算基数时，加班工资（前月）、伙食补助等应当扣除，不能列入计算基数范围。国家相关部门对工资组成规定有调整的，按调整的规定执行。

（4）劳动者的当月奖金具有"劳动者正常工作时间工资报酬"性质的，属于工资组成部分。劳动者的当月工资与当月奖金发放日期不一致的，应将这两部分合计作为加班工资计算基数。用人单位不按月、按季发放的奖金，根据实际情况判断可以不作为加班工资计算基数。

（5）在确定职工日平均工资和小时平均工资时，应当按照原劳动和社会保障部《关于职工全年月平均工作时间和工资折算问题的通知》规定，以每月工作时间为 21.75 天和 174 小时进行折算。

（6）实行综合计算工时工作制的用人单位，当综合计算周期为季度或年度时，应将综合周期内的月平均工资作为加班工资计算基数。

天津市

《天津法院劳动争议案件审理指南》（2017 年 11 月 30 日）

33.【加班工资基数】用人单位与劳动者约定了加班工资计算基数，且不低于最低工资标准的，从其约定。用人单位与劳动者未约定加班工资计算基数的，应根据集体劳动合同确定。没有集体劳动合同的，应按照劳动者应得工资确定。劳动者应得工资难以确定的，以劳动者主张权利或者劳动关系解除、终止前 12 个月的平均工资（含奖金）作为计算加班工资的基数。

月平均工资指劳动者在法定工作时间内提供正常劳动后应得的月工资收入。双方对月平均工资有约定且不低于最低工资标准的，从其约定；没有约定或者约定不明的，按照《中华人民共和国劳动合同法》第十八条的规定确定月平均工资；按照《中华人民共和国劳动合同法》第十八条的规定仍然不能确定月平均工资的，应当按照劳动者应得的月收入扣除法定福利待遇、用人单位可自行决定给付的福利待遇以及非工资性补贴（如冬季取暖补贴、集中供热补贴、防暑降温费、上下班交通补贴、洗理卫生费福利、托儿补助费、计划生育补贴等）确定，低于最低工资标准的以最低工资标准计算。

安徽省

《安徽省高级人民法院关于审理劳动争议案件若干问题的指导意见》（2015 年 1 月 20 日）

第十条 劳动者主张加班工资的，人民法院应按照劳动者正常劳动情形下的收入确定加班工资的计算基数，但用人单位可自行决定给付的福利除外。

江西省

《江西省劳动人事争议裁审衔接工作座谈会纪要》（2013 年 12 月 28 日）

第六条 ……

用人单位应支付的劳动者加班工资的计算基数，参照第一款规定。劳动者与用人单位有约定的，从其约定。

山东省

《山东省高级人民法院、山东省劳动争议仲裁委员会、山东省人事争议仲裁委员会关于适用〈中华人民共和国劳动争议调解仲裁法〉和〈中华人民共和国劳动合同法〉若干问题意见》(2010年4月6日)

35. 劳动者加班工资计算基数，应当按照法定工作时间内劳动者上一月份提供正常劳动所得实际工资扣除该月加班工资后的数额确定。劳动者上一月份没有提供正常劳动的，按照向前顺推至其提供正常劳动月份所得实际工资扣除该月加班工资后的数额确定。法定工作时间劳动者所得实际工资扣除该月加班工资后的数额低于当地最低工资标准的，按照最低工资标准执行。

湖北省

《湖北省高级人民法院民事审判工作座谈会会议纪要劳动争议部分》(2013年9月)

4. 关于加班工资的计算基数，实践中，区分情况处理：

（1）用人单位与劳动者已在劳动合同中明确约定了加班工资计算基数，且该计算基数并不低于当地最低工资标准的，可按照双方约定计算加班工资；

（2）劳动合同中未对加班工资的计算方式进行明确约定，但用人单位在其内部规章制度中对加班工资进行明确规定，若该规章制度经过合法程序制定并已向劳动者公示，且该工资基数并不低于当地最低工资标准的，可以按照该规章制度的规定计算加班工资；

（3）在既没有劳动合同约定，也没有单位内部规章制度的规定的情况下，可以根据劳动者前12个月正常工作时间的平均工资计算，包括正常工作时间内的计时工资或者正常工作时间内的计件工资以及奖金、津贴和补贴等货币性收入。如果前12个月正常工作时间的平均工资低于当地最低工资标准的，则以当地最低工资标准为计算基数。

重庆市

《重庆市高级人民法院民一庭关于九龙坡区法院劳动争议案件法律适用问题研讨会议综述》(2014年7月30日)

十二、劳动者和用人单位在劳动合同中约定，以基本工资或法定最低工资作为加班工资的计算基数，该约定是否有效？

一致意见认为，加班工资应当高于劳动者正常工作时间的工资。劳动者和用人单位在劳动合同中约定"以基本工资或法定最低工资作为加班工资计算基数"的，如果劳动者实际所得的加班工资高于劳动者正常工作时间的工资的，该约定有效。

四川省

《四川省高级人民法院民一庭关于审理劳动争议案件若干疑难问题的解答》(2016年1月15日）

35.用人单位与劳动者在劳动合同中约定了加班工资计算基数的，从其约定；劳动合同没有约定的，按照集体合同约定的加班工资基数确定；劳动合同、集体合同均未约定的，按照本意见第29条确定。

依照前款确定的加班工资基数不得低于当地规定的最低工资标准。

贵州省

《贵州省高级人民法院、贵州省人力资源和社会保障厅关于劳动争议案件若干问题的会议纪要》(2012年7月9日）

19.用人单位依照《劳动法》第四十四条的规定应向劳动者支付延长工作时间工资报酬的，劳动者的加班工资计算基数应为正常工作时间工资；用人单位与劳动者约定奖金、津贴、补贴等项目不属于正常工作时间工资的，从其约定。但约定的正常工作时间工资不得低于当地最低工资标准。

云南省

《云南省高级人民法院、云南省人力资源和社会保障厅关于审理劳动人事争议案件若干问题的座谈会纪要》(2015年1月19日）

五、关于加班工资的认定问题

（十一）用人单位与劳动者对月工资有约定的，加班工资基数应按双方约定的正常工作时间的月工资来确定；如劳动者的实际工资高于约定工资的，加班工资基数应按照实际工资确定。

劳动者的实际工资，可按照劳动者正常工作时间实际获得的月收入扣除非常规性奖金、福利性、风险性等项目后的月工资确定。

如工资系打包支付，或双方形式上约定的"正常工作时间工资"标准明显不合常理，或有证据可以证明用人单位恶意将本应计入正常工作时间工资的项目归入非常规性奖金、福利性、风险性等项目中，以达到减少正常工作时间工资数额计算目的的，可参考实际收入标准进行适当调整。

按上述原则确定的加班工资基数均不得低于劳动合同履行地的月最低工资标准。

第十二章 涉及加付赔偿金请求的规范

【适用指引】

一、请求权基础和相关案由

要求加付赔偿金的请求权基础为《劳动合同法》第85条。案由应适用《民事案件案由规定》"十七、劳动争议"。

二、关于加付赔偿金的理解

劳动者往往在劳动关系中处于弱势，用人单位存在《劳动合同法》第85条或者第38条规定情形时，表面上是劳动者可以获得单方解除权，实质上可能是劳动者迫于前述情形提出解除劳动合同，用人单位借此规避由其解除合同的相关责任。这种情况下，仅通过劳动者向劳动行政部门检举等由劳动行政部门责令用人单位承担相应支付责任，保障力度不够，应当赋予劳动者请求司法保护并获得强制执行的权利。《劳动争议司法解释（一）》第1条中明确赋予劳动者就加付赔偿金案件依法提起诉讼的权利。至于是否要求劳动者提供劳动行政部门先行处理的证据，将劳动争议处理程序作为一种补充救济手段，从贯彻落实《劳动合同法》第85条的立法原意来看，司法实践中还可以继续探索优化。

《劳动争议司法解释（一）》第45的解释与劳动者单方解除劳动合同的权利密切相关。依照《劳动合同法》第38条规定，用人单位具有本条所列5种情形时，劳动者可以获得单方解除权；在该5种情形下，劳动者被迫提出解除劳动合同的可能性大，此时用人单位应当依法支付劳动报酬和经济补偿。如果未按时支付的，参照《劳动合同法》第85条规定，按应付金额50%以上100%以下标准向劳动者加付赔偿金。具体案件中确定具体标准时，要因时制宜，不能追求惩罚过度，否则于用人单位不公平。应当着重考虑以下因素：一是用人单位违法行为严重性及过错程度；二是劳动者因用人单位违法行为所受损害大小；三是用人单位因违法行为获利情况；四是用人单位接受其他处罚情况。

《劳动争议司法解释（一）》第45条关于加付赔偿金的规定与《劳动合同法》第87条关于二倍赔偿金的规定有明显区别，不能混同。①

---

① 参见郑学林、刘敏、于蒙、危浪平：《〈关于审理劳动争议案件适用法律若干问题的解释（一）〉几个重点问题的理解与适用》，载《人民司法》2021年第7期。

【裁判依据】

法律

《中华人民共和国劳动合同法》（2012年12月28日修正）

第八十五条 用人单位有下列情形之一的，由劳动行政部门责令限期支付劳动报酬、加班工资或者经济补偿；劳动报酬低于当地最低工资标准的，应当支付其差额部分；逾期不支付的，责令用人单位按应付金额百分之五十以上百分之一百以下的标准向劳动者加付赔偿金：

（一）未按照劳动合同的约定或者国家规定及时足额支付劳动者劳动报酬的；

（二）低于当地最低工资标准支付劳动者工资的；

（三）安排加班不支付加班工资的；

（四）解除或者终止劳动合同，未依照本法规定向劳动者支付经济补偿的。

司法解释

《最高人民法院关于审理劳动争议案件适用法律若干问题的解释（一）》（2020年12月25日，法释〔2020〕26号）

第一条 劳动者与用人单位之间发生的下列纠纷，属于劳动争议，当事人不服劳动争议仲裁机构作出的裁决，依法提起诉讼的，人民法院应予受理：

（八）劳动者依据劳动合同法第八十五条规定，要求用人单位支付加付赔偿金发生的纠纷；

第四十五条 用人单位有下列情形之一，迫使劳动者提出解除劳动合同的，用人单位应当支付劳动者的劳动报酬和经济补偿，并可支付赔偿金：

（一）以暴力、威胁或者非法限制人身自由的手段强迫劳动的；

（二）未按照劳动合同约定支付劳动报酬或者提供劳动条件的；

（三）克扣或者无故拖欠劳动者工资的；

（四）拒不支付劳动者延长工作时间工资报酬的；

（五）低于当地最低工资标准支付劳动者工资的。

【参考依据】

北京市

《北京市高级人民法院、北京市劳动争议仲裁委员会关于劳动争议案件法律适用问题研讨会会议纪要（二）》（2014年5月7日）

38. 劳动者依据劳部发〔1994〕481号《违反和解除劳动合同的经济补偿办法》第三条、第四条关于25%的经济补偿金的规定主张给付经济补偿金，如何处理？

……

劳动者依据《劳动合同法》第八十五条向仲裁委、法院主张加付赔偿金的，应当向仲裁委、法院提供已经依法先经劳动行政部门处理的证据，包括提供劳动行政部门责令用人单位限期支付劳动报酬、加班工资、经济补偿或低于最低工资标准的差额部分的限期整改证据，以及用人单位逾期不履行上述义务的证据。

劳动行政部门已经责令用人单位加付赔偿金的，由劳动行政部门处理，仲裁委、法院不再重复处理。

江苏省

《江苏省高级人民法院、江苏省劳动人事争议仲裁委员会关于审理劳动人事争议案件的指导意见（二）》（2011年11月8日）

第十五条 用人单位存在《劳动合同法》第八十五条规定之违法情形，经人力资源社会保障部门责令限期支付劳动报酬、加班工资、经济补偿、工资差额后，用人单位逾期仍不支付，劳动者请求用人单位赔偿应付金额百分之五十以上百分之一百以下的加付赔偿金的，应予支持。

浙江省

《浙江省高级人民法院民事审判第一庭、浙江省劳动人事争议仲裁院关于审理劳动争议案件若干问题的解答（四）》（2016年12月30日）

十、劳动者依据《劳动合同法》第八十五条规定，要求用人单位支付赔偿金的，如何处理？

答：劳动者依据《劳动合同法》第八十五条规定，要求用人单位支付赔偿金的，前提是经劳动行政部门责令用人单位限期支付而逾期不支付。劳动者未能举证证明已经过该前置程序的，对其要求用人单位支付赔偿金的请求，人民法院应不予支持。

四川省

《四川省高级人民法院民一庭关于审理劳动争议案件若干疑难问题的解答》(2016年1月15日)

32.劳动者依据《劳动合同法》第八十五条的规定请求用人单位支付赔偿金的，应提供劳动行政部门责令用人单位限期支付劳动报酬、加班工资、经济补偿或低于最低工资标准的差额部分的限期整改指令书和用人单位逾期未履行该指令书的证据。劳动者直接主张加付赔偿金的，人民法院不予支持。

第十三章　涉及不合格用人单位或承包人违法用工情形的规范

【适用指引】

一、不合格用人单位的理解

不合格用人单位，是指未依法取得用人单位资格而在生产经营活动中实际使用他人劳动力的单位。以往不合格用人单位被称为"非法用工单位"或"非法用工主体"，排除在劳动法适用范围之外，《劳动合同法》将其纳入劳动法的适用范围，但未将该种情形作为劳动合同无效的法定事由。①

二、《劳动合同法》第九十三条的理解

1.不具备合法经营资格的用人单位不是劳动法意义上的合法用工主体，不得与劳动者建立劳动关系，其用工行为并不具有法律上的效力，但并不等于不会产生其他法律后果。获得劳动报酬是在该单位提供了劳动的劳动者的权益，故本条将该种用人单位中的劳动者获得劳动报酬权纳入了劳动法律保护范围。

2.无营业执照经营的单位其经营条件、经营范围、经营项目符合法律、法规规定的，依法办理了相应手续，由该单位向已付出劳动的劳动者支付劳动报酬、经济补偿或赔偿；无营业执照经营的单位被依法查处取缔的，由其出资人向劳动者支付。②

【裁判依据】

《中华人民共和国劳动合同法》（2012年12月28日修正）

第九十三条　对不具备合法经营资格的用人单位的违法犯罪行为，依法追究法律责任；劳动者已经付出劳动的，该单位或者其出资人应当依照本法有关规定向劳动者支付劳动报酬、经济补偿、赔偿金；给劳动者造成损害的，应当承担赔偿责任。

第九十四条　个人承包经营违反本法规定招用劳动者，给劳动者造成损害的，发包的组织与个人承包经营者承担连带赔偿责任。

---

① 参见王全兴：《劳动法》，法律出版社2017年版，第116~117页。
② 参见《中华人民共和国劳动合同法理解与适用》，法律出版社2013年版，第187~189页。

【参考依据】

江苏省

《江苏省高级人民法院、江苏省劳动争议仲裁委员会关于审理劳动争议案件的指导意见》（2009年12月14日）

第四条 没有用人单位主体资格的个人承包经营者违法招用劳动者给劳动者造成损害，劳动者请求损害赔偿的，应当将发包组织与个人承包经营者作为共同当事人。

发包组织在承担连带赔偿责任后可以依据双方签订的承包协议向个人承包经营者追偿。

浙江省

《浙江省高级人民法院民一庭关于审理劳动争议案件若干问题的意见》（2009年4月16日）

第八条 劳动者与不具备合法经营资格的用工主体因用工关系发生争议的，应当将其出资人或开办单位作为当事人。

第九条 用人单位被吊销营业执照、责令关闭、撤销以及用人单位决定提前解散、歇业，应当将用人单位或清算组织作为当事人；用人单位或清算组织不能承担相关责任的，应当将其出资人或开办单位作为共同当事人。

第十一条 在建设工程层层转包、分包中，作为实际施工人的自然人与其招用的劳动者发生劳动争议的，最近的上一层转包、分包关系中具备合法用工主体资格的单位应作为当事人；也可视案情需要，将实际施工的自然人及违法转包人、分包人作为共同当事人。

安徽省

《安徽省高级人民法院关于审理劳动争议案件若干问题的指导意见》（2015年1月20日）

第三条 未办理营业执照、营业执照被吊销或者营业期限届满仍继续经营的用人单位与劳动者之间的用工争议，按劳动争议处理，由该单位或者其出资人承担劳动法上的责任。

用人单位在劳动争议仲裁或诉讼期间注销的，由其出资人对劳动者承担原用人单位劳动法上的责任。人民法院有权依据劳动者的申请，将已注销的用人单位出资人列为当事人。

贵州省

《贵州省高级人民法院、贵州省人力资源和社会保障厅关于劳动争议案件若干问题的会议纪要》(2012年7月9日)

4.劳动者与不具备合法经营资格的用人单位因用工关系产生争议，应当将该单位或出资人列为当事人，按照《劳动合同法》第九十三条的规定支付相关费用或承担赔偿责任。

第十四章　涉及社会保险待遇请求的规范
（不含工伤）

【本章导读】

　　社会保险制度具有强制性，包括社会保险关系的建立、社会保险费用的缴纳和社会保险待遇的给付条件等内容。《社会保险法》涵盖了基本养老保险、基本医疗保险、工伤保险、失业保险、生育保险等社会保险制度。如果用人单位不依法给劳动者缴纳社会保险或者虽缴纳了保险但在特定条件下不及时办理某些手续，就会导致劳动者无法享受到社会保险待遇，从而引发纠纷。因工伤保险纠纷的解决以《工伤保险条例》为主，内容庞杂，宜单独列为一章处理，故本章不包含工伤保险部分。本章分六节，第一节至第四节分别汇总了涉及养老、医疗、失业、生育保险待遇损失的相关规定。实务中还有劳动者要求用人单位返还自己垫付的本应由单位承担部分社保费用的请求，相关规定列在第五节。

第十四章 涉及社会保险待遇请求的规范（不含工伤）

第一节　关于养老保险待遇的请求

【适用指引】

一、请求权基础及相关案由

劳动者要求用人单位支付养老待遇损失的请求权基础为《劳动法》第72条（条文内容见本章第二节）。案由应适用《民事案件案由规定》"187.社会保险纠纷"项下的"养老保险待遇纠纷"。

二、通过诉讼程序解决养老保险待遇损失的条件

1. 用人单位未为劳动者参加基本养老保险
2. 社会保险经办机构不能补办
3. 劳动者达到法定退休年龄

三、养老保险损失数额的确定

该问题是审判实务中的一个疑难问题，尚未有统一操作标准。相关计算标准参见《重庆市高级人民法院关于社会保险领域涉诉相关法律适用问题的会议纪要》《江苏省高级人民法院、江苏省劳动人事争议仲裁委员会关于审理劳动人事争议案件的指导意见（二）》第20条、《湖北省高级人民法院民事审判工作座谈会会议纪要劳动争议部分》劳动争议部分第2条。

【裁判依据】

法律

《中华人民共和国社会保险法》（2018年12月29日修正）

　　第十条　职工应当参加基本养老保险，由用人单位和职工共同缴纳基本养老保险费。

　　无雇工的个体工商户、未在用人单位参加基本养老保险的非全日制从业人员以及其他灵活就业人员可以参加基本养老保险，由个人缴纳基本养老保险费。

公务员和参照公务员法管理的工作人员养老保险的办法由国务院规定。

第十六条 参加基本养老保险的个人，达到法定退休年龄时累计缴费满十五年的，按月领取基本养老金。

参加基本养老保险的个人，达到法定退休年龄时累计缴费不足十五年的，可以缴费至满十五年，按月领取基本养老金；也可以转入新型农村社会养老保险或者城镇居民社会养老保险，按照国务院规定享受相应的养老保险待遇。

第十七条 参加基本养老保险的个人，因病或者非因工死亡的，其遗属可以领取丧葬补助金和抚恤金；在未达到法定退休年龄时因病或者非因工致残完全丧失劳动能力的，可以领取病残津贴。所需资金从基本养老保险基金中支付。

司法解释

《最高人民法院关于审理劳动争议案件适用法律若干问题的解释（一）》（2020年12月25日，法释〔2020〕26号）

第一条 劳动者与用人单位之间发生的下列纠纷，属于劳动争议，当事人不服劳动争议仲裁机构作出的裁决，依法提起诉讼的，人民法院应予受理：

（五）劳动者以用人单位未为其办理社会保险手续，且社会保险经办机构不能补办导致其无法享受社会保险待遇为由，要求用人单位赔偿损失发生的纠纷；

（六）劳动者退休后，与尚未参加社会保险统筹的原用人单位因追索养老金、医疗费、工伤保险待遇和其他社会保险待遇而发生的纠纷；

【参考依据】

北京市

《北京市高级人民法院、北京市劳动人事争议仲裁委员会关于审理劳动争议案件法律适用问题的解答》（2017年4月24日）

23.劳动者先后曾在几家用人单位工作，其中的一家用人单位没有为其缴纳过养老保险，但是劳动者在其他单位的累计缴费年限已经符合办理退休的条件。劳动者达到法定退休年龄时被告知无法补缴养老保险，劳动者起诉要求赔偿养老金差额能否支持？

由于劳动者符合办理退休的条件，只是因其中的一家或几家用人单位未为其缴纳养老保险影响了其养老金水平，不属于无法享受养老保险待遇的情形，不符合《民事诉讼法》第一百一十九条第四项的规定，应裁定驳回劳动者的起诉。

江苏省

《江苏省高级人民法院、江苏省劳动人事争议仲裁委员会关于审理劳动人事争议案件的指导意见（二）》（2011 年 11 月 8 日）

第二十条　劳动者超过法定退休年龄请求用人单位赔偿养老保险待遇损失，且经社会保险经办机构审核确实不能补缴或者继续缴纳养老保险费的，自该用人单位依法应当为劳动者办理社会保险之日起，如果劳动者在用人单位连续工作未满十五年，用人单位应按照每满一年发给相当于一个月当地上一年度职工月平均工资标准一次性支付劳动者养老保险待遇赔偿。如果劳动者在用人单位连续工作满十五年，用人单位应按统筹地区社会保险经办机构核定的，以当地最低社会保险缴费基数为缴费基准，并按其应当缴费年限确定养老金数额，按月支付劳动者养老保险待遇，并随当地企业退休人员养老金水平调整而调整。

安徽省

《安徽省高级人民法院关于审理劳动争议案件若干问题的指导意见》（2015 年 1 月 20 日）

第二十四条　对劳动者依据《最高人民法院关于审理劳动争议案件适用法律若干问题的解释（三）》第一条的规定起诉要求用人单位赔偿损失的，人民法院应根据不同社会保险险种，判决用人单位按缴费标准或待遇标准补偿劳动者相应损失。用人单位所在地设区的市级人民政府相关劳动政策对基本社会保险有明确补偿标准的，人民法院可以按该标准判决。社会保险待遇损失难以界定的，人民法院可委托社会保险机构核定。

湖北省

《湖北省高级人民法院民事审判工作座谈会会议纪要劳动争议部分》（2013 年 9 月）

2. 关于养老保险的损失赔偿，在劳动者已经交纳社会保险的情形下，按其在流动窗口自行缴纳或其他单位代缴的社保费金额进行赔偿。在劳动者未缴纳社会保险的情形下，因政策性原因无法补办、补缴的，可以根据鄂人社发（2009）35 号《关于审理劳动争议案件若干问题处理意见》第 15 条的规定，按劳动者的工作年限一年支付两个月的劳动者申请仲裁前 12 个月月平均工资计算损失；因用人单位原因无法补办、补缴的，可以以劳动者主张损失时的缴费标准按工作年限予以赔偿。

重庆市

一、《重庆市高级人民法院民一庭关于九龙坡区法院劳动争议案件法律适用问题研讨会议综述》（2014年7月30日）

十、劳动者在用人单位工作不满15年就达到法定退休年龄。工作期间用人单位未为劳动者缴纳养老保险，劳动者请求用人单位赔偿未缴纳养老保险所致损失的，应否支持？

一致意见认为，应当予以支持。因为即使劳动者在用人单位工作不满15年就达到法定退休年龄，劳动者在退休后仍然可以灵活就业人员身份继续参加养老保险。只要在用人单位的工作年限加上灵活就业期间合计缴满15年保险费，劳动者仍可享受养老保险待遇。因此，在劳动关系存续期间用人单位未为劳动者缴纳养老保险，导致劳动者在退休后也不能以灵活就业人员身份继续参加养老保险，进而给劳动者造成未缴纳养老保险待遇损失的，用人单位应当赔偿。

二、《重庆市高级人民法院关于社会保险领域涉诉相关法律适用问题的会议纪要》（2014年12月9日）

三、关于参加养老保险职工出生时间的认定问题

……当本人身份证记载的出生日期与档案中部分材料记载的出生日期一致的，则以两者记载一致的出生日期为准；当职工本人身份证与档案记载的出生日期均不一致时，应以本人档案最先记载的出生日期为准。

三、《重庆市高级人民法院民一庭关于用人单位未为劳动者办理社会保险手续，且社会保险经办机构不能补办导致劳动者无法享受社会保险待遇的，用人单位应如何赔偿损失的通知》（2014年12月9日）

……如劳动者在同一用人单位工作年限满15年的，则参照劳动者达到法定退休年龄前一年的重庆市退休职工社会月平均养老金标准的70%确定劳动者的损失，由用人单位按月赔付；如劳动者在同一用人单位连续工作不满15年的，则以劳动者在用人单位的实际工作年限除以15年，再乘以其达到法定退休年龄前一年的重庆市退休职工社会月平均养老金标准的70%确定劳动者的损失，由用人单位按月赔付。

第二节 关于医疗保险待遇赔偿的请求

【适用指引】

一、请求权基础及相关案由

劳动者要求用人单位支付医疗保险待遇的请求权基础为《劳动法》第72条。案由应适用《民事案件案由规定》"187.社会保险纠纷"项下的"医疗保险待遇纠纷"。

二、赔偿范围和数额的确定

用人单位未按规定为劳动者缴纳医疗保险费，劳动者要求用人单位赔偿相关医疗保险待遇损失，这部分损失应为按照法律规定可以从基本医疗保险基金中支付的部分，对个人负担部分，用人单位无需承担。按照《社会保险法》第28条，符合基本医疗保险药品目录、诊疗项目、医疗服务设施标准以及急诊、抢救的医疗费用，按照国家规定从基本医疗保险基金中支付。在案件办理中，该部分费用一般是根据劳动者提交的相关医疗单据，委托医疗保险经办机构协助核算。

【裁判依据】

法律

一、《中华人民共和国劳动法》（2018年12月29日修正）

第七十二条 社会保险基金按照保险类型确定资金来源，逐步实行社会统筹。用人单位和劳动者必须依法参加社会保险，缴纳社会保险费。

二、《中华人民共和国社会保险法》（2018年12月29日修正）

第二十三条 职工应当参加职工基本医疗保险，由用人单位和职工按照国家规定共同缴纳基本医疗保险费。

无雇工的个体工商户、未在用人单位参加职工基本医疗保险的非全日制从业人员以及其他灵活就业人员可以参加职工基本医疗保险，由个人按照国家规定缴纳基本医疗保险费。

第二十六条　职工基本医疗保险、新型农村合作医疗和城镇居民基本医疗保险的待遇标准按照国家规定执行。

第二十七条　参加职工基本医疗保险的个人，达到法定退休年龄时累计缴费达到国家规定年限的，退休后不再缴纳基本医疗保险费，按照国家规定享受基本医疗保险待遇；未达到国家规定年限的，可以缴费至国家规定年限。

第二十八条　符合基本医疗保险药品目录、诊疗项目、医疗服务设施标准以及急诊、抢救的医疗费用，按照国家规定从基本医疗保险基金中支付。

第二十九条　参保人员医疗费用中应当由基本医疗保险基金支付的部分，由社会保险经办机构与医疗机构、药品经营单位直接结算。

社会保险行政部门和卫生行政部门应当建立异地就医医疗费用结算制度，方便参保人员享受基本医疗保险待遇。

第三十条　下列医疗费用不纳入基本医疗保险基金支付范围：

（一）应当从工伤保险基金中支付的；

（二）应当由第三人负担的；

（三）应当由公共卫生负担的；

（四）在境外就医的。

医疗费用依法应当由第三人负担，第三人不支付或者无法确定第三人的，由基本医疗保险基金先行支付。基本医疗保险基金先行支付后，有权向第三人追偿。

第三十二条　个人跨统筹地区就业的，其基本医疗保险关系随本人转移，缴费年限累计计算。

【参考依据】

北京市

《北京市高级人民法院社会保险问题研讨会会议纪要》（2009年11月2日）

二、关于用人单位未按规定为劳动者缴纳医疗保险费，导致劳动者不能享受医疗保险待遇，劳动者要求用人单位赔偿相关医疗保险待遇损失的问题

1.因用人单位未按规定为劳动者缴纳医疗保险费，劳动者要求用人单位赔偿相关医疗保险待遇损失，劳动仲裁部门受理后，应要求劳动者提交相关医疗单

据，并委托所在区县的医疗保险经办机构协助核算应由用人单位承担的医疗费数额。劳动仲裁部门和法院在处理相应案件时，均可参照。

江西省

《江西省劳动人事争议裁审衔接工作座谈会纪要》(2013年12月18日)

第十五条 【基本医疗保险】用人单位未依法为劳动者参加基本医疗保险或者缴纳基本医疗保险费，但劳动者符合基本医疗保险待遇标准报销医疗费用的，劳动者请求用人单位参照基本医疗保险待遇标准报销医疗费用的，应予支持。

湖北省

《湖北省高级人民法院民事审判工作座谈会会议纪要劳动争议部分》（2013年9月）

2.关于医疗保险的损失赔偿，对于因用人单位未办理社保导致劳动者无法享受医疗保险待遇期间，劳动者发生医疗保险事故的，参照当地城镇职工基本医疗保险政策规定，酌定用人单位支付应由医疗保险报销的金额；若此期间劳动者未发生医疗保险事故，劳动者要求用人单位赔偿应当缴纳的划入职工个人账户的部分，应予以支持。

第三节 关于未缴失业保险或未及时办理相关手续损失的请求

【适用指引】

一、请求权基础及相关案由

劳动者要求用人单位支付失业保险损失的请求权基础为《劳动法》第72条（条文内容见上节）。案由应适用《民事案件案由规定》"187.社会保险纠纷"项下的"失业保险待遇纠纷"。

二、损失发生原因及赔偿数额的确定

用人单位未按规定为劳动者缴纳失业保险或擅自停止缴纳失业保险，还有些用人单位已依法缴纳失业保险，但在与劳动者解除、终止劳动关系时，未按照规定时限和手续办理备案和相关材料移转手续，导致劳动者无法享受失业保险待遇。损失数额应为失业人员本应依法享受到的失业保险金数额。

【裁判依据】

法律

《中华人民共和国社会保险法》（2018年12月29日修正）

第四十四条　职工应当参加失业保险，由用人单位和职工按照国家规定共同缴纳失业保险费。

第四十五条　失业人员符合下列条件的，从失业保险基金中领取失业保险金：

（一）失业前用人单位和本人已经缴纳失业保险费满一年的；

（二）非因本人意愿中断就业的；

（三）已经进行失业登记，并有求职要求的。

第四十六条　失业人员失业前用人单位和本人累计缴费满一年不足五年的，

领取失业保险金的期限最长为十二个月；累计缴费满五年不足十年的，领取失业保险金的期限最长为十八个月；累计缴费十年以上的，领取失业保险金的期限最长为二十四个月。重新就业后，再次失业的，缴费时间重新计算，领取失业保险金的期限与前次失业应当领取而尚未领取的失业保险金的期限合并计算，最长不超过二十四个月。

第四十七条　失业保险金的标准，由省、自治区、直辖市人民政府确定，不得低于城市居民最低生活保障标准。

第四十八条　失业人员在领取失业保险金期间，参加职工基本医疗保险，享受基本医疗保险待遇。

失业人员应当缴纳的基本医疗保险费从失业保险基金中支付，个人不缴纳基本医疗保险费。

第四十九条　失业人员在领取失业保险金期间死亡的，参照当地对在职职工死亡的规定，向其遗属发给一次性丧葬补助金和抚恤金。所需资金从失业保险基金中支付。

个人死亡同时符合领取基本养老保险丧葬补助金、工伤保险丧葬补助金和失业保险丧葬补助金条件的，其遗属只能选择领取其中的一项。

第五十条　用人单位应当及时为失业人员出具终止或者解除劳动关系的证明，并将失业人员的名单自终止或者解除劳动关系之日起十五日内告知社会保险经办机构。

失业人员应当持本单位为其出具的终止或者解除劳动关系的证明，及时到指定的公共就业服务机构办理失业登记。

失业人员凭失业登记证明和个人身份证明，到社会保险经办机构办理领取失业保险金的手续。失业保险金领取期限自办理失业登记之日起计算。

第五十一条　失业人员在领取失业保险金期间有下列情形之一的，停止领取失业保险金，并同时停止享受其他失业保险待遇：

（一）重新就业的；

（二）应征服兵役的；

（三）移居境外的；

（四）享受基本养老保险待遇的；

（五）无正当理由，拒不接受当地人民政府指定部门或者机构介绍的适当工作或者提供的培训的。

第五十二条　职工跨统筹地区就业的，其失业保险关系随本人转移，缴费年限累计计算。

部门规章

《实施〈中华人民共和国社会保险法〉若干规定》（2011年6月29日）

第十三条 失业人员符合社会保险法第四十五条规定条件的，可以申请领取失业保险金并享受其他失业保险待遇。其中，非因本人意愿中断就业包括下列情形：

（一）依照劳动合同法第四十四条第一项、第四项、第五项规定终止劳动合同的；

（二）由用人单位依照劳动合同法第三十九条、第四十条、第四十一条规定解除劳动合同的；

（三）用人单位依照劳动合同法第三十六条规定向劳动者提出解除劳动合同并与劳动者协商一致解除劳动合同的；

（四）由用人单位提出解除聘用合同或者被用人单位辞退、除名、开除的；

（五）劳动者本人依照劳动合同法第三十八条规定解除劳动合同的；

（六）法律、法规、规章规定的其他情形。

第十四条 失业人员领取失业保险金后重新就业的，再次失业时，缴费时间重新计算。失业人员因当期不符合失业保险金领取条件的，原有缴费时间予以保留，重新就业并参保的，缴费时间累计计算。

《失业保险金申领发放办法》（2019年12月9日修订）

第四条 失业人员符合《条例》第十四条规定条件的，可以申请领取失业保险金，享受其他失业保险待遇。其中，非因本人意愿中断就业的是指下列人员：

（一）终止劳动合同的；

（二）被用人单位解除劳动合同的；

（三）被用人单位开除、除名和辞退的；

（四）根据《中华人民共和国劳动法》第三十二条第二、三项与用人单位解除劳动合同的；

（五）法律、行政法规另有规定的。

第五条 失业人员失业前所在单位，应将失业人员的名单自终止或者解除劳动合同之日起7日内报受理其失业保险业务的经办机构备案，并按要求提供终止或解除劳动合同证明、参加失业保险及缴费情况证明等有关材料。

第六条 失业人员应在终止或者解除劳动合同之日起60日内到受理其单位失业保险业务的经办机构申领失业保险金。

第七条 失业人员申领失业保险金应填写《失业保险金申领表》，并出示下列证明材料：

（一）本人身份证明；

（二）所在单位出具的终止或者解除劳动合同的证明；

（三）失业登记；

（四）省级劳动保障行政部门规定的其他材料。

第九条 失业人员在领取失业保险金期间患病就医的，可以按照规定向经办机构申请领取医疗补助金。

第十条 失业人员在领取失业保险金期间死亡的，其家属可持失业人员死亡证明、领取人身份证明、与失业人员的关系证明，按规定向经办机构领取一次性丧葬补助金和其供养配偶、直系亲属的抚恤金。失业人员当月尚未领取的失业保险金可由其家属一并领取。

第十二条 失业人员在领取失业保险金期间或期满后，符合享受当地城市居民最低生活保障条件的，可以按照规定申请享受城市居民最低生活保障待遇。

第十三条 失业人员在领取失业保险金期间，发生《条例》第十五条规定情形之一的，不得继续领取失业保险金和享受其他失业保险待遇。

第十五条 经办机构根据失业人员累计缴费时间核定其领取失业保险金的期限。失业人员累计缴费时间按照下列原则确定：

（一）实行个人缴纳失业保险费前，按国家规定计算的工龄视同缴费时间，与《条例》发布后缴纳失业保险费的时间合并计算。

（二）失业人员在领取失业保险金期间重新就业后再次失业的，缴费时间重新计算，其领取失业保险金的期限可以与前次失业应领取而尚未领取的失业保险金的期限合并计算，但是最长不得超过 24 个月。失业人员在领取失业保险金期间重新就业后不满一年再次失业的，可以继续申领其前次失业应领取而尚未领取的失业保险金。

第十六条 失业保险金以及医疗补助金、丧葬补助金、抚恤金、职业培训和职业介绍补贴等失业保险待遇的标准按照各省、自治区、直辖市人民政府的有关规定执行。

第二十一条 对失业人员失业前所在单位与本人户籍不在同一统筹地区的，其失业保险金的发放和其他失业保险待遇的提供由两地劳动保障行政部门进行协商，明确具体办法。协商未能取得一致的，由上一级劳动保障行政部门确定。

第二十二条 失业人员失业保险关系跨省、自治区、直辖市转迁的，失业保险费用应随失业保险关系相应划转。需划转的失业保险费用包括失业保险金、医疗补助金和职业培训、职业介绍补贴。其中，医疗补助金和职业培训、职业介绍补贴按失业人员应享受的失业保险金总额的一半计算。

第二十四条 失业人员跨统筹地区转移的，凭失业保险关系迁出地经办机构出具的证明材料到迁入地经办机构领取失业保险金。

地方政府规章及规范性文件

一、《北京市失业保险规定》（2007年6月14日修改）

第十五条 用人单位与职工终止、解除劳动（聘用）或工作关系之日起7日内将失业人员的名单报户口所在地区（县）社会保险经办机构备案，自终止、解除劳动（聘用）或工作关系之日起20日内，持缴纳失业保险的有关材料将职工的档案转移到职工户口所在地区（县）社会保险经办机构。

用人单位应当及时为失业人员出具终止或者解除劳动（聘用）或工作关系的证明，并书面告知其按照规定享受失业保险待遇的权利。

第十六条 失业人员应当在终止、解除劳动（聘用）或者工作关系之日起60日内，持用人单位开具的终止、解除劳动（聘用）或者工作关系证明及有关证明材料到户口所在地的社会保险经办机构办理失业登记，符合领取失业保险金条件的同时办理领取失业保险金手续。失业保险金自办理失业登记之日起计算。

在职期间被劳动教养或者判刑收监执行，被解除劳动教养或者刑满释放的失业人员应当在回京落户之日起60日内，按照本规定办理失业登记和失业保险金领取手续。

第十七条 失业人员领取失业保险金的期限，根据失业人员失业前累计缴费时间确定：

（一）累计缴费时间1年以上不满2年的，可以领取3个月失业保险金；

（二）累计缴费时间2年以上不满3年的，可以领取6个月失业保险金；

（三）累计缴费时间3年以上不满4年的，可以领取9个月失业保险金；

（四）累计缴费时间4年以上不满5年的，可以领取12个月失业保险金；

（五）累计缴费时间5年以上的，按每满一年增发一个月失业保险金的办法计算，确定增发的月数。领取失业保险金的期限最长不得超过24个月。

失业保险费缴费时间按用人单位和职工个人缴纳失业保险费的时间累计计算。

本市实行个人缴纳失业保险费前，按国家规定计算的连续工龄视同缴费时间，计发失业保险金时合并计算。

不属于1994年北京市人民政府发布的《北京市企业职工失业保险规定》实施范围，按照本规定新参加失业保险的单位的职工，本规定实施前，按国家规定计算的连续工龄视同缴费时间，计发失业保险金时合并计算。

第十八条 失业人员领取失业保险金期限内，重新就业后再次失业的，缴费时间重新计算，领取失业保险金的期限可以与前次失业应领取而尚未领取的失业保险金的期限合并计算，但是最长不得超过 24 个月。

第三十一条 用人单位不按规定缴纳失业保险费或不按规定及时为失业人员转移档案关系，致使失业人员不能享受失业保险待遇或影响其再就业的，用人单位应当赔偿由此给失业人员造成的损失。

二、《北京市人力资源和社会保障局关于调整失业保险待遇发放流程的通知》(2013 年 3 月 4 日)

一、用人单位与职工终止解除劳动关系（聘用关系）、存档机构与个人终止（中止）存档关系之日起 15 日内，须持下列材料到职工、存档人员户籍或常住所在地区县失业保险经办机构办理失业保险待遇核定手续：

（一）《居民身份证》、《户口簿》复印件；

（二）终止解除劳动关系（聘用关系）的证明（辞职须有辞职证明材料）或终止（中止）存档关系证明；

（三）核定失业保险待遇的其他材料。

二、区县失业保险经办机构收到用人单位或存档机构提交的材料后，结合社会保险信息系统提供的缴费记录及历次享受失业保险待遇等情况，在 5 个工作日内完成失业保险待遇核定工作。

三、失业人员自与用人单位终止解除劳动关系（聘用关系）或个人委托存档人员与存档机构终止（中止）存档关系之日起 60 日内，持下列材料到户籍或常住所在地的街道（乡镇）社会保障事务所（以下简称"社保所"）办理失业登记和申领失业保险金手续：

（一）《就业失业登记证》；

（二）《居民身份证》；

（三）失业人员自选的代发银行开具的存折（卡）及复印件；

（四）办理申领失业保险待遇的其他材料。

四、社保所为失业人员办理失业保险金申领手续后，通过信息系统对其申领资格进行复核。符合条件的，由社会保险经办机构于次月 17 日通过银行将失业保险金发放至本人存折（卡）中。不符合条件或发放未成功的，由社保所根据信息系统反馈的原因，及时与失业人员核对并对错误信息进行修改。

五、失业人员在领取失业保险金期间，应每月向社保所如实报告本人的求职经历、就业状态和培训等情况，履行申领失业保险金签字手续。未履行报告和申领手续的，按相关规定停发其失业保险金及其他失业保险待遇。

因病等其他原因不能领取失业保险金的,可委托他人代为领取。代领时须持委托书、《就业失业登记证》、委托人和代领人的《居民身份证》及复印件等材料,履行代签字手续。

六、失业人员在领取失业保险金期间死亡的,其直系亲属于失业人员死亡后60日内持死亡证明、死者生前的《就业失业登记证》和领取人的《户口簿》《居民身份证》及复印件等材料,到社保所申领一次性丧葬补助金。有供养直系亲属的,持能够证明供养直系亲属的相关材料申领一次性抚恤金。

七、失业人员在领取失业保险金期间,兴办企业或从事个体经营的,可持下列材料原件及复印件到社保所申请一次性领取失业保险金,办理个人就业登记:

(一)营业执照副本;

(二)《税务登记证》副本;

(三)经营场地的产权证明或租赁协议;

(四)《居民身份证》;

(五)《就业失业登记证》;

(六)失业期间参加创业培训后取得的《创业培训合格证书》;

(七)《自谋职业、自主创业和灵活就业人员个人就业登记表》。

八、用人单位不按规定及时、准确、完整地向失业保险经办机构提供失业保险待遇核定所需材料,致使失业人员不能享受失业保险待遇或影响其再就业的,用人单位应当赔偿由此给失业人员造成的损失。

九、失业保险经办机构和社保所在信息采集、失业保险待遇预核定和发放等关键岗位须采取双人双岗复核制,确保失业人员的信息采集准确无误,失业保险待遇按时足额发放。

【参考依据】

浙江省

《浙江省高级人民法院民事审判第一庭、浙江省劳动人事争议仲裁院关于审理劳动争议案件若干问题的解答(三)》(2015年9月)

十四、劳动关系解除或终止后,劳动者以用人单位未为其办理失业保险为由主张失业保险待遇损失的,是否需要审查劳动者享受失业保险待遇的相关条件?

答:城镇职工以用人单位未为其办理失业保险为由,要求用人单位赔偿损失的,应当参照《浙江省失业保险条例》第二十一条规定,审查劳动者如正常缴费是否满一年以及是否非因本人意愿中断就业；农民合同制职工以用人单位未为其办理失业保险为由，要求用人单位赔偿损失的，应当参照《浙江省失业保险条例》第二十七条规定，审查劳动者是否连续工作满一年。对符合前述条件的劳动者，应当依照《浙江省失业保险条例》第四十七条规定，由用人单位按照其失业保险待遇损失或者一次性生活补助损失总额的二倍给予赔偿。

第四节　关于生育保险待遇的请求

【适用指引】

一、请求权基础及相关案由

劳动者要求用人单位支付生育医疗费用和生育津贴的请求权基础为《劳动法》第72条（条文内容见本章第二节）。案由应适用《民事案件案由规定》"187.社会保险纠纷"项下的"生育保险待遇纠纷"。

二、生育津贴数额的确定

首先，应确定女职工的产假天数，生育奖励假应包括在内，奖励假各地规定天数有异（比如北京规定30天，广东规定80天）。再按照《社会保险法》第8条规定确定津贴数额。另生育保险基金支付的生育津贴和本人工资之间可能存在差额。根据《北京市企业职工生育保险规定》第15条，生育津贴低于本人工资标准的，差额部分由企业补足。

【裁判依据】

> **法律**

《中华人民共和国社会保险法》（2018年12月29日修正）

第五十三条　职工应当参加生育保险，由用人单位按照国家规定缴纳生育保险费，职工不缴纳生育保险费。

第五十四条　用人单位已经缴纳生育保险费的，其职工享受生育保险待遇；职工未就业配偶按照国家规定享受生育医疗费用待遇。所需资金从生育保险基金中支付。

生育保险待遇包括生育医疗费用和生育津贴。

第五十五条　生育医疗费用包括下列各项：

（一）生育的医疗费用；

（二）计划生育的医疗费用；

（三）法律、法规规定的其他项目费用。

第五十六条 职工有下列情形之一的，可以按照国家规定享受生育津贴：

（一）女职工生育享受产假；

（二）享受计划生育手术休假；

（三）法律、法规规定的其他情形。

生育津贴按照职工所在用人单位上年度职工月平均工资计发。

行政法规

《女职工劳动保护特别规定》（2012年4月28日）

第七条 女职工生育享受98天产假，其中产前可以休假15天；难产的，增加产假15天；生育多胞胎的，每多生育1个婴儿，增加产假15天。

女职工怀孕未满4个月流产的，享受15天产假；怀孕满4个月流产的，享受42天产假。

地方政府规章

《北京市企业职工生育保险规定》（2015年1月5日）

第十五条 生育津贴按照女职工本人生育当月的缴费基数除以30再乘以产假天数计算。生育津贴为女职工产假期间的工资，生育津贴低于本人工资标准的，差额部分由企业补足。

第十六条 生育医疗费用包括女职工因怀孕、生育发生的医疗检查费、接生费、手术费、住院费和药品费。计划生育手术医疗费用包括职工因计划生育实施放置（取出）宫内节育器、流产术、引产术、绝育及复通手术所发生的医疗费用。生育、计划生育手术医疗费用符合本市基本医疗保险药品目录、诊疗项目和医疗服务设施项目规定的，由生育保险基金支付。

《北京市计划生育条例》（2016年3月24日修改）

第十八条 机关、企业事业单位、社会团体和其他组织的女职工，按规定生育的，除享受国家规定的产假外，享受生育奖励假三十天，其配偶享受陪产假十五天。女职工及其配偶休假期间，机关、企业事业单位、社会团体和其他组织不得降低其工资、予以辞退、与其解除劳动或者聘用合同。

女职工经所在机关、企业事业单位、社会团体和其他组织同意，可以再增加假期一至三个月。

第八条 女职工产假期间的生育津贴，对已经参加生育保险的，按照用人单位上年度职工月平均工资的标准由生育保险基金支付；对未参加生育保险的，按照女职工产假前工资的标准由用人单位支付。

女职工生育或者流产的医疗费用,按照生育保险规定的项目和标准,对已经参加生育保险的,由生育保险基金支付;对未参加生育保险的,由用人单位支付。

【参考依据】

广东省

《广东省高级人民法院、广东省劳动人事争议仲裁委员会关于劳动人事争议仲裁与诉讼衔接若干意见》(2018年7月18日)

六、女职工按照《女职工劳动保护特别规定》第七条的规定休产假的,原工资标准按照《广东省实施〈女职工劳动保护特别规定〉办法》第十三条第二款的规定确定。根据《广东省人口与计划生育条例》第三十条的规定,符合法律、法规规定生育子女的,女方享受八十日的奖励假,男方享受十五日的陪产假,在规定假期内照发工资,不影响福利待遇和全勤评奖。奖励假和陪产假期间的工资应按职工正常出勤情况下的应得工资计算,但加班工资、高温津贴、支付周期超过一个月或未确定支付周期的劳动报酬除外。

第五节　关于返还社会保险费的请求

【适用指引】

一、请求权基础及相关案由

劳动者要求用人单位返还社会保险费的请求权基础为《劳动法》第72条。案由应适用《民事案件案由规定》"187.社会保险纠纷"。

二、关于受案范围的规定

《北京市高级人民法院、北京市劳动争议仲裁委员会关于劳动争议案件法律适用问题研讨会会议纪要》第50条、《四川省高级人民法院民一庭关于审理劳动争议案件若干疑难问题的解答》第8条均明确规定劳动者在通过其他渠道自行缴纳保险费后，又要求用人单位支付相关费用的请求不属于人民法院审理劳动争议案件的受案范围，《云南省高级人民法院、云南省人力资源和社会保障厅关于审理劳动人事争议案件若干问题的座谈会纪要》第6条第12项规定上述情形下对劳动者的请求应予支持。重庆高院、贵州高院相关的表述稍有差异。

【参考依据】

北京市

一、《北京市高级人民法院、北京市劳动争议仲裁委员会关于劳动争议案件法律适用问题研讨会会议纪要（二）》（2014年5月7日）

46.用人单位与劳动者约定，工资中包括用人单位负担的养老、医疗、失业等社会保险费，而不向社会保险经办机构缴纳社会保险费的，其效力如何认定？

用人单位负有自行申报按时足额缴纳社会保险费的法定责任，劳动者应当缴纳的社会保险费由用人单位代扣代缴。用人单位与劳动者约定工资中包括社会保险费，而不向社会保险经办机构缴纳社会保险费的行为无效。

劳动者主张未办社会保险损失赔偿的，可以从赔偿额中扣减用人单位已按约定支付给劳动者的社会保险费。

48.用人单位以向劳动者支付金钱代替缴纳社会保险的,用人单位在补缴社会保险后能否要求劳动者返还已付金钱?

如果用人单位补缴社会保险后劳动者在社会保险方面已不存在损失的,用人单位可以要求劳动者返还为代替缴纳社会保险而支付的金钱。

50.用人单位未给劳动者缴纳社会保险费,劳动者通过其他渠道自行缴纳保险费后,要求用人单位据此支付费用是否支持?

劳动者通过其他渠道缴纳保险费包括劳动者自行缴纳和在其他用人单位缴纳两种形式,这两种形式均与劳动关系的真实状态不符,违反社会保险法的规定,对社会保险的登记、核定、缴纳、支付等正常秩序造成影响,因此仲裁委、法院不予支持。

二、《北京市高级人民法院民一庭2014年部分劳动争议案件法律适用问题研讨会会议纪要》(2015年1月5日)

《会议纪要二》第50条:"用人单位未给劳动者缴纳社会保险费,劳动者通过其他渠道自行缴纳保险费后,要求用人单位据此支付费用是否支持?劳动者通过其他渠道缴纳保险费包括劳动者自行缴纳和在其他用人单位缴纳两种形式,这两种形式均与劳动关系的真实状态不符,违反社会保险法的规定,对社会保险的登记、核定、缴纳、支付等正常秩序造成影响,因此仲裁委、法院不予支持。"

问题:该条中的"不予支持"是指判决驳回该项诉讼请求还是裁定驳回该项起诉?

研讨意见:不属于法院的劳动争议受理范围,不予受理,已经受理的,裁定驳回起诉。如果与其他诉讼请求一并提出,且其他诉讼请求属于受理范围,则可以判决吸收裁定的方式作出判决。

安徽省

《安徽省高级人民法院关于审理劳动争议案件若干问题的指导意见》(2015年1月20日)

第二十五条　劳动者起诉主张用人单位返还由其垫付的社会保险费用的,人民法院应按劳动者已缴费情况、社会保险缴费通知书和社会保险经办机构出具的社保登记证明,判决用人单位将依法由用人单位负担、劳动者事前垫付的基本社会保险费用直接给付劳动者。

第二十六条　……用人单位为劳动者补办社会保险的,有权要求劳动者返还已发放的社保补贴。但用人单位未以书面形式明确社保补贴具体数目的，人民法院不予支持。

重庆市

《重庆市高级人民法院关于审理劳动争议案件若干问题的指导意见》（2009年2月9日）

第一条 用人单位为劳动者建立社会保险关系后，因用人单位未依法交纳应由其缴纳的社会保险费用，劳动者代用人单位交纳后，要求用人单位返还的，可以作为劳动争议案件受理。

四川省

《四川省高级人民法院民一庭关于审理劳动争议案件若干疑难问题的解答》(2016年1月15日)

8.用人单位未给劳动者缴纳社会保险，劳动者自行缴纳或通过其他用人单位缴纳后，请求用人单位支付相关费用的争议，人民法院不作为劳动争议受理。

贵州省

《贵州省高级人民法院、贵州省人力资源和社会保障厅关于劳动争议案件若干问题的会议纪要》(2012年7月9日)

32.用人单位未给劳动者缴纳社会保险，劳动者自己补缴后，如果劳动者支付了应由用人单位支付的保险费，可以要求用人单位赔偿该部分保险费。

云南省

《云南省高级人民法院、云南省人力资源和社会保障厅关于审理劳动人事争议案件若干问题的座谈会纪要》(2015年1月19日)

六、不办理社会保险或不缴纳社会保险费约定的效力

（十二）用人单位与劳动者约定工资中包括社会保险费，而不向社会保险经办机构缴纳社会保险费，或者约定无须办理社会保险手续的，该约定无效。

用人单位未依法为劳动者缴纳社会保险费，劳动者通过其他渠道自行缴纳社会保险费后，以用人单位未承担法定缴纳社会保险费义务导致自己损失为由，要求用人单位按照法定缴费标准向自己支付费用的，应予支持。

第六节　关于农民工未缴养老和失业保险赔偿的请求

【适用指引】

一、请求权基础及相关案由

劳动者要求用人单位支付未缴纳养老保险赔偿金和未缴纳失业保险一次性生活补助费的请求权基础为《劳动法》第72条（条文内容见本章第二节），具体依据为北京市的相关规定。案由应适用《民事案件案由规定》"187.社会保险纠纷"。

二、要求未缴纳养老保险和失业保险赔偿的条件及范围

1.劳动者主张损失的时间段必须是农村户口。

2.因《社会保险法》于2011年7月1日实施，其后的社保可以补缴，故劳动者只能主张2011年6月30日以前的保险损失。

三、劳动者是否必须在劳动合同解除或终止后提出补偿要求

按照《北京市高级人民法院社会保险问题研讨会会议纪要》，农民工在与用人单位解除或终止劳动合同后才能要求用人单位赔偿未缴纳养老和失业保险的损失。但根据《北京市高级人民法院、北京市劳动争议仲裁委员会关于劳动争议案件法律适用问题研讨会会议纪要（二）》第47条，考虑《社会保险法》已于2011年7月1日起施行，故不应再将劳动者主张权利的时间限定在解除或终止劳动合同后。

【裁判依据】

法律

《中华人民共和国劳动法》（2018年12月29日修正）

第七十二条　社会保险基金按照保险类型确定资金来源，逐步实行社会统筹。用人单位和劳动者必须依法参加社会保险，缴纳社会保险费。

【参考依据】

北京市

一、《北京市高级人民法院社会保险问题研讨会会议纪要》（2009年11月）

一、关于用人单位未按规定为农民工缴纳养老保险费的问题

1. 用人单位未按规定为农民工缴纳养老保险费，农民工主张予以补缴的，一般不予受理。

用人单位未按规定为农民工缴纳养老保险费，农民工在与用人单位终止或解除劳动合同后要求用人单位赔偿损失的，应予受理。

2. 因用人单位未按规定为农民工缴纳养老保险费，农民工在与用人单位解除或终止劳动合同后，要求用人单位赔偿损失的，应当自劳动合同解除或终止之日起一年内提出。赔偿数额的确定可参照《农民合同制职工参加北京市养老、失业保险暂行办法》（京劳险发〔1999〕99号）和《北京市农民工养老保险暂行办法》（京劳社养发〔2001〕125号）的规定。

二、《北京市高级人民法院、北京市劳动争议仲裁委员会关于劳动争议案件法律适用问题研讨会会议纪要》（2009年8月17日）

35. 因用人单位未为农民工缴纳养老保险费，农民工在与用人单位解除或终止劳动合同后，要求用人单位赔偿损失的，应当自劳动合同解除或终止之日起一年内提出，赔偿数额的确定可参照《农民合同制职工参加北京市养老、失业保险暂行办法》（京劳险发〔1999〕99号）和《北京市农民工养老保险暂行办法》（京劳社养发〔2001〕125号）的规定。

三、《北京市高级人民法院、北京市劳动争议仲裁委员会关于劳动争议案件法律适用问题研讨会会议纪要（二）》（2014年5月7日）

47.《中华人民共和国社会保险法》于2011年7月1日起施行，在该法实施前，用人单位未为农民工缴纳养老保险的，因社会保险经办机构实际无法办理补缴手续，仲裁委、法院可以判令用人单位以金钱方式赔偿农民工未缴养老保险损失。现《中华人民共和国社会保险法》施行后已允许农民工补缴养老保险，农民工要求用人单位给付2011年7月1日后养老保险赔偿的诉讼请求是否还予以支持？

仲裁委、法院对于2011年6月30日前用人单位未为农民工缴纳养老保险的，可判决赔偿损失，对于2011年7月1日后农民工的养老保险问题原则上由社会保险经办机构和劳动行政部门依法处理，仲裁委、法院不再判决赔偿损失。

第十五章　涉及工伤保险待遇赔偿等请求的规范

【本章导读】

在社会保险纠纷案件中，涉及工伤保险待遇赔偿的案件最多，相关规定最为系统，内容最多，故单列为一章。关于工伤认定和劳动能力鉴定的基本规定列为第一节。职业病的规定有其一定的特殊性，列为第二节。工伤保险待遇问题是本章的重点内容，列为第三节。停工留薪期工资属于工伤医疗期间劳动者享受的工资福利待遇，由用人单位承担，相关规定列为第四节。非法用工单位伤亡人员的赔偿问题也不能通过工伤保险解决，但《工伤保险条例》规定该类问题按照处理劳动争议的相关规定处理，相关内容在本章中列为第五节。工伤保险赔偿和第三人侵权损害赔偿责任的竞合问题属于工伤案件法律适用中的一个疑难问题，单列为第六节。

第一节　关于工伤认定和劳动能力鉴定问题

【适用指引】
一、本节内容范围的限定

被认定为工伤并有劳动能力鉴定结论一般是劳动者享受工伤保险待遇的前提，因工伤认定和劳动能力鉴定结论发生的争议不属于民事争议，一般不在劳动争议案件中处理，故本节内容主要选取了《工伤保险条例》的基本规定和与劳动争议案件紧密相关的部分。更多内容参见《最高人民法院关于审理工伤保险行政案件若干问题的规定》《劳动和社会保障部关于实施〈工伤保险条例〉若干问题的意见》《人力资源社会保障部关于执行〈工伤保险条例〉若干问题的意见》《人力资源社会保障部关于执行〈工伤保险条例〉若干问题的意见（二）》《工伤职工劳动能力鉴定管理办法》《人力资源社会保障部关于执行〈工伤保险条例〉若干问题的意见》等。

二、未在法定期限内申报工伤导致无法进行工伤认定的情形

对用人单位与劳动者均未在《工伤保险条例》第17条规定的时限内申报工伤，劳动行政部门也不再受理双方提出的工伤申请的情形，劳动者主张用人单位支付工伤保险待遇的一般不予支持，但多地认为劳动者可以另行起诉人身损害赔偿：参见《天津法院劳动争议案件审理指南》第40条、《安徽省高级人民法院关于审理劳动争议案件若干问题的指导意见》第20条、《江西省劳动人事争议裁审衔接工作座谈会纪要》第16条、《四川省高级人民法院民一庭关于审理劳动争议案件若干疑难问题的解答》第40条、《贵州省高级人民法院、贵州省人力资源和社会保障厅关于劳动争议案件若干问题的会议纪要》第31条。

【裁判依据】

法律

《中华人民共和国社会保险法》（2018年12月29日修正）

第三十六条　职工因工作原因受到事故伤害或者患职业病，且经工伤认定的，

享受工伤保险待遇；其中，经劳动能力鉴定丧失劳动能力的，享受伤残待遇。

工伤认定和劳动能力鉴定应当简捷、方便。

第三十七条 职工因下列情形之一导致本人在工作中伤亡的，不认定为工伤：

（一）故意犯罪；

（二）醉酒或者吸毒；

（三）自残或者自杀；

（四）法律、行政法规规定的其他情形。

行政法规

《工伤保险条例》（2010年12月20日修订）

第十四条 职工有下列情形之一的，应当认定为工伤：

（一）在工作时间和工作场所内，因工作原因受到事故伤害的；

（二）工作时间前后在工作场所内，从事与工作有关的预备性或者收尾性工作受到事故伤害的；

（三）在工作时间和工作场所内，因履行工作职责受到暴力等意外伤害的；

（四）患职业病的；

（五）因工外出期间，由于工作原因受到伤害或者发生事故下落不明的；

（六）在上下班途中，受到非本人主要责任的交通事故或者城市轨道交通、客运轮渡、火车事故伤害的；

（七）法律、行政法规规定应当认定为工伤的其他情形。

第十五条 职工有下列情形之一的，视同工伤：

（一）在工作时间和工作岗位，突发疾病死亡或者在48小时之内经抢救无效死亡的；

（二）在抢险救灾等维护国家利益、公共利益活动中受到伤害的；

（三）职工原在军队服役，因战、因公负伤致残，已取得革命伤残军人证，到用人单位后旧伤复发的。

职工有前款第（一）项、第（二）项情形的，按照本条例的有关规定享受工伤保险待遇；职工有前款第（三）项情形的，按照本条例的有关规定享受除一次性伤残补助金以外的工伤保险待遇。

第十六条 职工符合本条例第十四条、第十五条的规定，但是有下列情形之一的，不得认定为工伤或者视同工伤：

（一）故意犯罪的；

（二）醉酒或者吸毒的；

（三）自残或者自杀的。

第十七条　职工发生事故伤害或者按照职业病防治法规定被诊断、鉴定为职业病，所在单位应当自事故伤害发生之日或者被诊断、鉴定为职业病之日起30日内，向统筹地区社会保险行政部门提出工伤认定申请。遇有特殊情况，经报社会保险行政部门同意，申请时限可以适当延长。

用人单位未按前款规定提出工伤认定申请的，工伤职工或者其近亲属、工会组织在事故伤害发生之日或者被诊断、鉴定为职业病之日起1年内，可以直接向用人单位所在地统筹地区社会保险行政部门提出工伤认定申请。

按照本条第一款规定应当由省级社会保险行政部门进行工伤认定的事项，根据属地原则由用人单位所在地的设区的市级社会保险行政部门办理。

用人单位未在本条第一款规定的时限内提交工伤认定申请，在此期间发生符合本条例规定的工伤待遇等有关费用由该用人单位负担。

第二十条　社会保险行政部门应当自受理工伤认定申请之日起60日内作出工伤认定的决定，并书面通知申请工伤认定的职工或者其近亲属和该职工所在单位。

社会保险行政部门对受理的事实清楚、权利义务明确的工伤认定申请，应当在15日内作出工伤认定的决定。

作出工伤认定决定需要以司法机关或者有关行政主管部门的结论为依据的，在司法机关或者有关行政主管部门尚未作出结论期间，作出工伤认定决定的时限中止。

社会保险行政部门工作人员与工伤认定申请人有利害关系的，应当回避。

第二十一条　职工发生工伤，经治疗伤情相对稳定后存在残疾、影响劳动能力的，应当进行劳动能力鉴定。

第二十二条　劳动能力鉴定是指劳动功能障碍程度和生活自理障碍程度的等级鉴定。

劳动功能障碍分为十个伤残等级，最重的为一级，最轻的为十级。

生活自理障碍分为三个等级：生活完全不能自理、生活大部分不能自理和生活部分不能自理。

劳动能力鉴定标准由国务院社会保险行政部门会同国务院卫生行政部门等部门制定。

第二十三条　劳动能力鉴定由用人单位、工伤职工或者其近亲属向设区的市级劳动能力鉴定委员会提出申请，并提供工伤认定决定和职工工伤医疗的有关资料。

第二十五条　设区的市级劳动能力鉴定委员会收到劳动能力鉴定申请后，应当从其建立的医疗卫生专家库中随机抽取 3 名或者 5 名相关专家组成专家组，由专家组提出鉴定意见。设区的市级劳动能力鉴定委员会根据专家组的鉴定意见作出工伤职工劳动能力鉴定结论；必要时，可以委托具备资格的医疗机构协助进行有关的诊断。

设区的市级劳动能力鉴定委员会应当自收到劳动能力鉴定申请之日起 60 日内作出劳动能力鉴定结论，必要时，作出劳动能力鉴定结论的期限可以延长 30 日。劳动能力鉴定结论应当及时送达申请鉴定的单位和个人。

第二十六条　申请鉴定的单位或者个人对设区的市级劳动能力鉴定委员会作出的鉴定结论不服的，可以在收到该鉴定结论之日起 15 日内向省、自治区、直辖市劳动能力鉴定委员会提出再次鉴定申请。省、自治区、直辖市劳动能力鉴定委员会作出的劳动能力鉴定结论为最终结论。

第二十八条　自劳动能力鉴定结论作出之日起 1 年后，工伤职工或者其近亲属、所在单位或者经办机构认为伤残情况发生变化的，可以申请劳动能力复查鉴定。

部门规章

《人力资源社会保障部、财政部、国家卫生健康委关于因履行工作职责感染新型冠状病毒肺炎的医护及相关工作人员有关保障问题的通知》（2020 年 1 月 23 日）

在新型冠状病毒肺炎预防和救治工作中，医护及相关工作人员因履行工作职责，感染新型冠状病毒肺炎或因感染新型冠状病毒肺炎死亡的，应认定为工伤，依法享受工伤保险待遇。

已参加工伤保险的上述工作人员发生的相关费用，由工伤保险基金和单位按工伤保险有关规定支付；未参加工伤保险的，由用人单位按照法定标准支付，财政补助单位因此发生的费用，由同级财政予以补助。

【参考依据】

天津市

《天津法院劳动争议案件审理指南》（2017 年 11 月 30 日）

40.【双方均未在法定期限内申报工伤的处理】用人单位与劳动者均未在《工伤保险条例》第十七条规定的时限内申报工伤，劳动行政部门也不再受理双方提出的工伤申请，劳动者主张用人单位支付工伤保险待遇的，不予支持，但应当释明劳动者可以按照《中华人民共和国侵权责任法》①另行提起人身损害赔偿的诉讼请求。

江苏省

《江苏省高级人民法院、江苏省劳动人事争议仲裁委员会关于审理劳动人事争议案件的指导意见（二）》（2011年11月8日）

第十八条 职工在同一用人单位多次发生工伤，与用人单位解除或终止劳动关系时，应当按照劳动能力鉴定部门对新伤和老伤合并评定的伤残等级，确定劳动者应当享受的一次性工伤保险待遇。

浙江省

一、《浙江省高级人民法院民一庭关于审理劳动争议案件若干问题的意见》（2009年4月16日）

第三十六条 当事人对劳动行政部门作出的工伤认定不服，可以申请行政复议、提起行政诉讼；人民法院在审理劳动争议案件中，一般不直接作出工伤认定。劳动者请求工伤待遇，但未提供劳动行政部门作出的工伤认定的，人民法院可以裁定驳回起诉，但具有下列情形的除外：

（一）未为该劳动者办理工伤保险的用人单位对构成工伤无异议的；

（二）非法用工单位在用工中导致劳动者伤亡的。

二、《浙江省高级人民法院民一庭关于审理劳动争议纠纷案件若干疑难问题的解答（一）》（2012年12月）

十七、职工在同一用人单位多次发生工伤并形成多个伤残等级的，应该如何确定一次性工伤保险待遇的等级标准？

职工在同一用人单位多次发生工伤，形成多个伤残等级，在与用人单位解除或终止劳动关系时，应按最高伤残等级确定劳动者应当享受的工伤保险待遇。

安徽省

《安徽省高级人民法院关于审理劳动争议案件若干问题的指导意见》（2015年1月20日）

第二十条 没有参加工伤保险统筹的劳动者因工伤亡，在未进行工伤认定前，直接向人民法院起诉要求用人单位承担工伤保险责任的，人民法院应裁定不予受理或驳回起诉。但用人单位对劳动者工伤无异议的除外。

---

① 对应《民法典》第1179条、1181条。

第二十一条　因用人单位的原因致使劳动者工伤无法认定的，劳动者有权向用人单位主张人身损害赔偿责任。

江西省

《江西省劳动人事争议裁审衔接工作座谈会纪要》（2013年12月）

第十六条　【侵权赔偿】用人单位未依法为劳动者建立工伤保险关系，且用人单位以及受到事故伤害或者被诊断、鉴定为职业病的劳动者或者其近亲属、工会组织未在法定期间申请工伤认定，以致社保部门不受理工伤认定申请，劳动者或者其近亲属可主张人身损害赔偿，但用人单位对构成工伤无异议的除外。

湖南省

一、《湖南省高级人民法院关于审理劳动争议案件若干问题的指导意见》（2009年5月20日）

二十四、劳动者以用人单位未为其办理工伤保险为由，请求赔偿其相应损失，未进行工伤认定的，不予支持。但用人单位对构成工伤不持异议或者对未进行工伤认定具有过错的，可予支持。

二、《湖南省高级人民法院关于涉新型冠状病毒感染肺炎疫情案件法律适用若干问题的解答》（2020年2月25日）

问题11：疫情期间，如何处理因工伤认定产生的争议？

答：在新冠肺炎预防和救治工作中，医护及相关工作人员出现因履行工作职责感染新冠肺炎等情形，主张认定为工伤的，人民法院依法予以支持。非医护及相关工作的劳动者有证据证明确系在工作期间因工作原因感染新冠肺炎，主张认定为工伤的，人民法院依法予以支持。劳动者在疫情防控工作中为维护国家利益、公共利益受到伤害，主张属于《工伤保险条例》第十五条规定的视同工伤的，人民法院依法予以支持。依法应当参加工伤保险统筹的用人单位的劳动者，在疫情发生期间遭受人身损害，劳动者或者其近亲属向人民法院起诉请求用人单位承担民事赔偿责任的，告知其按《工伤保险条例》的规定处理。

广东省

《广东省高级人民法院、广东省劳动人事争议仲裁委员会关于劳动人事争议仲裁与诉讼衔接若干意见》（2018年7月18日）

十五、按建设项目参加工伤保险的，根据社会保险行政部门作出的工伤认定结论，由所列的工伤保险责任单位作为工伤待遇支付主体。若工伤认定结论仅列建筑工程项目部,未明确工伤保险责任单位的,劳动者以不具备用人单位资格的项目部作为被申请人提起劳动仲裁的,不予受理。劳动者可以请求社会保险行政部门重新作出结论。

四川省

《四川省高级人民法院民一庭关于审理劳动争议案件若干疑难问题的解答》(2016年1月15日)

40.劳动者因工受伤非因自身原因导致工伤认定超过法定时效,劳动者或其近亲属请求用人单位支付工伤保险待遇的,应向劳动者释明。劳动者变更诉讼请求用人单位承担普通人身损害赔偿责任的,人民法院应予以支持。

贵州省

《贵州省高级人民法院、贵州省人力资源和社会保障厅关于劳动争议案件若干问题的会议纪要》(2012年7月9日)

31.劳动者遭受工伤后,因用人单位及劳动者均未及时申请工伤认定,导致没有行政部门工伤认定的,人民法院不宜按照《工伤保险条例》处理,应告知当事人按照人身损害赔偿纠纷处理。

第二节　关于职业病问题（含精神损害赔偿请求）

【适用指引】

一、职业病类型工伤的特点

职业病为慢性伤害，不同于事故伤害，不具有突发性，而是劳动者长期接触职业病有害物质导致的结果。因职业危害患病的并不都属于工伤，只有法定职业病才可以被认定为工伤。身患职业病的劳动者必须经工伤认定才能享受工伤保险待遇。

二、关于精神损失赔偿的请求

劳动者在劳动争议案件中要求用人单位承担精神损害赔偿的，一般不予支持。但有些患有职业病的劳动者，根据《职业病防治法》第58条及其他相关规定，会要求用人单位承担精神损害赔偿责任，能否得到支持实践中存在争议。该类请求在性质上属于一般民事争议，为减少当事人诉累，人民法院宜在劳动争议案件中一并处理。

【裁判依据】

法律

一、《中华人民共和国社会保险法》（2018年12月29日修正）

第三十六条　职工因工作原因受到事故伤害或者患职业病，且经工伤认定的，享受工伤保险待遇；其中，经劳动能力鉴定丧失劳动能力的，享受伤残待遇。

工伤认定和劳动能力鉴定应当简捷、方便。

二、《中华人民共和国职业病防治法》（2018年12月29日修正）

第二条　本法适用于中华人民共和国领域内的职业病防治活动。

本法所称职业病，是指企业、事业单位和个体经济组织等用人单位的劳动者在职业活动中，因接触粉尘、放射性物质和其他有毒、有害因素而引起的疾病。

职业病的分类和目录由国务院卫生行政部门会同国务院安全生产监督管理部门、劳动保障行政部门制定、调整并公布。

第四十四条 劳动者可以在用人单位所在地、本人户籍所在地或者经常居住地依法承担职业病诊断的医疗卫生机构进行职业病诊断。

第五十六条 用人单位应当保障职业病病人依法享受国家规定的职业病待遇。

用人单位应当按照国家有关规定，安排职业病病人进行治疗、康复和定期检查。

用人单位对不适宜继续从事原工作的职业病病人，应当调离原岗位，并妥善安置。

用人单位对从事接触职业病危害的作业的劳动者，应当给予适当岗位津贴。

第五十七条 职业病病人的诊疗、康复费用，伤残以及丧失劳动能力的职业病病人的社会保障，按照国家有关工伤保险的规定执行。

第五十八条 职业病病人除依法享有工伤保险外，依照有关民事法律，尚有获得赔偿的权利的，有权向用人单位提出赔偿要求。

第五十九条 劳动者被诊断患有职业病，但用人单位没有依法参加工伤保险的，其医疗和生活保障由该用人单位承担。

第六十条 职业病病人变动工作单位，其依法享有的待遇不变。

用人单位在发生分立、合并、解散、破产等情形时，应当对从事接触职业病危害的作业的劳动者进行健康检查，并按照国家有关规定妥善安置职业病病人。

部门规章及规范性文件

一、《人力资源社会保障部关于执行工伤保险条例若干问题的意见》（2013年4月25日）

八、曾经从事接触职业病危害作业、当时没有发现罹患职业病、离开工作岗位后被诊断或鉴定为职业病的符合下列条件的人员，可以自诊断、鉴定为职业病之日起一年内申请工伤认定，社会保险行政部门应当受理：

（一）办理退休手续后，未再从事接触职业病危害作业的退休人员；

（二）劳动或聘用合同期满后或者本人提出而解除劳动或聘用合同后，未再从事接触职业病危害作业的人员。

经工伤认定和劳动能力鉴定，前款第（一）项人员符合领取一次性伤残补助金条件的，按就高原则以本人退休前12个月平均月缴费工资或者确诊职业病前12个月的月平均养老金为基数计发。前款第（二）项人员被鉴定为一级至十级伤残、按《条例》规定应以本人工资作为基数享受相关待遇的，按本人终止或者解除劳动、聘用合同前12个月平均月缴费工资计发。

九、按照本意见第八条规定被认定为工伤的职业病人员，职业病诊断证明书

（或职业病诊断鉴定书）中明确的用人单位，在该职工从业期间依法为其缴纳工伤保险费的，按《条例》的规定，分别由工伤保险基金和用人单位支付工伤保险待遇；未依法为该职工缴纳工伤保险费的，由用人单位按照《条例》规定的相关项目和标准支付待遇。

二、《人力资源社会保障部关于执行工伤保险条例若干问题的意见（二）》（2016年3月28日）

二、达到或超过法定退休年龄，但未办理退休手续或者未依法享受城镇职工基本养老保险待遇，继续在原用人单位工作期间受到事故伤害或患职业病的，用人单位依法承担工伤保险责任。

用人单位招用已经达到、超过法定退休年龄或已经领取城镇职工基本养老保险待遇的人员，在用工期间因工作原因受到事故伤害或患职业病的，如招用单位已按项目参保等方式为其缴纳工伤保险费的，应适用《工伤保险条例》。

地方政府规章

《北京市实施〈工伤保险条例〉若干规定》（2011年12月5日）

第二十八条 被诊断或者鉴定为职业病的职工，现用人单位参加工伤保险的，由现用人单位按照《条例》和本规定规定的工伤保险待遇项目和标准支付费用；现用人单位未参加工伤保险的，职工的工伤保险待遇按照《中华人民共和国职业病防治法》的有关规定执行。

【参考依据】

广东省

《广东省高级人民法院、广东省劳动人事争议仲裁委员会关于劳动人事争议仲裁与诉讼衔接若干意见》（2018年7月18日）

二十、职业病诊断、鉴定过程中，在确认劳动者职业史、职业病危害接触史时，当事人对劳动关系、工种、工作岗位或者在岗时间有争议的，可以向劳动人事争议仲裁委员会申请仲裁。劳动者对仲裁裁决不服的，可以依法向人民法院提起诉讼。

用人单位对仲裁裁决不服的，可以在职业病诊断、鉴定程序结束之日起十五日内依法向人民法院提起诉讼；诉讼期间，劳动者的治疗费用按照职业病待遇规定的途径支付。

第三节　关于工伤保险待遇赔偿问题

【适用指引】

一、请求权基础及相关案由

劳动者要求工伤保险待遇赔偿的请求权基础为《工伤保险条例》第 30 条、32 条、34 条、35 条、36 条、37 条、39 条、62 条等。案由应适用《民事案件案由规定》"187. 社会保险纠纷"项下的"工伤保险待遇纠纷"。

二、工伤保险待遇的具体情形

（一）工伤医疗期待遇

1. 医疗待遇：符合条件的挂号费、医疗费、药费、住院费、伙食补助费、统筹地区以外就医所需的交通及食宿费用，由工伤保险基金支付。

2. 工资福利待遇：停工留薪期工资，由用人单位承担。

3. 生活护理待遇：停工留薪期间需要护理的，由用人单位负责。

（二）工伤致残待遇

1. 生活护理待遇：工伤保险基金支付，分三个等级。

2. 伤残待遇：（1）一至四级伤残待遇（视为完全丧失劳动能力）：伤残补助金、伤残津贴、社会保险待遇；（2）五级、六级伤残待遇（视为大部分丧失劳动能力）：伤残补助金、伤残津贴、工伤医疗补助金和伤残就业补助金；（3）七至十级伤残待遇（视为部分丧失劳动能力）：伤残补助金、工伤医疗补助金和伤残就业补助金。伤残津贴、伤残补助金、工伤医疗补助金由工伤保险基金支付，伤残就业补助金由用人单位承担。

3. 配置残疾器具待遇：假肢、矫形器、义眼、义齿、配置轮椅等辅助器具，按照规定标准由工伤保险基金支付。

（三）因公死亡待遇

（1）丧葬补助金；（2）供养亲属抚恤金；（3）工亡补助金。以上均由工伤保险基金支付。

（四）特殊情形下的工伤保险待遇

1. 职工因公外出期间发生事故或者在抢险救灾中下落不明的：参见《工伤保

险条例》第 41 条；

2. 用人单位分立、合并、转让的：参见《工伤保险条例》第 43 条；

3. 实行承包经营、职工借调的：参见《工伤保险条例》第 43 条；

4. 企业破产的：参见《工伤保险条例》第 43 条；

5. 职工被派遣出境工作的：参见《工伤保险条例》第 44 条；

6. 职工再次发生工伤的：参见《工伤保险条例》第 45 条。

三、工伤医疗补助金和伤残就业补助金的标准

一次性工伤医疗补助金和一次性伤残就业补助金的具体标准由省、自治区、直辖市人民政府规定，各地规定标准差异较大。

四、用人单位未依法缴纳工伤保险的情形

应当参加工伤保险而未参加工伤保险的用人单位职工发生工伤的，由该用人单位按照本条例规定的工伤保险待遇项目和标准支付费用：参见《工伤保险条例》第 62 条。

五、劳动者达到或超过法定退休年龄的情形

参见《江苏省劳动人事争议疑难问题研讨会纪要》第 12 条、《浙江省高级人民法院民事审判第一庭、浙江省劳动人事争议仲裁院关于审理劳动争议案件若干问题的解答（二）》第 14 条、《广东省高级人民法院、广东省劳动人事争议仲裁委员会关于劳动人事争议仲裁与诉讼衔接若干意见》第 16 条。

六、新冠疫情防控期间的相关情形

参见《天津市高级人民法院民事审判第一庭关于审理涉新冠肺炎疫情相关民事案件的法官会议纪要（一）劳动争议案件部分》第 7 条、《河南省高级人民法院、河南省人力资源和社会保障厅关于做好涉新型冠状病毒肺炎疫情防控劳动争议处理工作的通知》第 5 条、《山东省高级人民法院民一庭关于涉疫情劳动争议案件法官会议纪要》第 3 条、《浙江省高级人民法院关于规范涉新冠肺炎疫情相关民事法律纠纷的实施意见（试行）》第 4~5 条、《广东省高级人民法院、广东省人力资源和社会保障厅关于审理涉新冠肺炎疫情劳动人事争议案件若干问题的解答》第 19~20 条、《四川省高级人民法院民事审判第一庭涉疫情相关民事案件审理的法官会议纪要（劳动争议部分）》第 8~9 条。

【裁判依据】

法律

《中华人民共和国社会保险法》（2018年12月29日修正）

第三十六条　职工因工作原因受到事故伤害或者患职业病，且经工伤认定的，享受工伤保险待遇；其中，经劳动能力鉴定丧失劳动能力的，享受伤残待遇。

工伤认定和劳动能力鉴定应当简捷、方便。

第三十八条　因工伤发生的下列费用，按照国家规定从工伤保险基金中支付：

（一）治疗工伤的医疗费用和康复费用；

（二）住院伙食补助费；

（三）到统筹地区以外就医的交通食宿费；

（四）安装配置伤残辅助器具所需费用；

（五）生活不能自理的，经劳动能力鉴定委员会确认的生活护理费；

（六）一次性伤残补助金和一至四级伤残职工按月领取的伤残津贴；

（七）终止或者解除劳动合同时，应当享受的一次性医疗补助金；

（八）因工死亡的，其遗属领取的丧葬补助金、供养亲属抚恤金和因工死亡补助金；

（九）劳动能力鉴定费。

第三十九条　因工伤发生的下列费用，按照国家规定由用人单位支付：

（一）治疗工伤期间的工资福利；

（二）五级、六级伤残职工按月领取的伤残津贴；

（三）终止或者解除劳动合同时，应当享受的一次性伤残就业补助金。

第四十条　工伤职工符合领取基本养老金条件的，停发伤残津贴，享受基本养老保险待遇。基本养老保险待遇低于伤残津贴的，从工伤保险基金中补足差额。

第四十一条　职工所在用人单位未依法缴纳工伤保险费，发生工伤事故的，由用人单位支付工伤保险待遇。用人单位不支付的，从工伤保险基金中先行支付。

从工伤保险基金中先行支付的工伤保险待遇应当由用人单位偿还。用人单位不偿还的，社会保险经办机构可以依照本法第六十三条的规定追偿。

第四十二条 由于第三人的原因造成工伤，第三人不支付工伤医疗费用或者无法确定第三人的，由工伤保险基金先行支付。工伤保险基金先行支付后，有权向第三人追偿。

第四十三条 工伤职工有下列情形之一的，停止享受工伤保险待遇：

（一）丧失享受待遇条件的；

（二）拒不接受劳动能力鉴定的；

（三）拒绝治疗的。

行政法规

《工伤保险条例》（2010年12月20日修订）

第三十条 职工因工作遭受事故伤害或者患职业病进行治疗，享受工伤医疗待遇。

职工治疗工伤应当在签订服务协议的医疗机构就医，情况紧急时可以先到就近的医疗机构急救。

治疗工伤所需费用符合工伤保险诊疗项目目录、工伤保险药品目录、工伤保险住院服务标准的，从工伤保险基金支付。工伤保险诊疗项目目录、工伤保险药品目录、工伤保险住院服务标准，由国务院社会保险行政部门会同国务院卫生行政部门、食品药品监督管理部门等部门规定。

职工住院治疗工伤的伙食补助费，以及经医疗机构出具证明，报经办机构同意，工伤职工到统筹地区以外就医所需的交通、食宿费用从工伤保险基金支付，基金支付的具体标准由统筹地区人民政府规定。

工伤职工治疗非工伤引发的疾病，不享受工伤医疗待遇，按照基本医疗保险办法处理。

工伤职工到签订服务协议的医疗机构进行工伤康复的费用，符合规定的，从工伤保险基金支付。

第三十二条 工伤职工因日常生活或者就业需要，经劳动能力鉴定委员会确认，可以安装假肢、矫形器、假眼、假牙和配置轮椅等辅助器具，所需费用按照国家规定的标准从工伤保险基金支付。

第三十四条 工伤职工已经评定伤残等级并经劳动能力鉴定委员会确认需要生活护理的，从工伤保险基金按月支付生活护理费。

生活护理费按照生活完全不能自理、生活大部分不能自理或者生活部分不能自理3个不同等级支付，其标准分别为统筹地区上年度职工月平均工资的50%、

40% 或者 30%。

第三十五条 职工因工致残被鉴定为一级至四级伤残的，保留劳动关系，退出工作岗位，享受以下待遇：

（一）从工伤保险基金按伤残等级支付一次性伤残补助金，标准为：一级伤残为27个月的本人工资，二级伤残为25个月的本人工资，三级伤残为23个月的本人工资，四级伤残为21个月的本人工资；

（二）从工伤保险基金按月支付伤残津贴，标准为：一级伤残为本人工资的90%，二级伤残为本人工资的85%，三级伤残为本人工资的80%，四级伤残为本人工资的75%。伤残津贴实际金额低于当地最低工资标准的，由工伤保险基金补足差额；

（三）工伤职工达到退休年龄并办理退休手续后，停发伤残津贴，按照国家有关规定享受基本养老保险待遇。基本养老保险待遇低于伤残津贴的，由工伤保险基金补足差额。

第三十六条 职工因工致残被鉴定为五级、六级伤残的，享受以下待遇：

（一）从工伤保险基金按伤残等级支付一次性伤残补助金，标准为：五级伤残为18个月的本人工资，六级伤残为16个月的本人工资；

（二）保留与用人单位的劳动关系，由用人单位安排适当工作。难以安排工作的，由用人单位按月发给伤残津贴，标准为：五级伤残为本人工资的70%，六级伤残为本人工资的60%，并由用人单位按照规定为其缴纳应缴纳的各项社会保险费。伤残津贴实际金额低于当地最低工资标准的，由用人单位补足差额。

经工伤职工本人提出，该职工可以与用人单位解除或者终止劳动关系，由工伤保险基金支付一次性工伤医疗补助金，由用人单位支付一次性伤残就业补助金。一次性工伤医疗补助金和一次性伤残就业补助金的具体标准由省、自治区、直辖市人民政府规定。

第三十七条 职工因工致残被鉴定为七级至十级伤残的，享受以下待遇：

（一）从工伤保险基金按伤残等级支付一次性伤残补助金，标准为：七级伤残为13个月的本人工资，八级伤残为11个月的本人工资，九级伤残为9个月的本人工资，十级伤残为7个月的本人工资；

（二）劳动、聘用合同期满终止，或者职工本人提出解除劳动、聘用合同的，由工伤保险基金支付一次性工伤医疗补助金，由用人单位支付一次性伤残就业补助金。一次性工伤医疗补助金和一次性伤残就业补助金的具体标准由省、自治区、直辖市人民政府规定。

第三十八条 工伤职工工伤复发，确认需要治疗的，享受本条例第三十条、

第三十二条和第三十三条规定的工伤待遇。

第三十九条 职工因工死亡,其近亲属按照下列规定从工伤保险基金领取丧葬补助金、供养亲属抚恤金和一次性工亡补助金:

(一)丧葬补助金为6个月的统筹地区上年度职工月平均工资;

(二)供养亲属抚恤金按照职工本人工资的一定比例发给由因工死亡职工生前提供主要生活来源、无劳动能力的亲属。标准为:配偶每月40%,其他亲属每人每月30%,孤寡老人或者孤儿每人每月在上述标准的基础上增加10%。核定的各供养亲属的抚恤金之和不应高于因工死亡职工生前的工资。供养亲属的具体范围由国务院社会保险行政部门规定;

(三)一次性工亡补助金标准为上一年度全国城镇居民人均可支配收入的20倍。

伤残职工在停工留薪期内因工伤导致死亡的,其近亲属享受本条第一款规定的待遇。

一级至四级伤残职工在停工留薪期满后死亡的,其近亲属可以享受本条第一款第(一)项、第(二)项规定的待遇。

第四十二条 工伤职工有下列情形之一的,停止享受工伤保险待遇:

(一)丧失享受待遇条件的;

(二)拒不接受劳动能力鉴定的;

(三)拒绝治疗的。

第四十五条 职工再次发生工伤,根据规定应当享受伤残津贴的,按照新认定的伤残等级享受伤残津贴待遇。

第六十二条 ……

依照本条例规定应当参加工伤保险而未参加工伤保险的用人单位职工发生工伤的,由该用人单位按照本条例规定的工伤保险待遇项目和标准支付费用。

用人单位参加工伤保险并补缴应当缴纳的工伤保险费、滞纳金后,由工伤保险基金和用人单位依照本条例的规定支付新发生的费用。

第六十四条 本条例所称工资总额,是指用人单位直接支付给本单位全部职工的劳动报酬总额。

本条例所称本人工资,是指工伤职工因工作遭受事故伤害或者患职业病前12个月平均月缴费工资。本人工资高于统筹地区职工平均工资300%的,按照统筹地区职工平均工资的300%计算;本人工资低于统筹地区职工平均工资60%的,按照统筹地区职工平均工资的60%计算。

第六十六条 无营业执照或者未经依法登记、备案的单位以及被依法吊销营业执照或者撤销登记、备案的单位的职工受到事故伤害或者患职业病的，由该单位向伤残职工或者死亡职工的近亲属给予一次性赔偿，赔偿标准不得低于本条例规定的工伤保险待遇；用人单位不得使用童工，用人单位使用童工造成童工伤残、死亡的，由该单位向童工或者童工的近亲属给予一次性赔偿，赔偿标准不得低于本条例规定的工伤保险待遇。具体办法由国务院社会保险行政部门规定。

司法解释

《最高人民法院关于审理人身损害赔偿案件适用法律若干问题的解释》
（2003年12月26日，法释〔2003〕20号）

第十一条　雇员在从事雇佣活动中遭受人身损害，雇主应当承担赔偿责任。雇佣关系以外的第三人造成雇员人身损害的，赔偿权利人可以请求第三人承担赔偿责任，也可以请求雇主承担赔偿责任。雇主承担赔偿责任后，可以向第三人追偿。

雇员在从事雇佣活动中因安全生产事故遭受人身损害，发包人、分包人知道或者应当知道接受发包或者分包业务的雇主没有相应资质或者安全生产条件的，应当与雇主承担连带赔偿责任。

属于《工伤保险条例》调整的劳动关系和工伤保险范围的，不适用本条规定。

部门规范性文件

一、《劳动和社会保障部关于实施〈工伤保险条例〉若干问题的意见》
（2004年11月11日）

一、职工在两个或两个以上用人单位同时就业的，各用人单位应当分别为职工缴纳工伤保险费。职工发生工伤，由职工受到伤害时其工作的单位依法承担工伤保险责任。

六、条例第十七条第四款规定"用人单位未在本条第一款规定的时限内提交工伤认定申请的，在此期间发生符合本条例规定的工伤待遇等有关费用由该用人单位负担"。这里用人单位承担工伤待遇等有关费用的期间是指从事故伤害发生之日或职业病确诊之日起到劳动保障行政部门受理工伤认定申请之日止。

七、条例第三十六条规定的工伤职工旧伤复发，是否需要治疗应由治疗工伤职工的协议医疗机构提出意见，有争议的由劳动能力鉴定委员会确认。

八、职工因工死亡，其供养亲属享受抚恤金待遇的资格，按职工因工死亡时的条件核定。

二、《人力资源社会保障部关于执行〈工伤保险条例〉若干问题的意见》（2013年4月25日）

九、按照本意见第八条规定被认定为工伤的职业病人员，职业病诊断证明书（或职业病诊断鉴定书）中明确的用人单位，在该职工从业期间依法为其缴纳工伤保险费的，按《条例》的规定，分别由工伤保险基金和用人单位支付工伤保险待遇；未依法为该职工缴纳工伤保险费的，由用人单位按照《条例》规定的相关项目和标准支付待遇。

十、职工在同一用人单位连续工作期间多次发生工伤的，符合《条例》第三十六、第三十七条规定领取相关待遇时，按照其在同一用人单位发生工伤的最高伤残级别，计发一次性伤残就业补助金和一次性工伤医疗补助金。

十一、依据《条例》第四十二条的规定停止支付工伤保险待遇的，在停止支付待遇的情形消失后，自下月起恢复工伤保险待遇，停止支付的工伤保险待遇不予补发。

十二、《条例》第六十二条第三款规定的"新发生的费用"，是指用人单位职工参加工伤保险前发生工伤的，在参加工伤保险后新发生的费用。

十三、由工伤保险基金支付的各项待遇应按《条例》相关规定支付，不得采取将长期待遇改为一次性支付的办法。

十四、核定工伤职工工伤保险待遇时，若上一年度相关数据尚未公布，可暂按前一年度的全国城镇居民人均可支配收入、统筹地区职工月平均工资核定和计发，待相关数据公布后再重新核定，社会保险经办机构或者用人单位予以补发差额部分。

三、《人力资源社会保障部关于执行〈工伤保险条例〉若干问题的意见二》（2016年3月28日）

一、一级至四级工伤职工死亡，其近亲属同时符合领取工伤保险丧葬补助金、供养亲属抚恤金待遇和职工基本养老保险丧葬补助金、抚恤金待遇条件的，由其近亲属选择领取工伤保险或职工基本养老保险其中一种。

三、《工伤保险条例》第六十二条规定的"新发生的费用"，是指用人单位参加工伤保险前发生工伤的职工，在参加工伤保险后新发生的费用。其中由工伤保险基金支付的费用，按不同情况予以处理：

（一）因工受伤的，支付参保后新发生的工伤医疗费、工伤康复费、住院伙食补助费、统筹地区以外就医交通食宿费、辅助器具配置费、生活护理费、一级至四级伤残职工伤残津贴，以及参保后解除劳动合同时的一次性工伤医疗补助金；

（二）因工死亡的，支付参保后新发生的符合条件的供养亲属抚恤金。

七、用人单位注册地与生产经营地不在同一统筹地区的，原则上应在注册地为职工参加工伤保险；未在注册地参加工伤保险的职工，可由用人单位在生产经营地为其参加工伤保险。

劳务派遣单位跨地区派遣劳动者，应根据《劳务派遣暂行规定》参加工伤保险。建筑施工企业按项目参保的，应在施工项目所在地参加工伤保险。

职工受到事故伤害或者患职业病后，在参保地进行工伤认定、劳动能力鉴定，并按照参保地的规定依法享受工伤保险待遇；未参加工伤保险的职工，应当在生产经营地进行工伤认定、劳动能力鉴定，并按照生产经营地的规定依法由用人单位支付工伤保险待遇。

四、《人力资源社会保障部、财政部、国家卫生健康委关于因履行工作职责感染新型冠状病毒肺炎的医护及相关工作人员有关保障问题的通知》（2020年1月23日）

在新型冠状病毒肺炎预防和救治工作中，医护及相关工作人员因履行工作职责，感染新型冠状病毒肺炎或因感染新型冠状病毒肺炎死亡的，应认定为工伤，依法享受工伤保险待遇。

已参加工伤保险的上述工作人员发生的相关费用，由工伤保险基金和单位按工伤保险有关规定支付；未参加工伤保险的，由用人单位按照法定标准支付，财政补助单位因此发生的费用，由同级财政予以补助。

地方政府规章及规范性文件

一、《北京市实施〈工伤保险条例〉若干规定》（2011年12月5日）

第二十条　工伤职工因日常生活或者就业需要，经区、县劳动能力鉴定委员会确认，可以安装、配置辅助器具的，应当到工伤辅助器具配置机构安装、配置，所需费用按照国家规定的标准从工伤保险基金支付。具体安装、配置标准由市社会保险行政部门制定并公布。

第二十二条　申请供养亲属抚恤金的，应当向用人单位登记地的区、县社会保险经办机构提交供养亲属身份证明、经济状况证明、劳动能力鉴定结论、因工死亡职工与供养亲属的关系证明、因工死亡职工工资证明等相关材料。

第二十三条　参加工伤保险的用人单位破产、解散的，其一级至四级伤残职工、享受供养亲属抚恤金待遇的人员、退休的工伤人员享受的由工伤保险基金支付的工伤待遇，由街道办事处或者乡、镇人民政府设立的社会保障事务机构发放。

第二十六条　用人单位中断缴费的，中断缴费期间职工发生工伤的，由用人单位按照《条例》和本规定规定的工伤保险待遇项目和标准支付费用；已经享受工伤保险待遇的工伤职工,按照原渠道享受工伤保险待遇。

第二十七条 用人单位未足额缴纳工伤保险费,造成工伤职工享受的工伤保险待遇降低的,降低部分由该用人单位支付。

二、《关于北京市工伤保险基金支出项目标准及相关问题的通知》(2012年1月6日)

(三)职工住院治疗工伤的伙食补助费,标准为每人每天30元。

(四)经工伤保险协议医疗机构出具证明,报经办机构同意,到统筹地区以外就医治疗工伤的工伤职工,所需交通费实行凭据报销。工伤职工应选择普通公共交通工具(如道路客运班车,火车硬座、硬卧和软卧、轮船三等舱位等)出行。因伤情特殊需要选择非普通交通方式的,需报经所在地区工伤保险经办机构同意。

所需食宿费实行定额包干与在规定限额标准内凭据报销相结合的方式。其中:"住宿费"开支标准上限为每人每天150元,按经办机构核定的天数在规定限额标准内的凭据报销,实际住宿费超过规定限额标准的,按"住宿费"开支标准上限报销。"伙食费"实行定额包干,标准为每人每天50元。

(五)工伤职工在终止或者解除劳动关系时,其领取的一次性工伤医疗补助金具体标准为解除或者终止劳动关系时3至18个月的本市上年度职工月平均工资。其中五级18个月,六级15个月,七级12个月,八级9个月,九级6个月,十级3个月。

用人单位应当支付的一次性伤残就业补助金,按上述标准执行。

【参考依据】

北京市

《北京市高级人民法院、北京市劳动争议仲裁委员会关于劳动争议案件法律适用问题研讨会会议纪要》(2009年8月17日)

30.用人单位与劳动者解除或终止劳动合同时,自愿签订的和解协议,不违反法律和行政法规的强制性规定,在履行完毕后,一方当事人反悔,主张双方约定无效的,一般不予支持。但协议中双方的权利义务明显失衡,仲裁委或人民法院可予以适当调整。

用人单位与劳动者就工伤保险待遇达成的协议在履行完毕后,劳动者以双方约定的给付标准低于法定标准为由,在仲裁时效内要求用人单位按法定标准补足差额部分的,应予支持。

天津市

一、《天津法院劳动争议案件审理指南》(2017年11月30日)

9.【建筑施工、矿山企业的主体责任】建筑施工、矿山企业等将工程或者经营权发包给不具备用工主体资格的组织或者自然人,该组织或者自然人招用的劳动者主张确认与上述发包人有劳动关系的,不予支持。没有用工主体资格的组织或者自然人违法招用的劳动者因工负伤或者死亡的,由上述违法发包的建筑施工、矿山企业等与实际招用该劳动者的组织或者自然人按照《工伤保险条例》规定的工伤保险待遇承担连带赔偿责任。

38.【工伤赔偿协议的效力】劳动者发生工伤,用人单位与劳动者达成赔偿协议后,劳动者又提起仲裁和诉讼,要求用人单位按照工伤保险待遇赔付的,对该协议应当区分以下情况处理:

(1)如果该赔偿协议是在劳动者已被依法认定为工伤且已完成劳动能力鉴定的前提下签订,不存在《中华人民共和国民法总则》第一百四十八条至第一百五十一条规定的情形的,应认定有效;

(2)如果该赔偿协议是在劳动者未经劳动行政部门依法认定为工伤且未完成劳动能力鉴定的情形下签订,劳动者实际所获补偿明显低于法定工伤保险待遇标准,劳动者主张该赔偿协议违反其真实意思表示,请求依法予以撤销,或者主张用人单位补足双方协议低于工伤保险待遇的差额部分的,应予支持。

劳动者主张上述赔偿协议违反其真实意思表示应予撤销的,应当根据《中华人民共和国民法总则》第六章第三节的相关规定进行审查和处理。

二、《天津市高级人民法院民事审判第一庭关于审理涉新冠肺炎疫情相关民事案件的法官会议纪要(一)劳动争议案件部分》(2020年3月19日)

7.严格执行人社部等《关于因履行工作职责感染新型冠状病毒肺炎的医护及相关工作人员有关保障问题的通知》(人社部函【2020】11号)规定,劳动者因履行工作职责而感染新冠肺炎,被人力资源和社会保障行政部门认定为工伤的,依法享受工伤保险待遇。已参加工伤保险的前述人员发生的相关费用,由工伤保险基金和企业依照工伤保险相关规定支付;未参加工伤保险的,由企业按照法定标准支付。

河北省

《河北省高级人民法院关于我省劳动争议案件若干疑难问题处理的参考意见》（2010年6月）

8. 具有用工主体资格的建筑施工、矿山企业等用人单位将工程业务或者经营权发包给不具备用工主体资格的组织或自然人施工，施工人与其非法招用的劳动者之间为无效劳动合同关系。在劳动争议案件中，发包人、分包人、转包人、施工人、劳动者为当事人。（有法院认为应认定劳动者与用人单位形成劳动关系）

劳动者在施工中发生工伤事故，发包人、分包人、转包人、施工人对劳动者的工伤赔偿承担连带责任。

19. 乘坐本单位车辆执行公务过程中发生交通事故的，应按工伤事故处理。劳动者要求用人单位按照《人身损害赔偿司法解释》进行人身损害赔偿的，不予支持。

上海市

《上海市高级人民法院关于适用〈劳动合同法〉若干问题的意见》（2009年3月3日）

十五、用人单位依法终止工伤职工的劳动关系后相关待遇的支付

用人单位依法终止工伤职工的劳动合同，除依法支付经济补偿外，还应当按工伤保险的规定支付一次性工伤医疗补助金和伤残就业补助金的，主要是指以下情形：

（一）劳动合同期满的；

（二）用人单位被依法宣告破产的；

（三）用人单位被吊销营业执照、责令关闭、撤销或者用人单位决定提前解散的；

（四）自用工之日起一年内，劳动者不愿意订立书面劳动合同的。

江苏省

《江苏省劳动人事争议疑难问题研讨会纪要》（2017年7月3日）

（十二）仲裁机构是否受理达到或超过法定退休年龄工伤职工的工伤待遇争议？如何处理？

工伤待遇是基于劳动者与用人单位存在工伤保险关系而产生的，达到或超过法定退休年龄的劳动者经人社部门认定工伤后，要求依照《工伤保险条例》等规

定享受工伤待遇，由此与用人单位发生争议的，仲裁机构应当受理。对于劳动者基于工伤保险关系而主张的一次性伤残补助金、医疗费、交通费、住院伙食补助费、护理费、停工留薪期工资等请求，应予支持。但达到或超过法定退休年龄的劳动者，依据《江苏省实施＜工伤保险条例＞办法》第二十八条第一款规定，不能享受一次性伤残就业补助金和一次性工伤医疗补助金。对于请求签订无固定期限劳动合同、支付二倍工资、经济补偿、赔偿金及其他社会保险待遇不予支持。

（十三）用人单位依照《劳动合同法》第三十六条或第三十九条规定解除五至十级工伤职工劳动合同，是否应当支付一次性工伤医疗补助金和一次性伤残就业补助金？

一次性伤残就业补助金和一次性工伤医疗补助金是工伤职工劳动合同解除或终止时应当享受的一次性工伤保险待遇，是法律基于工伤职工因职业伤害导致劳动能力丧失而要求用人单位应当承担的就业和医疗方面的经济补偿责任，该责任的承担与劳动合同解除或终止的原因无关。用人单位依据《劳动合同法》第三十六条或第三十九条规定依法解除与工伤职工劳动合同的，不影响工伤职工享受一次性伤残就业补助金和一次性工伤医疗补助金的工伤待遇。

如果劳动合同解除或终止的原因符合《劳动合同法》第四十六条规定的用人单位应当支付经济补偿情形，劳动者主张用人单位支付经济补偿的，应予支持。

（十五）1-4级农民工工伤职工的伤残长期待遇能否按照原劳动部《关于农民工参加工伤保险有关问题的通知》（劳社部发〔2004〕18号）规定一次性支付？如何支付？

跨省流动的1-4级未参保农民工工伤职工可以依据原劳动部《关于农民工参加工伤保险有关问题的通知》（劳社部发〔2004〕18号）规定，自愿选择与用人单位解除或者终止劳动合同，并由用人单位一次性支付工伤保险长期待遇。

支付标准可参照以下标准执行：1、按月享受的伤残津贴一次性支付至男60周岁、女55周岁，最短不少于5年，最长20年。2、按月享受的护理费一次性支付至所在地人口预期寿命，最短不少于5年，最长20年。3、按月享受的供养亲属抚恤金，未成年子女一次性支付至18周岁。配偶、完全丧失劳动能力的成年子女和父母一次性支付至所在地人口预期寿命，最短不少于5年，最长不超过20年。所在地人口预期寿命以当年度工伤发生所在地统计局公布的人口预期寿命为准。

（十六）工亡职工保险待遇赔偿争议中，工亡职工近亲属作为申请人应当注意哪些问题？

工亡待遇是工伤职工因工发生工伤死亡事故后对其直系亲属的一种补救和赔

偿，其作用是使工亡职工遗属的基本生活得到保障，而非工亡职工的遗产。在工亡职工保险待遇赔偿争议中，仲裁机构应当将工亡职工近亲属，即配偶、父母、子女列为仲裁案件申请人。

浙江省

一、《浙江省高级人民法院民事审判第一庭、浙江省劳动人事争议仲裁院关于审理劳动争议案件若干问题的解答（二）》(2014年4月）

十四、超过法定退休年龄的劳动者在工作中受事故伤害或者患职业病，其向聘用单位主张工伤保险待遇的，应否支持？

答：劳动者超过法定退休年龄，仍接受单位聘用的，其与聘用单位之间构成劳务关系，劳动者因工伤亡或者患职业病而向聘用单位主张工伤保险待遇的，不予支持。但劳动者尚未享受基本养老保险待遇或者领取退休金，且聘用单位已为其缴纳工伤保险费的，其工伤保险待遇应予支持。

十五、已参加工伤保险的工伤职工工作期间存在《劳动合同法》第三十九条情形，用人单位依照规定解除劳动合同的，是否还应向该工伤职工支付一次性伤残就业补助金？

答：一次性伤残就业补助金是职工因工伤产生的社会保险待遇。用人单位虽依照《劳动合同法》第三十九条规定与工伤职工解除劳动合同，但仍应向该工伤职工支付一次性伤残就业补助金。

十六、用人单位已依法为劳动者缴纳了工伤保险，劳动者工伤医疗费超出社保基金报销目录范围的费用，如何承担？

答：用人单位已依法为劳动者缴纳了工伤保险，劳动者工伤医疗费超出社保基金报销目录范围的费用原则上不应由用人单位承担，但超出目录范围的费用经用人单位同意或者认可的除外。

二、《浙江省高级人民法院民事审判第一庭、浙江省劳动人事争议仲裁院关于审理劳动争议案件若干问题的解答（四）》(2016年12月）

十二、劳动者以虚假身份与用人单位签订劳动合同，用人单位按劳动者提供的身份信息缴纳了工伤保险，后劳动者发生工伤事故，由工伤保险基金支付的工伤待遇部分应否由用人单位承担？

答：劳动者以虚假身份与用人单位签订劳动合同，用人单位按劳动者提供的身份信息缴纳了工伤保险且不存在疏忽大意等过错，劳动者应当为其欺诈行为承担不利后果，用人单位一般无需负担本应由工伤保险基金支付的工伤待遇部分。但基于该劳动者已与用人单位存在事实劳动关系，用人单位应当承担工伤保险待遇中应当由用人单位承担的部分。

三、《浙江省高级人民法院关于规范涉新冠肺炎疫情相关民事法律纠纷的实施意见（试行）》（2020年2月10日）

4. 在新冠肺炎预防和救治工作中，医护及相关工作人员因履行工作职责，感染新冠肺炎或因感染新冠肺炎死亡，认定为工伤的，医护及相关工作人员依法享受工伤保险待遇。已参加工伤保险的上述工作人员发生的相关费用，由工伤保险基金和单位按工伤保险有关规定支付；未参加工伤保险的，由用人单位按照法定标准支付。

5. 劳动者在疫情防控期间因履行工作职责而感染新冠肺炎的，应认定为工伤，依法享受工伤保险待遇。

安徽省

《安徽省高级人民法院关于审理劳动争议案件若干问题的指导意见》（2015年1月20日）

第十六条　被派遣劳动者在用工单位工作期间因工伤亡的，劳务派遣单位应承担工伤保险责任。但劳务派遣单位与用工单位之间就被派遣劳动者工伤保险责任承担有特别约定的，从其约定。

第十七条　工伤保险赔偿和人身损害赔偿的责任主体是同一单位的，如用人单位为劳动者办理了工伤保险手续，劳动者或者其近亲属请求用人单位承担人身损害赔偿责任的，人民法院应告知其按《工伤保险条例》的规定处理。

第十八条　用人单位依法应当为劳动者办理工伤保险手续而没有办理的，劳动者可以选择依照《最高人民法院〈关于审理人身损害赔偿案件适用法律若问题的解释〉》第十二条第一款的规定，向用人单位主张工伤保险待遇，也可以依照《侵权责任法》[①]，主张用人单位承担人身损害赔偿责任。

第二十三条　工伤职工享受一次性工伤医疗补助金和一次性伤残就业补助金待遇的计发时间点，为劳动合同期满或工伤职工提出解除劳动合同之日，解除劳动合同关系后进行工伤鉴定的，应以劳动能力鉴定意见作出之日作为工伤职工享受一次性工伤医疗补助金和一次性伤残就业补助金待遇的计发时间点。

工伤职工依法领取解除或终止劳动合同的经济补偿会后，仍然向用人单位主张支付一次性伤残就业补助金、一次性工伤医疗补助金的，人民法院应予支持。

因严重违纪被用人单位解除劳动合同的工伤职工，向用人单位主张支付一次性伤残就业补助金、一次性工伤医疗补助金的，人民法院应予支持。

---

① 对应《民法典》第1179条、第1181条。

山东省

《山东省高级人民法院民一庭关于涉疫情劳动争议案件法官会议纪要》（2020年2月25日）

三、关于感染新冠肺炎的工伤认定问题

根据人社部、财政部、卫健委《关于因履行工作职责感染的医护及相关工作人员有关保障问题的通知》的规定，在疫情防控工作中，医护及相关工作人员因履职感染新冠肺炎应认定为工伤，相关人员依法享受工伤保险待遇。

河南省

《河南省高级人民法院、河南省人力资源和社会保障厅关于做好涉新型冠状病毒肺炎疫情防控劳动争议处理工作的通知》（2020年3月2日）

5. 在新冠肺炎预防和救治工作中，医护及相关工作人员因履行工作职责，感染新冠肺炎或因感染新冠炎死亡的，遵照《人力资源社会保障部财政部国家卫生健康委关于因履行工作职责感染新型冠状病毒肺炎的医护及相关工作人员有关保障问题的通知》（人社部函〔2020〕11号）规定执行。劳动者在疫情防控期间发生事故伤害符合工伤的，申请工伤认定的应按规定及时办理，被认定为工伤的依法享受工伤保险待遇。

广东省

一、**《广东省高级人民法院、广东省劳动人事争议仲裁委员会关于劳动人事争议仲裁与诉讼衔接若干意见》**（2018年7月18日）

十四、建设单位、施工总承包单位或者具有用人单位资格的专业分包或劳务分包单位违反法律、法规规定将承包业务转包给不具备用人单位资格的组织或者自然人，社会保险行政部门认定建设单位、施工总承包单位或者具有用人单位资格的专业分包单位承担工伤保险责任，建设单位、施工总承包单位或者具有用人主体资格的专业分包单位以其与劳动者不存在劳动关系为由抗辩的，不予支持。劳动者依据工伤认定结论主张停工留薪期工资的，应予支持。

十六、劳动者达到法定退休年龄或者已经享受基本养老保险待遇的，劳动关系终止。劳动者所受伤害如被社会保险行政部门认定为工伤，劳动者要求用工单位参照《广东省工伤保险条例》规定的工伤保险待遇支付有关费用的，应予支持，但不包括一次性就业补助金。

二、《广东省高级人民法院、广东省人力资源和社会保障厅关于审理涉新冠肺炎疫情劳动人事争议案件若干问题的解答》(2020年4月27日)

19. 劳动者因患新冠肺炎认定为工伤，应如何处理

劳动者因患新冠肺炎认定为工伤，依法享受工伤保险待遇。已参加工伤保险的，工伤保险待遇由工伤保险基金和用人单位按工伤保险有关规定支付；未参加工伤保险的，由用人单位按照规定的工伤保险待遇项目和标准支付。

20. 劳动者因患新冠肺炎死亡不属于工伤，其近亲属主张用人单位支付死亡抚恤待遇，应如何处理

劳动者因患新冠肺炎死亡不属于工伤，其近亲属根据《广东省企业职工假期待遇死亡抚恤待遇暂行规定》要求用人单位支付丧葬补助费、供养直系亲属一次性救济金（或者供养直系亲属生活补助费）、一次性抚恤金的，应予支持，但已按规定纳入社会保险支付的除外。

重庆市

《重庆市高级人民法院民一庭关于九龙坡区法院劳动争议案件法律适用问题研讨会议综述》(2014年7月30日)

二、建筑企业违反法律规定将工程转包、违法分包给无用工主体资格的单位或自然人，该单位或自然人使用的人员因工受伤后，向建筑企业主张工伤保险、工资报酬之外的其他权利的，应否支持？

法院一致意见认为，劳动和社会保障部《关于确立劳动关系有关事项的通知》(劳社部发〔2005〕12号）第四条规定："建筑施工、矿山企业等用人单位将工程（业务）或经营权发包给不具备用工主体资格的组织或自然人，对该组织或自然人招用的劳动者，由具备用工主体资格的发包方承担。"该规定仅规定由建筑企业承担用工主体责任，不宜据此认定建筑企业与劳动者之间存在事实劳动关系。建筑企业因无用工主体资格的单位或自然人非法用工承担用工主体责任。因此，劳动者主张工伤保险、劳动报酬之外的其他权利的，不予支持。

市人社局调解仲裁管理处认为，建议删除"不宜据此认定建筑企业与劳动者之间存在事实劳动关系"，明确责任承担即可，不涉及劳动关系判定问题。

三、《工伤保险条例》与《重庆市人民政府关于统一社会保险缴费基数和社会保险登记缴费申报程序的通知》中关于工伤职工"本人工资"的计算方法存在差异，应当如何掌握？

一致意见认为，工伤职工的"本人工资"应当根据《工伤保险条例》的规定予以界定，即工伤职工因工作遭受事故伤害或患职业病前12个月的平均月缴费

工资。用人单位未为职工办理工伤保险的，工伤职工的"本人工资"应当根据工伤职工因工作遭受事故伤害或患职业病前12个月的平均月工资进行确定。

四、工伤职工住院期间的护理费标准，应当如何掌握？

一致意见认为，鉴于工伤职工住院期间的护理费没有明确规定统一的标准，因此，人民法院可以根据案件的实际情况，结合当时的市场行情灵活掌握。

四川省

一、《四川省高级人民法院民一庭关于审理劳动争议案件若干疑难问题的解答》（2016年1月15日）

13. 具备用工主体资格的承包单位违反法律、法规规定，将承包业务转包、分包给不具备用工主体资格的实际施工人，该实际施工人所招用的人员请求确认与承包单位存在劳动关系的，不予支持。但该人员在工作中发生伤亡，受害人直接向人民法院起诉，请求承包单位参照《工伤保险条例》的有关规定进行赔偿的，人民法院应予支持，不具备用工主体资格的承包人对劳动者的损失承担连带赔偿责任。社会保险行政部门已认定为工伤的，按工伤保险规定处理。

15. 个人购买的车辆挂靠其他单位且以挂靠单位的名义对外经营的，其聘用的驾驶员、乘务员等劳动者与挂靠单位之间不构成事实劳动关系。但被聘驾驶员、乘务员等劳动者因工伤亡的，被挂靠单位应当参照《工伤保险条例》的有关规定承担赔偿责任。

38. 劳动者与用人单位就工伤保险待遇达成的协议已实际履行的，人民法院原则上应认可该协议的效力。

劳动者主张协议约定的标准低于法定标准，要求用人单位按照法定标准补差的，应告知其就协议的效力另行起诉。

39. 用人单位未参加工伤保险且濒临破产，遭受工伤的劳动者要求其一次性支付伤残津贴的，应分别处理：用人单位已经依法缴纳基本养老保险费，劳动者能够享受基本养老保险待遇的，伤残津贴支付可以依照《社会保险法》第40条的规定处理；若劳动者不能享受基本养老保险金待遇的，可以按四川省当前人口平均预期寿命时间，判决用人单位一次性支付伤残津贴。

二、《四川省高级人民法院民事审判第一庭涉疫情相关民事案件审理的法官会议纪要（劳动争议部分）》（2020年2月25日）

8. 关于因感染新冠肺炎享受工伤保险待遇的劳动者的范围问题。

根据《工伤保险条例》第十四条、第十五条、第六十二条第二款以及人社部函〔2020〕11号文件的规定，具有以下情形的劳动者，劳动者及其近亲属主张享受工伤保险待遇的，应予支持：

（1）在新冠肺炎预防和救治工作中，因履行工作职责感染新冠肺炎或因感染新冠肺炎死亡的医护及相关工作人员；

（2）经工伤行政部门认定因工作职责感染新冠肺炎或者因感染新冠肺炎死亡的劳动者；

（3）符合《工伤保险条例》第十五条规定情形并经工伤行政部门认定为工伤的劳动者。上述情形，按照《工伤保险条例》第六十二条第二款的规定，用人单位依照该条例应当参加工伤保险而未参加工伤保险的，由该用人单位按照该条例规定的工伤保险待遇项目和标准支付费用。

9.关于非因工作职责感染新冠肺炎劳动者权益的问题。

除本纪要第8条规定的劳动者范围之外，非因工作职责感染新冠肺炎的劳动者不符合《工伤保险条例》第十四条规定的情形，不具备工伤认定的"三工"（工作原因、工作时间、工作场所）原则，一般不应认定为工伤，该劳动者或其近亲属主张享受工伤保险待遇的，不予支持，但根据原劳动部《用人单位职工患病或非因工负伤医疗期规定》第二条的规定，该劳动者主张享有医疗期合法权益的，应予支持。

云南省

《云南省高级人民法院、云南省人力资源和社会保障厅关于审理劳动人事争议案件若干问题的座谈会纪要》（2015年1月19日）

七、关于工伤保险待遇的相关问题

（十三）解除、终止劳动合同后，因工负伤的劳动者要求用人单位支付一次性伤残就业补助金、一次性工伤医疗补助金等工伤保险待遇，还要求用人单位支付经济补偿或赔偿金的，应当分别依据《工伤保险条例》和《劳动合同法》等规定进行处理。

用人单位依据《劳动合同法》第三十六条、第三十九条等规定解除劳动合同的，不影响劳动者依法要求用人单位支付一次性伤残就业补助金和一次性工伤医疗补助金等工伤保险待遇。

（十六）用人单位主张从其应承担的工伤保险赔偿金额中扣除劳动者依据人身保险或其他商业保险合同已获得的赔偿金的，不予支持；但商业保险费由用人单位支付的除外。

（十七）劳动者以用人单位未为其缴纳工伤保险费，导致其不能依据《工伤保险条例》的规定享受社会保险经办机构发放的工伤保险待遇，故要求用人单位按《工伤保险条例》规定的项目和标准予以赔偿的，应当提供工伤认定决定书。

【典型案例】

黄众华诉刘三明债权人撤销权纠纷案①

裁判摘要：用人单位与劳动者就工伤事故达成赔偿协议，但约定的赔偿金额明显低于劳动者应当享受的工伤保险待遇的，应当认定为显失公平。劳动者请求撤销该赔偿协议的，人民法院应予支持。

候宏军诉上海隆茂建筑装潢有限公司劳动合同纠纷案②

裁判摘要：一次性伤残就业补助金是在终止或解除劳动合同时，工伤职工应当享受的由用人单位支付的费用。在用人单位解除劳动合同的情形下，用人单位仍有义务向工伤职工支付一次性伤残就业补助金。

---

① 载《最高人民法院公报》，2013 年第 1 期。
② 载《最高人民法院公报》，2015 年第 11 期。

第四节　关于停工留薪期工资问题

【适用指引】

一、请求权基础及相关案由

劳动者要求用人单位支付停工留薪期工资的请求权基础为《工伤保险条例》第33条第1款。案由应适用《民事案件案由规定》"187.社会保险纠纷"项下的"工伤保险待遇纠纷"。

二、"原工资"应如何理解

一般认为，"原工资"应为可参见按照工伤职工因工作遭受事故伤害或者患职业病前12个月的月平均工资计算。可参见《江苏省高级人民法院、江苏省劳动人事争议仲裁委员会关于审理劳动人事争议案件的指导意见（二）》第17条、《浙江省高级人民法院民一庭关于审理劳动争议纠纷案件若干疑难问题的解答（一）》第16条、《广东省高级人民法院、广东省劳动人事争议仲裁委员会关于劳动人事争议仲裁与诉讼衔接若干意见》第七条、《云南省高级人民法院、云南省人力资源和社会保障厅关于审理劳动人事争议案件若干问题的座谈会纪要》第7条第14项。

三、停工留薪期工资是否包含加班工资

《浙江省高级人民法院民一庭关于审理劳动争议纠纷案件若干疑难问题的解答（一）》第16条（不包括）、《广东省高级人民法院、广东省劳动人事争议仲裁委员会关于劳动人事争议仲裁与诉讼衔接若干意见》第7条（包括）。

【裁判依据】

行政法规

《工伤保险条例》（2010年12月20日修订）

第三十三条　职工因工作遭受事故伤害或者患职业病需要暂停工作接受工

医疗的,在停工留薪期内,原工资福利待遇不变,由所在单位按月支付。

停工留薪期一般不超过 12 个月。伤情严重或者情况特殊,经设区的市级劳动能力鉴定委员会确认,可以适当延长,但延长不得超过 12 个月。工伤职工评定伤残等级后,停发原待遇,按照本章的有关规定享受伤残待遇。工伤职工在停工留薪期满后仍需治疗的,继续享受工伤医疗待遇。

生活不能自理的工伤职工在停工留薪期需要护理的,由所在单位负责。

地方政府规章及规范性文件

一、《北京市工伤职工停工留薪期管理办法》(2003 年 12 月 3 日)

第二条 工伤职工停工留薪期是指职工发生工伤或者患职业病后,停止工作接受治疗,继续享受原工资福利待遇的期限。停工留薪期应连续计算。

第三条 工伤职工应及时将工伤医疗机构出具的诊断证明或者休假证明报送给所在单位。由用人单位根据工伤医疗机构的诊断证明,按照《停工留薪期目录》(见附件),确定工伤职工的停工留薪期,并书面通知工伤职工本人。

第四条 对于多部位、多组织器官受到伤害的,以对应的各停工留薪期中最长的期限作为该工伤职工的停工留薪期。

第五条 遭受原发性损伤引起感染及并发症的,根据工伤医疗机构的诊断证明,可以在原发性损伤停工留薪期的基础上增加两个月。

第六条 所受伤害未列入《停工留薪期目录》的,停工留薪期一般不超过 6 个月。具体期限由用人单位根据工伤医疗机构的诊断证明确定,并书面通知工伤职工本人。

第七条 工伤职工停工留薪期未满,但经工伤医疗机构证明工伤治愈的,经劳动能力鉴定后终止停工留薪期。

第八条 工伤职工申请延长停工留薪期的,应在期满前 3 日内向本单位提出书面申请并提交工伤医疗机构出具的休假证明,经用人单位同意后,可以延长停工留薪期。工伤职工未在规定的时间内提出延长停工留薪期申请的,停工留薪期到期终止。

用人单位对工伤职工申请延长停工留薪期有异议的,应在接到申请后 7 日内向区、县劳动能力鉴定委员会申请确认,用人单位未提出申请的,视为同意延长停工留薪期。劳动能力鉴定委员会做出确认结论前工伤职工享受停工留薪期的待遇。

第九条 区、县劳动鉴定委员会应将申请延长停工留薪期的确认结论书面通知用人单位和工伤职工。

第十条 工伤职工停工留薪期满,应当进行劳动能力鉴定,停发停工留薪期待遇。需要继续治疗的，必须有工伤医疗机构的休假证明，其工伤医疗费用予以报销，但不享受停工留薪期待遇。由用人单位发给生活津贴，标准不得低于病假工资。

第十一条　工伤职工从事工作后旧伤复发，需要重新确定停工留薪期的，按本办法执行。

第十二条　工伤职工在停工留薪期内或者尚未作出劳动能力鉴定结论的，用人单位不得与之解除或者终止劳动合同。

二、《北京市实施〈工伤保险条例〉若干规定》（2011年12月5日）

第二十一条　工伤职工需要暂停工作接受工伤医疗的，在停工留薪期内，原工资福利待遇不变，由所在单位按月支付。工伤职工停工留薪期一般不超过12个月，按照《条例》规定有正当理由的可以适当延长，但延长不得超过12个月。停工留薪期具体时限按照本市有关规定执行。

【参考依据】

江苏省

一、《江苏省高级人民法院、江苏省劳动人事争议仲裁委员会关于审理劳动人事争议案件的指导意见（二）》（2011年11月8日）

第十七条　工伤职工在停工留薪期内的，原工资福利待遇不变，其中的"原工资"按照工伤职工因工作遭受事故伤害或者患职业病前12个月的平均月工资计算。工资的计算按照《江苏省工资支付条例》第六十二条的规定执行。

二、《江苏省劳动人事争议疑难问题研讨会纪要》（苏劳人仲委〔2017〕1号）

（五）劳动者以用人单位未依法支付停工留薪期工资，要求解除劳动合同并支付经济补偿金，是否符合《劳动合同法》第三十八条第一款第二项的规定？

停工留薪期是工伤职工暂停工作接受工伤医疗的期间，在停工留薪期内，工伤职工原工资福利待遇不变的规定是保障工伤职工日常生活不受影响的重要措施，工伤职工停工留薪期工资按照工伤职工因工作遭受事故伤害前12个月的平均工资计算，即包括工伤职工所有的工资报酬。工伤职工以用人单位未依法支付停工留薪期工资为由，要求解除劳动合同并支付经济补偿金，符合《劳动合同法》第三十八条第一款第二项的规定精神。

浙江省

一、《浙江省高级人民法院民一庭关于审理劳动争议纠纷案件若干疑难问题的解答（一）》（2012年12月1日）

十六、《工伤保险条例》第三十三条规定的工伤职工在停工留薪期内"原工资福利待遇不变"的计算标准是什么？

工伤职工在停工留薪期内，原工资福利待遇不变，其中"原工资"按照工伤职工因工作遭受事故伤害或者患职业病前12个月的平均月工资计算，包括计时工资或者计件工资、奖金、津贴和补贴等，但不包括加班工资。

二、《浙江省高级人民法院民事审判第一庭、浙江省劳动人事争议仲裁院关于审理劳动争议案件若干问题的解答（三）》（2015年9月29日）

十二、工伤职工的停工留薪期应当如何确定？

答：工伤职工的停工留薪期是指工伤职工遭受事故伤害或者患职业病暂停工作接受工伤医疗的期间。故停工留薪期一般应当根据医院出具的诊断证明书，以工伤职工遭受事故伤害或者患职业病之日至暂停工作接受治疗终结止的期间确定，且不超过伤残等级鉴定作出之日；通过以上方法无法判断但又确需病休的，可以综合考虑工伤职工的受伤部位、治疗情况等，参照门诊病历的相关就医记录予以确定。必要时可通过鉴定、征询专家意见等方式确定相应期间。

广东省

《广东省高级人民法院、广东省劳动人事争议仲裁委员会关于劳动人事争议仲裁与诉讼衔接若干意见》（2018年7月18日）

七、在工伤停工留薪期内，劳动者的原工资福利待遇不变，由所在单位按月支付。工伤停工留薪期工资应按劳动者工伤前十二个月的平均工资（包括加班工资）支付。

十四、建设单位、施工总承包单位或者具有用人单位资格的专业分包或劳务分包单位违反法律、法规规定将承包业务转包给不具备用人单位资格的组织或者自然人，社会保险行政部门认定建设单位、施工总承包单位或者具有用人单位资格的专业分包单位承担工伤保险责任，建设单位、施工总承包单位或者具有用人主体资格的专业分包单位以其与劳动者不存在劳动关系为由抗辩的，不予支持。劳动者依据工伤认定结论主张停工留薪期工资的，应予支持。

重庆市

《重庆市高级人民法院民一庭关于九龙坡区法院劳动争议案件法律适用问题研讨会议综述》（2014年7月30日）

一、工伤职工在停工留薪期和鉴定期间均结束后，未回用人单位上班的，如何认定其性质？应当采用何种标准确定其待遇？

一致意见认为，工伤职工在停工留薪期和鉴定期满后，若用人单位已行使管理权要求非一至四级工伤职工上班但其未上班的，用人单位可以按照依法制定的规章制度中关于旷工的规定处理，符合法定解除条件的，用人单位可以依法解除与工伤职工的劳动关系。人民法院可以认定该工伤职工的行为为旷工行为。如果工伤职工主动要求上班，但是用人单位未安排工作岗位的，不宜认定为旷工。

在劳动关系存续期间，因用人单位原因导致职工未能上班的，应按工伤职工的正常工资标准向其支付报酬。因工伤职工自身原因未上班的，可以按最低工资标准向工伤职工支付报酬。

云南省

《云南省高级人民法院、云南省人力资源和社会保障厅关于审理劳动人事争议案件若干问题的座谈会纪要》（2015年1月19日）

七、关于工伤保险待遇的相关问题

（十四）劳动者因工伤需要暂停工作接受工伤医疗的，在停工留薪期内，原工资福利待遇不变，由所在单位按月支付。停工留薪期由劳动能力鉴定委员会确认，最长不超过二十四个月。

劳动能力鉴定结论未明确注明工伤职工的停工留薪期的，按照医疗机构出具的医嘱等相关证明确定停工留薪期。

停工留薪期原工资福利待遇按劳动者遭受事故伤害或者患职业病前十二个月的平均月工资计算，包括计时工资或者计件工资、奖金、津贴和补贴等，但不含加班工资。

第五节　关于非法用工单位伤亡人员赔偿问题

【适用指引】

一、请求权基础及相关案由

要求非法用工单位一次性赔偿的请求权基础为《工伤保险条例》第66条第1款。案由应适用《民事案件案由规定》"十七、劳动争议"，与《民事案件案由规定》"三十一、侵权责任纠纷"项下的"368.提供劳务者受害责任纠纷"有别。

二、非法用工单位和伤亡人员之间的法律关系

非法用工人员与伤亡人员之间不构成劳动关系，该种伤亡无法认定为工伤。

三、相关程序问题

现有规定非常简略，很多问题仍有待进一步明确和细化。可参见《非法用工单位伤亡人员一次性赔偿办法》第7条、第8条，《江苏省高级人民法院、江苏省劳动人事争议仲裁委员会关于审理劳动人事争议案件的指导意见（二）》第19条。

【裁判依据】

行政法规

《工伤保险条例》（2010年12月20日修订）

第六十六条　无营业执照或者未经依法登记、备案的单位以及被依法吊销营业执照或者撤销登记、备案的单位的职工受到事故伤害或者患职业病的，由该单位向伤残职工或者死亡职工的近亲属给予一次性赔偿，赔偿标准不得低于本条例规定的工伤保险待遇；用人单位不得使用童工，用人单位使用童工造成童工伤残、死亡的，由该单位向童工或者童工的近亲属给予一次性赔偿，赔偿标准不得低于本条例规定的工伤保险待遇。具体办法由国务院社会保险行政部门规定。

前款规定的伤残职工或者死亡职工的近亲属就赔偿数额与单位发生争议的，

以及前款规定的童工或者童工的近亲属就赔偿数额与单位发生争议的,按照处理劳动争议的有关规定处理。

部门规章

《非法用工单位伤亡人员一次性赔偿办法》(2010年12月31日)

第二条 本办法所称非法用工单位伤亡人员,是指无营业执照或者未经依法登记、备案的单位以及被依法吊销营业执照或者撤销登记、备案的单位受到事故伤害或者患职业病的职工,或者用人单位使用童工造成的伤残、死亡童工。

前款所列单位必须按照本办法的规定向伤残职工或者死亡职工的近亲属、伤残童工或者死亡童工的近亲属给予一次性赔偿。

第三条 一次性赔偿包括受到事故伤害或者患职业病的职工或童工在治疗期间的费用和一次性赔偿金。一次性赔偿金数额应当在受到事故伤害或者患职业病的职工或童工死亡或者经劳动能力鉴定后确定。

劳动能力鉴定按照属地原则由单位所在地设区的市级劳动能力鉴定委员会办理。劳动能力鉴定费用由伤亡职工或童工所在单位支付。

第四条 职工或童工受到事故伤害或者患职业病,在劳动能力鉴定之前进行治疗期间的生活费按照统筹地区上年度职工月平均工资标准确定,医疗费、护理费、住院期间的伙食补助费以及所需的交通费等费用按照《工伤保险条例》规定的标准和范围确定,并全部由伤残职工或童工所在单位支付。

第五条 一次性赔偿金按照以下标准支付:

一级伤残的为赔偿基数的16倍,二级伤残的为赔偿基数的14倍,三级伤残的为赔偿基数的12倍,四级伤残的为赔偿基数的10倍,五级伤残的为赔偿基数的8倍,六级伤残的为赔偿基数的6倍,七级伤残的为赔偿基数的4倍,八级伤残的为赔偿基数的3倍,九级伤残的为赔偿基数的2倍,十级伤残的为赔偿基数的1倍。

前款所称赔偿基数,是指单位所在工伤保险统筹地区上年度职工年平均工资。

第六条 受到事故伤害或者患职业病造成死亡的,按照上一年度全国城镇居民人均可支配收入的20倍支付一次性赔偿金,并按照上一年度全国城镇居民人均可支配收入的10倍一次性支付丧葬补助等其他赔偿金。

第七条 单位拒不支付一次性赔偿的,伤残职工或者死亡职工的近亲属、伤残童工或者死亡童工的近亲属可以向人力资源和社会保障行政部门举报。经查证属实的,人力资源和社会保障行政部门应当责令该单位限期改正。

第八条 伤残职工或者死亡职工的近亲属、伤残童工或者死亡童工的近亲属就赔偿数额与单位发生争议的,按照劳动争议处理的有关规定处理。

【参考依据】

江苏省

《江苏省高级人民法院、江苏省劳动人事争议仲裁委员会关于审理劳动人事争议案件的指导意见(二)》(2011年11月8日)

第十九条 无营业执照或者未经依法登记、备案的单位以及被依法吊销营业执照或者撤销登记、备案的单位的劳动者受到事故伤害或者患职业病,劳动者或其近亲属依据人力资源社会保障部门作出的因工伤亡确认结论和劳动能力鉴定结论请求单位予以赔偿的,劳动人事争议仲裁委员会和人民法院应当按照人力资源和社会保障部《非法用工单位伤亡人员一次性赔偿办法》的规定确定赔偿数额。

用人单位使用童工造成童工伤残、死亡的,童工或其近亲属依据人力资源社会保障部门作出的因工伤亡确认结论和劳动能力鉴定结论请求单位予以赔偿的,劳动人事争议仲裁委员会和人民法院应当按照人力资源和社会保障部《非法用工单位伤亡人员一次性赔偿办法》的规定确定赔偿数额。

安徽省

《安徽省高级人民法院关于审理劳动争议案件若干问题的指导意见》
(2015年1月20日)

第十九条 非法用工单位的劳动者发生工伤的,既可以依照《工伤保险条例》第六十六条的规定,请求非法用工单位给予不低于工伤保险待遇标准的一次性赔偿,也可以向非法用工单位主张人身损害赔偿责任。

非法用工单位伤亡人员(含死亡职工的近亲属)依据相关行政部门出具的非法用工处理意见要求单位支付一次性赔偿的,予以支持。非法用工单位伤亡人员不能提供相关行政部门出具的非法用工处理意见,人民法院可以根据查明的事实及《非法用工单位伤亡人员一次性赔偿办法》的规定认定非法用工关系是否成立,并据此认定非法用工单位应承担的赔偿责任。

第六节　关于工伤保险赔偿与第三人侵权赔偿责任的竞合问题

【适用指引】

一、《社会保险法》第四十二条中的"第三人"的理解

"第三人"应该是用人单位或者受雇于同一用人单位的劳动者以外的第三人，可以是自然人，也可以是法人或者其他组织。①

二、法律关系的竞合如何处理

国际上关于工伤保险与人身损害赔偿的竞合有四种基本模式：选择模式、免除模式、兼得模式、补偿模式。由于立法中的分歧较大，《社会保险法》未作出明确规定。《最高人民法院关于审理人身损害赔偿案件适用法律若干问题的解释》第12条用的是"可以"的弹性规定，这就为现实中的判案提供了两种可供选择的可能性，民事赔偿与工伤保险关系的规定可以被理解为兼得模式和补充模式等。②

【裁判依据】

法律

《中华人民共和国社会保险法》（2018年12月29日修正）

第四十二条　由于第三人的原因造成工伤，第三人不支付工伤医疗费用或者无法确定第三人的，由工伤保险基金先行支付。工伤保险基金先行支付后，有权向第三人追偿。

---

① 郑功成主编：《中华人民共和国社会保险法释义与适用指引》，中国劳动社会保障出版社2012年版，第160~161页。

② 郑功成主编：《中华人民共和国社会保险法释义与适用指引》，中国劳动社会保障出版社2012年版，第159~163页。

最高人民法院司法解释及其他文件

一、《最高人民法院关于审理人身损害赔偿案件适用法律若干问题的解释》(2003年12月26日,法释〔2003〕20号)

第十二条 依法应当参加工伤保险统筹的用人单位的劳动者,因工伤事故遭受人身损害,劳动者或者其近亲属向人民法院起诉请求用人单位承担民事赔偿责任的,告知其按《工伤保险条例》的规定处理。

因用人单位以外的第三人侵权造成劳动者人身损害,赔偿权利人请求第三人承担民事赔偿责任的,人民法院应予支持。

二、《最高人民法院关于因第三人造成工伤的职工或其亲属在获得民事赔偿后是否还可以获得工伤保险补偿问题的答复》(2006年12月28日)

根据《中华人民共和国安全生产法》第四十八条以及最高人民法院《关于审理人身损害赔偿案件适用法律若干问题的解释》第十二条的规定,因第三人造成工伤的职工或其近亲属,从第三人处获得民事赔偿后,可以按照《工伤保险条例》第三十七条的规定,向工伤保险机构申请工伤保险待遇补偿。

【参考依据】

北京市

《北京市高级人民法院、北京市劳动争议仲裁委员会关于劳动争议案件法律适用问题研讨会会议纪要(二)》(2014年5月7日)

34.因第三人侵权而发生的工伤,如用人单位未为劳动者缴纳工伤保险费,应由用人单位按照《工伤保险条例》的有关规定向劳动者(或直系亲属)支付工伤保险待遇。侵权的第三人已全额给付劳动者(或直系亲属)医疗费、交通费、残疾用具费等需凭相关票据给予一次赔偿的费用,用人单位不必再重复给付。

天津市

《天津法院劳动争议案件审理指南》(2017年11月30日)

39.【工伤赔偿与民事赔偿是否兼得的问题】被侵权人有权获得工伤保险待遇或者其他社会保险待遇的,侵权人的侵权责任不因受害人获得社会保险而减轻或者免除。根据《中华人民共和国社会保险法》第三十条和四十二条的规定,被侵权人有权请求工伤保险基金或者其他社会保险支付工伤保险待遇或者其他保待遇。

用人单位未依法缴纳工伤保险费，劳动者因第三人侵权造成人身损害并构成工伤，侵权人已经赔偿的，劳动者有权请求用人单位支付除医疗费之外的工伤保险待遇。用人单位先行支付工伤保险待遇的，可以就医疗费用在第三人应承担的赔偿责任范围内向其追偿。

上海市

《上海市高级人民法院民一庭关于审理〈工伤保险赔偿与第三人侵权损害赔偿竞合案件若干问题〉的解答》(2010年6月22日)

一、关于工伤保险赔偿案件与第三人侵权损害赔偿案件竞合的处理原则

我们认为，在第三人侵权引起工伤事故的情形下，会产生两种赔偿请求权，一是工伤职工的工伤保险赔偿请求权，二是工伤职工向第三人提起的侵权损害赔偿请求权。两种请求权的权利基础和归责原则不同，……工伤保险损害赔偿实行无过错责任原则，……侵权损害赔偿实行的是民法的填平原则、过错原则和过失相抵原则。故在劳动者人身权受到第三人侵害的同时又被劳动行政部门认定为工伤的，如劳动者分别提起侵权损害赔偿之诉及申请工伤保险赔偿仲裁的，对于侵权损害赔偿的请求和不服工伤保险赔偿仲裁裁决提出的请求，法院应分别依法作出判决。同时，用人单位或工伤保险经办机构在履行了相应赔偿义务后，可就劳动者已实际获得的重复的赔偿部分取得追偿权。

此外，法院应在判决书中明确用人单位或工伤保险经办机构享有的追偿权和侵权损害赔偿或工伤保险赔偿各重复赔偿项目的具体数额。

二、工伤保险赔偿和侵权损害赔偿竞合案件中具体赔偿项目如何认定

……经过对两种赔偿制度所确定的赔偿项目的比较和分析，我们认为，工伤保险赔偿和侵权损害赔偿中相同并存在重复的项目主要有这样一些，即：工伤保险赔偿中的原工资福利待遇（侵权损害赔偿中的误工费）、医疗费、停工留薪期间的护理费和生活护理费（侵权损害赔偿中的护理费）、住院伙食补助费、交通费、外省市就医食宿费（侵权损害赔偿中的外省市就医住宿费和伙食费）、康复治疗费（侵权损害赔偿中的康复费、康复护理费、适当的整容费、后续治疗费等）、辅助器具费（侵权损害赔偿中的残疾辅助器具费）、供养亲属抚恤金（侵权损害赔偿中的被抚养人生活费）、丧葬补助金（侵权损害赔偿中的丧葬费）等费用，我们认为这些项目如果重复赔偿，则违反了民法的填平原则和实际赔偿原则。故对上述项目，采取同一赔偿项目按照就高原则进行认定的方式来处理比较合理。

"就高原则"是指上述侵权损害和工伤保险相同并重复的赔偿项目,按照各自的计算标准,确定两者之间数额较高的作为劳动者应获得的赔偿数额的计算原则。

三、关于劳动者在侵权损害赔偿案件中就重复赔偿项目按照就高原则已获得全额赔偿的,劳动者是否还可在工伤保险赔偿案件中主张重复赔偿的问题

我们认为,法院在审理工伤保险赔偿案件中,如查明劳动者在侵权损害赔偿案件中已就相同并重复的赔偿项目按照就高原则获得足额赔偿,按照民法的填平原则,劳动者仍在工伤保险赔偿中主张赔偿的,法院不予支持。

四、关于用人单位或工伤保险经办机构向劳动者行使追偿权,法院如何处理的问题

我们认为,如果劳动者分别通过诉讼或仲裁,就工伤保险赔偿和侵权损害赔偿中的重复赔偿项目获得重复赔偿的,用人单位或工伤保险经办机构可以在扣除按照就高原则确定的劳动者应获得的赔偿数额后的剩余部分进行追偿,但其追偿的数额不得超过其实际支付的重复赔偿项目的总数。

用人单位或工伤保险经办机构行使追偿权的案件由各法院审理劳动争议案件的部门审理。

五、关于用人单位未依法参加工伤保险统筹的,如何进行处理的问题

我们认为,用人单位未依法为劳动者缴纳工伤保险,但劳动者已被认定为工伤的,用人单位仍应当依照《工伤保险条例》《上海市工伤保险实施办法》的相关规定支付工伤保险待遇。劳动者分别提起侵权损害赔偿或工伤保险赔偿仲裁、诉讼的,可参照本解答有关规定处理。

六、关于外来从业人员发生工伤保险和侵权损害赔偿竞合诉讼,法院如何处理的问题

我们认为,《上海市外来从业人员综合保险暂行办法》是针对本市外来从业人员的特别规定,在具体计算工伤保险待遇时有其特殊性,但其处理原则可参照本解答有关规定执行。

江苏省

《江苏省劳动人事争议疑难问题研讨会纪要》(2017年7月3日)

(十四)未参保职工因第三人侵权构成工伤的,停工留薪期工资与误工费能否重复享受?

用人单位未依法缴纳工伤保险费,劳动者因第三人侵权造成人身损害并构成工伤,侵权人已经赔偿的,劳动者有权请求用人单位支付除工伤医疗费用之外的

工伤保险待遇。用人单位先行支付工伤保险待遇的，可以就工伤医疗费用在第三人应承担的赔偿责任范围内向其追偿。工伤医疗费用指工伤职工因治疗工伤而发生的医疗费、护理费、营养费、交通食宿费、住院伙食补助费、残疾辅助器具费等实际支出费用。停工留薪期工资不属于工伤医疗费用范畴，即使工伤职工在获得第三人支付的误工费后，用人单位也应当支付停工留薪期工资。

重庆市

一、《重庆市高级人民法院关于因第三人侵权造成工伤的劳动者或者工亡的劳动者遗属是否既有权获得工伤保险待遇又有权获得侵权损害赔偿问题的解答》（2013年8月19日）

问：由于第三人的原因造成工伤，工伤职工或者因工死亡职工的遗属是否有权在获得工伤保险待遇后请求第三人承担侵权损害赔偿责任，或者在获得侵权损害赔偿后请求用人单位支付工伤保险待遇？

答：根据《社会保险法》第四十二条，参照《重庆市人力资源和社会保障局关于涉及第三方责任工伤保险待遇支付问题的通知》（渝人社发〔2013〕77号）的规定，对此问题作如下答复：

一、由于第三人的原因造成工伤，工伤职工或者因工死亡职工的遗属可请求第三人承担侵权损害赔偿责任，也可请求社会保险经办机构及用人单位支付相应的工伤保险待遇。工伤保险属于社会保险范畴，其本质是国家对劳动者劳动权益的社会保障措施，目的是将损害负担社会化，实现对劳动者利益的充分保护和快速补偿。职工由于第三人的原因造成工伤，将产生两个不同的法律关系，即工伤保险法律关系与第三人侵权法律关系。在法律法规没有作出其他规定的情况下，工伤职工或者因工死亡职工的遗属既可请求第三人承担侵权损害赔偿责任，也可请求社会保险经办机构及用人单位支付相应的工伤保险待遇，即侵权损害赔偿和工伤保险待遇可以兼得。

二、目前，由于第三人的原因造成工伤，工伤职工或者因工死亡职工的遗属如果选择请求社会保险经办机构及用人单位支付相应的工伤保险待遇，在获得工伤保险待遇后请求第三人承担侵权损害赔偿责任的，应予支持，但医疗费用除外。……工伤医疗费用低于侵权损害赔偿医疗费用的，工伤职工或者因工死亡职工的遗属请求第三人补足的，应予支持。由于审判实践中存在大量工伤医疗费用低于侵权损害赔偿医疗费用的情况，为了充分保护劳动者的权益，医疗费用虽不能兼得，但应采纳就高原则，即工伤医疗费用低于侵权损害赔偿医疗费用时，应选择较高的侵权损害赔偿医疗费用作为医疗费用的数额，工伤职工或者因工死亡职工的遗属在获得工伤医疗费用后请求第三人补足的，应予支持。工伤保险基金先行支付工伤医疗费用后，有权向第三人追偿。用人单位未依法缴纳工伤保险费，发生工伤事故的，用人单位先行支付工伤医疗费用后，有权向第三人追偿。《社会保险法》第四十二条仅规定了工伤保险基金的追偿权。但用人单位在支付工伤保险待遇后其法律地位与工伤保险基金类似，故用人单位对第三人亦享有追偿权。

三、用人单位未依法缴纳工伤保险费，由于第三人的原因造成工伤，工伤职工或者因工死亡职工的遗属如果选择请求第三人承担侵权损害赔偿责任，在获得侵权损害赔偿后请求用人单位支付工伤保险待遇的，应予支持，但工伤医疗费用除外。

二、《重庆市高级人民法院民一庭关于九龙坡区法院劳动争议案件法律适用问题研讨会议综述》（2014年7月30日）

五、因本单位其他员工侵权行为受到伤害并被认定为工伤的劳动者，既要求用人单位承担侵权赔偿责任又要求享受工伤待遇的，应当如何处理？

一致意见认为，根据市高法院《关于因第三人侵权造成工伤的劳动者或者工亡的劳动者遗属是否既有权获得工伤保险待遇又有权获得侵权损害赔偿问题的解答》（渝高法发〔2013〕7号）规定：由于第三人的原因造成工伤，工伤职工或者因工死亡职工的遗属可请求第三人承担侵权损害赔偿责任，也可请求社会保险经办机构及用人单位支付相应的工伤保险待遇。该规定中的"第三人"应当指用人单位以外的第三人。劳动者受伤如因本单位其他员工的行为造成，并不存在用人单位、劳动者之外的第三人，因此不适用上述规定。

第十六章　涉及办理离职手续、赔偿损失、
　　　　　返还财物等请求的规范

【适用指引】

一、请求权基础和相关案由

劳动者要求用人单位办理档案和社会保险关系转移手续请求的请求权基础为《劳动合同法》第50条第1款；劳动者或用人单位要求对方赔偿损失、返还财物等请求的请求权基础为《劳动法》第89条、第97条、第98条、第99条、第102条以及《劳动合同法》第9条、第50条、第81条、第84条、第86条、第89条、第90条等。案由应适用《民事案件案由规定》"十七、劳动争议"。

二、涉及赔偿损失的相关规定

1. 劳动规章制度违反法律、法规规定的：参见《劳动法》第89条、《劳动合同法》第80条。

2. 对女职工或未成年工造成损害的：参见《劳动法》第95条。

3. 由于用人单位的原因订立无效劳动合同的：参见《劳动法》第97条、《劳动合同法》第96条；

4. 招用其他单位未解除劳动合同的劳动者的：参见《劳动法》第99条、《劳动合同法》第91条、《违反〈劳动法〉有关劳动合同规定的赔偿办法》第6条。

5. 用人单位或劳动者违法或违约解除劳动合同的：参见《劳动合同法》第90条、《劳动部贯彻执行劳动法若干问题意见》第32条、第33条；《违反〈劳动法〉有关劳动合同规定的赔偿办法》第4条；《北京市高级人民法院、北京市劳动争议仲裁委员会关于劳动争议案件法律适用问题研讨会会议纪要（二）》第40条、《浙江省高级人民法院民一庭关于审理劳动争议案件若干问题的意见》第38条。

6. 违反保密义务或竞业限制的：参见《劳动法》第102条、《劳动合同法》第90条、《违反〈劳动法〉有关劳动合同规定的赔偿办法》第5条。

7. 劳动合同未载明必备条款或未将劳动合同文本交付劳动者的：参见《劳动合同法》第81条。

8. 向劳动者收取财物的：参见《劳动合同法》84条第2款。

9. 未向劳动者出具解除或终止劳动合同书面证明的：《劳动合同法》第89条、《北京市高级人民法院、北京市劳动争议仲裁委员会关于劳动争议案件法律适用问题研讨会会议纪要（二）》第41条、《湖南省高级人民法院关于审理劳动争议案件若干问题的指导意见》第25条。

10. 劳务派遣违反法律规定的：参见《劳动合同法》第92条。

11. 不具备合法经营资格的用人单位违法用工的：参见《劳动合同法》第93条。

12. 个人承包经营违反法律规定的：参见《劳动合同法》第94条。

13. 用人单位故意拖延不订立或续订劳动合同的：参见《违反〈劳动法〉有关劳动合同规定的赔偿办法》第2条。

14. 丢失档案或延迟转移档案的：参见（北京市高级人民法院、北京市劳动争议仲裁委员会关于劳动争议案件法律适用问题研讨会会议纪要（二））第9条。

15. 未在规定期限内办理档案和社会保险关系转移手续的：参见《北京市高级人民法院、北京市劳动争议仲裁委员会关于劳动争议案件法律适用问题研讨会会议纪要（二）》第41条。

16. 涉及户口的：参见《北京市高级人民法院、北京市劳动争议仲裁委员会关于劳动争议案件法律适用问题研讨会会议纪要》第33条。

17. 用人单位调整劳动者工作岗位的：参见《北京市高级人民法院、北京市劳动人事争议仲裁委员会关于审理劳动争议案件法律适用问题的解答》第5条。

三、因劳动者原因给用人单位造成经济损失的情形

参见《工资支付暂行规定》第16条、《重庆市六部门关于劳动争议案件法律适用问题专题座谈会纪要（二）》第5条、《四川省高级人民法院民一庭关于审理劳动争议案件若干疑难问题的解答》第9条。

【裁判依据】

法律

一、《中华人民共和国劳动法》(2018年12月29日修正)

第八十九条　用人单位制定的劳动规章制度违反法律、法规规定的，由劳动行政部门给予警告，责令改正；对劳动者造成损害的，应当承担赔偿责任。

第九十五条　用人单位违反本法对女职工和未成年工的保护规定，侵害其合法权益的，由劳动行政部门责令改正，处以罚款；对女职工或者未成年工造成损害的，应当承担赔偿责任。

第九十七条　由于用人单位的原因订立的无效合同，对劳动者造成损害的，应当承担赔偿责任。

第九十八条　用人单位违反本法规定的条件解除劳动合同或者故意拖延不订立劳动合同的，由劳动行政部门责令改正；对劳动者造成损害的，应当承担赔偿责任。

第九十九条 用人单位招用尚未解除劳动合同的劳动者，对原用人单位造成经济损失的，该用人单位应当依法承担连带赔偿责任。

第一百零二条 劳动者违反本法规定的条件解除劳动合同或者违反劳动合同中约定的保密事项，对用人单位造成经济损失的，应当依法承担赔偿责任。

二、《中华人民共和国劳动合同法》（2012年12月28日修正）

第九条 用人单位招用劳动者，不得扣押劳动者的居民身份证和其他证件，不得要求劳动者提供担保或者以其他名义向劳动者收取财物。

第五十条 用人单位应当在解除或者终止劳动合同时出具解除或者终止劳动合同的证明，并在十五日内为劳动者办理档案和社会保险关系转移手续。

劳动者应当按照双方约定，办理工作交接。用人单位依照本法有关规定应当向劳动者支付经济补偿的，在办结工作交接时支付。

用人单位对已经解除或者终止的劳动合同的文本，至少保存二年备查。

第八十条 用人单位直接涉及劳动者切身利益的规章制度违反法律、法规规定的，由劳动行政部门责令改正，给予警告；给劳动者造成损害的，应当承担赔偿责任。

第八十一条 用人单位提供的劳动合同文本未载明本法规定的劳动合同必备条款或者用人单位未将劳动合同文本交付劳动者的，由劳动行政部门责令改正；给劳动者造成损害的，应当承担赔偿责任。

第八十四条 用人单位违反本法规定，扣押劳动者居民身份证等证件的，由劳动行政部门责令限期退还劳动者本人，并依照有关法律规定给予处罚。

用人单位违反本法规定，以担保或者其他名义向劳动者收取财物的，由劳动行政部门责令限期退还劳动者本人，并以每人五百元以上二千元以下的标准处以罚款；给劳动者造成损害的，应当承担赔偿责任。

劳动者依法解除或者终止劳动合同，用人单位扣押劳动者档案或者其他物品的，依照前款规定处罚。

第八十六条 劳动合同依照本法第二十六条规定被确认无效，给对方造成损害的，有过错的一方应当承担赔偿责任。

第八十九条 用人单位违反本法规定未向劳动者出具解除或者终止劳动合同的书面证明，由劳动行政部门责令改正；给劳动者造成损害的，应当承担赔偿责任。

第九十条 劳动者违反本法规定解除劳动合同，或者违反劳动合同中约定的保密义务或者竞业限制，给用人单位造成损失的，应当承担赔偿责任。

第九十一条 用人单位招用与其他用人单位尚未解除或者终止劳动合同的劳动者,给其他用人单位造成损失的,应当承担连带赔偿责任。

第九十二条 ……劳务派遣单位违反本法规定的,由劳动行政部门和其他有关主管部门责令改正;情节严重的,以每人一千元以上五千元以下的标准处以罚款,并由工商行政管理部门吊销营业执照;给被派遣劳动者造成损害的,劳务派遣单位与用工单位承担连带赔偿责任。

第九十三条 对不具备合法经营资格的用人单位的违法犯罪行为,依法追究法律责任;劳动者已经付出劳动的,该单位或者其出资人应当依照本法有关规定向劳动者支付劳动报酬、经济补偿、赔偿金;给劳动者造成损害的,应当承担赔偿责任。

第九十四条 个人承包经营违反本法规定招用劳动者,给劳动者造成损害的,发包的组织与个人承包经营者承担连带赔偿责任。

附1:《违反〈劳动法〉有关劳动合同规定的赔偿办法》(1995年5月10日)

第五条 劳动者违反劳动合同中约定的保密事项,对用人单位造成经济损失的,按《反不正当竞争法》第二十条①的规定支付用人单位赔偿费用。

附2:《中华人民共和国反不正当竞争法》(2019年4月23日修正)

第十七条 经营者违反本法规定,给他人造成损害的,应当依法承担民事责任。

经营者的合法权益受到不正当竞争行为损害的,可以向人民法院提起诉讼。

因不正当竞争行为受到损害的经营者的赔偿数额,按照其因被侵权所受到的实际损失确定;实际损失难以计算的,按照侵权人因侵权所获得的利益确定。赔偿数额还应当包括经营者为制止侵权行为所支付的合理开支。

经营者违反本法第六条、第九条规定,权利人因被侵权所受到的实际损失、侵权人因侵权所获得的利益难以确定的,由人民法院根据侵权行为的情节判决给予权利人三百万元以下的赔偿。

三、《中华人民共和国社会保险法》(2010年10月28日)

第五十条 用人单位应当及时为失业人员出具终止或者解除劳动关系的证明,并将失业人员的名单自终止或者解除劳动关系之日起十五日内告知社会保险经办机构。

失业人员应当持本单位为其出具的终止或者解除劳动关系的证明,及时到指定的公共就业服务机构办理失业登记。

失业人员凭失业登记证明和个人身份证明,到社会保险经办机构办理领取失

---

① 对应2019年4月23日修正并公布的《反不正当竞争法》第20条。

业保险金的手续。失业保险金领取期限自办理失业登记之日起计算。

行政法规

《中华人民共和国劳动合同法实施条例》(2008年9月18日)

第二十四条　用人单位出具的解除、终止劳动合同的证明，应当写明劳动合同期限、解除或者终止劳动合同的日期、工作岗位、在本单位的工作年限。

部门规章

一、《工资支付暂行规定》(1994年12月6日)

第十六条　因劳动者本人原因给用人单位造成经济损失的，用人单位可按照劳动合同的约定要求其赔偿经济损失。经济损失的赔偿，可从劳动者本人的工资中扣除。但每月扣除的部分不得超过劳动者当月工资的20%。若扣除后的剩余工资部分低于当地月最低工资标准，则按最低工资标准支付。

二、《劳动部关于贯彻执行〈中华人民共和国劳动法〉若干问题的意见》(1995年8月4日)

32. 按照劳动法第三十一条的规定，劳动者解除劳动合同，应当提前三十日以书面形式通知用人单位。超过三十日，劳动者可以向用人单位提出办理解除劳动合同手续，用人单位予以办理。如果劳动者违法解除劳动合同给原用人单位造成经济损失，应当承担赔偿责任。

33. 劳动者违反劳动法规定或劳动合同的约定解除劳动合同（如擅自离职），给用人单位造成经济损失的，应当根据劳动法第一百零二条和劳动部《违反〈劳动法〉有关劳动合同规定的赔偿办法》(劳部发〔1995〕223号)的规定，承担赔偿责任。

三、《违反劳动法有关劳动合同规定的赔偿办法》(1995年5月10日)

第二条　用人单位有下列情形之一，对劳动者造成损害的，应赔偿劳动者损失：

（一）用人单位故意拖延不订立劳动合同，即招用后故意不按规定订立劳动合同以及劳动合同到期后故意不及时续订劳动合同的；

（二）由于用人单位的原因订立无效劳动合同，或订立部分无效劳动合同的；

（三）用人单位违反规定或劳动合同的约定侵害女职工或未成年工合法权益的；

（四）用人单位违反规定或劳动合同的约定解除劳动合同的。

第三条　本办法第二条规定的赔偿，按下列规定执行：

（一）造成劳动者工资收入损失的，按劳动者本人应得工资收入支付给劳动者，并加付应得工资收入25%的赔偿费用；

（二）造成劳动者劳动保护待遇损失的，应按国家规定补足劳动者的劳动保护津贴和用品；

（三）造成劳动者工伤、医疗待遇损失的，除按国家规定为劳动者提供工伤、医疗待遇外，还应支付劳动者相当于医疗费用25%的赔偿费用；

（四）造成女职工和未成年工身体健康损害的，除按国家规定提供治疗期间的医疗待遇外，还应支付相当于其医疗费用25%的赔偿费用；

（五）劳动合同约定的其他赔偿费用。

第四条 劳动者违反规定或劳动合同的约定解除劳动合同，对用人单位造成损失的，劳动者应赔偿用人单位下列损失：

（一）用人单位招收录用其所支付的费用；

（二）用人单位为其支付的培训费用，双方另有约定的按约定办理；

（三）对生产、经营和工作造成的直接经济损失；

（四）劳动合同约定的其他赔偿费用。

第五条 劳动者违反劳动合同中约定的保密事项，对用人单位造成经济损失的，按《反不正当竞争法》第二十条的规定支付用人单位赔偿费用。

第六条 用人单位招用尚未解除劳动合同的劳动者，对原用人单位造成经济损失的，除该劳动者承担直接赔偿责任外，该用人单位应当承担连带赔偿责任。其连带赔偿的份额应不低于对原用人单位造成经济损失总额的百分之七十。向原用人单位赔偿下列损失：

（一）对生产、经营和工作造成的直接经济损失；

（二）因获取商业秘密给原用人单位造成的经济损失。

赔偿本条第（二）项规定的损失，按《反不正当竞争法》第二十条的规定执行。

第七条 因赔偿引起争议的，按照国家有关劳动争议处理的规定办理。

部门规范性文件

《劳动部关于实行劳动合同制度若干问题的通知》（1996年10月31日）

15.在劳动者履行了有关义务终止、解除劳动合同时，用人单位应当出具终止、解除劳动合同证明书，作为该劳动者按规定享受失业保险待遇和失业登记、求职登记的凭证。

证明书应写明劳动合同期限、终止或解除的日期、所担任的工作。如果劳动者要求，用人单位可在证明中客观地说明解除劳动合同的原因。

【参考依据】

北京市

一、《北京市高级人民法院、北京市劳动争议仲裁委员会关于劳动争议案件法律适用问题研讨会会议纪要》（2009年8月17日）

33. 用人单位为其招用的劳动者办理了本市户口，双方据此约定了服务期和违约金，用人单位以双方约定为依据要求劳动者支付违约金的，不应予以支持。确因劳动者违反了诚实信用原则，给用人单位造成损失的，劳动者应当予以赔偿。

40. 因用人单位的过错而使档案迟延移转，劳动者要求用人单位赔偿损失，劳动仲裁委或人民法院在确定赔偿额时，可参照《北京市失业保险规定》及相关政策文件的规定；劳动者因其档案丢失而向用人单位主张赔偿损失的，劳动仲裁委或人民法院可根据当事人的过错程度和受损情况酌情确定赔偿数额，一般不超过六万元。

二、《北京市高级人民法院、北京市劳动争议仲裁委员会关于劳动争议案件法律适用问题研讨会会议纪要（二）》（2014年5月7日）

9. 劳动者要求转移户口、归还户口页、终止用人单位与人才中心户口保管合同的纠纷是否作为劳动争议案件处理？

劳动者要求转移户口、归还户口页、终止用人单位与人才中心户口保管合同的纠纷，不作为劳动争议案件处理。

40. 劳动者未按规定提前三十天（在试用期内提前三天）通知用人单位解除劳动合同即自行离职，或虽然履行通知义务，但有未履行的相关义务，给用人单位造成损失的，应否赔偿？

劳动者未提前三十天（在试用期内提前三天）通知用人单位解除劳动合同，自行离职，或虽然履行通知义务，但有未履行的相关义务，如其应当履行的办理工作交接等义务，给用人单位造成直接经济损失的，应当承担相应的赔偿责任，对所造成的经济损失，用人单位负有举证责任。

41. 解除或终止劳动合同后，用人单位拒不向劳动者出具终止或者解除劳动关系证明或者未在法律规定的期限内为劳动者办理档案和社会保险关系转移手续，造成劳动者无法就业的，劳动者请求用人单位赔偿损失的，如何处理？

劳动者能够证明因用人单位的过错造成其无法就业并发生实际经济损失的，

应当予以支持。劳动者对用人单位过错与其无法就业有直接的因果关系以及因此所造成经济损失的具体数额负有举证责任，不能证明有直接因果关系的不予支持，如确实造成经济损失，但无法确定经济损失具体数额的，可以按照劳动者在解除或终止劳动合同前十二个月平均工资确定。

三、《北京市高级人民法院、北京市劳动人事争议仲裁委员会关于审理劳动争议案件法律适用问题的解答》（2017年4月24日）

5. 用人单位调整劳动者工作岗位的，如何处理？

（节录）用人单位与劳动者签订的劳动合同中明确约定工作岗位但未约定如何调岗的，在不符合《劳动合同法》第四十条所列情形时，用人单位自行调整劳动者工作岗位的属于违约行为，给劳动者造成损失的，用人单位应予以赔偿，参照原岗位工资标准补发差额。对于劳动者主张恢复原工作岗位的，根据实际情况进行处理。经审查难以恢复原工作岗位的，可释明劳动者另行主张权利，释明后劳动者仍坚持要求恢复原工作岗位，可驳回请求。

14. 在不属于《劳动合同法》第三十八条规定的情况下，劳动者违反劳动合同约定的期限提前解除合同，用人单位拒绝继续履行约定的正常劳动报酬、福利外的经济方面的特殊待遇，或者要求劳动者返还正常劳动报酬、福利外的经济方面的特殊待遇，如何处理？

用人单位除向劳动者支付正常劳动报酬外，还特别给予劳动者如汽车、房屋、住房补贴等经济方面特殊待遇，双方对特殊待遇与约定工作期限的关联性有明确约定的按约定；虽无明确约定，但能够认定用人单位系基于劳动者的工作期限给予劳动者特殊待遇的，由于劳动者未完全履行合同，用人单位可以就劳动者未履行合同对应部分拒绝给付特殊待遇，对已经预先给付的，可以按照相应比例要求返还。

上海市

一、《上海市高级人民法院关于适用〈劳动合同法〉若干问题的意见》
（2009年3月3日）

七、劳动者违反合同约定的期限解除合同，用人单位要求劳动者返还特殊待遇的处理

用人单位向劳动者支付报酬，劳动者付出相应的劳动，是劳动合同双方当事人的基本合同义务。用人单位给予劳动者价值较高的财物，如汽车、房屋或住房补贴等特殊待遇的，属于预付性质。劳动者未按照约定期限付出劳动的，属于不完全履行合同。根据合同履行的对等原则，对劳动者未履行的部分，用人单位可

以拒绝给付；已经给付的，也可以要求相应返还。因此，用人单位以劳动者未完全履行劳动合同为由，要求劳动者按照相应比例返还的，可以支持。

十二、劳动者占有用人单位价值较高的财产时，用人单位与劳动者约定设置担保的效力

根据劳动合同法第九条的规定，用人单位不得在招工时扣押劳动者身份证件、要求劳动者提供担保或收取劳动者财物。在劳动合同履行过程中，对于劳动者占有单位价值较高的财物，单位为防止财物灭失或被轻易毁坏，与劳动者约定设置了相应的合理担保的，法律没有禁止，可以认定有效。但该约定为流押、流质担保，或者名义上为财物"担保"实际上却是要求劳动者购买该财物的，该约定无效。

二、《上海市高级人民法院民一庭调研与参考》（〔2014〕15号）
二、外国人就业的相关问题
3. 关于外国人与用人单位在劳动合同中未就违约解除劳动合同的法律责任进行约定，法院如何处理违约解除的问题
……

对于劳动合同约定用人单位违约解除需承担法律责任，但未约定具体赔偿方法的（即未约定损失的计算方式或具体数额），外国劳动者以用人单位违约解除劳动合同为由要求赔偿损失，该诉请是否支持的问题。倾向认为，参照《合同法》[①]关于一方严重违约导致解除合同，应当赔偿另一方因此造成的实际损失的相关规定，如用人单位违约解除劳动合同，但劳动合同未约定违约解除的法律后果，外国劳动者要求赔偿实际损失的，可予支持。

> **江苏省**

《江苏省高级人民法院、江苏省劳动争议仲裁委员会关于审理劳动争议案件的指导意见》（2009年12月14日）

第十五条 劳动者单方解除劳动合同，除有《劳动合同法》第二十二条、二十三条规定的情形外，用人单位主张劳动者赔偿违约金的，不予支持。但劳动者违反诚实信用原则提前解除劳动合同，给用人单位造成实际损失，用人单位主张劳动者赔偿直接经济损失的，应予支持。

劳动者以《劳动合同法》第三十八条第一款规定为由解除劳动合同，应当通知用人单位解除劳动合同并说明理由，劳动者未履行告知程序，事后又以《劳动合同法》第四十六条第（一）项规定为由请求用人单位支付经济补偿的，不予

---

① 对应《民法典》合同编中的第566条、第584条。

支持。

浙江省

《浙江省高级人民法院民一庭关于审理劳动争议案件若干问题的意见》
(2009年4月16日)

第三十八条 劳动者提前三十日以书面形式通知用人单位，可以依法解除劳动合同。用人单位在劳动合同中设定违约金条款以限制劳动者上述解除权的，该违约金条款无效。但由于劳动者行使上述解除权而违反劳动合同有关约定，并给用人单位造成直接经济损失的，劳动者应予赔偿。

湖南省

《湖南省高级人民法院关于审理劳动争议案件若干问题的指导意见》
(2009年5月20日)

二十五、用人单位有证据证明劳动者知道或应当知道劳动关系被解除或终止的，劳动者知道或应当知道劳动关系被解除或终止之日为劳动争议发生之日。

用人单位违反《劳动合同法》的规定未向劳动者出具解除或者终止劳动合同的书面证明，给劳动者造成经济损失，劳动者请求用人单位承担赔偿责任的，应予支持。

重庆市

《重庆市六部门关于劳动争议案件法律适用问题专题座谈会纪要（二）》
(2017年8月14日)

五、用人单位要求劳动者赔偿损失的处理问题

用人单位以劳动者存在《中华人民共和国劳动合同法》第八十六条、第九十条、第九十一条规定情形为由要求劳动者承担赔偿责任，并能举示充分证据予以证明的，人民法院应当予以支持。

劳动者在履行职务中因过失侵害他人合法权益，用人单位承担赔偿责任后向劳动者追偿的，由于劳动者的行为系职务行为，该行为产生的风险应当由用人单位承担，故对用人单位的请求不予支持。

劳动者故意侵害用人单位合法权益，给用人单位造成侵害的，按照普通民事案件处理。

四川省

《四川省高级人民法院民一庭关于审理劳动争议案件若干疑难问题的解答》(2016年1月15日)

9.劳动者在履行、解除劳动合同过程中因故意或重大过失给用人单位造成经济损失，用人单位起诉要求劳动者承担赔偿责任的，人民法院应予支持。

【典型案例】

蔡玉龙诉南京金中建幕墙装饰有限公司劳动合同纠纷案[①]

裁判摘要：用人单位应依据劳动合同法的规定，在解除或终止劳动合同时出具解除或终止劳动合同的证明，在十五日内为劳动者办理档案和社会保险关系转移手续，并在合理期限内为劳动者办理专业证件转移手续。用人单位不及时办理上述事项，致使劳动者在再次就业时无法办理相关入职手续，或者无法出示相关证件，严重影响新用人单位对劳动者工作态度和职业能力的判断，从而导致劳动者不能顺利就业，损害劳动者再就业权益的，应对劳动者的未就业损失进行赔偿。

---

① 载《最高人民法院公报》，2020年第4期。

第十七章　涉及竞业限制相关请求的规范

【适用指引】

一、请求权基础和相关案由

劳动者要求用人单位支付竞业限制经济补偿请求的请求权基础为《劳动合同法》第23条第2款"对负有保密义务的劳动者……给予劳动者经济补偿";用人单位要求劳动者支付违反竞业限制违约金请求的请求权基础为《劳动合同法》第23条第2款"劳动者违反竞业限制约定的,应当按照约定向用人单位支付违约金"。案由应适用《民事案件案由规定》"186.劳动合同纠纷"项下的"竞业限制纠纷"。

二、在职期间竞业限制违约金条款的效力

《上海市高级人民法院民一庭调研与参考》第5条、《山东省高级人民法院、山东省人力资源和社会保障厅关于审理劳动人事争议案件若干问题会议纪要》第8条、《江苏省劳动人事争议疑难问题研讨会纪要》第4条、《浙江省高级人民法院民事审判第一庭、浙江省劳动人事争议仲裁院关于审理劳动争议案件若干问题的解答(三)》第5条。

三、对竞业限制违约金酌情调整时需考虑的因素[①]

要特别注意劳动者的承受能力和择业自由权利,具体考量时,应参考如下因素:

1.劳动者的岗位、职务、掌握商业秘密的深度与广度。

2.对用人单位造成损害的程度,在原单位和新单位的报酬情况,新入职的部门、入职时间、参与的工作等。

3.竞业限制补偿费的数额,违约金应与用人单位的补偿金数额相匹配。

【裁判依据】

一、《中华人民共和国劳动合同法》(2012年12月28日修正)

第二十三条 用人单位与劳动者可以在劳动合同中约定保守用人单位的商业秘密和与知识产权相关的保密事项。

对负有保密义务的劳动者,用人单位可以在劳动合同或者保密协议中与劳动者约定竞业限制条款,并约定在解除或者终止劳动合同后,在竞业限制期限内按月给予劳动者经济补偿。劳动者违反竞业限制约定的,应当按照约定向用人单位

---

① 参见李盛荣、马千里:《劳动争议案件司法观点集成》,法律出版社2017年版,第486页。

支付违约金。

第二十四条 竞业限制的人员限于用人单位的高级管理人员、高级技术人员和其他负有保密义务的人员。竞业限制的范围、地域、期限由用人单位与劳动者约定，竞业限制的约定不得违反法律、法规的规定。

在解除或者终止劳动合同后，前款规定的人员到与本单位生产或者经营同类产品、从事同类业务的有竞争关系的其他用人单位，或者自己开业生产或者经营同类产品、从事同类业务的竞业限制期限，不得超过二年。

第二十五条 除本法第二十二条和第二十三条规定的情形外，用人单位不得与劳动者约定由劳动者承担违约金。

第九十条 劳动者违反本法规定解除劳动合同，或者违反劳动合同中约定的保密义务或者竞业限制，给用人单位造成损失的，应当承担赔偿责任。

司法解释及司法指导性文件

一、《最高人民法院关于审理劳动争议案件适用法律若干问题的解释（一）》（2020年12月25日，法释〔2020〕26号）

第三十六条 当事人在劳动合同或者保密协议中约定了竞业限制，但未约定解除或者终止劳动合同后给予劳动者经济补偿，劳动者履行了竞业限制义务，要求用人单位按照劳动者在劳动合同解除或者终止前十二个月平均工资的30%按月支付经济补偿的，人民法院应予支持。

前款规定的月平均工资的30%低于劳动合同履行地最低工资标准的，按照劳动合同履行地最低工资标准支付。

第三十七条 当事人在劳动合同或者保密协议中约定了竞业限制和经济补偿，当事人解除劳动合同时，除另有约定外，用人单位要求劳动者履行竞业限制义务，或者劳动者履行了竞业限制义务后要求用人单位支付经济补偿的，人民法院应予支持。

第三十八条 当事人在劳动合同或者保密协议中约定了竞业限制和经济补偿，劳动合同解除或者终止后，因用人单位的原因导致三个月未支付经济补偿，劳动者请求解除竞业限制约定的，人民法院应予支持。

第三十九条 在竞业限制期限内，用人单位请求解除竞业限制协议的，人民法院应予支持。

在解除竞业限制协议时，劳动者请求用人单位额外支付劳动者三个月的竞业限制经济补偿的，人民法院应予支持。

第四十条 劳动者违反竞业限制约定，向用人单位支付违约金后，用人单位要求劳动者按照约定继续履行竞业限制义务的,人民法院应予支持。

二、《第八次全国法院民事商事审判工作会议(民事部分)纪要》(2016年11月21日)

28.用人单位和劳动者在竞业限制协议中约定的违约金过分高于或者低于实际损失,当事人请求调整违约金数额的,人民法院可以参照《最高人民法院关于适用〈中华人民共和国合同法〉若干问题的解释(二)》第二十九条[①]的规定予以处理。

【参考依据】

北京市

《北京市高级人民法院、北京市劳动争议仲裁委员会关于劳动争议案件法律适用问题研讨会会议纪要》(2009年8月17日)

37.用人单位与劳动者在劳动合同或保密协议中约定了竞业限制条款,用人单位如在此后认为劳动者不必履行竞业限制约定的,应当明确告知劳动者。在用人单位告知前劳动者已按约定履行了义务,因此要求用人单位支付履行期间经济补偿的,应予支持。

上海市

《上海市高级人民法院民一庭调研与参考》(〔2014〕15号)
五、竞业限制
关于劳动者在职期间违反保密义务是否向用人单位支付违约金的问题。
……
倾向认为,对于违反保密义务是否向用人单位支付违约金的问题,从《劳动合同法》第23条第2款、第25条规定来看,由劳动者承担违约金必须有法律的明确规定,不允许用人单位和劳动者随意约定,而目前法律仅规定劳动者离职后违反竞业限制协议约定,应按约定向用人单位支付违约金,但未明确规定在职期内劳动者违反约定的保密义务需要支付违约金,在法无明文规定的情况下,不宜

[①] 该条规定:"当事人主张约定的违约金过高请求予以适当减少的,人民法院应当以实际损失为基础,兼顾合同的履行情况、当事人的过错程度以及预期利益等综合因素,根据公平原则和诚实信用原则予以衡量,并作出裁决。当事人约定的违约金超过造成损失的百分之三十的,一般可以认定为合同法第一百一十四条第二款规定的'过分高于造成的损失'。"

规定由劳动者承担违约金。同时，如果劳动者在职期内违反保密义务给用人单位造成损失，根据《劳动合同法》第 90 条规定"劳动者违反劳动合同中约定的保密义务或竞业限制，给用人单位造成损失的，应当承担赔偿责任"，用人单位可通过赔偿实际损失的方式来获得救济。故劳动合同中关于在职期内劳动者违反保密义务需支付用人单位违约金的约定系无效约定，用人单位主张劳动者支付在职期间违反保密义务违约金的，应不予支持。

江苏省

一、《江苏省高级人民法院江苏省劳动争议仲裁委员会关于审理劳动争议案件的指导意见》（2009 年 12 月 14 日）

第十三条 用人单位与劳动者约定了竞业限制条款但未约定经济补偿，或者约定了经济补偿但未按约定支付的，该竞业限制条款对劳动者不具有法律约束力。

劳动者依约遵守了竞业限制条款，但用人单位未按约支付经济补偿，劳动者请求用人单位支付经济补偿的，应予支持。双方没有约定补偿标准或约定的补偿标准低于《江苏省劳动合同条例》第十七条规定的标准，劳动者请求按照《江苏省劳动合同条例》第十七条规定的标准补足的，应予支持。

用人单位在竞业限制期限届满前已通知劳动者解除竞业限制条款，劳动者请求用人单位继续履行竞业限制条款并支付经济补偿的，不予支持。

二、《江苏省高级人民法院、江苏省劳动人事争议仲裁委员会关于审理劳动人事争议案件的指导意见（二）》（2011 年 11 月 8 日）

第十一条 用人单位与负有保密义务的劳动者约定了竞业限制条款，并在劳动关系存续期间先行给付了合同约定且不低于法定标准的经济补偿，劳动合同解除或终止后，劳动者请求确认该竞业限制条款无效的，不予支持。如用人单位在劳动关系存续期间先行给付经济补偿的数额低于法定标准的，应予补足；用人单位在劳动合同解除或终止后超过一个月仍未补足的，除劳动者要求履行外，该竞业限制条款对劳动者不具有法律约束力。

第十二条 劳动合同因劳动者退休而终止的，用人单位与负有保密义务的劳动者约定的竞业限制条款对双方仍具有法律约束力。

三、《江苏省劳动人事争议疑难问题研讨会纪要》（2017 年 7 月 3 日）

（四）用人单位与劳动者签订竞业限制协议，但劳动者在职期间与他人经营同类业务，用人单位要求劳动者支付违约金的请求能否支持？对于违约金数额应当如何把握？

劳动者在职期间遵守竞业限制是劳动者法定义务，劳动者在职期间违反竞业限制规定与他人经营同类业务的，用人单位追究劳动者的违约责任应予支持。双方对违约金有约定的，劳动者应当按照约定向用人单位支付违约金；双方对违约金没有约定的，违约金数额可参照竞业限制约定的标准，并结合劳动者侵权行为的持续时间、造成的后果和实际损失的情况进行综合判定。

浙江省

一、《浙江省高级人民法院民一庭关于审理劳动争议案件若干问题的意见》（2009年4月16日）

第四十条 用人单位与劳动者约定竞业限制但未同时约定经济补偿，或者约定经济补偿的数额明显过低、不足以维持劳动者在当地的最低生活标准的，属于《劳动合同法》第二十六条第（二）项规定的"用人单位免除自己的法定责任、排除劳动者权利的"情形，该竞业限制条款无效。

第四十一条 具有以下情形之一的，竞业限制条款对劳动者不再具有约束力：

（一）劳动者依《劳动合同法》第三十八条第二款规定，被迫解除劳动合同的；

（二）用人单位依《劳动合同法》第四十一条规定，解除劳动合同的；

（三）用人单位破产、关闭、停业、转行或解散的；

（四）用人单位未按约定支付经济补偿的。

二、《浙江省高级人民法院民一庭关于审理劳动争议纠纷案件若干疑难问题的解答（一）》（2012年12月）

十、用人单位一次性向劳动者支付了竞业限制经济补偿，劳动者违反竞业限制义务时，用人单位能否向劳动者主张违约金？

《劳动合同法》第二十三条仅规定了用人单位"在竞业限制期限内按月给予劳动者经济补偿"的补偿方式。用人单位如果在解除或终止劳动合同时，一次性向劳动者支付了竞业限制补偿金的，劳动者违反竞业限制义务时，用人单位可以向劳动者主张违约金。

三、《浙江省高级人民法院民事审判第一庭、浙江省劳动人事争议仲裁院关于审理劳动争议案件若干问题的解答（二）》（2014年4月）

十三、竞业限制协议约定的经济补偿低于当地的最低生活标准，劳动者履行了竞业限制义务后要求用人单位按合理标准补足经济补偿的，应否支持，补足标准如何确定？

答：竞业限制协议约定的经济补偿低于当地最低生活标准，劳动者已经履行了竞业限制义务的，可以要求用人单位按其解除或者终止劳动合同前十二个月平均工资的30%的月补偿标准补足差额；若该标准低于最低工资的，按最低工资标准补足差额。

四、《浙江省高级人民法院民事审判第一庭、浙江省劳动人事争议仲裁院关于审理劳动争议案件若干问题的解答（三）》(2015年9月)

二、用人单位与劳动者约定了竞业限制，但未约定经济补偿或者约定的经济补偿过低，竞业限制条款或协议的效力如何认定？

答：用人单位与劳动者约定了竞业限制，但未约定经济补偿或约定的经济补偿过低的，不影响竞业限制条款或协议的效力。

用人单位可按照劳动者在劳动合同解除或者终止前十二个月平均工资的30%按月支付或补足经济补偿。该标准低于劳动合同履行地最低工资标准的，按照劳动合同履行地最低工资标准支付。

劳动合同解除或者终止后，因用人单位原因未支付经济补偿达三个月，劳动者此后实施了竞业限制行为，视为劳动者已以其行为提出解除竞业限制约定，用人单位要求劳动者承担违反竞业限制违约责任的，不予支持。

三、用人单位依据竞业限制协议向劳动者支付了经济补偿，而劳动者违反了竞业限制约定，用人单位除要求劳动者承担违约金外，还要求其返还已收取的经济补偿，能否支持？

答：劳动者违反竞业限制约定，用人单位要求劳动者返还违反竞业限制约定期间用人单位向其支付的经济补偿的，应予支持。对劳动者履行竞业限制约定期间用人单位向其支付的经济补偿，用人单位要求返还的，不予支持。

用人单位向劳动者一次性支付经济补偿的，应当将经济补偿数额进行折算，对劳动者违反竞业限制约定期间相对应的经济补偿予以返还。

四、劳动者违反竞业限制约定并泄露用人单位商业秘密，用人单位诉请劳动者承担商业秘密侵权责任，又要求劳动者承担违反竞业限制违约责任的，能否支持？

答：劳动者违反竞业限制约定不以泄露商业秘密为条件，两者系不同行为。用人单位根据《反不正当竞争法》要求劳动者承担商业秘密侵权责任，又根据竞业限制条款或协议要求劳动者就其违反竞业限制约定的行为承担违约责任的，可予支持。

五、用人单位与劳动者约定在劳动者任职期间及离职后一定期间内不能到其他单位从事或自行从事与本单位相竞争的工作，并约定了违约责任。劳动者在职期间违反前述约定，用人单位以竞业限制为由要求劳动者承担责任的，能否支持？

答：竞业限制期间包括但不限于劳动合同解除或者终止后，用人单位与劳动者就劳动者在职期间的竞业限制义务作出约定的，应属有效。用人单位要求劳动者就其在职期间违反竞业限制约定的行为承担责任的，可予支持。

劳动者要求用人单位就其在职期间履行竞业限制义务支付经济补偿，或者以用人单位未支付经济补偿为由主张在职期间竞业限制约定无效的，不予支持。

五、《浙江省高级人民法院民事审判第一庭、浙江省劳动人事争议仲裁院关于审理劳动争议案件若干问题的解答（四）》（2016年12月）

六、劳动合同依法解除或者终止时，用人单位提出解除竞业限制协议，是否支持？劳动者请求用人单位额外支付三个月的竞业限制经济补偿，是否支持？

答：劳动合同依法解除或者终止时，用人单位提出解除竞业限制协议的，应予支持。劳动者请求用人单位额外支付三个月竞业限制经济补偿的，不予支持。

安徽省

《安徽省高级人民法院关于审理劳动争议案件若干问题的指导意见》（2015年1月20日）

第十四条 劳动者与用人单位之同没有签订竞业限制协议，解除或终止劳动合同关系后用人单位主张劳动者承担竞业限制义务的，人民法院不予支持。但劳动者侵犯用人单位商业秘密，用人单位依据《侵权责任法》[①]等相关法律的规定追究劳动者的侵权责任的，人民法院应作为民事侵权案件受理。

第十五条 劳动者违反竞业限制义务的同时，也侵犯了用人单位商业秘密，用人单位追究劳动者违约责任的，应作为劳动争议案件处理；用人单位以劳动者侵犯商业秘密为由请求承担侵权责任的，不属于人民法院劳动争议案件受理范围。

江西省

《江西省劳动人事争议裁审衔接工作座谈会纪要》（2013年12月08日）

第十二条 【退休后竞业限制的效力】劳动合同因劳动者退休而终止的，该劳动合同有关竞业限制条款对双方仍具有约束力。劳动合同另有约定的，从其约定。

---

① 对应《民法典》第1185条。

山东省

《山东省高级人民法院、山东省人力资源和社会保障厅关于审理劳动人事争议案件若干问题会议纪要》（2019年4月25日）

五、关于未约定经济补偿的竞业限制协议的效力问题

竞业限制协议只约定了竞业限制义务和违约金，未约定竞业限制经济补偿，该竞业限制协议有效。劳动者与用人单位没有约定竞业限制经济补偿而劳动者已经履行竞业限制义务的，可以按照《最高人民法院关于审理劳动争议案件适用法律若干问题的解释（四）》（法释〔2013〕4号）第六条规定主张经济补偿。

六、关于劳动者再次违反竞业限制协议的违约责任承担问题

劳动者违反竞业限制约定，向用人单位支付违约金后，只要是在竞业限制协议期限内，用人单位支付了竞业限制经济补偿，劳动者仍然需要履行竞业限制义务。劳动者再次违反竞业限制约定，用人单位主张劳动者再次支付违约金的，应予支持。

七、关于用人单位明示不支付经济补偿情况下，劳动者的竞业限制协议解除权问题

用人单位和劳动者约定了竞业限制及其经济补偿，劳动合同解除或者终止后，用人单位明确表示不支付经济补偿的，劳动者可以依法解除竞业限制协议。

八、关于在职期间劳动者违反竞业限制义务的责任承担问题

用人单位与劳动者约定在职期间与离职后的竞业限制义务和违约责任，劳动者在职期间违反该竞业限制协议，用人单位以此为由要求劳动者承担责任的，劳动者应当按照合同约定履行竞业限制义务，用人单位要求劳动者就其在职期间违反竞业限制约定的行为承担责任的，应予支持。

劳动者要求用人单位就其在职期间履行竞业限制义务支付经济补偿，或者以用人单位未支付经济补偿为由主张在职期间竞业限制约定无效的，不予支持。

九、关于用人单位以劳动报酬中包含竞业限制经济补偿进行抗辩的认定问题

劳动合同解除或者终止后，用人单位未支付竞业限制经济补偿，劳动者因此请求解除竞业限制协议，用人单位以其在劳动关系存续期间向劳动者支付的劳动报酬已包含竞业限制经济补偿进行抗辩的，对用人单位的抗辩不予支持。

十、关于劳动合同解除或者终止后，用人单位一次性支付劳动者竞业限制经济补偿的效力问题

用人单位在劳动合同解除或者终止后，一次性向劳动者支付了竞业限制经济补偿，应当认定用人单位已经履行了竞业限制协议约定义务，劳动者违反竞业限制义务时，用人单位向劳动者主张违约金的，应予支持。

湖南省

《湖南省高级人民法院关于审理劳动争议案件若干问题的指导意见》（2009年5月20日）

十八、竞业限制条款中约定的违约金过分高于原用人单位所遭受的损失，劳动者请求予以适当减少的，可予支持。

四川省

《四川省高级人民法院民一庭关于审理劳动争议案件若干疑难问题的解答》（2016年1月15日）

33. 竞业限制违约责任与侵权损害赔偿责任发生竞合时，如果双方约定有违约金的，应首先适用违约金条款，如该违约金低于或高于实际损失30%的，可适当予以调整。双方未约定违约金的，按实际损失确定赔偿责任。

34. 竞业限制期限最长不得超过解除或终止劳动合同后两年，超过两年的，超过部分无效。

【典型案例】

王云飞诉施耐德电气（中国）投资有限公司上海分公司劳动争议纠纷案①

裁判摘要：竞业禁止是指负有特定义务的劳动者从原用人单位离职后，在一定期间内不得自营或为他人经营与原用人单位有直接竞争关系的业务。根据有关法律、行政法规的规定，用人单位与负有保守商业秘密义务的劳动者，可以在劳动合同或者保密协议中约定竞业禁止条款，同时应约定在解除或者终止劳动合同后，给予劳动者一定的竞业禁止经济补偿；未约定给予劳动者竞业禁止经济补偿，或者约定的竞业禁止经济补偿数额过低、不符合相关规定的，该竞业禁止条款对劳动者不具有约束力。

---

① 载《最高人民法院公报》，2009年第11期。

用人单位未支付竞业限制经济补偿，劳动者是否需承担竞业限制违约责任[①]

案例分析

本案的争议焦点是银行未支付竞业限制经济补偿，乐某是否需承担竞业限制违约责任。

依据《中华人民共和国劳动合同法》(以下简称《劳动合同法》)第23条第2款规定："对负有保密义务的劳动者，用人单位可以在劳动合同或者保密协议中与劳动者约定竞业限制条款，并约定在解除或者终止劳动合同后，在竞业限制期限内按月给予劳动者经济补偿。劳动者违反竞业限制约定的，应当按照约定向用人单位支付违约金。"由此，竞业限制义务，是关于劳动者在劳动合同解除或终止后应履行的义务。本案中，双方当事人在劳动合同中约定了竞业限制条款，劳动合同解除后，竞业限制约定对于双方当事人发挥约束力。《劳动合同法》第二十九条规定："用人单位与劳动者应当按照劳动合同的约定，全面履行各自的义务。"《最高人民法院关于审理劳动争议案件适用法律若干问题的解释（四）》（法释〔2013〕4号）第8条[②]规定："当事人在劳动合同或者保密协议中约定了竞业限制和经济补偿，劳动合同解除或者终止后，因用人单位的原因导致三个月未支付经济补偿，劳动者请求解除竞业限制约定的，人民法院应予支付。"用人单位未履行竞业限制期间经济补偿支付义务并不意味着劳动者可以"有约不守"，但劳动者的竞业限制义务与用人单位的经济补偿义务是对等给付关系，用人单位未按约定支付经济补偿已构成违反其在竞业限制约定中承诺的主要义务。具体到本案中，银行在竞业限制协议履行期间长达11个月未向乐某支付经济补偿，造成乐某遵守竞业限制约定却得不到相应补偿的后果。根据公平原则，劳动合同解除或终止后，因用人单位原因未支付经济补偿达三个月，劳动者此后实施了竞业限制行为，应视为劳动者以其行为提出解除竞业限制约定，用人单位要求劳动者承担违反竞业限制违约责任的不予支持，故依法驳回银行的仲裁请求。

典型意义

随着新兴行业迅猛发展，越来越多的用人单位增强了知识产权和核心技术的保密意识，强化了其高级管理人员、高级技术人员及负有保密义务的其他人员的竞业限制约束力。用人单位应当严格按照劳动合同的约定向劳动者履行竞业限制期

[①] 载《人力资源社会保障部、最高人民法院第一批劳动人事争议典型案例》(2020年7月10日)。
[②] 注：现为《劳动争议司法解释（一）》第38条。

间的经济补偿支付义务，劳动者亦应秉持诚实守信原则履行竞业限制义务。同时，仲裁与司法实务中应始终关注劳动关系的实质不平等性，避免用人单位免除自己的法定责任，而排除劳动者的合法权益的情形，依法公正地维护双方的合法权益。

第十八章　涉及人事争议请求的规范

【本章导读】

人事关系不同于劳动关系，有较强的行政色彩。我国已经形成了大量调整人事关系的法律、行政法规以及国务院规定，但是相关规定依然不完善。人事争议案件是仲裁和审判实务中的一个难点，关于人事争议案件的受案范围、实体处理等很多方面都存在认识分歧。在法律适用过程中，不能简单认为只要没有明确规定就可以适用劳动法律。

事业单位工作人员与单位之间发生人事争议时，可能会产生关于工资、补偿金、赔偿金、继续履行聘用合同等诸多的请求权，由于缺乏统一、明确、具体的处理依据，其请求权基础难以简单确定。

人事争议的案由适用《民事案件案由规定》，二级案由为第十八项人事争议，下列聘用合同纠纷、聘任合同纠纷、辞职纠纷、辞退纠纷四个三级案由。

本章分为两节，第一节汇总了管辖和受理问题的相关规定，第二节汇总了案件审理和执行的相关规定。关于人事争议的时效问题，安排在第十九章第二节。

第一节　关于管辖和受理

【适用指引】

如何理解"辞职、辞退"以及"履行聘用合同"？

《最高人民法院关于人民法院审理事业单位人事争议案件若干问题的规定》是处理人事争议案件管辖和受理问题的重要依据。其中第三条内容为"本规定所称人事争议是指事业单位与其工作人员之间因辞职、辞退及履行聘用合同所发生的争议"。按照上述规定，相关争议是否属于因"辞职、辞退"以及"履行聘用合同"所引发，直接决定该争议能否作为人事争议案件进行受理。实践中对如何理解"辞职、辞退"以及"履行聘用合同"存在着分歧。

一、关于"辞职、辞退"的理解

第一种观点认为，对于辞职、辞退应作限缩解释，"不准辞职"属于辞职纠纷，应予受理，但按自动离职处理、除名、开除等不同于辞职、辞退，由此产生的人事争议不属于人民法院审理事业单位人事争议案件的受案范围。

第二种观点认为，对于辞职、辞退不应作字面解释，事业单位与工作人员之间因解除人事关系发生的争议，均应属于人民法院审理事业单位人事争议案件的受案范围，但仅因事业单位作出的行政处分决定发生的争议不属于人民法院审理事业单位人事争议案件的受案范围。[1]

第二种观点为多数观点。

二、关于"履行聘用合同"的理解

第一种观点认为，"履行聘用合同"指的是履行聘用合同文本中明确约定的事项，以及根据聘用合同的条款可以确定适用某种具体规则的事项。

第二种观点认为，"履行聘用合同"指的是履行聘用合同文本中明确约定的事项、根据聘用合同的条款可以确定适用某种具体规则的事项，以及工伤保险待遇等有明确法律规定的事项。

第三种观点认为，"履行聘用合同"不仅包括履行聘用合同文本中明确约定

---

[1] 参见 2017 年 4 月北京市法院劳动人事争议法官沙龙（第三期）研讨汇总。

的事项、根据聘用合同的条款可以确定适用某种具体规则的事项、工伤保险待遇等有明确法律规定的事项，还包括聘用合同中无明确约定，但履行合同过程中必然涉及到的事项，以及无聘用合同，但聘用过程中必然产生的事项（如工资及其他福利待遇纠纷等）。此外，事业单位对员工的纪律惩戒、年终考评等系自主管理行为，不应纳入受案范围。

第二种观点为多数观点。①

【裁判依据】

法律

《中华人民共和国公务员法》（2018年12月29日修订）

第一百零五条 聘任制公务员与所在机关之间因履行聘任合同发生争议的，可以自争议发生之日起六十日内申请仲裁。

省级以上公务员主管部门根据需要设立人事争议仲裁委员会，受理仲裁申请。人事争议仲裁委员会由公务员主管部门的代表、聘用机关的代表、聘任制公务员的代表以及法律专家组成。

当事人对仲裁裁决不服的，可以自接到仲裁裁决书之日起十五日内向人民法院提起诉讼。仲裁裁决生效后，一方当事人不履行的，另一方当事人可以申请人民法院执行。

司法解释及指导性文件

一、《最高人民法院关于人民法院审理事业单位人事争议案件若干问题的规定》（2003年8月27日，法释〔2003〕13号）

第一条 事业单位与其工作人员之间因辞职、辞退及履行聘用合同所发生的争议，适用《中华人民共和国劳动法》的规定处理。

第三条 本规定所称人事争议是指事业单位与其工作人员之间因辞职、辞退及履行聘用合同所发生的争议。

二、《最高人民法院关于事业单位人事争议案件适用法律等问题的答复》（2004年4月30日，法函〔2004〕30号）

二、事业单位人事争议案件由用人单位或者聘用合同履行地的基层人民法院管辖。

---

① 参见2017年4月北京市法院劳动人事争议法官沙龙（第三期）研讨汇总。

部门规章及规范性文件

一、《人事争议处理规定》（2011年8月15日）

第二条 本规定适用于下列人事争议：

（一）实施公务员法的机关与聘任制公务员之间、参照《中华人民共和国公务员法》管理的机关（单位）与聘任工作人员之间因履行聘任合同发生的争议。

（二）事业单位与工作人员之间因解除人事关系、履行聘用合同发生的争议。

（三）社团组织与工作人员之间因解除人事关系、履行聘用合同发生的争议。

（四）军队聘用单位与文职人员之间因履行聘用合同发生的争议。

（五）依照法律、法规规定可以仲裁的其他人事争议。

第三条 人事争议发生后，当事人可以协商解决；不愿协商或者协商不成的，可以向主管部门申请调解，其中军队聘用单位与文职人员的人事争议，可以向聘用单位的上一级单位申请调解；不愿调解或调解不成的，可以向人事争议仲裁委员会申请仲裁。当事人也可以直接向人事争议仲裁委员会申请仲裁。当事人对仲裁裁决不服的，可以向人民法院提起诉讼。

第十三条 中央机关、直属机构、直属事业单位及其在京所属单位的人事争议由北京市负责处理人事争议的仲裁机构处理，也可由北京市根据情况授权所在地的区（县）负责处理人事争议的仲裁机构处理。

中央机关在京外垂直管理机构以及中央机关、直属机构、直属事业单位在京外所属单位的人事争议，由所在地的省（自治区、直辖市）设立的人事争议仲裁委员会处理，也可由省（自治区、直辖市）根据情况授权所在地的人事争议仲裁委员会处理。

第十四条 省（自治区、直辖市）、副省级市、地（市、州、盟）、县（市、区、旗）人事争议仲裁委员会的管辖范围，由省（自治区、直辖市）确定。

第十五条 军队聘用单位与文职人员的人事争议，一般由聘用单位所在地的县（市、区、旗）人事争议仲裁委员会处理，其中师级聘用单位与文职人员的人事争议，由所在地的地（市、州、盟）、副省级市人事争议仲裁委员会处理，军级以上聘用单位与文职人员的人事争议由所在地的省（自治区、直辖市）人事争议仲裁委员会处理。

第三十二条 当事人对仲裁裁决不服的，可以按照《中华人民共和国公务员法》《中国人民解放军文职人员条例》以及最高人民法院相关司法解释的规定，自收到裁决书之日起十五日内向人民法院提起诉讼；逾期不起诉的，裁决书即发生法律效力。

第三十六条　因考核、职务任免、职称评审等发生的人事争议，按照有关规定处理。

二、《事业单位人事管理条例》（2014年2月26日）

第三十七条　事业单位工作人员与所在单位发生人事争议的，依照《中华人民共和国劳动争议调解仲裁法》等有关规定处理。

第三十八条　事业单位工作人员对涉及本人的考核结果、处分决定等不服的，可以按照国家有关规定申请复核、提出申诉。

二、《劳动人事争议仲裁办案规则》（2017年5月8日）

第二条　本规则适用下列争议的仲裁：

（二）实施公务员法的机关与聘任制公务员之间、参照公务员法管理的机关（单位）与聘任工作人员之间因履行聘任合同发生的争议；

（三）事业单位与其建立人事关系的工作人员之间因终止人事关系以及履行聘用合同发生的争议；

（四）社会团体与其建立人事关系的工作人员之间因终止人事关系以及履行聘用合同发生的争议；

（五）军队文职人员用人单位与聘用制文职人员之间因履行聘用合同发生的争议；

（六）法律、法规规定由劳动人事争议仲裁委员会（以下简称仲裁委员会）处理的其他争议。

三、《中国人民解放军文职人员条例》（2017年9月27日修订）

第四十四条　文职人员与用人单位发生的人事争议，按照国家和军队有关规定依法处理。

文职人员对涉及本人的考核结果、处分决定等不服的，可以申请复核、提出申诉。

文职人员认为用人单位及有关人员侵犯其合法权益的，可以依法提出控告。

【参考依据】

江苏省

一、《江苏省高级人民法院审判委员会关于审理事业单位人事争议案件若干问题的意见》（2004年6月18日）

1.事业单位与其工作人员之间因辞职、辞退及履行聘用合同发生争议，当事人对人事争议仲裁委员会的仲裁裁决不服，自收到仲裁裁决之日起 15 日内向人民法院起诉的，人民法院应依法受理；未经人事争议仲裁委员会仲裁的，人民法院不予受理。

2. 事业单位人事争议案件由事业单位所在地或者聘用合同履行地的基层人民法院管辖。

7. 当事人不服人事争议仲裁裁决向人民法院起诉后又申请撤诉，经人民法院审查准予撤诉的，原仲裁裁决自人民法院裁定送达当事人之日起发生法律效力。当事人因超过起诉期间而被人民法院裁定驳回起诉的，原仲裁裁决自起诉期间届满之次日起恢复法律效力。

14. 事业单位是指经过各级编制部门批准使用事业编制并进行了事业法人登记的单位。

二、《江苏省高级人民法院、江苏省劳动人事争议仲裁委员会关于审理劳动人事争议案件的指导意见（二）》（2011 年 11 月 8 日）

第二十一条　劳动人事争议仲裁委员会和人民法院审理人事争议案件适用《调解仲裁法》的规定。

第二十二条　人事争议案件中的事业单位是指经过机构编制部门批准使用事业编制、进行了事业法人登记的单位，不包括参照公务员管理的事业单位；工作人员是指事业单位实行聘用制的、且属于机构编制部门核定编制范围内的工作人员。

浙江省

《浙江省高级人民法院关于审理事业单位人事争议案件若干问题的意见》（2006 年 12 月 28 日）

一、事业单位与其工作人员之间因辞职、辞退及履行聘用合同发生争议，当事人对人事争议仲裁委员会所作的仲裁裁决或者决定不服，自收到仲裁裁决或决定之日起十五日内向人民法院起诉的，人民法院应当依法受理；未经人事争议仲裁委员会仲裁的，人民法院不予受理。

二、下列争议不属于人民法院受理人事争议案件的范围：

1. 事业单位与其工作人员因职称、职级、职务、考核考评等产生的争议；

2. 事业单位与其工作人员因技术入股、知识产权的权属以及利益分配等产生的争议；

3. 事业单位与其工作人员因承包问题产生的争议，不属于人事争议案件处理范围，但承包合同的履行涉及聘用合同的履行或者解除的，可以作为人事争议案件处理。

三、人事争议案件由用人单位所在地或聘用合同履行地的基层人民法院管辖。

六、人事争议仲裁机构对当事人的申请作出不予受理的书面裁决或决定,当事人不服向人民法院起诉的,人民法院应当分别情况予以处理:

(一)属于人事争议案件范围的,应当受理;

(二)虽不属于人事争议案件范围,但属于人民法院主管的其他案件的,应当作为其他案件受理;

(三)不属于人民法院主管案件范围的,不予受理。

七、对于不属于人民法院受理案件范围的人事争议仲裁事项,当事人不服向人民法院提起诉讼的,不予受理。

山东省

《山东省高级人民法院关于审理事业单位人事争议案件若干问题的意见(试行)》(2007年9月26日)

第一条 事业单位与其工作人员之间因辞职、辞退以及履行聘用合同发生的争议,当事人对人事争议仲裁委员会作出的仲裁裁决、通知不服,自收到仲裁裁决、通知之日15日内向人民法院起诉的,人民法院应当依法受理;未经人事争议仲裁委员会仲裁的人事争议案件,人民法院不予受理。

第二条 下列事项的争议,不属于人事争议案件的范围:

(一)事业单位与其工作人员因职称、职级、职务、考核等产生的争议;

(二)事业单位与被聘用人员因公开招聘、招聘考核或者签订聘用合同产生的争议;

(三)事业单位与其工作人员因聘任问题产生的争议,但聘用合同有明确约定的除外;

(四)事业单位与其工作人员因技术入股、知识产权的权属以及利益分配等产生的争议;

(五)事业单位与其工作人员因履行承包合同问题产生的争议;

(六)法律、行政法规规定的其他不属于人民法院主管的人事争议。

第三条 人事争议仲裁委员会以当事人申请仲裁的事项不属于人事争议为由,作出不予受理的书面裁决、通知,当事人不服,在15日内依法向人民法院起诉的,人民法院应当依法受理。

第四条 人事争议仲裁委员会以申请仲裁的主体不适合为由,作出不予受理的书面裁决、通知，当事人不服，在 15 日内向人民法院起诉的，人民法院应当受理。经审查确属主体不适格的，人民法院应当裁定不予受理或者驳回起诉。

第六条 事业单位人事争议案件由事业单位所在地或者聘用合同履行地的基层人民法院管辖。聘用合同履行地不明确的，由用人单位所在地的基层人民法院管辖。当事人双方就同一仲裁裁决分别向有管辖权的人民法院起诉的，后受理的人民法院应当将案件移送给先受理的人民法院。

第十一条 本《意见》所称的事业单位是指经过各级编制部门批准使用事业编制并按照国务院《事业单位登记管理暂行条例》进行了事业法人登记的单位。

本《意见》所称的"工作人员"是指具有事业编制的在编人员。

重庆市

《重庆市高级人民法院关于适用最高人民法院〈关于人民法院审理事业单位人事争议案件若干问题的规定〉的指导意见》（2004 年 3 月 29 日）

一、国家机关、事业单位、群团组织、社会团体与其属于事业编制的工作人员之间因辞职、辞退及履行聘用合同所发生的争议，适用《若干规定》的规定处理。

国家机关、事业单位、群团组织、社会团体与其实行公务员序列管理的工作人员之间发生的人事争议，不适用《若干规定》的规定处理。

国家机关、事业单位、群团组织、社会团体和与其建立劳动关系的工作人员之间发生的劳动争议，不适用《若干规定》的规定处理。

二、国家机关、事业单位、群团组织、社会团体与其工作人员因职称、职级、职务、年度考核等产生的争议，不属于人民法院依据《若干规定》管辖的人事争议案件；当事人提起诉讼的，人民法院不予受理。

三、当事人之间发生的人事争议，未经人事争议仲裁机构仲裁裁决，直接向人民法院提起诉讼的，人民法院不予受理。

四、人事争议仲裁机构对当事人的申请作出不予受理的书面裁决、决定或者通知，当事人不服，向人民法院起诉的，人民法院应当分别情况予以处理：

（一）属于人事争议案件的，应当受理；

（二）虽不属于人事争议案件，但属于人民法院主管的其他案件，应当依法处理。

五、人事争议仲裁机构仲裁的事项不属于《若干规定》第一条确定的人民法院受理的案件范围，当事人不服，向人民法院起诉的，裁定不予受理或者驳回起诉。

六、当事人对人事争议仲裁机构作出的人事仲裁裁决不服，自收到仲裁裁决之日起15日内向人民法院提起诉讼的，人民法院应当依法受理。

四川省

《四川省高级人民法院关于审理涉及事业单位人事争议案件有关问题的意见》（2004年7月2日）

第一条　本意见所指人事争议是指事业单位与其工作人员之间因辞职、辞退及履行聘用合同所发生的争议。

第二条　当事人对人事争议仲裁机构作出的仲裁裁决或复议决定不服、在收到仲裁裁决或复议决定之日起十五日内向人民法院提起诉讼的，人民法院应当依法受理；一方当事人在法定期限内既不起诉又不履行仲裁裁决，另一方向人民法院申请强制执行的，人民法院应当依法执行。

第三条　事业单位与其工作人员之间虽没有签订书面聘用合同，但双方已形成事实聘用关系后发生的人事争议纠纷，当事人不服人事争议仲裁裁决，向人民法院提起诉讼的，人民法院应当依法受理。

第四条　事业单位与其工作人员之间发生的下列争议不属于人民法院受理人事争议的范围：

（一）事业单位与其工作人员因职称、职务、职级、考核等产生的争议；

（二）事业单位与其受聘人员因技术入股、知识产权的权属以及利益分配等产生的争议；

（三）事业单位与其受聘人员因承包合同产生的争议。但承包合同的履行涉及工资、福利待遇以及聘用合同解除等人事争议内容的除外。

第五条　人事争议仲裁委员会以当事人申请仲裁的事项不属于人事争议为由，作出了不予受理的书面裁决、决定或通知，当事人不服，向人民法院提起诉讼的，应当分别情况予以处理：

（一）属于人事争议案件范围的，应当受理；

（二）虽不属于人事争议案件范围，但属于人民法院主管的其他案件的，应当受理；

（三）不属于人民法院主管案件范围的，不予受理。

第六条　人事争议仲裁委员会仲裁的事项不属于人民法院受理的案件范围，当事人对仲裁裁决不服，向人民法院提起诉讼的，裁定不予受理或驳回起诉。

贵州省

《贵州省高级人民法院关于审理事业单位人事争议案件若干问题的意见》
(2006年8月28日)

一、管辖与受理

1. 事业单位与其工作人员之间发生的下列纠纷，属于本意见所指的人事争议：(1)事业单位与其工作人员因辞职、辞退及履行聘用合同所发生的争议；(2)事业单位与其工作人员之间虽没有签订书面聘用合同，但双方已形成事实聘用关系后发生的人事争议纠纷。当事人不服人事争议仲裁委员会作出的裁决或复审决定，自收到仲裁裁决或复审决定之日起15日内向人民法院起诉的，人民法院应当受理。

2. 具有下列情形之一的，不属于本意见所指的人事争议，不适用本意见的规定处理：(1)事业单位与其实行公务员序列管理的工作人员之间发生的人事争议；(2)事业单位与其建立劳动关系的工作人员之间发生的劳动争议。

3. 当事人之间发生的人事争议，未经人事争议仲裁机构仲裁，直接向人民法院提起诉讼的，人民法院不予受理。

4. 人事争议仲裁委员会仲裁的事项不属于人民法院受理人事争议案件的范围，当事人对仲裁裁决不服，向人民法院提起诉讼的，裁定不予受理或驳回起诉。

事业单位与其工作人员之间发生的下列争议不属于人民法院受理人事争议案件的范围：

（一）事业单位与其工作人员因职称、职务、职级、考核、轮岗交流等产生的争议；

（二）事业单位与其受聘人员因技术入股、知识产权的权属以及利益分配等产生的争议；

（三）事业单位与其受聘人员因承包合同产生的争议。但承包合同的履行涉及工资、福利待遇以及聘用合同解除等人事争议内容的除外。

5. 人事争议仲裁委员会以当事人申请仲裁的事项不属于人事争议为由，作出了不予受理的书面裁决、决定或通知，当事人不服，向人民法院提起诉讼的，应当分别情况予以处理：

（一）属于人事争议案件范围的，应当受理；

（二）虽不属于人事争议案件范围，但属于人民法院主管的其他案件的，应当告知当事人按相关规定向人民法院另行提起诉讼；

（三）不属于人民法院主管案件范围的，不予受理。

7. 人民法院受理事业单位人事争议案件，应当以争议的双方为诉讼当事人。

当事人以人事争议仲裁委员会对仲裁申请逾期未作出处理或者作出不予受理决定为由或者当事人对仲裁裁决不服，以人事争议仲裁委员会为被告或第三人向人民法院起诉的，人民法院应当告知当事人应以争议的双方为诉讼当事人，当事人不变更的，人民法院应当裁定不予受理或驳回起诉。

8. 当事人不服人事争议仲裁向人民法院起诉后又申请撤诉，经人民法院审查准予撤诉的，原仲裁裁决自人民法院裁定送达当事人之日生效。当事人因超过诉讼期限而被人民法院裁定驳回起诉的，原仲裁裁决自起诉期间届满之次日起恢复法律效力。

9. 人事争议案件的受理应当坚持一个人事关系一个案件的原则。

10. 事业单位人事争议案件由事业单位所在地或聘用合同履行地的基层人民法院管辖。

云南省

《云南省高级人民法院、云南省人力资源和社会保障厅关于审理劳动人事争议案件若干问题的座谈会纪要》（2015年1月19日）

十二、人事争议处理的相关问题

（二十三）经机构编制管理部门批准设立具有《事业单位法人证书》的事业单位与其人事编制内的工作人员之间因解除人事关系、履行聘用合同所发生的争议，按人事争议处理；与人事编制外的工作人员之间发生的争议，按劳动争议处理。

第二节 关于案件的实体审理与执行

【适用指引】

一、审理人事争议案件的法律适用

审理人事争议案件,应当以国家有关人事法律、行政法规和国家有关人事政策为依据,国家法律、行政法规没有规定或者规定不明确的,可以参照部门规章、地方性法规、地方政府规章及人事管理规范性文件处理。上述文件没有规定或者规定不明确,且纠纷性质与劳动争议类似的,可以参照《劳动法》《劳动合同法》等规定处理。

二、事业单位的规章制度可以作为依据或参考

参见《重庆市高级人民法院关于适用最高人民法院〈关于人民法院审理事业单位人事争议案件若干问题的规定〉的指导意见》第8条、《山东省高级人民法院关于审理事业单位人事争议案件若干问题的意见(试行)》第9条、《浙江省高级人民法院关于审理事业单位人事争议案件若干问题的意见》第9条、《四川省高级人民法院关于审理涉及事业单位人事争议案件有关问题的意见》第10条、《贵州省高级人民法院关于审理事业单位人事争议案件若干问题的意见》第12条。

【裁判依据】

法律

《中华人民共和国公务员法》(2018年12月29日修订)

第一百零五条 聘任制公务员与所在机关之间因履行聘任合同发生争议的,可以自争议发生之日起六十日内申请仲裁。

省级以上公务员主管部门根据需要设立人事争议仲裁委员会,受理仲裁申请。人事争议仲裁委员会由公务员主管部门的代表、聘用机关的代表、聘任制公务员的代表以及法律专家组成。

当事人对仲裁裁决不服的，可以自接到仲裁裁决书之日起十五日内向人民法院提起诉讼。仲裁裁决生效后，一方当事人不履行的，另一方当事人可以申请人民法院执行。

部门规范性文件

一、《人事争议处理规定》（2011年8月15日）

第二十四条 人事争议仲裁委员会在处理人事争议时，有权向有关单位查阅与案件有关的档案、资料和其他证明材料，并有权向知情人调查，有关单位和个人不得拒绝并应当如实提供相关材料。人事争议仲裁委员会及其工作人员对调查人事争议案件中涉及的国家秘密、军队秘密、商业秘密和个人隐私应当保密。

第二十九条 仲裁庭处理人事争议案件，一般应当在受理案件之日起九十日内结案。需要延期的，经人事争议仲裁委员会批准，可以适当延期，但是延长的期限不得超过三十日。

二、《事业单位人事管理条例》（2014年2月26日）

第十二条 事业单位与工作人员订立的聘用合同，期限一般不低于3年。

第十三条 初次就业的工作人员与事业单位订立的聘用合同期限3年以上的，试用期为12个月。

第十四条 事业单位工作人员在本单位连续工作满10年且距法定退休年龄不足10年，提出订立聘用至退休的合同的，事业单位应当与其订立聘用至退休的合同。

第十五条 事业单位工作人员连续旷工超过15个工作日，或者1年内累计旷工超过30个工作日的，事业单位可以解除聘用合同。

第十六条 事业单位工作人员年度考核不合格且不同意调整工作岗位，或者连续两年年度考核不合格的，事业单位提前30日书面通知，可以解除聘用合同。

第十七条 事业单位工作人员提前30日书面通知事业单位，可以解除聘用合同。但是，双方对解除聘用合同另有约定的除外。

第十八条 事业单位工作人员受到开除处分的，解除聘用合同。

第十九条 自聘用合同依法解除、终止之日起，事业单位与被解除、终止聘用合同人员的人事关系终止。

司法指导性文件

《最高人民法院关于事业单位人事争议案件适用法律等问题的答复》
(2004年4月30日，法函〔2004〕30号)

一、《最高人民法院关于人民法院审理事业单位人事争议案件若干问题的规定》(法释〔2003〕13号)第一条规定，"事业单位与其工作人员之间因辞职、辞退及履行聘用合同所发生的争议，适用《中华人民共和国劳动法》的规定处理。"这里"适用《中华人民共和国劳动法》的规定处理"是指人民法院审理事业单位人事争议案件的程序运用《中华人民共和国劳动法》的相关规定。人民法院对事业单位人事争议案件的实体处理应当适用人事方面的法律规定，但涉及事业单位工作人员劳动权利的内容在人事法律中没有规定的，适用《中华人民共和国劳动法》的有关规定。

【参考依据】

浙江省

《浙江省高级人民法院关于审理事业单位人事争议案件若干问题的意见》
(2006年12月28日)

八、在审理人事争议案件时，审理程序上应适用《中华人民共和国劳动法》的相关规定，实体处理上应适用人事方面的法律、法规，但涉及事业单位工作人员劳动权利的内容在人事方面法律、法规没有规定的，适用劳动法的相关规定。

在适用人事方面的法律、法规时，遇法律、法规没有规定或者规定不明确的，可以参照与法律、法规不相抵触的部门规章、地方政府规章及国家有关人事政策、人事管理规范性文件处理。

九、事业单位经过职工代表大会等民主程序通过并已公告或公示的规章制度，与法律、行政法规及国家政策规定不相抵触的，可以作为处理人事争议案件的参考。

十、事业单位与其工作人员订立的聘用合同，应当作为当事人提交的证据材料。

十一、因事业单位作出辞退、减少劳动报酬和计算工作人员工作年限等决定而发生的人事争议，事业单位对决定的有无及内容和执行情况等负举证责任。

十二、事业单位对其工作人员作出的辞退等处理决定确有错误的，人民法院可以依法判决予以撤销。

对于追索劳动报酬、培训费用及其他相关费用等人事争议案件，给付数额不当的，人民法院可以予以变更。

十五、当事人不服人事争议仲裁机构的裁决向人民法院起诉后又申请撤诉，经人民法院审查准予撤诉的，原仲裁裁决自人民法院裁定送达之日起发生法律效力。当事人因超过起诉期间而被人民法院裁定驳回起诉的，原仲裁裁决自起诉期间届满之次日起恢复法律效力。

山东省

《山东省高级人民法院关于审理事业单位人事争议案件若干问题的意见（试行）》（2007年9月26日）

第七条 人民法院审理事业单位人事争议案件的程序适用《中华人民共和国民事诉讼法》、《中华人民共和国劳动法》、《中华人民共和国劳动合同法》、最高人民法院司法解释，并参照中组部、人事部《人事争议处理规定》的相关规定。

第八条 人民法院审理人事争议案件，应当以国家有关人事法律、行政法规和国家有关人事政策为依据，如果国家法律、行政法规没有规定或者规定不明确的，可以参照与法律、法规不相抵触的部门规章；地方性法规以及省政府颁布的人事管理规范性人件处理。前述规章及规范性文件没有规定或者规定不明确，且纠纷性质与劳动争议比较相似的，适用《中华人民共和国劳动法》和《中华人民共和国劳动合同法》的规定处理。

第九条 事业单位制定的内部规章制度经过民主程序通过，内容不违反法律、法规的强制性规定；且已向事业单位工作人员公示的，可以作为处理人事争议案件的依据；

第十条 事业单位对其工作人员作出的辞退、解除聘用合同等处理决定确有错误的，人民法院可以依法判决予以撤销。对于追索劳动报酬、培训费用及其他相关费用的人事争议案件，给付数额不当的，人民法院可以直接予以变更。人民法院制作的事业单位人事争议案件判决书、裁定书和调解书中，不应含有撤销或者维持仲裁裁决的内容。

重庆市

《重庆市高级人民法院关于适用最高人民法院〈关于人民法院审理事业单位人事争议案件若干问题的规定〉的指导意见》（2004年3月29日）

八、人民法院审理人事争议案件，应当以国家有关的人事法律、法规为依据。如果国家法律、法规没有规定或者规定不明确的，应当参照有关规章规定处理；如果有关规章没有规定或者规定不明确，且纠纷性质与劳动争议相近似的，适用《中华人民共和国劳动法》的规定处理。

事业单位制定的规章制度经民主程序通过，并已公告或公示，且不违反法律、法规强制性规定的，可以作为处理人事争议案件的依据。

四川省

《四川省高级人民法院关于审理涉及事业单位人事争议案件有关问题的意见》(2004年7月2日)

第八条 人民法院审理事业单位人事争议案件的程序运用《中华人民共和国劳动法》的相关规定。对事业单位人事争议案件的实体处理应当适用人事方面的法律规定，但涉及事业单位工作人员劳动权利的内容在人事法律中没有规定的，适用《中华人民共和国劳动法》的有关规定。

第九条 在具体适用中，对相关问题的处理，依据有关行政法规、地方性法规并参照有关规章、规定以及人事政策等规范性文件处理。法规、规章、规定及规范性文件均未明确，而纠纷的性质与劳动争议又相似的，参照处理劳动争议的方法处理。

第十条 事业单位经过民主程序制定的内部规章制度，不违反国家法律、行政法规及人事政策规定，并已向事业单位职工予以公示的，可以作为人民法院审理人事争议案件的依据。

贵州省

《贵州省高级人民法院关于审理事业单位人事争议案件若干问题的意见》（2006年8月28日）

12. 人民法院审理事业单位人事争议案件，执行《中华人民共和国劳动法》、行政法规、地方性法规的有关规定；参照行政规章的有关规定；有关处理人事仲裁争议的人事政策、事业单位经过民主程序制定的内部管理规章制度，如不违反法律、法规、规章，可以作为人民法院审理事业单位人事争议案件的参考。

13. 因事业单位作出的辞退、减少劳动报酬、计算工作人员工作年限等决定而发生的人事争议，事业单位负举证责任。

14. 事业单位对其工作人员作出的辞退等处理决定确有错误的，人民法院可以依法判决予以撤销。

15. 对于追索劳动报酬、培训费用及其他相关费用的人事争议案件，给付数额不当的，人民法院可以予以变更。

16. 人民法院制作的事业单位人事争议判决书、裁定书和调解书中，不应当含有撤销或者维持仲裁决定的内容。

17. 事业单位人事争议仲裁裁决书生效后，一方当事人在法定的期间内不起诉又不履行，另一方当事人向人民法院申请执行的，人民法院应当依法执行。

云南省

《云南省高级人民法院、云南省人力资源和社会保障厅关于审理劳动人事争议案件若干问题的座谈会纪要》（2015年1月19日）

仲裁委员会审理人事争议案件适用《劳动争议调解仲裁法》《劳动人事争议仲裁办案规则》的规定，《劳动争议调解仲裁法》《劳动人事争议仲裁办案规则》未作规定的，依照《人事争议处理规定》等有关规定执行。

仲裁委员会、人民法院审理人事争议案件，应当以国家有关人事法律、行政法规和国家有关人事政策为依据，国家法律、行政法规没有规定或者规定不明确的，可以参照部门规章、地方性法规、政府规章及人事管理规范性文件处理。规章及规范性文件没有规定或者规定不明确的，且纠纷性质与劳动争议类似的，可以参照《劳动法》《劳动合同法》等规定处理。

【典型案例】

事业单位科研人员离岗创业期间受开除处分的，原单位能否与其解除聘用合同[①]

案例分析

本案的争议焦点是刘某离岗创业期间受开除处分，科学院能否与其解除聘用合同。

《人力资源社会保障部关于支持和鼓励事业单位专业技术人员创新创业的指导意见》（人社部规〔2017〕4号，以下简称部规4号文件）规定："事业单位专业技术人员离岗创业，……，可在3年内保留人事关系""离岗创业人员离岗创业期间执行原单位职称评审、培训、考核、奖励等管理制度""离岗创业期间违反事业单位工作人员管理相关规定的，按照事业单位人事管理条例等相关政策法规处理"。《人力资源社会保障部关于进一步支持和鼓励事业单位科研人员创

---

① 《人力资源社会保障部、最高人民法院第一批劳动人事争议典型案例》（2020年7月10日）。

新创业的指导意见》(人社部发〔2019〕137号,以下简称137号文件)将人员范围限定为"科研人员",除对离岗创业期限有补充条款外,上述条款均继续有效。依据上述规定,事业单位科研人员离岗创业,并不改变其与原单位的人事关系,也不改变相关管理制度和管理方式。《事业单位人事管理条例》(以下简称《条例》)第18条规定:"事业单位工作人员受到开除处分的,解除聘用合同";《事业单位工作人员处分暂行规定》(以下简称《规定》)第7条规定:"事业单位工作人员受到开除处分的,自处分决定生效之日起,终止其与事业单位的人事关系"。也即,不同于《条例》第15条事业单位工作人员旷工等事业单位"可以解除聘用合同"的规定,上述情形事业单位工作人员受到开除处分并规定人事关系终止或聘用合同解除的,属于法定解除情形,双方之间原有的权利义务不再存在,事业单位必须依法解除。

本案中,刘某在离岗创业期间身份仍为事业单位工作人员,属于《条例》及《规定》的适用范围。科学院依法依规对刘某给予开除处分,刘某如对处分决定不服,可根据《条例》《规定》及《事业单位工作人员申诉规定》等有关规定申请复核、提出申诉。本案离岗协议及聘用合同所涉离岗创业期间服从企业工作安排的约定,应理解为是对刘某工作内容、工作方式的安排,并不改变其作为事业单位的工作人员的受管理地位。因此,科学院依据处分决定解除与刘某的聘用合同,符合法律和政策的规定,故依法驳回刘某的仲裁请求。

典型意义

部规4号文件和137号文件明确,虽然对离岗创业人员可实行特殊的工作模式、激励措施等,但其仍属于事业单位正式工作人员,仍具有公职人员身份,应当按照原有标准进行要求和管理。实践中,事业单位在根据上述规定灵活做好离岗创业人员服务,为其开展创新创业创造良好环境的同时,也需特别注意事业单位要对离岗创业人员实施有效监督管理,敦促其规范自身行为、依法履职尽责。

第十九章　涉及时效问题的规范

【本章导读】

劳动和人事争议纠纷案件由于设立了仲裁制度，其时效制度的适用与普通民事案件有很大差异，法律依据主要是《劳动争议调解仲裁法》第27条和《公务员法》第105条、《最高人民法院关于人事争议申请仲裁的时效期间如何计算的批复》《劳动人事争议仲裁办案规则》第26条等规定。《劳动法》第82条规定的仲裁时效为60日，后《劳动争议调解仲裁法》调整为一年。本章分两节，分别汇总了劳动争议案件和人事争议案件的时效问题。另，关于未签书面劳动合同双倍工资时效方面的规定，安排在本书第五章第三节；关于未休年休假工资时效问题，安排在第十章第五节的相应部分。

第一节　关于劳动争议案件的时效问题

【适用指引】

当事人在仲裁阶段未提出超过仲裁申请期间的抗辩，在诉讼阶段又以超过仲裁时效期间为由进行抗辩的情形

参见《第八次全国法院民事商事审判工作会议（民事部分）纪要》第27条、《广东省高级人民法院、广东省劳动人事争议仲裁委员会关于劳动人事争议仲裁与诉讼衔接若干意见》第28条。

【裁判依据】

法律

《中华人民共和国劳动争议调解仲裁法》（2007年12月29日）

第二十七条　劳动争议申请仲裁的时效期间为一年。仲裁时效期间从当事人知道或者应当知道其权利被侵害之日起计算。

前款规定的仲裁时效，因当事人一方向对方当事人主张权利，或者向有关部门请求权利救济，或者对方当事人同意履行义务而中断。从中断时起，仲裁时效期间重新计算。

因不可抗力或者有其他正当理由，当事人不能在本条第一款规定的仲裁时效期间申请仲裁的，仲裁时效中止。从中止时效的原因消除之日起，仲裁时效期间继续计算。

劳动关系存续期间因拖欠劳动报酬发生争议的，劳动者申请仲裁不受本条第一款规定的仲裁时效期间的限制；但是，劳动关系终止的，应当自劳动关系终止之日起一年内提出。

部门规章

《**劳动人事争议仲裁办案规则**》（2017 年 5 月 8 日）

第二十六条　本规则第二条第（一）、（三）、（四）、（五）项规定的争议，申请仲裁的时效期间为一年。仲裁时效期间从当事人知道或者应当知道其权利被侵害之日起计算。

本规则第二条第（二）项规定的争议，申请仲裁的时效期间适用公务员法有关规定。

劳动人事关系存续期间因拖欠劳动报酬发生争议的，劳动者申请仲裁不受本条第一款规定的仲裁时效期间的限制；但是，劳动人事关系终止的，应当自劳动人事关系终止之日起一年内提出。

第二十七条　在申请仲裁的时效期间内，有下列情形之一的，仲裁时效中断：

（一）一方当事人通过协商、申请调解等方式向对方当事人主张权利的；

（二）一方当事人通过向有关部门投诉，向仲裁委员会申请仲裁，向人民法院起诉或者申请支付令等方式请求权利救济的；

（三）对方当事人同意履行义务的。

从中断时起，仲裁时效期间重新计算。

第二十八条　因不可抗力，或者有无民事行为能力或者限制民事行为能力劳动者的法定代理人未确定等其他正当理由，当事人不能在规定的仲裁时效期间申请仲裁的，仲裁时效中止。从中止时效的原因消除之日起，仲裁时效期间继续计算。

《**人力资源社会保障部办公厅关于妥善处理新型冠状病毒感染的肺炎疫情防控期间劳动关系问题的通知**》（2020 年 1 月 24 日）

三、因受疫情影响造成当事人不能在法定仲裁时效期间申请劳动人事争议仲裁的，仲裁时效中止。从中止时效的原因消除之日起，仲裁时效期间继续计算。因受疫情影响导致劳动人事争议仲裁机构难以按法定时限审理案件的，可相应顺延审理期限。

司法规范性文件

《**第八次全国法院民事审判工作会会议民事部分纪要**》（2016 年 11 月 30 日）

27. 当事人在仲裁阶段未提出超过仲裁申请期间的抗辩，劳动人事仲裁机构作出实体裁决后，当事人在诉讼阶段又以超过仲裁时效期间为由进行抗辩的，人民法院不予支持。

当事人未按照规定提出仲裁时效抗辩，又以仲裁时效期间届满为由申请再审或者提出再审抗辩的，人民法院不予支持。

【参考依据】

天津市

《天津市高级人民法院、天津市人力资源和社会保障局关于审理劳动人事争议案件的会议纪要》（2019年11月25日）

4.确认劳动关系之诉的仲裁时效问题

依据《调解仲裁法》第二条、第二十七条第一款的规定，劳动者申请仲裁确认劳动关系的时效期间为一年。从其知道或者应当知道权利被侵害之日起计算。

河北省

《河北省人力资源和社会保障厅、河北省高级人民法院关于涉新冠肺炎疫情劳动争议纠纷相关问题的解答》（2020年6月5日）

18.受疫情影响，劳动争议仲裁时效是否可以中止？

答：可以中止。根据《传染病防治法》相关规定，可将各级人民政府制定发布的新冠肺炎疫情防控政策作为不可抗力因素，《劳动争议调解仲裁法》的规定，因不可抗力或者有其他正当理由，当事人不能在规定的仲裁时效期间申请仲裁的，仲裁时效中止。从中止时效的原因消除之日起，仲裁时效期间继续计算。新冠肺炎患者、病原携带者、疑似病人、密切接触者或者被依法隔离的人员，不能及时行使有关权利，符合上述规定情形的，可适用仲裁时效中止的规定。

上海市

《上海市高级人民法院、上海市人力资源和社会保障局关于疫情影响下劳动争议案件处理相关指导的意见》（2020年4月13日）

九、关于受疫情影响仲裁时效和起诉期间如何计算的问题

当事人提供患新冠肺炎、疑似新冠肺炎或因疫情防控被隔离等受疫情影响的证据，证明其无法在《劳动争议调解仲裁法》第27条规定的仲裁时效内申请仲裁或无法在《劳动争议调解仲裁法》第48条规定的期间内向法院提起诉讼，主

张仲裁时效或起诉期间扣除受疫情影响期间的，原则上应予以支持。

根据《传染病防治法》和市政府相关防疫政策规定，新冠肺炎疫情防控期间，原则上可以将政府采取的疫情防控政策理解为不可抗力。当事人因受疫情影响，不能正常参加仲裁或诉讼活动的，可以根据《民法总则》《民事诉讼法》《突发事件应对法》等相关规定，适用有关仲裁时效中止和仲裁、诉讼程序中止的规定，但法律另有规定的除外。

浙江省

《浙江省高级人民法院民一庭关于审理劳动争议案件若干问题的意见》（2009年4月16日）

第十三条　劳动者与用人单位之间因加班工资发生争议的，其申请仲裁的时效期间为二年，从当事人知道或者应当知道其权利被侵害之日起计算；但劳动关系终止的，其申请仲裁的时效期间为一年，从劳动关系终止之日起计算。

安徽省

《安徽省高级人民法院关于审理劳动争议案件若干问题的指导意见》（2015年1月20日）

第二十二条　劳动者申请工伤认定属于劳动争议仲裁时效的中断事由，自工伤认定书生效之日起重新计算仲裁时效期间。

山东省

一、《山东省高级人民法院、山东省劳动争议仲裁委员会、山东省人事争议仲裁委员会关于适用〈中华人民共和国劳动争议调解仲裁法〉和〈中华人民共和国劳动合同法〉若干问题意见》（2010年4月6日）

19.劳动者到相关部门上访、投诉，且不属于该部门管辖范围的或者向依法设立的劳动争议调解组织申请调解，相关部门出具证明查证属实的，均属"向有关部门请求权利救济"，视为劳动争议仲裁时效中断。

二、《山东省高级人民法院、山东省人力资源和社会保障厅关于审理劳动人事争议案件若干问题会议纪要》（2019年4月25日）

十九、关于基本生活费的性质及该类劳动争议的仲裁时效适用问题

基本生活费并非劳动者付出劳动的对价，而是用人单位依法应当承担的社会责任，不能因为涉及工资支付的有关规章政策等对基本生活费作出规定，就认为基本生活费属于劳动报酬。基本生活费在性质上不属于劳动报酬，不适用劳动争

议调解仲裁法第二十七条第四款规定。

二十、关于生育津贴的性质及该类劳动争议的仲裁时效适用问题

生育津贴应属于劳动者的社会保险待遇，不属于劳动报酬，生育津贴争议仲裁时效应适用劳动争议调解仲裁法第二十七条第一款规定。

三、《山东省高级人民法院民一庭关于涉疫情劳动争议案件法官会议纪要》(2020 年 2 月 25 日)

八、关于劳动争议仲裁期限、诉讼时效的顺延问题

根据人力资源社会保障部办公厅《关于妥善处理新型冠状病毒感染的肺炎疫情防控期间劳动关系问题的通知》规定，因受疫情影响造成当事人不能在法定仲裁时效期间申请劳动人事争议仲裁的，仲裁时效中止。从中止时效的原因消除之日起，仲裁时效期间继续计算。确系新冠肺炎患者、疑似病人、密切接触者或者被依法隔离人员，不能及时行使有关权利，符合民事诉讼法规定情形的，可以适用诉讼时效中止的有关规定。

河南省

《河南省高级人民法院、河南省人力资源和社会保障厅关于做好涉新型冠状病毒肺炎疫情防控劳动争议处理工作的通知》(2020 年 3 月 2 日)

12. 因受新冠肺炎疫情影响，当事人不能在法定仲裁时效期间申请劳动人事争议仲裁的，仲裁时效中止；当事人不能在法定期间内提起劳动人事争议诉讼的，诉讼期间中止。从中止原因消除之日起，仲裁时效、诉讼期间继续计算。

广东省

一、《广东省高级人民法院、广东省劳动人事争议仲裁委员会关于劳动人事争议仲裁与诉讼衔接若干意见》(2018 年 7 月 18 日)

二十八、根据《劳动人事争议仲裁办案规则》第三十条的规定，仲裁机构受理案件时不再主动审查仲裁时效。案件受理后，当事人未就仲裁时效进行抗辩的，仲裁机构不主动审查，但案件涉及虚假仲裁、恶意串通损害国家、集体或第三人合法权益的除外。当事人在仲裁阶段未提出时效抗辩，在诉讼阶段又主张时效抗辩的，人民法院不予支持，但其基于新的证据能够证明对方当事人的仲裁请求权已过时效期间的情形除外。

《劳动人事争议仲裁办案规则》实施前，申请人的仲裁请求已超过仲裁时效，申请人在《劳动人事争议仲裁办案规则》实施后申请仲裁不受前款关于仲裁机构不主动审查时效规定的限制。

二、《广东省高级人民法院、广东省人力资源和社会保障厅关于审理涉新冠肺炎疫情劳动人事争议案件若干问题的解答》(2020年4月27日)

21. 疫情防控期间的仲裁时效、起诉、上诉期限及案件审理期限如何把握

当事人受疫情影响不能在法定仲裁时效期间申请劳动人事争议仲裁的，仲裁时效中止。从中止时效的原因消除之日起，仲裁时效期间继续计算。

当事人或者代理人受疫情影响，无法参加诉讼、仲裁，可以向人民法院或者仲裁机构申请延期审理，人民法院、仲裁机构受疫情影响难以按法定期限审理案件的，可相应顺延审理期限。

当事人受疫情防控措施影响无法在法律规定的诉讼期间起诉或者上诉，在障碍消除后的10日内申请顺延期限的，人民法院可予准许。

重庆市

《重庆高院等六部门关于劳动争议案件法律适用问题专题座谈会纪要(三)》(2017年11月9日)

六、工伤保险待遇的仲裁时效计算问题

工伤保险待遇可分为工伤医疗待遇和工伤伤残待遇。劳动者与用人单位因工伤医疗待遇以及非以解除、终止劳动关系为前提的工伤伤残待遇发生争议的，仲裁时效应适用《中华人民共和国劳动争议调解仲裁法》第二十七条第一款之规定。但停工留薪期工资以及劳动能力鉴定期间的生活津贴属于特殊情况下支付的工资，具有劳动报酬性质，仲裁时效应适用《中华人民共和国劳动争议调解仲裁法》第二十七条第四款之规定。

以解除、终止劳动关系为前提的工伤伤残待遇，仲裁时效自劳动关系解除、终止之日起计算。

贵州省

《贵州省高级人民法院、贵州省人力资源和社会保障厅关于劳动争议案件若干问题的会议纪要》(2012年7月9日)

15. 当事人在劳动争议仲裁或诉讼中未提出仲裁时效抗辩的，人民法院不应对仲裁时效问题进行释明及主动适用仲裁时效的规定进行裁判。

云南省

一、《云南省高级人民法院、云南省人力资源和社会保障厅关于审理劳动人事争议案件若干问题的座谈会纪要》（2015年1月19日）

七、关于工伤保险待遇的相关问题

（十五）劳动者请求用人单位支付工伤保险待遇的，申请仲裁的时效期间为一年，仲裁时效期间从劳动能力鉴定结论书生效之日起计算（工亡的从工伤认定决定书生效之日起计算）；劳动能力鉴定结论书生效后劳动关系终止的，仲裁时效期间从劳动关系终止之日起计算。

二、《云南省人力资源和社会保障厅关于加强新型冠状病毒感染的肺炎疫情防控期间劳动关系问题处理工作的通知》（2020年1月31日）

四、加强劳动人事争议预防调处

（一）关于仲裁时效的中止问题。因受疫情影响造成当事人不能在法定仲裁时效期间申请劳动人事争议仲裁的，仲裁时效中止。从中止时效的原因消除之日起，仲裁时效期间继续计算。

第二节 关于人事争议案件的时效问题

【适用指引】

人事争议的仲裁时效期间是 60 日还是一年？

根据相应规定的位阶和效力，实施《公务员法》的机关与聘用制公务员之间、参照《公务员法》管理的机关（单位）与聘任制工作人员之间因履行聘任合同发生的争议，时效期间为 60 日；其他人事争议的时效期间为一年。

【裁判依据】

法律

《中华人民共和国公务员法》（2018 年 12 月 29 日修订）

第一百零五条 聘任制公务员与所在机关之间因履行聘任合同发生争议的，可以自争议发生之日起六十日内申请仲裁。

……

司法解释

《最高人民法院关于人事争议申请仲裁的时效期间如何计算的批复》（2013 年 9 月 12 日，法释〔2013〕23 号）

四川省高级人民法院：

你院《关于事业单位人事争议仲裁时效如何计算的请示》（川高法〔2012〕430 号）收悉。经研究，批复如下：

依据《中华人民共和国劳动争议调解仲裁法》第二十七条第一款、第五十二条的规定，当事人自知道或者应当知道其权利被侵害之日起一年内申请仲裁，仲裁机构予以受理的，人民法院应予认可。

部门规章及规范性文件

《人事争议处理规定》(2011年8月15日)

第十六条 当事人从知道或应当知道其权利受到侵害之日起六十日内,以书面形式向有管辖权的人事争议仲裁委员会申请仲裁。

当事人因不可抗力或者有其他正当理由超过申请仲裁时效,经人事争议仲裁委员会调查确认的,人事争议仲裁委员会应当受理。

《劳动人事争议仲裁办案规则》(2017年5月8日)

第二十六条 本规则第二条第(一)、(三)、(四)、(五)项规定的争议,申请仲裁的时效期间为一年。仲裁时效期间从当事人知道或者应当知道其权利被侵害之日起计算。

本规则第二条第(二)项规定的争议,申请仲裁的时效期间适用公务员法有关规定。

劳动人事关系存续期间因拖欠劳动报酬发生争议的,劳动者申请仲裁不受本条第一款规定的仲裁时效期间的限制;但是,劳动人事关系终止的,应当自劳动人事关系终止之日起一年内提出。

【参考依据】

《辽宁省高级人民法院民一庭劳动人事争议及劳务纠纷案件审判问题解答》(2013年8月)

问题34:人事争议的辞退、劳动争议的除名,用人单位未书面送达,但当事人知道辞退、除名的事实,时效的起算点如何认定?如当事人否认知道辞退、除名的事实,时效的起算点如何认定?

参考意见:《劳动争议司法解释(二)》第二条第(二)项规定,因解除或终止劳动关系产生的争议,用人单位不能证明劳动者收到书面通知时间的,劳动者主张权利之日为劳动争议发生之日。根据该项规定,结合审判实践,我们的倾向性意见是,如果用人单位能够证明其已通知劳动者领取或接受书面通知,劳动者拒绝领取或接受,且劳动者已经知道辞退、除名事实的,应以劳动者知道辞退、除名事实之日为劳动争议发生日。用人单位仅以劳动者已经知道辞退、除名事实为由主张劳动争议发生日的,不应予以支持。①

---

① 注:《劳动争议司法解释(一)》已删除原时效条款的规定。

第二十章　涉及程序问题的规范

【本章导读】

根据《劳动争议调解仲裁法》，我国劳动争议处理体制为"一调一裁两审与一调一裁分流"，即发生劳动争议后，劳动者可以与用人单位协商，也可以请工会或者第三方共同与用人单位协商，达成和解协议；当事人不愿协商、协商不成或者达成和解协议后不履行的，可以向调解组织申请调解；不愿调解、调解不成或者达成和解协议后不履行的，可以向劳动争议仲裁委员会申请仲裁。仲裁裁决分为终局裁决和非终局裁决，对非终局裁决，可以向法院提起诉讼。对于终局裁决，劳动者不服的可依法向基层人民法院起诉，用人单位在法定条件下可依法向中级人民法院申请仲裁。

本章内容主要集中于劳动仲裁和诉讼环节的几个关键问题。第一节为管辖和审理程序问题，重点是诉讼环节。第二节为调诉衔接、裁诉衔接问题。第三节为一裁终局问题。第四节为举证证明责任和证明标准问题。第五节为执行程序、财产保全的有关内容。

第一节　关于管辖和审理程序问题

【适用指引】

一、《劳动争议司法解释（一）》在管辖方面的变化

相比较原有司法解释，《劳动争议司法解释（一）》在管辖方面出现三大变化：一是增加了"法律另有规定的，依照其规定"的管辖条款；二是增加了一方当事人撤诉的规定；三是将分别起诉的当事人由原被告关系修正为互为原被告关系。

"法律另有规定的，依照其规定"，例如《劳动争议调解仲裁法》第49条规定用人单位申请撤销仲裁裁决的，向劳动争议仲裁委员会所在地的中级人民法院提出；涉破产企业劳动争议案件，属于中级人民法院受理破产申请的，为了便于诉讼，也由审理破产案件的中级人民一并审理。

二、关于地域管辖

一审法院认为用人单位仅在其辖区内注册、登记而未在其辖区内实际经营，能否以此为由将案件裁定移送至用人单位实际经营地的一审法院审理？[1]

第一种观点认为，可以将案件裁定移送至用人单位实际经营地的一审法院审理。

第二种观点认为，不宜将案件裁定移送至用人单位实际经营地的一审法院审理。理由如下：第一，《劳动争议司法解释》第8条第1款[2]规定劳动争议案件由用人单位所在地或者劳动合同履行地的一审人民法院管辖，而"用人单位所在地"包含用人单位登记、注册地。第二，《民事诉讼法司法解释》第3条的规定，"用人单位住所地"应指用人单位主要办事机构所在地，在用人单位的主要办事机构所在地不能确定时，其注册地或者登记地为住所地。从文义解释而言，用人单位的登记地、注册地和用人单位的主要办事机构所在地（即用人单位住所地）均应属于"用人单位所在地"。第三，将用人单位注册地、登记地、住所地的一

---

[1] 参见2017年4月《北京市法院劳动人事争议法官沙龙（第三期）研讨汇总》第11条。
[2] 注：现为《劳动争议司法解释（一）》第3条第1款。

审法院均作为劳动争议案件有管辖权法院，有利于方便劳动者主张权益，符合劳动法规倾斜保护的立法理念。第四，用人单位注册地或者登记地与劳动者的利益及劳动关系的履行紧密相关。用人单位在何地注册或者登记，则其应在该地为劳动者缴纳社会保险费，劳动者主张相关社会保障权益的，亦由该地相关部门管辖。第五，《劳动争议调解仲裁法》第 21 条规定劳动争议由劳动合同履行地或者用人单位所在地合同劳动争议仲裁委员会管辖，人社部《劳动人事争议仲裁办案规则》第 8 条规定用人单位所在地为用人单位注册、登记地，各劳动争议仲裁委员会均依上述规定确定劳动争议案件的仲裁管辖。

第二种观点为绝对多数意见。

三、劳动争议不可以约定管辖

《劳动争议调解仲裁法》第 21 条关于地域管辖的规定为强制性规定，当事人不可以通过约定改变。如果相关约定违反法律关于管辖的规定，应认定为无效。

【裁判依据】

法律

《中华人民共和国劳动争议调解仲裁法》（2007 年 12 月 29 日）

第二十一条 劳动争议仲裁委员会负责管辖本区域内发生的劳动争议。

劳动争议由劳动合同履行地或者用人单位所在地的劳动争议仲裁委员会管辖。双方当事人分别向劳动合同履行地和用人单位所在地的劳动争议仲裁委员会申请仲裁的，由劳动合同履行地的劳动争议仲裁委员会管辖。

部门规章

《劳动人事争议仲裁办案规则》（2017 年 5 月 8 日）

第八条 劳动合同履行地为劳动者实际工作场所地，用人单位所在地为用人单位注册、登记地或者主要办事机构所在地。用人单位未经注册、登记的，其出资人、开办单位或者主管部门所在地为用人单位所在地。

双方当事人分别向劳动合同履行地和用人单位所在地的仲裁委员会申请仲裁的，由劳动合同履行地的仲裁委员会管辖。有多个劳动合同履行地的，由最先受理的仲裁委员会管辖。劳动合同履行地不明确的，由用人单位所在地的仲裁委员会管辖。

案件受理后，劳动合同履行地或者用人单位所在地发生变化的，不改变争议仲裁的管辖。

第九条 仲裁委员会发现已受理案件不属于其管辖范围的，应当移送至有管辖权的仲裁委员会，并书面通知当事人。

对上述移送案件，受移送的仲裁委员会应当依法受理。受移送的仲裁委员会认为移送的案件按照规定不属于其管辖，或者仲裁委员会之间因管辖争议协商不成的，应当报请共同的上一级仲裁委员会主管部门指定管辖。

第十条 当事人提出管辖异议的，应当在答辩期满前书面提出。仲裁委员会应当审查当事人提出的管辖异议，异议成立的，将案件移送至有管辖权的仲裁委员会并书面通知当事人；异议不成立的，应当书面决定驳回。

当事人逾期提出的，不影响仲裁程序的进行。

司法解释

《最高人民法院关于审理劳动争议案件适用法律若干问题的解释（一）》
（2020年12月25日，法释〔2020〕26号）

第三条 劳动争议案件由用人单位所在地或者劳动合同履行地的基层人民法院管辖。

劳动合同履行地不明确的，由用人单位所在地的基层人民法院管辖。

法律另有规定的，依照其规定。

第四条 劳动者与用人单位均不服劳动争议仲裁机构的同一裁决，向同一人民法院起诉的，人民法院应当并案审理，双方当事人互为原告和被告，对双方的诉讼请求，人民法院应当一并作出裁决。在诉讼过程中，一方当事人撤诉的，人民法院应当根据另一方当事人的诉讼请求继续审理。双方当事人就同一仲裁裁决分别向有管辖权的人民法院起诉的，后受理的人民法院应当将案件移送给先受理的人民法院。

第五条 劳动争议仲裁机构以无管辖权为由对劳动争议案件不予受理，当事人提起诉讼的，人民法院按照以下情形分别处理：

（一）经审查认为该劳动争议仲裁机构对案件确无管辖权的，应当告知当事人向有管辖权的劳动争议仲裁机构申请仲裁；

（二）经审查认为该劳动争议仲裁机构有管辖权的，应当告知当事人申请仲裁，并将审查意见书面通知该劳动争议仲裁机构；劳动争议仲裁机构仍不受理，当事人就该劳动争议事项提起诉讼的，人民法院应予受理。

【参考依据】

北京市

《北京市高级人民法院、北京市劳动争议仲裁委员会关于劳动争议案件法律适用问题研讨会会议纪要（二）》（2014年5月7日）

10.用人单位指派劳动者长期在北京市从事业务，劳动者以在北京市某区县的居住地作为劳动合同履行地而向该地仲裁委申请仲裁或向基层法院起诉的，如何处理？

劳动者因用人单位的指派而长期在北京市从事业务，如其在北京有固定的办公地点，可以视办公地点所在地为劳动合同履行地，如因业务原因没有固定办公地点，则可以视其在北京的居住地为劳动合同履行地。劳动者应当向仲裁委、法院提供用人单位指派其长期在北京从事业务的证据，以及其在北京有无固定办公地点和长期居住地点的证据。

安徽省

《安徽省高级人民法院关于审理劳动争议案件若干问题的指导意见》（2015年1月20日）

第三十条 人民法院对下列符合适用小额诉讼程序标的限额的劳动争议案件，可适用小额诉讼程序审理：

（一）劳动者对《劳动争议调解仲裁法》第四十七条规定的仲裁裁决不服提起诉讼，且劳动关系清楚的；

（二）劳动者与用人单位在劳动报酬、工伤医疗费、经济补偿或者赔偿金的给付数额或给付时间上存在争议的。

贵州省

《贵州省高级人民法院、贵州省人力资源和社会保障厅关于劳动争议案件若干问题的会议纪要》（2012年7月9日）

17.劳动者与劳务派遣单位或用工单位发生劳动争议的，劳动者可以向劳动合同履行地、劳务派遣单位所在地或者用工单位所在地的劳动争议仲裁委员会申请仲裁。劳动者同时向两个以上有管辖权的劳动争议仲裁委员会申请仲裁的，由最先立案的劳动争议仲裁委员会管辖。

　　劳动争议仲裁委员会作出裁决后，劳动者不服的，可向作出裁决的劳动争议仲裁委员会所在地的基层人民法院提起诉讼。

第二节 关于调诉衔接、裁诉衔接问题

【适用指引】

一、相关政策

2017年11月8日,人力资源社会保障部、最高人民法院联合下发《关于加强劳动人事争议仲裁与诉讼衔接机制建设的意见》,就统一裁审受理范围和法律适用标准、规范裁审程序衔接、完善裁审衔接工作机制、加强组织领导等方面提出具体意见。

二、因劳动者原因仲裁机构按撤回申请处理的情形

参见《北京市高级人民法院、北京市劳动争议仲裁委员会关于劳动争议案件法律适用问题研讨会会议纪要(二)》第2条、《天津法院劳动争议案件审理指南》第41条、《四川省高级人民法院民一庭关于审理劳动争议案件若干疑难问题的解答》第1条。根据四川高院意见,受理后人民法院经审查认为申请人确属无正当理由拒不到庭或者未经仲裁庭许可中途退庭的,应裁定驳回起诉。

三、当事人以劳动人事争议仲裁委员会逾期未作出受理决定或仲裁裁决,直接提起诉讼的情形

应结合《劳动争议司法解释(一)》第12条和《劳动人事争议仲裁办案规则》第45~48条等规定具体审查是否逾期。

四、新冠疫情影响下的相关劳动人事争议处理基本原则

参见《北京市高级人民法院、北京市劳动人事争议仲裁委员会关于审理新型冠状病毒感染肺炎疫情防控期间劳动争议案件法律适用问题的解答》第1条、《天津市高级人民法院民事审判第一庭关于审理涉新冠肺炎疫情相关民事案件的法官会议纪要(一)劳动争议案件部分》第1~2条、《上海市高级人民法院、上海市人力资源和社会保障局关于疫情影响下劳动争议案件处理相关指导的意见》第1条和第2条、《河南省高级人民法院、河南省人力资源和社会保障厅关于做好涉新型冠状病毒肺炎疫情防控劳动争议处理工作的通知》第1条和第13~15条、《浙江省高级人民法院关于规范涉新冠肺炎疫情相关民事法律纠纷的实施意

见（试行）》第1条。

【裁判依据】

法律

《中华人民共和国劳动争议调解仲裁法》（2007年12月29日）

第四十三条　仲裁庭裁决劳动争议案件，应当自劳动争议仲裁委员会受理仲裁申请之日起四十五日内结束。案情复杂需要延期的，经劳动争议仲裁委员会主任批准，可以延期并书面通知当事人，但是延长期限不得超过十五日。逾期未作出仲裁裁决的，当事人可以就该劳动争议事项向人民法院提起诉讼。

仲裁庭裁决劳动争议案件时，其中一部分事实已经清楚，可以就该部分先行裁决。

第四十八条　劳动者对本法第四十七条规定的仲裁裁决不服的，可以自收到仲裁裁决书之日起十五日内向人民法院提起诉讼。

第五十条　当事人对本法第四十七条规定以外的其他劳动争议案件的仲裁裁决不服的，可以自收到仲裁裁决书之日起十五日内向人民法院提起诉讼；期满不起诉的，裁决书发生法律效力。

部门规章

《劳动人事争议仲裁办案规则》（2017年5月8日）

第三十一条　对不符合本规则第三十条第（一）、（二）、（三）项规定之一的仲裁申请，仲裁委员会不予受理，并在收到仲裁申请之日起五日内向申请人出具不予受理通知书；对不符合本规则第三十条第（四）项规定的仲裁申请，仲裁委员会应当在收到仲裁申请之日起五日内，向申请人作出书面说明并告知申请人向有管辖权的仲裁委员会申请仲裁。

对仲裁委员会逾期未作出决定或者决定不予受理的，申请人可以就该争议事项向人民法院提起诉讼。

第四十九条　仲裁庭裁决案件时，其中一部分事实已经清楚的，可以就该部分先行裁决。当事人对先行裁决不服的，可以按照调解仲裁法有关规定处理。

第四十五条　仲裁庭裁决案件，应当自仲裁委员会受理仲裁申请之日起四十五日内结束。案情复杂需要延期的，经仲裁委员会主任或者其委托的仲裁院负责人书面批准，可以延期并书面通知当事人，但延长期限不得超过十五日。

第四十六条　有下列情形的，仲裁期限按照下列规定计算：

　　（一）仲裁庭追加当事人或者第三人的，仲裁期限从决定追加之日起重新计算；

　　（二）申请人需要补正材料的，仲裁委员会收到仲裁申请的时间从材料补正之日起重新计算；

　　（三）增加、变更仲裁请求的，仲裁期限从受理增加、变更仲裁请求之日起重新计算；

　　（四）仲裁申请和反申请合并处理的，仲裁期限从受理反申请之日起重新计算；

　　（五）案件移送管辖的，仲裁期限从接受移送之日起重新计算；

　　（六）中止审理期间、公告送达期间不计入仲裁期限内；

　　（七）法律、法规规定应当另行计算的其他情形。

　　第四十七条　有下列情形之一的，经仲裁委员会主任或者其委托的仲裁院负责人批准，可以中止案件审理，并书面通知当事人：

　　（一）劳动者一方当事人死亡，需要等待继承人表明是否参加仲裁的；

　　（二）劳动者一方当事人丧失民事行为能力，尚未确定法定代理人参加仲裁的；

　　（三）用人单位终止，尚未确定权利义务承继者的；

　　（四）一方当事人因不可抗拒的事由，不能参加仲裁的；

　　（五）案件审理需要以其他案件的审理结果为依据，且其他案件尚未审结的；

　　（六）案件处理需要等待工伤认定、伤残等级鉴定以及其他鉴定结论的；

　　（七）其他应当中止仲裁审理的情形。

　　中止审理的情形消除后，仲裁庭应当恢复审理。

　　第四十八条　当事人因仲裁庭逾期未作出仲裁裁决而向人民法院提起诉讼并立案受理的，仲裁委员会应当决定该案件终止审理；当事人未就该争议事项向人民法院提起诉讼的，仲裁委员会应当继续处理。

　　第八十条　本规则规定的"三日""五日""十日"指工作日，"十五日""四十五日"指自然日。

司法解释及司法指导性文件

　　一、《最高人民法院关于审理劳动争议案件适用法律若干问题的解释（一）》(2020年12月25日，法释〔2020〕26号)

　　第六条　劳动争议仲裁机构以当事人申请仲裁的事项不属于劳动争议为由，

作出不予受理的书面裁决、决定或者通知，当事人不服依法提起诉讼的，人民法院应当分别情况予以处理：

（一）属于劳动争议案件的，应当受理；

（二）虽不属于劳动争议案件，但属于人民法院主管的其他案件，应当依法受理。

第七条 劳动争议仲裁机构以申请仲裁的主体不适格为由，作出不予受理的书面裁决、决定或者通知，当事人不服依法提起诉讼，经审查确属主体不适格的，人民法院不予受理；已经受理的，裁定驳回起诉。

第八条 劳动争议仲裁机构为纠正原仲裁裁决错误重新作出裁决，当事人不服依法提起诉讼的，人民法院应当受理。

第九条 劳动争议仲裁机构仲裁的事项不属于人民法院受理的案件范围，当事人不服依法提起诉讼的，人民法院不予受理；已经受理的，裁定驳回起诉。

第十条 当事人不服劳动争议仲裁机构作出的预先支付劳动者劳动报酬、工伤医疗费、经济补偿或者赔偿金的裁决，依法提起诉讼的，人民法院不予受理。

用人单位不履行上述裁决中的给付义务，劳动者依法申请强制执行的，人民法院应予受理。

第十一条 劳动争议仲裁机构作出的调解书已经发生法律效力，一方当事人反悔提起诉讼的，人民法院不予受理；已经受理的，裁定驳回起诉。

第十二条 劳动争议仲裁机构逾期未作出受理决定或仲裁裁决，当事人直接提起诉讼的，人民法院应予受理，但申请仲裁的案件存在下列事由的除外：

（一）移送管辖的；

（二）正在送达或者送达延误的；

（三）等待另案诉讼结果、评残结论的；

（四）正在等待劳动争议仲裁机构开庭的；

（五）启动鉴定程序或者委托其他部门调查取证的；

（六）其他正当事由。

当事人以劳动争议仲裁机构逾期未作出仲裁裁决为由提起诉讼的，应当提交该仲裁机构出具的受理通知书或者其他已接受仲裁申请的凭证、证明。

第十三条 劳动者依据劳动合同法第三十条第二款和调解仲裁法第十六条规定向人民法院申请支付令，符合民事诉讼法第十七章督促程序规定的，人民法院应予受理。

依据劳动合同法第三十条第二款规定申请支付令被人民法院裁定终结督促程

序后，劳动者就劳动争议事项直接提起诉讼的，人民法院应当告知其先向劳动争议仲裁机构申请仲裁。

依据调解仲裁法第十六条规定申请支付令被人民法院裁定终结督促程序后，劳动者依据调解协议直接提起诉讼的，人民法院应予受理。

第十四条 人民法院受理劳动争议案件后，当事人增加诉讼请求的，如该诉讼请求与讼争的劳动争议具有不可分性，应当合并审理；如属独立的劳动争议，应当告知当事人向劳动争议仲裁机构申请仲裁。

第十五条 劳动者以用人单位的工资欠条为证据直接提起诉讼，诉讼请求不涉及劳动关系其他争议的，视为拖欠劳动报酬争议，人民法院按照普通民事纠纷受理。

第十六条 劳动争议仲裁机构作出仲裁裁决后，当事人对裁决中的部分事项不服，依法提起诉讼的，劳动争议仲裁裁决不发生法律效力。

第十七条 劳动争议仲裁机构对多个劳动者的劳动争议作出仲裁裁决后，部分劳动者对仲裁裁决不服，依法提起诉讼的，仲裁裁决对提起诉讼的劳动者不发生法律效力；对未提起诉讼的部分劳动者，发生法律效力，如其申请执行的，人民法院应当受理。

二、《第八次全国法院民事商事审判工作会会议（民事部分）纪要》（2016年11月21日）

26. 劳动人事仲裁机构作出仲裁裁决，当事人在法定期限内未提起诉讼但再次申请仲裁，劳动人事仲裁机构作出不予受理裁决、决定或通知，当事人不服提起诉讼，经审查认为前后两次申请仲裁事项属于不同事项的，人民法院予以受理；经审查认为属于同一事项的，人民法院不予受理，已经受理的裁定驳回起诉。

27. 当事人在仲裁阶段未提出超过仲裁申请期间的抗辩，劳动人事仲裁机构作出实体裁决后，当事人在诉讼阶段又以超过仲裁时效期间为由进行抗辩的，人民法院不予支持。

当事人未按照规定提出仲裁时效抗辩，又以仲裁时效期间届满为由申请再审或者提出再审抗辩的，人民法院不予支持。

【参考依据】

北京市

一、《北京市高级人民法院、北京市劳动争议仲裁委员会关于劳动争议案件法律适用问题研讨会会议纪要》(2009年8月17日)

7. 在劳动仲裁程序中遗漏了必须共同参加仲裁的当事人，人民法院在一审诉讼程序中可依法予以追加，无须再行仲裁。劳动争议仲裁委员会漏裁的事项，人民法院可直接作出处理。

8. 根据《最高人民法院关于审理劳动争议案件适用法律若干问题的解释》第六条规定："人民法院受理劳动争议案件后，当事人增加诉讼请求的，如该诉讼请求与讼争的劳动争议具有不可分性，应当合并审理"，该条款中的"不可分性"是指增加的诉讼请求与仲裁的事项是基于同一事实而产生的，相互之间具有依附性。

9. 当事人双方不服劳动争议仲裁委员会作出的同一仲裁裁决，均向同一人民法院起诉的，双方当事人互为原告和被告，先起诉的一方当事人列为"原告（被告）"，后起诉的一方当事人列为"被告（原告）"。

10. 《劳动争议调解仲裁法》第四十八条和第四十九条涉及的期间的起算，应与《民事诉讼法》的有关规定相一致，均从次日起算；《劳动合同法》第十九条所称的"以上""不满"的界定，应与《民法通则》第一百五十五条的规定相一致。

二、《北京市高级人民法院、北京市劳动争议仲裁委员会关于劳动争议案件法律适用问题研讨会会议纪要（二）》(2014年5月7日)

1. 当事人向劳动人事争议仲裁委员会或者劳动争议仲裁委员会（以下简称仲裁委）申请仲裁后又撤回申请，向法院起诉，如何处理？

当事人申请仲裁后又撤回申请的，法院不能视为已经过仲裁前置程序，可裁定不予受理，已经受理的裁定驳回起诉，并告知其先向仲裁委申请仲裁。

对于当事人在撤回申请后，再次向仲裁委申请仲裁，经仲裁委裁决或作出不予受理通知书后，法院可以受理。

2. 当事人申请仲裁后，无正当理由拒不到庭或者未经仲裁庭同意中途退庭，仲裁委按照撤回仲裁申请处理，并作出决定书的，当事人起诉到法院，如何处理？

法院经审查符合劳动争议受理条件的，可以受理。

3. 仲裁裁决作出后当事人未起诉，或裁决有多项内容，当事人仅就部分内容提起诉讼的，如何处理？

仲裁裁决作出后当事人未在法定期限内起诉，或仅就部分内容提起诉讼，法院只需审理当事人在法定期限内起诉的请求，保持当事人诉讼请求与审理内容的一致性。

对双方当事人均未起诉的仲裁结果部分，可在"本院认为"中予以确认，并直接写入判决主文。

法院对于案件事实的审理不受当事人诉讼请求的限制，法院应当结合证据对事实进行综合判断和认定。

法院对仲裁裁决确认是否存在劳动关系一项认为有误的，无论当事人是否提出诉讼请求，均可以直接予以认定，并根据所认定的事实作出相应判决。

4. 在仲裁程序中，证人出庭作证并接受质询，诉讼中证人是否仍需出庭？

证人可不再出庭，但仍有需要质询的事实或当事人又提供反证的除外。

5. 仲裁程序中当事人已经认可的相关案件事实，在诉讼程序中当事人又否认的，如何处理？

在诉讼程序中，除经对方当事人同意，或者有充分证据证明与事实不符的，对当事人否认在仲裁程序中所认可事实的主张不予支持。

6. 当事人已经签收仲裁委对劳动争议作出的调解书，事后反悔向法院起诉的，如何处理？

法院应裁定不予受理；已受理的，应裁定驳回起诉，但裁定书应说明调解书已生效，双方按原调解书执行。

7. 对于劳动争议仲裁申请人依法提出的仲裁请求，仲裁裁决书遗漏未予处理，当事人起诉至法院的如何处理？

法院应当予以审理，不得以相应请求未经仲裁前置程序为由不予处理。

11. 劳动争议案件一审判决主文应如何表述？

（1）对双方当事人均未起诉的仲裁结果部分，一般应在判决"本院认为"的理由部分中表示予以确认，并可直接写入一审判决主文。

（2）仲裁结果为给付金钱，当事人不服起诉，一审法院认定不应给付金钱，判决主文表述为"无需支付"；一审法院认定应当给付金钱，则将给付金钱内容写入判决主文，不应写驳回当事人的请求；一审法院认定应当给付金钱但具体数额应调整，则在一审判决主文中写明经调整后需给付金钱的数额。

（3）仲裁结果未支持当事人某项请求，当事人不服起诉，一审法院认为应当支持该项请求，可直接写入一审判决主文；一审法院认为不应支持该项请求，应当判决驳回当事人该项请求。

三、《北京市高级人民法院、北京市劳动人事争议仲裁委员会关于审理劳动争议案件法律适用问题的解答》（2017年4月24日）

4. 仲裁裁决不存在劳动关系的情况下，当事人以双方存在劳动关系为由提起诉讼，经审查发现双方之间存在劳务关系或其他法律关系，经释明后当事人不变更诉讼请求的，如何处理？

在此种情况下，只要符合《民事诉讼法》第一百一十九条的规定，应予受理并判决驳回当事人的诉讼请求。

四、《北京市高级人民法院、北京市劳动人事争议仲裁委员会关于审理新型冠状病毒感染肺炎疫情防控期间劳动争议案件法律适用问题的解答》（2020年4月29日）

1. 处理疫情防控期间劳动争议案件应掌握什么原则？

答：法治保障原则。坚决贯彻落实习近平总书记关于统筹推进疫情防控和经济社会发展工作的重要指示精神，为有力有序推进复工复产营造良好司法环境，提供坚实法治保障。

坚持维护劳动者合法权益与促进用人单位生存发展并重原则。依法平等保护劳动者与用人单位的合法权益，引导劳动者与用人单位共克时艰，促进劳动者与用人单位在复工复产中"双赢"。

注重协商与调解原则。加强规范用工管理指导，鼓励、支持用人单位与劳动者通过协商解决工资待遇及其他劳动用工问题。加大案件调解力度，尽量以柔性方式处理疫情防控及复工复产期间劳动关系矛盾。

快速处理争议原则。畅通争议处置"绿色通道"，简化优化案件处理流程，提高案件处理效能。强化裁审衔接，及时统一案件裁判尺度。充分发挥劳动争议多元化解机制作用，合力推进复工复产，共同维护首都劳动关系和谐稳定。

天津市

一、《天津法院劳动争议案件审理指南》（2017年11月30日）

41.【裁审衔接】劳动者向劳动人事争议仲裁机构申请劳动人事争议仲裁，仲裁机构按照撤诉处理的，劳动者向人民法院起诉，人民法院不予受理。已经受理的，应当裁定驳回起诉，劳动者再次申请劳动人事争议仲裁，仲裁机构作出不予受理通知后，劳动者向人民法院起诉的，人民法院应当受理。

二、《天津市高级人民法院、天津市人力资源和社会保障局关于审理劳动人事争议案件的会议纪要》(2019年11月25日)

3.用人单位注销、当事人申请仲裁问题

劳动者与用人单位发生争议，用人单位已注销的，按照以下情形分别处理：

（1）用人单位注销后，当事人申请仲裁，劳动人事争议仲裁委员会出具不予受理通知书。当事人向人民法院提起诉讼，人民法院应予受理。

（2）仲裁立案后，用人单位注销的，劳动人事争议仲裁委员会应当依法撤销案件，以决定书形式通知当事人。当事人向人民法院提起诉讼的，人民法院应予受理。

人民法院受理后，当事人申请追加出资人、开办单位或者清算组作为被告的，应予准许。

6.经劳动人事争议仲裁委员会出具不予受理通知书后，当事人向人民法院起诉后撤诉又起诉的，是否需经仲裁前置程序的问题

劳动人事争议仲裁委员会依法决定不予受理，当事人向人民法院提起诉讼后撤诉的，当事人就该争议再次提起诉讼，人民法院应告知其先向劳动人事争议仲裁委员会申请仲裁。

经仲裁前置程序后，当事人不服提起诉讼的，人民法院应予受理。

三、《天津市高级人民法院民事审判第一庭关于审理涉新冠肺炎疫情相关民事案件的法官会议纪要（一）劳动争议案件部分》(2020年3月19日)

1.坚持依法维护劳动者合法权益与促进企业生存发展并重，妥善化解涉新冠肺炎疫情的劳动争议，努力维护劳动关系稳定。充分发挥裁审衔接及多元化解机制的积极作用，尽可能通过和解、调解等方式解决纠纷，引导劳动者与企业同舟共济、共克时艰。

2.全力维护企业稳岗就业，积极引导企业与劳动者通过协商调岗调薪、轮岗轮休、采取灵活工时等方式保障劳动合同的履行。依法妥善处理劳动者因企业受新冠肺炎疫情及防控影响出现暂时性经营困难而主张解除劳动合同并支付经济补偿的案件。

河北省

《河北省人力资源和社会保障厅、河北省高级人民法院关于涉新冠肺炎疫情劳动争议纠纷相关问题的解答》(2020年6月5日)

1.如何掌握涉新冠肺炎疫情劳动争议纠纷的处理原则？

答：政策落实与法律适用相统一。正确理解和参照适用国务院有关行政主管

部门、省政府制定的在疫情防控期间妥善处理劳动关系文件,精准把握政策、准确适用法律,切实维护劳动合同当事人的合法权益。

坚持调解优先、多元化解纠纷。处理涉新冠肺炎疫情劳动争议案件,应积极引导当事人在互让互谅的基础上进行协商,并引入人民调解、行业调解等多元解纷机制进行调解,避免矛盾激化,实现案结事了。

坚持利益平衡,保障合法权益。处理涉新冠肺炎疫情劳动争议案件,既要充分考虑疫情的不可抗力因素,又要平衡双方当事人权利义务;既要保护劳动者合法权益,又要利于企业渡过难关,促进生产经营可持续发展;既要依法依规仲裁和审判,又要促进劳动关系双方凝心聚力,共克时艰。

密切协作配合,优化裁审效果。各级仲裁机构和人民法院要牢固树立大局意识,各负其责,将本单位工作任务全面落实到位,加强分工协作,及时共享信息,形成工作合力,共同维护劳动关系和谐稳定。开辟"绿色通道",合理认定时效,简化优化处理流程。发挥"互联网+仲裁、诉讼"作用,提供"不见面"仲裁和司法服务。

上海市

《上海市高级人民法院、上海市人力资源和社会保障局关于疫情影响下劳动争议案件处理相关指导的意见》(2020年4月13日)

一、关于涉疫情劳动争议案件处理基本原则

近期受新冠肺炎疫情影响,部分用人单位面临较大生产经营压力,部分劳动者面临待岗失业、收入减少等风险,劳动关系领域不稳定、不确定因素增加。在依法及时处理相关案件过程中需注重把握如下原则:一是坚持协商求同的原则。通过案件审理进一步强化劳动关系双方同力协契、共克时坚的理念,尽可能通过调解协商等方式化解劳动争议纠纷。二是坚持平衡保护原则。案件处理要始终贯彻依法保护劳动者合法权益和促进企业稳定发展并重的原则,既要注重保障劳动者基本生活和就业,又要努力为企业生存和发展创造条件。三是坚持稳定劳动合同关系原则。对劳动合同解除纠纷,案件审理中要积极贯彻援企稳岗、保就业保企业保稳定等政策要求,坚持审慎处理,充分考虑疫情期间的特殊情况,经审查劳动合同有继续履行可能的,对当事人主张解除劳动合同的,一般不宜支持。四是坚持促进劳动合同协作履行原则。对于劳动合同履行受疫情影响的,要引导当事人通过协商调整履行时间、履行地点、履行方式等方法变更劳动合同,促使劳动合同继续履行。

二、关于劳动关系矛盾纠纷中进一步推动多元共治、加大调解力度的问题各级法院、仲裁机构要积极会同各级工会、司法局、调解组织建立健全沟通便利、预防及时、化解有效的工作机制，切实加强合作联动，形成工作合力。要鼓励和引导争议双方通过协商、调解等方式解决纠纷，不断推进多元共治、诉源治理机制建设。对于群体性、突发性、敏感性纠纷，应当切实发挥多元化解机制的作用，将多元纠纷化解机制挺在前面。对于申请仲裁和诉讼的案件，应当贯彻调解为主、调解优先的原则，尽可能加大调解力度，妥善化解矛盾纠纷。

浙江省

一、《浙江省高级人民法院民一庭关于审理劳动争议案件若干问题的意见》(2009年4月16日)

第二十一条　依据《劳动争议调解仲裁法》第二十九条、第四十三条的规定，因劳动争议仲裁委员会逾期未作出受理决定或仲裁裁决，当事人直接向人民法院提起诉讼，除仲裁中存在下列事由的以外，人民法院应予受理：

（一）移送管辖的；

（二）送达延误的；

（三）等待工伤复议、诉讼、评残结论的；

（四）启动鉴定程序，或委托其他部门调查取证的；

（五）因当事人确有正当理由，不能按时参加仲裁活动的；

（六）其他合理的事由。

当事人应向人民法院提交劳动争议仲裁委员会出具的已接受申请的凭证及尚未受理的证明，或虽已受理但尚未裁决的证明。

人民法院决定受理劳动者起诉的，应当在受理之日起五日内书面通知劳动争议仲裁委员会终结有关案件的仲裁。

第二十二条　当事人对劳动争议仲裁委员会逾期未作出受理决定或仲裁裁决并无异议，或者虽有异议但仍继续参加劳动争议仲裁委员会开庭审理，劳动争议仲裁委员会经审理并作出裁决书或调解书后，当事人以逾期受理或裁决违法为由，要求撤销裁决书或调解书的，人民法院不予支持。

第二十五条　当事人依据《劳动争议调解仲裁法》第十五条的规定申请仲裁，后又对仲裁裁决不服提起诉讼的，人民法院应当认定双方当事人原达成的劳动争议调解协议具有合同性质，经审理该调解协议不存在无效或可撤销情形的，应当确认其效力并作为裁判依据。

第二十七条　人民法院裁定终结督促程序后，劳动者应先就劳动争议事项向劳动争议仲裁委员会申请仲裁。但属于最高人民法院《关于审理劳动争议案件适用法律若干问题的解释（二）》第三条、第十七条第二款规定，或有证据证明用人单位拖欠劳动报酬，且诉讼请求不涉及劳动关系其他争议的，劳动者可以直接向人民法院起诉，人民法院应当按照普通民事纠纷受理。

二、《浙江省高级人民法院关于规范涉新冠肺炎疫情相关民事法律纠纷的实施意见（试行）》（2020年2月10日）

1. 受新型冠状病毒肺炎（简称"新冠肺炎"）疫情影响，劳动关系不稳定性增加，劳动关系矛盾逐步凸显。人民法院在审理因疫情引发的劳动争议案件时，应加强与人社部门、劳动仲裁机构等的联动协作，树立利益衡平理念，引导劳动者与用人单位共担责任共渡难关。

安徽省

《安徽省高级人民法院关于审理劳动争议案件若干问题的指导意见》（2015年1月20日）

第二十七条　中级人民法院受理用人单位撤销仲裁裁决的申请后，或基层人民法院受理劳动者对于终局裁决不服的案件后，均应分别审查是否存在不服终局裁决或撤销终局裁决的诉讼，以避免收别管辖上的冲突。

第二十八条　中级人民法院审理用人单位申请撤终局裁决的案件，当事人对终局裁决所涉争议的部分事项达成协议的，人民法院可对达成协议的部分事项出具调解书；对协议未涉及的裁决事项仍应进行审查核实，并依法作出驳回申请或撤销裁决的裁定。

第二十九条　用人单位对既有终局裁决事项，又有非终局裁决事项的仲裁裁决申请撤销，中级人民法院受理的，应当裁定驳回申请，并告知用人单位依照《劳动争议调解仲裁法》的规定向基层人民法院提起诉讼。

山东省

《山东省高级人民法院、山东省劳动争议仲裁委员会、山东省人事争议仲裁委员会关于适用〈中华人民共和国劳动争议调解仲裁法〉和〈中华人民共和国劳动合同法〉若干问题意见的通知》（2010年4月6日）

16. 劳动争议当事人在调解组织受理后的法定调解期间内申请仲裁的，仲裁委员会应予受理。

17. 对于经调解组织主持调解，双方当事人达成的调解协议书，一方或双方当事人依法向仲裁机构或人民法院申请确认调解协议效力的，应予受理。

18. 劳动者依据劳动合同法第三十条第二款和劳动争议调解仲裁法第十六条

的规定，向人民法院申请支付令的，应符合民事诉讼法第十七章的规定。

劳动者依据劳动合同法第三十条第二款的规定申请支付令被人民法院裁定终结督促程序后，劳动者可以就争议事项向仲裁委员会申请仲裁；劳动者依据劳动争议调解仲裁法第十六条的规定申请支付令被人民法院裁定终结督促程序后，劳动者可以直接向人民法院起诉。

21.当事人根据劳动争议调解仲裁法第二十九条规定，以仲裁委员会逾期未作出受理决定而直接向人民法院提起诉讼的，当事人应当向人民法院提交仲裁委员会出具的已接受其申请材料的凭证及尚未受理的证明，仲裁委员会出具相应凭证和证据后终止有关案件的审理。

当事人根据劳动争议调解仲裁法第四十三条第一款规定，以仲裁委员会逾期未作出仲裁裁决而直接向人民法院提起诉讼的，人民法院经审查确实不存在请示待批、工伤认定、伤残鉴定、当事人因故不能参加仲裁活动及其他妨碍仲裁办案进行的客观情况等中止事由的，应当予以受理。人民法院在审查时可以要求当事人提供仲裁委员会出具的《受理通知书》及尚未裁决的证明。

河南省

《河南省高级人民法院、河南省人力资源和社会保障厅关于做好涉新型冠状病毒肺炎疫情防控劳动争议处理工作的通知》（2020年3月2日）

1.当前，受新冠肺炎疫情影响，部分行业用人单位生产经营困难，劳动者待岗、失业、收入减少等风险增大，导致劳动关系不稳定性增加，劳动争议纠纷逐步显现。全省各级人民法院、人社部门要认真学习贯彻习近平总书记关于疫情防控工作的一系列重要指示精神，坚决贯彻落实中央决策部署，高度重视当前特殊时期劳动争议处理工作，加强沟通，平衡劳动者和用人单位双方的利益，既要维护受疫情影响的用人单位的发展空间，也要注重保障劳动者的基本权益，加大调解力度，着力化解纠纷，维护社会和谐稳定。

13.依据全国人大法工委2020年2月10日关于"因疫情防控不能履行合同属不可抗力"的答复，新冠肺炎疫情属不可抗力。全省各级人民法院、劳动人事争议仲裁机构要充分考虑不可抗力因素，积极引导当事人充分认识战胜疫情是劳动关系双方的共同责任，审慎处理涉新冠肺炎疫情防控劳动争议案件。

14.全省各级人民法院、劳动人事争议仲裁机构要加强裁审衔接工作，采取适当方式妥善处理涉新冠肺炎疫情防控劳动争议案件。人社部门要积极指导基层调解组织开展劳动争议预防调解工作，推动建立健全用人单位和劳动者内部协商解决机制，充分发挥"互联网+调解"服务平台优势开展网上调解，柔性化解矛盾争议。

15. 全省各级人民法院、劳动人事争议仲裁机构要创新劳动争议案件办理方式，利用信息化方式，大力推广"互联网+诉讼""互联网+仲裁"。要简化优化办案方式、下沉工作力量等措施，努力排除疫情影响，积极创造条件尽快恢复工作，快速消化争议存量，防止出现案件积压。要加强法律适用研究，加大工作力度，有效应对短期内可能出现的争议大幅增长，切实提高劳动争议案件处理效能，为保障民生、稳定就业、构建和谐劳动关系作出积极贡献。

湖南省

《湖南省高级人民法院关于审理劳动争议案件若干问题的指导意见》（2009年5月20日）

七、劳动争议仲裁申请人不服劳动争议仲裁委员会作出的撤销案件通知或者不予受理案件通知，可以自收到上述通知书之日起十五日内向人民法院提起诉讼。

当事人以劳动争议仲裁委员会逾期未作出仲裁裁决为由向人民法院提起诉讼，经审查确实不存在鉴定、延误送达、移送管辖及等待工伤复议、诉讼、评残结论等中止事由，且属于劳动争议案件受理范围的，可予受理，并及时通知劳动争议仲裁委员会终结有关案件的仲裁。

十四、当事人仅就劳动争议仲裁裁决的部分事项提起诉讼的，人民法院受理案件后应向当事人释明劳动争议仲裁裁决的其他部分也已不发生法律效力。

十五、人民法院审理劳动争议案件时，发现仲裁程序遗漏了部分当事人或仲裁裁决遗漏了部分仲裁事项的，不应要求劳动争议仲裁申请人重新申请劳动争议仲裁，应直接按照民事诉讼法及相关司法解释的规定进行处理。

广东省

《广东省高级人民法院、广东省劳动人事争议仲裁委员会关于劳动人事争议仲裁与诉讼衔接若干意见》（2018年7月18日）

二十一、对仲裁裁决主文或仲裁调解书中的文字、计算错误以及仲裁机构已经认定但在裁决主文中遗漏的事项，可以补正或说明的，人民法院应当告知仲裁机构补正或说明，或向仲裁机构调卷查明。仲裁机构不补正也不说明，且人民法院调卷后执行内容仍然不明确无法执行的，可以裁定驳回执行申请。如仲裁机构通过监督程序对案件重新作出处理，原裁决书或调解书已经执行的，被执行人依据生效的法律文书可向人民法院申请执行回转。仲裁裁决被人民法院裁定不予执行的，当事人可以向人民法院起诉。

生效仲裁裁决书或调解书，申请人应向被执行人住所地或被执行财产所在地基层人民法院申请执行。

二十四、仲裁机构可以根据案件审理需要，申请基层人民法院签发调查令，由仲裁机构向有关单位和个人调查取证。调查取证的事项包括银行代发工资情况及相关单位、个人保存的证据材料等。

人民法院可以根据案件审理需要，要求仲裁机构就仲裁阶段的案件处理情况作出说明，或委托仲裁机构向劳动监察、社会保险经办机构等调取、核实相关材料。

二十五、当事人在仲裁阶段办理委托代理手续时，可同时明确诉讼和执行阶段的委托代理人及委托权限。对当事人已明确诉讼和执行阶段委托代理人及委托权限的，仲裁机构可依据当事人申请提供有关授权委托材料。

二十六、当事人对仲裁裁决认定的事实无异议的，人民法院可直接采信。当事人在仲裁阶段承认的对己方不利的事实或认可的证据，人民法院可以予以确认，但当事人反悔并有相反证据足以推翻的除外。对当事人服裁部分，人民法院可在说理部分直接确认，并形成相应判项。

二十七、根据《广东省劳动人事争议处理办法》第五十八条第三款的规定，受送达人无法联系，或者以直接送达、委托送达、邮寄送达、留置送达等方式无法送达的，可在人力资源社会保障行政部门的门户网站公告和在受送达人住所地张贴公告，自发出公告之日起，经过30日即视为送达。根据《广东省劳动人事争议处理办法》第五十八条第四款的规定，劳动者人数在10人以上的集体争议，仲裁机构以直接送达方式无法送达用人单位的，可以在有关基层组织见证下，在用人单位住所地或者生产经营场所张贴有关文书，并采用拍照、录像等方式记录，自张贴之日起即视为送达。

二十九、鼓励有条件的地区建立劳动人事争议一体化处理工作机制，尝试构建裁审一体化处理网络平台，促进仲裁机构和人民法院立案、保全、证据调查、裁判文书等案件信息共享，实现劳动人事争议公正高效处理。

重庆市

一、《重庆市高级人民法院关于审理劳动争议案件若干问题的指导意见》
（2009年2月9日）

第五条 非终局裁决后，劳动者与用人单位均不服，分别向同一人民法院提起诉讼的。如双方当事人均不撤诉的，应将起诉后的案件裁定并入前案件审理，并终结后案诉讼。在前案裁决文书中,应对合并审理的情形予以叙明。

第十一条 非终局裁决要求用人单位承担支付责任,用人单位不服,向人民法院提起起诉,人民法院经审理认为用人单位无须承担支付责任的,判决文应表述成"用人单位不支付劳动者……"。

第十二条 当事人以劳动争议仲裁委员会逾期未作出立案受理决定,或受理后逾期未作出裁定为由,向人民法院起诉的,人民法院受理后,应当将受理案件通知书抄送原接收案件或办理案件的劳动争议仲裁委员会。

二、《重庆市高级人民法院民一庭关于九龙坡区法院劳动争议案件法律适用问题研讨会议综述》(2014年7月30日)

十一、仲裁裁决作出后,当事人仅就部分裁决内容提起诉讼,对未起诉的仲裁裁决内容应当如何处理?

一致意见认为,仲裁裁决作出后,当事人仅对部分裁决内容不服提起诉讼的,人民法院应当围绕当事人的诉讼请求是否成立进行审理。对当事人均未提起诉讼的仲裁裁决事项,人民法院不作为审理对象,但应在"本院认为"中予以确认,并对仲裁裁决中的肯定式裁决项在判决主文中予以列明。

四川省

《四川省高级人民法院民一庭关于审理劳动争议案件若干疑难问题的解答》(2016年1月15日)

1. 当事人向劳动人事争议仲裁委员会申请仲裁后又撤回申请并提起诉讼的,人民法院不能视为已经过仲裁前置程序,可裁定不予受理;已经受理的裁定驳回起诉,并告知其先向仲裁委申请仲裁。

因申请人无正当理由拒不到庭或者未经仲裁庭许可中途退庭,仲裁委依据《劳动争议调解仲裁法》第三十六条第一款规定作出自动撤回申请决定后,申请人不服向人民法院起诉的,人民法院应予受理,经审查认为确属无正当理由拒不到庭或者未经仲裁庭许可中途退庭的,应裁定驳回起诉。

2. 仲裁裁决有多项内容,当事人仅就部分内容提起诉讼的,人民法院仅对当事人在法定期限内起诉的请求进行审理,保持当事人诉讼请求与审理内容的一致性。

人民法院对仲裁裁决确认是否存在劳动关系一项认为有误的,无论当事人是否提出诉讼请求,均可以直接予以认定,并根据所认定的事实作出相应判决。

非终局裁决的劳动争议案件,劳动者与用人单位分别向同一人民法院提起诉讼的,应将起诉在后的案件裁定并入起诉在前的案件审理,并终结后案诉讼。在前案裁决文书中，应对合并审理的情形予以叙明。

4. 人民法院审理劳动争议案件时，发现仲裁程序遗漏了部分当事人或仲裁裁决遗漏了部分仲裁事项，不应要求申请人重新申请劳动人事争议仲裁，应直接按照民事诉讼法及相关司法解释的规定进行处理。

贵州省

《贵州省高级人民法院劳动争议案件法律适用问题座谈会会议纪要》
（2009年12月16日）

13. 当事人以劳动争议仲裁委员会逾期未作出受理决定直接向人民法院提起诉讼的，如劳动者提交了劳动仲裁委员会出具的已接受其申请材料的凭证及尚未受理的证明，一般应予及时受理。

当事人以劳动争议仲裁委员会逾期未作出仲裁裁决而直接向人民法院提起诉讼的，人民法院经审查不存在鉴定、移送管辖、案件排期及等待工伤复议、评残结论等客观中止事由的，且劳动者提供了劳动争议仲裁委员会出具的《受理通知书》及尚未裁决的证明，一般应予及时受理。

不具备前述条件的，人民法院应告知劳动者等待劳动争议仲裁委员会的决定或裁决。如人民法院决定受理劳动者起诉的，应当在受理后5日内书面通知劳动争议仲裁委员会。

16. 对劳动争议仲裁程序中遗漏的必须共同参加仲裁的当事人，人民法院在一审诉讼程序中可依法予以追加，无须再行仲裁。对劳动仲裁程序中遗漏的当事人申请事项，诉讼中当事人仍然主张，人民法院可直接作出处理，无须再行仲裁。

17. 对于当事人增加的诉讼请求，如该诉讼请求与讼争的劳动争议具有不可分性，人民法院应当合并审理。该"不可分性"是指增加的诉讼请求与仲裁的事项是基于同一事实而产生的，相互之间具有依附性。

20. 劳动者依据《劳动合同法》第三十条第二款和《劳动争议调解仲裁法》第十六条的规定向人民法院申请支付令的，人民法院应当依法及时发出支付令。劳动者向劳动争议仲裁委员会申请仲裁后又向人民法院申请支付令的，人民法院不予受理。

劳动者申请支付令被人民法院裁定终结督促程序后，劳动者依据调解协议直接向人民法院提起诉讼的，人民法院可以按照普通民事纠纷予以受理。

21. 经《劳动争议调解仲裁法》规定的调解组织调解达成的劳动争议调解协议，由双方当事人签名或者盖章，经调解员签名并加盖调解组织印章后生效，对双方当事人具有合同约束力，当事人应当履行。双方当事人可以不经仲裁程序，根据最高人民法院《关于建立健全诉讼与非诉讼相衔接的矛盾纠纷解决机制的若干意见》关于司法确认的规定直接向人民法院申请确认调解协议效力。人民法院不予确认的，当事人可以向劳动争议仲裁委员会申请仲裁。

云南省

《云南省高级人民法院、云南省人力资源和社会保障厅关于审理劳动人事争议案件若干问题的座谈会纪要》(2015年1月19日)

十、仲裁裁决书、调解书的重新处理

（二十一）对发生法律效力的仲裁裁决书发现确有错误需要重新处理的，或者对发生法律效力的仲裁调解书发现违反自愿原则或内容违法的，仲裁委员会应当作出决定予以撤销，并另行组成仲裁庭处理劳动人事争议案件。

对新的仲裁裁决不服的，当事人可以依据《劳动争议调解仲裁法》第四十八条、第四十九条、第五十条的规定向人民法院提起诉讼或者申请撤销。

十一、司法确认的相关问题

（二十二）人民法院依照《最高人民法院关于审理劳动争议案件适用法律若干问题的解释（四）》第四条[①]的规定作出的司法确认裁定书和驳回申请裁定书，送达双方当事人后发生法律效力，不得上诉、申请复议。

案外人认为该裁定错误的，可以起诉要求确认该调解协议无效、撤销对该协议的司法确认或申请再审。

[①] 注：现为《劳动争议司法解释（一）》第52条。

第三节 关于一裁终局问题

【适用指引】

一、关于《劳动争议司法解释（一）》第19条的理解

2010年《劳动争议司法解释（三）》第13条规定只要"劳动报酬、工伤医疗费、经济补偿或者赔偿金"的每项裁决结果均不超过当地月最低工资标准十二个月的，都按一裁终局来处理。但《劳动争议司法解释（一）》第19条明确规定："仲裁裁决书未载明该裁决为终局裁决或者非终局裁决，劳动者依据调解仲裁法第47条第1项规定，追索劳动报酬、工伤医疗费、经济补偿或者赔偿金，如果仲裁裁决涉及数项，每项确定的数额均不超过当地月最低工资标准十二个月金额的，应当按照终局裁决处理。"据此，如果仲裁裁决书已载明该裁决为终局裁决或者非终局裁决，人民法院则按照仲裁书确定的裁决确定处理程序；如果仲裁书未明确的，则按一裁终局对待。新司法解释这一规定在某种程度上赋予劳动争议仲裁部门在是否一裁终局上的主导权。因此，劳动争议仲裁部门在制作仲裁裁决书时，可以根据需要决定是否明确仲裁裁决的类型。

二、双倍工资差额等是否属于追索劳动报酬、工伤医疗费、经济补偿或者赔偿金的范围

参见《云南省高级人民法院、云南省人力资源和社会保障厅关于审理劳动人事争议案件若干问题的座谈会纪要》第9条第20项。

【裁判依据】

法律

《中华人民共和国劳动争议调解仲裁法》（2007年12月29日）

第四十七条 下列劳动争议，除本法另有规定的外，仲裁裁决为终局裁决，裁决书自作出之日起发生法律效力：

（一）追索劳动报酬、工伤医疗费、经济补偿或者赔偿金，不超过当地月最低工资标准十二个月金额的争议；

（二）因执行国家的劳动标准在工作时间、休息休假、社会保险等方面发生的争议。

第四十八条　劳动者对本法第四十七条规定的仲裁裁决不服的，可以自收到仲裁裁决书之日起十五日内向人民法院提起诉讼。

第四十九条　用人单位有证据证明本法第四十七条规定的仲裁裁决有下列情形之一，可以自收到仲裁裁决书之日起三十日内向劳动争议仲裁委员会所在地的中级人民法院申请撤销裁决：

（一）适用法律、法规确有错误的；

（二）劳动争议仲裁委员会无管辖权的；

（三）违反法定程序的；

（四）裁决所根据的证据是伪造的；

（五）对方当事人隐瞒了足以影响公正裁决的证据的；

（六）仲裁员在仲裁该案时有索贿受贿、徇私舞弊、枉法裁决行为的。

人民法院经组成合议庭审查核实裁决有前款规定情形之一的，应当裁定撤销。

仲裁裁决被人民法院裁定撤销的，当事人可以自收到裁定书之日起十五日内就该劳动争议事项向人民法院提起诉讼。

部门规章

《劳动人事争议仲裁办案规则》（2017年5月8日）

第五十条　仲裁庭裁决案件时，申请人根据调解仲裁法第四十七条第（一）项规定，追索劳动报酬、工伤医疗费、经济补偿或者赔偿金，如果仲裁裁决涉及数项，对单项裁决数额不超过当地月最低工资标准十二个月金额的事项，应当适用终局裁决。

前款经济补偿包括《中华人民共和国劳动合同法》（以下简称劳动合同法）规定的竞业限制期限内给予的经济补偿、解除或者终止劳动合同的经济补偿等；赔偿金包括劳动合同法规定的未签订书面劳动合同第二倍工资、违法约定试用期的赔偿金、违法解除或者终止劳动合同的赔偿金等。

根据调解仲裁法第四十七条第（二）项的规定，因执行国家的劳动标准在工作时间、休息休假、社会保险等方面发生的争议，应当适用终局裁决。

仲裁庭裁决案件时，裁决内容同时涉及终局裁决和非终局裁决的，应当分别制作裁决书，并告知当事人相应的救济权利。

司法解释

《最高人民法院关于审理劳动争议案件适用法律若干问题的解释（一）》
（2020年12月25日，法释〔2020〕26号）

第十八条　仲裁裁决的类型以仲裁裁决书确定为准。仲裁裁决书未载明该裁决为终局裁决或者非终局裁决，用人单位不服该仲裁裁决向基层人民法院提起诉讼的，应当按照以下情形分别处理：

（一）经审查认为该仲裁裁决为非终局裁决的，基层人民法院应予受理；

（二）经审查认为该仲裁裁决为终局裁决的，基层人民法院不予受理，但应告知用人单位可以自收到不予受理裁定书之日起三十日内向劳动争议仲裁机构所在地的中级人民法院申请撤销该仲裁裁决；已经受理的，裁定驳回起诉。

第十九条　仲裁裁决书未载明该裁决为终局裁决或者非终局裁决，劳动者依据调解仲裁法第四十七条第一项规定，追索劳动报酬、工伤医疗费、经济补偿或者赔偿金，如果仲裁裁决涉及数项，每项确定的数额均不超过当地月最低工资标准十二个月金额的，应当按照终局裁决处理。

第二十条　劳动争议仲裁机构作出的同一仲裁裁决同时包含终局裁决事项和非终局裁决事项，当事人不服该仲裁裁决向人民法院提起诉讼的，应当按照非局裁决处理。

第二十一条　劳动者依据调解仲裁法第四十八条规定向基层人民法院提起诉讼，用人单位依据调解仲裁法第四十九条规定向劳动争议仲裁机构所在地的中级人民法院申请撤销仲裁裁决的，中级人民法院应当不予受理；已经受理的，应当裁定驳回申请。

被人民法院驳回起诉或者劳动者撤诉的，用人单位可以自收到裁定书之日起三十日内，向劳动争议仲裁机构所在地的中级人民法院申请撤销仲裁裁决。

第二十二条　用人单位依据调解仲裁法第四十九条规定向中级人民法院申请撤销仲裁裁决，中级人民法院作出的驳回申请或者撤销仲裁裁决的裁定为终审裁定。

第二十三条　中级人民法院审理用人单位申请撤销终局裁决的案件，应当组成合议庭开庭审理。经过阅卷、调查和询问当事人，对没有新的事实、证据或者理由，合议庭认为不需要开庭审理的，可以不开庭审理。

中级人民法院可以组织双方当事人调解。达成调解协议的，可以制作调解书。一方当事人逾期不履行调解协议的，另一方可以申请人民法院强制执行。

第二十五条 劳动争议仲裁机构作出终局裁决，劳动者向人民法院申请执行，用人单位向劳动争议仲裁机构所在地的中级人民法院申请撤销的，人民法院应当裁定中止执行。

用人单位撤回撤销终局裁决申请或者其申请被驳回的，人民法院应当裁定恢复执行。仲裁裁决被撤销的，人民法院应当裁定终结执行。

用人单位向人民法院申请撤销仲裁裁决被驳回后，又在执行程序中以相同理由提出不予执行抗辩的，人民法院不予支持。

【参考依据】

北京市

《北京市高级人民法院、北京市劳动争议仲裁委员会关于劳动争议案件法律适用问题研讨会会议纪要》（2009年8月17日）

5. 劳动者就终局裁决向基层人民法院起诉，而用人单位依据《劳动争议调解仲裁法》第四十九条的规定向中级人民法院申请撤销仲裁裁决的，中级人民法院应不予受理。已经受理的，应裁定终结诉讼。但基层人民法院审理案件时，对用人单位的请求应一并处理。劳动者起诉后撤诉或因超过起诉期间被驳回起诉的，用人单位自收到裁定书之日起三十日内可以向劳动争议仲裁委员会所在地的中级人民法院申请撤销仲裁裁决。中级人民法院在受理用人单位撤销仲裁裁决的申请后，或基层人民法院在受理劳动者对于终局裁决不服的案件后，均应在开庭审理前审查是否同时存在撤销仲裁之诉和劳动者不服终局裁决的起诉，以便两级法院就有关案件进行协调和沟通。

6. 根据审理申请撤裁案件的实际需要，人民法院可以向作出原裁决的劳动争议仲裁委员会调阅案卷，劳动争议仲裁委员会应当及时提供案卷。人民法院就上述案件作出的裁定，应当送作出原裁决的劳动争议仲裁委员会。

天津市

《天津法院劳动争议案件审理指南》（2017年11月30日）

42.【终局裁决与非终局裁决救济途径的衔接】劳动人事争议仲裁机构裁决案件时，因裁决内容同时涉及终局裁决和非终局裁决而分别制作裁决书的，当事人依法分别向中级人民法院申请撤销仲裁裁决和向基层人民法院起诉的，如非终局裁决是终局裁决前提的，中级人民法院应当中止审查，待当事人非终局裁决的案件作出生效裁判后再恢复审查。

浙江省

《浙江省高级人民法院民一庭关于审理劳动争议案件若干问题的意见》（2009年4月16日）

第十六条 劳动者对《劳动争议调解仲裁法》第四十七条规定的一裁终局裁决不服向人民法院起诉，人民法院作出一审判决后，双方当事人不服的，均可向上一级人民法院提起上诉，但上诉请求的内容不得超出仲裁请求的范围。

第十七条 劳动者对《劳动争议调解仲裁法》第四十七条规定的一裁终局裁决不服，向人民法院提起诉讼的，该裁决不发生法律效力。此前用人单位依据该法第四十九条的规定，已向中级人民法院申请撤销仲裁裁决的，中级人民法院应当裁定终结诉讼；此后申请撤销仲裁裁决的，中级人民法院应当裁定不予受理或裁定终结诉讼。但基层人民法院审理案件时，对用人单位申请撤销的抗辩应当一并审理。

劳动者起诉后又撤诉或因超过起诉期间被驳回起诉的，用人单位自收到裁定书之日起三十日内，可以向中级人民法院申请撤销仲裁裁决。

第十八条 基层人民法院受理劳动者不服终局裁决的起诉或中级人民法院受理用人单位撤销终局裁决的申请后，在开庭审理前，应当对是否同时存在上述两种诉讼的情况进行审查。

第十九条 用人单位向人民法院申请撤销仲裁裁决的诉讼中，不得将劳动争议仲裁委员会作为当事人。

第二十条 用人单位以不属于《劳动争议调解仲裁法》第四十九条规定的事由申请撤销仲裁裁决的，人民法院不予支持。

《劳动争议调解仲裁法》第四十九条第一款第（三）项规定的"违反法定程序"，是指违反《劳动争议调解仲裁法》规定的仲裁程序可能影响案件正确裁决的情形。

山东省

《山东省高级人民法院、山东省人力资源和社会保障厅关于审理劳动人事争议案件若干问题会议纪要》（2019年4月25日）

二十五、关于终局裁决的法律适用问题

对于工伤职工因一次性伤残补助金、一次性工伤医疗补助金、一次性伤残就业补助金与用人单位发生的争议，工亡职工的近亲属因丧葬补助金、一次性工亡补助金与用人单位发生的争议，非法用工单位伤亡人员或者其近亲属因一次性赔偿金与非法用工单位发生的争议，属于劳动争议调解仲裁法第四十七条第二项规定的"因执行国家的劳动标准在社会保险方面发生的争议"。

对于劳动合同法第四十条规定的用人单位未提前三十日书面通知解除劳动合同应支付的一个月工资所产生的争议，属于劳动争议调解仲裁法第四十七条第一项规定的"追索经济补偿争议"。

对于劳动合同法第八十五条规定的加付赔偿金争议，属于劳动争议调解仲裁法第四十七条第一项规定的"追索赔偿金争议"。

广东省

《广东省高级人民法院、广东省劳动人事争议仲裁委员会关于劳动人事争议仲裁与诉讼衔接若干意见》（2018年7月18日）

二十三、申请人的仲裁请求同时涉及终局裁决事项和非终局裁决事项的，仲裁机构在同一份裁决书中分别列明终局裁决事项和非终局裁决事项，并分别告知权利救济途径，视为已分别制作仲裁裁决书。

重庆市

《重庆市高级人民法院关于审理劳动争议案件若干问题的指导意见》（2009年2月9日）

第二条 劳动争议仲裁委员会作出仲裁裁决，并确定该裁决属于终局裁决后，用人单位不服，直接向基层人民法院提起起诉的，基层人民法院应当不予受理，并告知用人单位向中级人民法院提起撤销之诉；已经受理的，裁定驳回。

第七条 中级人民法院在受理用人单位撤销仲裁裁决、基层人民法院在受理劳动者不服仲裁裁决的起诉后，均应审查同时存在另一诉讼，即劳动者不服仲裁裁决之诉或用人单位撤销仲裁之诉。

劳动者向基层人民法院提起不服仲裁裁决之诉，而用人单位向中级人民法院提起撤销之诉的，中级人民法院应告知用人单位撤回起诉。用人单位不同意撤回的，中级人民法院对其起诉不予受理，已经受理的，应裁定终结诉讼，并将终结诉讼的裁定寄送基层人民法院相关审判庭。

劳动者向基层人民法院起诉后撤诉或因超过起诉期间被驳回起诉的，用人单位自收到裁定书之日起三十日内可以向中级人民法院申请撤销仲裁裁决。

贵州省

一、《贵州省高级人民法院劳动争议案件法律适用问题座谈会会议纪要》（2009 年 12 月 16 日）

8. 人民法院审理用人单位申请撤销劳动争议仲裁裁决的案件应参照申请撤销一般仲裁裁决案件的程序。审理中应当组成合议庭，并应在受理撤销裁决申请之日起两个月内作出撤销裁决或者驳回申请的裁定。

9. 人民法院在审理申请撤销仲裁裁决的案件中，不得将劳动争议仲裁委员会作为当事人参加诉讼。如用人单位将劳动争议仲裁委员会作为被申请人的，应当告知其变更被申请人为仲裁裁决中的相对方。

10. 用人单位以不属于《劳动争议调解仲裁法》第四十九条规定的事由申请撤销仲裁裁决的，人民法院不予支持。《劳动争议调解仲裁法》第四十九条第一款第（三）项规定的"违反法定程序"是指违反《劳动争议调解仲裁法》规定的仲裁程序可能影响案件正确裁决的情形。

11. 人民法院就申请撤销仲裁裁决案件作出的撤销裁定，可以送作出原裁决的劳动争议仲裁委员会。仲裁裁决被中级人民法院裁定撤销后，劳动者和用人单位均可以就该劳动争议事项向人民法院提起诉讼。

二、《贵州省高级人民法院、贵州省人力资源和社会保障厅关于劳动争议案件若干问题的会议纪要》（2012 年 7 月 9 日）

16. 在一裁终局案件中，如果用人单位不服仲裁裁决向中级人民法院申请撤销，审理中双方当事人自愿达成和解协议的，人民法院可以按照双方达成的和解协议出具民事调解书，但其中应当写明双方当事人不再履行原劳动争议仲裁裁决的内容。

云南省

《云南省高级人民法院、云南省人力资源和社会保障厅关于审理劳动人事争议案件若干问题的座谈会纪要》（2015 年 1 月 19 日）

九、终局裁决的范围

（二十）以下劳动争议属于《劳动争议调解仲裁法》第四十七条规定的终局裁决范围：

1. 因工作时间、休息休假发生的争议主要针对执行劳动制度如工作时间安排、休息休假天数等不涉及具体金额时，作为因执行国家劳动标准在工作时间、休息休假方面发生的争议处理；如涉及加班工资、未休年休假工资报酬等具体金额给付的，作为追索劳动报酬争议处理；

2. 劳动者向用人单位主张未订立书面劳动合同的二倍工资的，作为追索赔偿金争议处理；

3. 劳动者请求用人单位支付社会保险待遇损失的，作为因执行国家劳动标准在社会保险方面发生的争议处理；

4. 劳动者请求用人单位按照竞业限制约定支付经济补偿的，作为追索经济补偿争议处理；

5. 劳动者依据《劳动合同法》第四十条规定向用人单位主张额外支付一个月工资的，作为追索经济补偿争议处理；

6. 劳动者依据《劳动合同法》第八十五条规定向用人单位主张加付赔偿金的，作为追索赔偿金争议处理。

第四节 关于举证证明责任和证明标准问题

【适用指引】

劳动争议案件举证责任分配的原则和例外

现行立法关于劳动争议处理中举证责任分配原则的规定，以"谁主张，谁举证"为原则，即《劳动争议调解仲裁法》第6条中所规定的，同时，针对劳动争议的特殊性，规定了专属用人单位举证的若干种例外情形。

1. 用人单位单方决定的举证责任：《劳动争议司法解释（一）》第44条。

2. 用人单位所掌管证据的举证责任：《劳动争议调解仲裁法》第6条和第39条第2款。

3. 工伤和职业病认定的举证责任：《工伤保险条例》第19条第2款、《职业病防治法》第42条第2款。

4. 工资拖欠的举证责任：劳动者只需举证证明已履行劳动义务即可，《工资支付暂行规定》第6条第3款。

5. 拖欠加班工资的举证责任：《劳动争议司法解释（一）》第42条。

关于加班工资举证责任的内容安排在第十一章第四节。

【裁判依据】

法律

一、《中华人民共和国民事诉讼法》（2017年6月27日修正）

第六十四条 当事人对自己提出的主张，有责任提供证据。

当事人及其诉讼代理人因客观原因不能自行收集的证据，或者人民法院认为审理案件需要的证据，人民法院应当调查收集。

人民法院应当按照法定程序，全面地、客观地审查核实证据。

第六十九条 经过法定程序公证证明的法律事实和文书，人民法院应当作为认定事实的根据，但有相反证据足以推翻公证证明的除外。

第七十五条 人民法院对当事人的陈述，应当结合本案的其他证据，审查确定能否作为认定事实的根据。

当事人拒绝陈述的，不影响人民法院根据证据认定案件事实。

二、《中华人民共和国劳动争议调解仲裁法》（2007年12月29日）

第六条 发生劳动争议，当事人对自己提出的主张，有责任提供证据。与争议事项有关的证据属于用人单位掌握管理的，用人单位应当提供；用人单位不提供的，应当承担不利后果。

第三十九条 当事人提供的证据经查证属实的，仲裁庭应当将其作为认定事实的根据。

劳动者无法提供由用人单位掌握管理的与仲裁请求有关的证据，仲裁庭可以要求用人单位在指定期限内提供。用人单位在指定期限内不提供的，应当承担不利后果。

司法解释

一、《最高人民法院关于审理劳动争议案件适用法律若干问题的解释（一）》（2020年12月25日，法释〔2020〕26号）

第四十二条 劳动者主张加班费的，应当就加班事实的存在承担举证责任。但劳动者有证据证明用人单位掌握加班事实存在的证据，用人单位不提供的，由用人单位承担不利后果。

第四十四条 因用人单位作出的开除、除名、辞退、解除劳动合同、减少劳动报酬、计算劳动者工作年限等决定而发生的劳动争议，用人单位负举证责任。

二、《最高人民法院关于适用〈中华人民共和国民事诉讼法〉的解释》（2020年12月29日，法释〔2020〕20号）

第九十条 当事人对自己提出的诉讼请求所依据的事实或者反驳对方诉讼请求所依据的事实，应当提供证据加以证明，但法律另有规定的除外。

在作出判决前，当事人未能提供证据或者证据不足以证明其事实主张的，由负有举证证明责任的当事人承担不利的后果。

第九十一条 人民法院应当依照下列原则确定举证证明责任的承担，但法律另有规定的除外：

（一）主张法律关系存在的当事人，应当对产生该法律关系的基本事实承担举证证明责任；

（二）主张法律关系变更、消灭或者权利受到妨害的当事人，应当对该法律关系变更、消灭或者权利受到妨害的基本事实承担举证证明责任。

第九十三条 下列事实，当事人无须举证证明：

（一）自然规律以及定理、定律；

（二）众所周知的事实；

（三）根据法律规定推定的事实；

（四）根据已知的事实和日常生活经验法则推定出的另一事实；

（五）已为人民法院发生法律效力的裁判所确认的事实；

（六）已为仲裁机构生效裁决所确认的事实；

（七）已为有效公证文书所证明的事实。

前款第二项至第四项规定的事实，当事人有相反证据足以反驳的除外；第五项至第七项规定的事实，当事人有相反证据足以推翻的除外。

第一百零六条 对以严重侵害他人合法权益、违反法律禁止性规定或者严重违背公序良俗的方法形成或者获取的证据，不得作为认定案件事实的根据。

第一百零七条 在诉讼中，当事人为达成调解协议或者和解协议作出妥协而认可的事实，不得在后续的诉讼中作为对其不利的根据，但法律另有规定或者当事人均同意的除外。

第一百零八条 对负有举证证明责任的当事人提供的证据，人民法院经审查并结合相关事实，确信待证事实的存在具有高度可能性的，应当认定该事实存在。

对一方当事人为反驳负有举证证明责任的当事人所主张事实而提供的证据，人民法院经审查并结合相关事实，认为待证事实真伪不明的，应当认定该事实不存在。

法律对于待证事实所应达到的证明标准另有规定的，从其规定。

第一百一十四条 国家机关或者其他依法具有社会管理职能的组织，在其职权范围内制作的文书所记载的事项推定为真实，但有相反证据足以推翻的除外。必要时，人民法院可以要求制作文书的机关或者组织对文书的真实性予以说明。

三、《最高人民法院关于民事诉讼证据的若干规定》（2019年10月14日，法释〔2019〕19号）

第一条 原告向人民法院起诉或者被告提出反诉，应当提供符合起诉条件的相应的证据。

第二条 人民法院应当向当事人说明举证的要求及法律后果，促使当事人在合理期限内积极、全面、正确、诚实地完成举证。

当事人因客观原因不能自行收集的证据，可申请人民法院调查收集。

第三条 在诉讼过程中，一方当事人陈述的于己不利的事实，或者对于己不利的事实明确表示承认的，另一方当事人无需举证证明。

在证据交换、询问、调查过程中，或者在起诉状、答辩状、代理词等书面材料中，当事人明确承认于己不利的事实的，适用前款规定。

第四条 一方当事人对于另一方当事人主张的于己不利的事实既不承认也不否认，经审判人员说明并询问后，其仍然不明确表示肯定或者否定的，视为对该事实的承认。

第五条 当事人委托诉讼代理人参加诉讼的，除授权委托书明确排除的事项外，诉讼代理人的自认视为当事人的自认。

当事人在场对诉讼代理人的自认明确否认的，不视为自认。

第十四条 电子数据包括下列信息、电子文件：

（一）网页、博客、微博客等网络平台发布的信息；

（二）手机短信、电子邮件、即时通信、通讯群组等网络应用服务的通信信息；

（三）用户注册信息、身份认证信息、电子交易记录、通信记录、登录日志等信息；

（四）文档、图片、音频、视频、数字证书、计算机程序等电子文件；

（五）其他以数字化形式存储、处理、传输的能够证明案件事实的信息。

第十五条 当事人以视听资料作为证据的，应当提供存储该视听资料的原始载体。

当事人以电子数据作为证据的，应当提供原件。电子数据的制作者制作的与原件一致的副本，或者直接来源于电子数据的打印件或其他可以显示、识别的输出介质，视为电子数据的原件。

第四十五条 当事人根据《最高人民法院关于适用〈中华人民共和国民事诉讼法〉的解释》第一百一十二条的规定申请人民法院责令对方当事人提交书证的，申请书应当载明所申请提交的书证名称或者内容、需要以该书证证明的事实及事实的重要性、对方当事人控制该书证的根据以及应当提交该书证的理由。

对方当事人否认控制书证的，人民法院应当根据法律规定、习惯等因素，结合案件的事实、证据，对于书证是否在对方当事人控制之下的事实作出综合判断。

第四十七条 下列情形，控制书证的当事人应当提交书证：

（一）控制书证的当事人在诉讼中曾经引用过的书证；

（二）为对方当事人的利益制作的书证；

（三）对方当事人依照法律规定有权查阅、获取的书证；

（四）账簿、记账原始凭证；

（五）人民法院认为应当提交书证的其他情形。

前款所列书证，涉及国家秘密、商业秘密、当事人或第三人的隐私，或者存在法律规定应当保密的情形的，提交后不得公开质证。

第四十八条 控制书证的当事人无正当理由拒不提交书证的，人民法院可以认定对方当事人所主张的书证内容为真实。

控制书证的当事人存在《最高人民法院关于适用〈中华人民共和国民事诉讼法〉的解释》第一百一十三条规定情形的，人民法院可以认定对方当事人主张以该书证证明的事实为真实。

第六十三条 当事人应当就案件事实作真实、完整的陈述。

当事人的陈述与此前陈述不一致的，人民法院应当责令其说明理由，并结合当事人的诉讼能力、证据和案件具体情况进行审查认定。

当事人故意作虚假陈述妨碍人民法院审理的，人民法院应当根据情节，依照民事诉讼法第一百一十一条的规定进行处罚。

第六十四条 人民法院认为有必要的，可以要求当事人本人到场，就案件的有关事实接受询问。

人民法院要求当事人到场接受询问的，应当通知当事人询问的时间、地点、拒不到场的后果等内容。

第六十六条 当事人无正当理由拒不到场、拒不签署或宣读保证书或者拒不接受询问的，人民法院应当综合案件情况，判断待证事实的真伪。待证事实无其他证据证明的，人民法院应当作出不利于该当事人的认定。

第八十五条 人民法院应当以证据能够证明的案件事实为根据依法作出裁判。

审判人员应当依照法定程序，全面、客观地审核证据，依据法律的规定，遵循法官职业道德，运用逻辑推理和日常生活经验，对证据有无证明力和证明力大小独立进行判断，并公开判断的理由和结果。

第九十五条 一方当事人控制证据无正当理由拒不提交，对待证事实负有举证责任的当事人主张该证据的内容不利于控制人的，人民法院可以认定该主张成立。

部门规章及规范性文件

《劳动人事争议仲裁办案规则》（2017 年 5 月 8 日）

第十三条 当事人对自己提出的主张有责任提供证据。与争议事项有关的证据属于用人单位掌握管理的，用人单位应当提供；用人单位不提供的，应当承担不利后果。

第十四条 法律没有具体规定、按照本规则第十三条规定无法确定举证责任承担的，仲裁庭可以根据公平原则和诚实信用原则，综合当事人举证能力等因素确定举证责任的承担。

第十五条 承担举证责任的当事人应当在仲裁委员会指定的期限内提供有关证据。当事人在该期限内提供证据确有困难的，可以向仲裁委员会申请延长期限，仲裁委员会根据当事人的申请适当延长。当事人逾期提供证据的，仲裁委员会应当责令其说明理由；拒不说明理由或者理由不成立的，仲裁委员会可以根据不同情形不予采纳该证据，或者采纳该证据但予以训诫。

第十六条 当事人因客观原因不能自行收集的证据，仲裁委员会可以根据当事人的申请，参照民事诉讼有关规定予以收集；仲裁委员会认为有必要的，也可以决定参照民事诉讼有关规定予以收集。

第十八条 争议处理中涉及证据形式、证据提交、证据交换、证据质证、证据认定等事项，本规则未规定的，可以参照民事诉讼证据规则的有关规定执行。

《人事争议处理规定》（2011 年 8 月 15 日修订）

第二十三条 当事人应当对自己的主张提供证据。仲裁庭认为有关证据由用人单位提供更方便的，应要求用人单位提供。

用人单位作出解除人事关系和不同意工作人员要求辞职或终止聘任（用）合同引发的人事争议，由用人单位负责举证。

仲裁庭认为需要调查取证的，可以自行取证。

地方规范性文件

《北京市工资支付规定》（2003 年 12 月 22 日）

第十三条 用人单位应当按照工资支付周期编制工资支付记录表，并至少保存二年备查。工资支付记录表应当主要包括用人单位名称、劳动者姓名、支付时间以及支付项目和金额、加班工资金额、应发金额、扣除项目和金额、实发金额等事项。

劳动者有权查询本人的工资支付记录。

【参考依据】

北京市

一、《北京市高级人民法院、北京市劳动争议仲裁委员会关于劳动争议案件法律适用问题研讨会会议纪要（一）》（2009年8月17日）

17.用人单位应当按照工资支付周期编制工资支付记录表，并至少保存二年备查。劳动者与用人单位因劳动报酬问题产生争议时，在二年保存期间内，由用人单位承担举证责任。超出这一期间的则应适用"谁主张，谁举证"的证明责任分配规则。

"两年"是指劳动者申请仲裁之日起往前推算两年。

二、《北京市高级人民法院、北京市劳动争议仲裁委员会关于劳动争议案件法律适用问题研讨会会议纪要（二）》（2014年5月7日）

4.在仲裁程序中，证人出庭作证并接受质询，诉讼中证人是否仍需出庭？

证人可不再出庭，但仍有需要质询的事实或当事人又提供反证的除外。

5.仲裁程序中当事人已经认可的相关案件事实，在诉讼程序中当事人又否认的，如何处理？

在诉讼程序中，除经对方当事人同意，或者有充分证据证明与事实不符的，对当事人否认在仲裁程序中所认可事实的主张不予支持。

天津市

《天津法院劳动争议案件审理指南》（2017年11月30日）

19.【用人单位单方调整工作岗位的合法性审查】……用人单位主张调整劳动者工作岗位合法，应承担举证证明责任。

20.【用人单位调整工作地点】用人单位有权根据经营需要调整劳动者的工作地点，但有以下情形之一的，劳动者主张用人单位未经协商一致单方调整工作地点违法的，应予支持：

（1）工作地点的调整具有歧视性、侮辱性；

（2）明显增加劳动者工作成本，但用人单位提供了相应补偿或者替代条件可以基本弥补劳动者增加的工作成本的除外；

（3）即使用人单位提供了相应补偿或者替代条件，但劳动者订立劳动合同的目的仍然落空的；

（4）违反劳动合同对工作地点约定的。

劳动者对用人单位调整工作地点存在上述情形承担举证证明责任。

27.【《劳动合同法》第38条的适用：未依法缴纳社保费而被迫辞职】劳动者以用人单位未建立社会保险关系、无正当理由停缴社会保险费，或者社会保险费缴费基数不符合法律规定为由解除劳动合同，并请求用人单位支付经济补偿金，用人单位对此有过错的，属于《中华人民共和国劳动合同法》第三十八条第一款第三项规定的情形，应予支持。

劳动者主张社会保险费缴费计算不符合法律规定，应当提供社会保险征缴部门或者劳动监察部门出具的限期补缴通知书或者限期整改指令书等证据予以证明。劳动者未举证证明的，对其主张不予支持；劳动者已举证证明且用人单位未在限期内改正的，应当支持劳动者的主张。

上述两款规定的情形中，推定用人单位有过错，但用人单位举证证明无过错的除外。

江苏省

一、《江苏省高级人民法院、江苏省劳动人事争议仲裁委员会关于审理劳动人事争议案件的指导意见（二）》（2011年11月8日）

第九条 用人单位与劳动者未订立书面劳动合同，用人单位主张双方为非全日制用工关系的，应由用人单位对其主张负举证责任。用人单位与劳动者已订立了书面非全日制劳动合同，劳动者主张双方为全日制用工关系的，应由劳动者对其主张负举证责任，但与争议事项有关的证据属于用人单位掌握管理，用人单位不提供的除外。

第十四条 劳动者主张被用人单位口头辞退，而用人单位主张是劳动者自动离职，由用人单位就劳动者自动离职的事实负举证责任，用人单位不能举证证明的，由其承担不利后果。

二、《江苏省劳动人事争议疑难问题研讨会纪要》（2017年7月10日）

（十七）对于微信、支付宝等电子证据的证明力，仲裁机构在审查效力时应当如何把握？

《民事诉讼法》和《江苏省劳动人事争议仲裁证据暂行规则》均已把电子证据列入证据范围，电子证据包括电子邮件、QQ聊天记录、微博私信、博客、微博客、手机短信、电子签名、域名等存储在电子介质中的信息。

仲裁机构在审查此类证据时应围绕电子证据的关联性、真实性、合法性三方面进行。如果电子证据未经有权部门确认，不能单独作为认定案件事实依据。对于微信或 QQ 等虚拟聊天记录还要确认对方主体的真实性，聊天记录是否是原始的完整的。电子证据除对方完全确认或经有权部门已确认外，当事人必须提供其他证据予以佐证形成有效证据链如果不能形成证据链，是孤立单一的证据，不能认定为有效证据。

浙江省

《浙江省高级人民法院民一庭关于审理劳动争议案件若干问题的意见》（2009 年 4 月 16 日）

第二十八条 用人单位未与劳动者签订劳动合同的，人民法院认定双方是否存在劳动关系时，可审查下列证据：

（一）工资支付凭证或记录，缴纳各项社会保险费的记录；

（二）用人单位向劳动者发放的"工作证"、"服务证"等身份证件；

（三）考勤记录；

（四）劳动者填写的用人单位"招聘登记表"、"报名表"等招用记录；

（五）其他相关证据。

人民法院应当根据上述证据的形成、来源、占有等因素，确定当事人的举证责任。

第二十九条 在劳动争议案件审理过程中，劳动者与用人单位对是哪一方提出解除劳动合同或终止劳动关系的事实发生争议的，应当根据"谁主张谁举证"的原则确定举证责任。

第三十二条 劳动者与用人单位约定业务提成在货款回收后才支付，且货款回收由劳动者经手的，劳动者应对货款回收的事实负举证责任。

第三十三条 用人单位以劳动者违反劳动合同中有关服务期的约定为由，请求劳动者支付违约金的，应对其已为劳动者提供专项培训及具体费用等相关事实负举证责任。

广东省

《广东省高级人民法院、广东省劳动人事争议仲裁委员会关于劳动人事争议仲裁与诉讼衔接若干意见》（2018 年 7 月 18 日）

四、用人单位和劳动者均不能对工资数额举证的，由仲裁机构、人民法院参照本单位同岗位平均工资或者根据用人单位经济类型，参照当地城镇非私营单位就业人员年平均工资或当地城镇私营单位就业人员年平均工资确定。如按照上述标准确定的工资与该行业（或岗位）的普遍工资收入明显不符的，参照政府职能部门公布的人力资源市场工资指导价位等因素综合确定。

重庆市

《重庆市高级人民法院民一庭关于九龙坡区法院劳动争议案件法律适用问题研讨会议综述》(2014年7月30日)

八、劳动者与用人单位就入职时间存在争议的，如何分配举证责任？

一致意见认为，对于劳动者与用人单位之间是否存在劳动关系应当由劳动者承担举证责任。劳动者举示证据能够证明与用人单位存在劳动关系或者用人单位对双方存在劳动关系并无异议但对劳动关系的存续期间存在争议的，应当由用人单位承担举证责任。

四川省

《四川省高级人民法院民一庭关于审理劳动争议案件若干疑难问题的解答》(2016年1月15日)

3. 在诉讼程序中，除经对方当事人同意，或者有充分证据证明与事实不符的，人民法院对当事人否认在仲裁程序中所认可事实的主张不予支持。

贵州省

《贵州省高级人民法院、贵州省人力资源和社会保障厅关于劳动争议案件若干问题的会议纪要》(2012年7月9日)

12. 双方当事人对是否存在劳动关系发生争议时，举证责任分配如下：

（1）劳动者主张劳动关系存在的，应当提交相应的劳动合同或工资领取、社会保险、福利待遇、工作管理等方面的证据材料；

（2）劳动者举证证明存在劳动关系，如用人单位主张劳动关系不存在的，用人单位应当举证证明。

13. 用人单位未与劳动者签订劳动合同，认定双方是否存在劳动关系时可审查以下证据，并可根据证据的来源、占有等因素，确定当事人的举证责任：

（1）工资支付凭证或记录，缴纳各项社会保险费的记录；

（2）用人单位向劳动者发放的"工作证""出入证"等能够证明劳动者身份的证件；

（3）劳动者填写的用人单位招聘"登记表""报名表"等招用记录；

（4）考勤记录、奖惩记录；

（5）其他劳动者的证言等。

23. 工资争议案件中的举证责任分配：

（1）用人单位应就劳动者已足额领取工资的事实进行举证；

（2）因用人单位减少劳动报酬发生争议，由用人单位就减少劳动报酬的原因负举证责任；

（3）劳动者主张用人单位拖欠劳动报酬的，用人单位应对劳动者申请劳动仲裁之日前两年内的工资支付情况承担举证责任；

（4）劳动者追索两年前的劳动报酬的，由劳动者对劳动报酬未足额支付的事实负举证责任，如超过两年部分的劳动报酬支付事实无法查证的，对超过两年部分的劳动报酬的请求不予支持。

41. 当事人因劳动合同的订立与解除发生争议的，举证责任分配如下：

（1）当事人主张订立无固定期限劳动合同的，应就订立无固定期限劳动合同的条件成立承担举证责任。

（2）当事人主张已解除劳动合同或存在解除事实劳动关系事实的，应就该主张承担举证责任。

（3）用人单位就解除劳动合同或事实劳动关系的原因承担举证责任。

（4）用人单位主张劳动者严重违反劳动纪律或企业规章制度的，应就劳动者存在严重违反劳动纪律或企业规章制度的事实以及企业规章制度的制订程序及已劳动者公示的事实承担举证责任。

与上述争议事项有关的证据属于用人单位掌握管理的，应由用人单位提供，用人单位拒不提供的，应当承担不利法律后果。

云南省

《云南省高级人民法院、云南省人力资源和社会保障厅关于审理劳动人事争议案件若干问题的座谈会纪要》（2015 年 1 月 19 日）

八、劳动争议处理中的调解、和解及自认问题

（十九）在诉讼程序中，除经对方当事人同意，或者有充分证据证明与事实不符的，对当事人否认在仲裁程序中所认可的事实不予支持。

第五节　关于执行程序、财产保全问题

【适用指引】

一、当事人申请撤诉或被视为撤诉后原仲裁裁决是否生效

对当事人申请撤诉的,《最高人民法院对经劳动争议仲裁裁决的纠纷准予撤诉或驳回起诉后劳动争议仲裁裁决从何时起生效的解释》第1条规定,自准予撤诉裁定送达当事人之日起原仲裁裁决发生法律效力。该司法解释对被视为撤诉的情形如何处理没有明确规定。对因当事人未在规定时间内缴纳诉讼费、未按时到庭或未经允许中途退庭等情形被视为撤诉的,原仲裁裁决是否生效,实务中存在分歧。

二、适用《劳动争议司法解释(一)》第二十五条应注意的问题

1. 审查劳动者申请执行的仲裁裁决是否是终局裁决。

2. 对于终局裁决,无论是劳动者申请执行或用人单位以申请撤销仲裁裁决的方式抗辩,还是用人单位已申请撤销仲裁裁决,劳动者申请执行的,受理执行的法院都应当裁定中止执行。

3. 人民法院审理用人单位申请撤销仲裁裁决的申请时,必须严格按照《劳动争议调解仲裁法》第49条的事项进行。

4. 用人单位撤回申请或撤销仲裁裁决的申请被驳回的,人民法院应当裁定恢复执行。

5. 终局裁决的既判力及于执行程序。

三、执行程序中发现生效的仲裁裁决书或调解书存在瑕疵情形的如何处理

参见《广东省高级人民法院、广东省劳动人事争议仲裁委员会关于劳动人事争议仲裁与诉讼衔接若干意见》第21条。

【裁判依据】

法律

《中华人民共和国劳动争议调解仲裁法》（2007年12月29日）

第四十四条　仲裁庭对追索劳动报酬、工伤医疗费、经济补偿或者赔偿金的案件，根据当事人的申请，可以裁决先予执行，移送人民法院执行。

仲裁庭裁决先予执行的，应当符合下列条件：

（一）当事人之间权利义务关系明确；

（二）不先予执行将严重影响申请人的生活。

劳动者申请先予执行的，可以不提供担保。

第五十一条　当事人对发生法律效力的调解书、裁决书，应当依照规定的期限履行。一方当事人逾期不履行的，另一方当事人可以依照民事诉讼法的有关规定向人民法院申请执行。受理申请的人民法院应当依法执行。

司法解释

一、**《最高人民法院对经劳动争议仲裁裁决的纠纷准予撤诉或驳回起诉后劳动争议仲裁裁决从何时起生效的解释》**（2000年7月10日，法释〔2000〕18号）

第一条　当事人不服劳动争议仲裁裁决向人民法院起诉后又申请撤诉，经人民法院审查准予撤诉的，原仲裁裁决自人民法院裁定送达当事人之日起发生法律效力。

第二条　当事人因超过起诉期间而被人民法院裁定驳回起诉的，原仲裁裁决自起诉期间届满之次日起恢复法律效力。

第三条　因仲裁裁决确定的主体资格错误或仲裁裁决事项不属于劳动争议，被人民法院驳回起诉的，原仲裁裁决不发生法律效力。

二、**《最高人民法院关于审理劳动争议案件适用法律若干问题的解释（一）》**（2020年12月25日，法释〔2020〕26号）

第二十三条　中级人民法院审理用人单位申请撤销终局裁决的案件，应当组成合议庭开庭审理。经过阅卷、调查和询问当事人，对没有新的事实、证据或者理由，合议庭认为不需要开庭审理的，可以不开庭审理。

中级人民法院可以组织双方当事人调解。达成调解协议的，可以制作调解书。一方当事人逾期不履行调解协议的，另一方可以申请人民法院强制执行。

第二十四条 当事人申请人民法院执行劳动争议仲裁机构作出的发生法律效力的裁决书、调解书，被申请人提出证据证明劳动争议仲裁裁决书、调解书有下列情形之一，并经审查核实的，人民法院可以根据民事诉讼法第二百三十七条规定，裁定不予执行：

（一）裁决的事项不属于劳动争议仲裁范围，或者劳动争议仲裁机构无权仲裁的；

（二）适用法律、法规确有错误的；

（三）违反法定程序的；

（四）裁决所根据的证据是伪造的；

（五）对方当事人隐瞒了足以影响公正裁决的证据的；

（六）仲裁员在仲裁该案时有索贿受贿、徇私舞弊、枉法裁决行为的；

（七）人民法院认定执行该劳动争议仲裁裁决违背社会公共利益的。

人民法院在不予执行的裁定书中，应当告知当事人在收到裁定书之次日起三十日内，可以就该劳动争议事项向人民法院提起诉讼。

第二十五条 劳动争议仲裁机构作出终局裁决，劳动者向人民法院申请执行，用人单位向劳动争议仲裁机构所在地的中级人民法院申请撤销的，人民法院应当裁定中止执行。

用人单位撤回撤销终局裁决申请或者其申请被驳回的，人民法院应当裁定恢复执行。仲裁裁决被撤销的，人民法院应当裁定终结执行。

用人单位向人民法院申请撤销仲裁裁决被驳回后，又在执行程序中以相同理由提出不予执行抗辩的，人民法院不予支持。

第四十九条 在诉讼过程中，劳动者向人民法院申请采取财产保全措施，人民法院经审查认为申请人经济确有困难，或者有证据证明用人单位存在欠薪逃匿可能的，应当减轻或者免除劳动者提供担保的义务，及时采取保全措施。

人民法院作出的财产保全裁定中，应当告知当事人在劳动争议仲裁机构的裁决书或者在人民法院的裁判文书生效后三个月内申请强制执行。逾期不申请的，人民法院应当裁定解除保全措施。

【参考依据】

天津市

《天津市高级人民法院、天津市人力资源和社会保障局关于审理劳动人事争议案件的会议纪要》(2019年11月25日)

一、仲裁阶段的保全问题

1. 财产保全的受理与移送

(1) 10人以上集体争议案件(包括符合集体案件立案条件,但分立的案件),如果用人单位存在濒临破产、法定代表人逃逸或转移、隐匿财产情形的,劳动者可以依法通过劳动人事争议仲裁委员会向人民法院申请财产保全。在此情形下,劳动者可以不提供担保;

(2) 对农民工追索工资案件申请仲裁财产保全的,一般不应要求担保。如农民工没有提出保全申请,但存在因用人单位转移、隐匿财产等可能导致仲裁裁决、判决不能执行或者难以执行的,人民法院可依职权采取保全措施。

符合以上情形的仲裁当事人申请财产保全的,劳动人事争议仲裁委员会应当进行询问并释明风险后,及时将案件受理通知书、保全申请书、询问笔录等材料移送至人民法院。人民法院收到上述材料后应依法审查并及时作出裁定。人民法院在采取保全措施后,应及时通知劳动人事争议仲裁委员会。

申请财产保全的费用按照《诉讼费用交纳办法》执行。

2. 仲裁调解书的执行受理问题

劳动人事争议仲裁委员会依据《调解仲裁法》第四十二条规定制作的调解书,由仲裁员签名并加盖劳动人事争议仲裁委员会印章,经双方当事人签收后发生法律效力。

当事人到人民法院申请强制执行的,人民法院应予受理。

山东省

《山东省高级人民法院、山东省劳动争议仲裁委员会、山东省人事争议仲裁委员会关于适用〈中华人民共和国劳动争议调解仲裁法〉和〈中华人民共和国劳动合同法〉若干问题意见》(2010年4月6日)

22. 仲裁委员会依据劳动争议调解仲裁法第四十四条的规定作出先予执行裁决的,劳动者向人民法院申请先予执行的,应当向人民法院提供以下材料:

（1）先予执行裁决书；
（2）裁决书送达证明。

广东省

《广东省高级人民法院、广东省劳动人事争议仲裁委员会关于劳动人事争议仲裁与诉讼衔接若干意见》（2018年7月18日）

二十一、对仲裁裁决主文或仲裁调解书中的文字、计算错误以及仲裁机构已经认定但在裁决主文中遗漏的事项，可以补正或说明的，人民法院应当告知仲裁机构补正或说明，或向仲裁机构调卷查明。仲裁机构不补正也不说明，且人民法院调卷后执行内容仍然不明确无法执行的，可以裁定驳回执行申请。如仲裁机构通过监督程序对案件重新作出处理，原裁决书或调解书已经执行的，被执行人依据生效的法律文书可向人民法院申请执行回转。仲裁裁决被人民法院裁定不予执行的，当事人可以向人民法院起诉。

生效仲裁裁决书或调解书，申请人应向被执行人住所地或被执行财产所在地基层人民法院申请执行。

二十二、仲裁过程中，用人单位可能出现逃匿、转移财产等情形的，劳动者应当通过仲裁机构向人民法院申请财产保全，仲裁机构在接到劳动者提交的申请后48小时内向被申请人住所地或被申请保全的财产所在地的基层人民法院移交保全申请书、财产线索清单、用人单位情况说明等相关材料。人民法院裁定采取保全措施或者裁定驳回申请的，应当将裁定书送达当事人，并通知仲裁机构。

人民法院经审查认为劳动者经济确有困难，或有证据证明用人单位存在欠薪逃匿可能的，可以减轻或免除劳动者提供担保的义务，及时采取保全措施。